श्री शिवकृपानंद स्वामी

हिमालय का समर्पण योग

भाग - 2

हिमालय के एक साक्षात्कारी ऋषि की आत्मकथा

एक आध्यात्मिक प्रवास

हार्पर
हिन्दी

हार्पर हिन्दी
(हार्परकॉलिंस पब्लिशर्स इंडिया) द्वारा प्रकाशित
बिल्डिंग नं. 10, टावर A, 4th फ्लोर,
डीएलएफ साइबर सिटी, फेज II, गुरुग्राम 122002, भारत
www.harpercollins.co.in

P-ISBN: 9789356998841
E-ISBN: 9789356999633

कवर डिजाइन © : श्री शिवकृपानंद स्वामी फाउंडेशन—गुरुतत्त्व
टाइपसेटिंग : निओ साफ्टवेयर कन्सलटैंट्स, प्रयागराज (इलाहाबाद)
मुद्रक : थॉम्सन प्रेस (इंडिया) लि.

FSC
www.fsc.org
MIX
Paper from responsible sources
FSC® C010615

This book is produced from independently certified FSC® paper to ensure responsible forest management.

प्रकाशक की ओर से

'हिमालय का समर्पण योग' ग्रंथ परमपूज्य श्री शिवकृपानंद स्वामीजी द्वारा लिखा गया एक जीवंत ग्रंथ है। पूज्य गुरुदेव की भाषा हृदय से हृदय तक की भाषा है। उनकी लेखनशैली उनकी तरह ही सहज-सरल है। उनके लेखन में तीन भाषाओं का प्रभाव दृष्टिगोचर होता है। चूँकि गुरुदेव के गुरुजनों की भाषा पर संस्कृत का प्रभाव अधिक था, अतः गुरुदेव की भाषा पर भी उसका प्रभाव पड़ा है। दूसरा, गुरुदेव की मातृभाषा मराठी होने के कारण मराठी भाषा के शब्द सहज ही उनके लेखनप्रवाह में आ जाते हैं। तीसरा, चूँकि गुरुदेव ने स्नातकोत्तर की शिक्षा भी ग्रहण की हुई है, अतः अंग्रेजी भाषा के शब्द भी उनके लेखन का अंग हैं। साक्षात पूज्य गुरुदेव की वाणी होने के कारण उनकी वाणी को मुमुक्षु साधकों तक यथावत पहुँचाना अत्यावश्यक था। उसी उद्देश से गैर-हिन्दी शब्दों को यथावत रखते हुए उनका अर्थ-आशय कोष्ठक में दिया गया है। दूसरा, चूँकि गुरुदेव की लेखनशैली सहज-सरल है, पाठक-साधक से निवेदन है कि इस ग्रंथ का पठन बौद्धिक स्तर पर न करते हुए भावनात्मक स्तर पर करें।

जिन्होंने इस ग्रंथ को पढ़ लिया है, आत्मसात कर लिया है उनसे यह निवेदन है—कृपया इस ग्रंथ को उन खोजियों तक पहुँचाएँ जो इस संसार की भीड़ में कहीं अपने-आपको खोज रहे हैं। आपका यह छोटा-सा निःस्वार्थ कार्य किसी का जीवन परिवर्तन कर सकता है।

अनुरोध

'हिमालय का समर्पण योग' परमपूज्य शिवकृपानंद स्वामीजी के आध्यात्मिक प्रवास का स्वलिखित वर्णन है। यह कोई सामान्य पुस्तक नहीं है, बल्कि सजीव अनुभूति प्रदान करने वाला सजीव व पवित्र ग्रंथ है। इस ग्रंथ से आने वाली अनेक पीढ़ियाँ उस सजीव अनुभूति को बड़ी आसानी से प्राप्त कर सकेंगी, जिस सजीव अनुभूति को प्राप्त करने के लिए पूज्य स्वामीजी ने कई वर्षों तक कठोर साधना की।

इस ग्रंथ के माध्यम से स्वामीजी के गुरुजनों की शक्तियाँ सहज ही प्रवाहित हो जाती हैं। अत: पाठकों से सप्रेम निवेदन है कि वे इस ग्रंथ का पठन योग्य भावना के साथ करें और इस ग्रंथ की गरिमा बनाए रखें।

जय बाबा स्वामी!

आपकी

गुरुमाँ

ॐ

सभी परमात्माओ को मेरा नमस्कार ---
आप तक संदेश पहुचाने के लिये ही सदगुरुओ ने मुझे माध्यम बनाया। उनकी जब इच्छा हुई तब और जैसा लिखवाना था वैसा उन्होने मेरे माध्यम से लिखवाया है। इसमे एक शब्द भी मेरा नही हैं, मैंने जैसा था वैसा का वैसा ही आप के सामने रखा है। उनकी इच्छा थी। इसी लीये यह लिखा जा सका।
मैं सदैव उनसे प्राथना करता था की गुरुदेव सभी आत्माऐ इतनी भाग्यशाली नही होती की वे हिमालय मे आ सके और आप का सानिध्य पा सके इसलीये आप वह सब सानीध्य के क्षण मेरे जिवन के साथ ही समाप्त हो जायेगे कोई भी जान नही पायेगा हिमालय के इस रहस्य को और इस आपकी ध्यान करने की "सरल पद्धती" को इस लीये आप मुझसे लिखवा लीजीये ताकी समाज जान सके की "सपुर्ण ध्यान" क्या है।

हिमालय मे जो गया वह वही का ही होकर रह गया। इस कारण हिमालय की संस्कृती की जानकारी सामान्य मनुष्य को नही है। आज भी मनुष्य ध्यान करना याने जंगल मे सब कुछ छोडकर जाना समझता है, जबकी जब कुछ पकडा ही नही है तो छोडने का क्या। केवल "अज्ञान" के कारण पकडा हुआ लगता है।

मेरी बहुत इच्छा थी की मै इस दुनियाको उन मेरे गुरूओ के बारे मे बताऊ जिन्होने मुझ मे यह आत्मविश्वास निर्माण किया की मै भी उन जैसा बन सकता हु, मै भी उनके जैसी आध्यात्मीक स्थिती प्राप्त कर सकता हु। आज वही आत्मविश्वास मै भी पुस्तक के माध्यम से अपने शिष्यो मे निर्माण करना चाहता हु। की जब "स्वामीजी" जिवन की इतनी कठनाईयो से निकल कर "आत्मज्ञान" पा सके तो "मै क्यो नही पा सकता"

यह आत्मविश्वास अगर इस पुस्तक के माध्यम से निर्माण हो सका तो इस पुस्तक लीखने का उद्येश पुर्ण हो गया यह "जिवंत पुस्तक" है। यह पुस्तक ही आपको "दिव्य अनुभुतीया" करवायेगी क्योंकी इस पुस्तक मे मेरे "कैवल्य कुंभक योगी"यो का वर्णन है। पुस्तक पढने के बहाने आप का चित्त इनकी शक्तीयो पर जायेगा और आप ही स्वंयम इन शक्तीयो की अनुभुती को प्राप्त होगे, ऐसा मेरा संपुर्ण विश्वास है।

अपने गुरुओ प्राप्त ज्ञान भी एक प्रकार का ऋण ही है। जब तक हम किसी को नही बांटते वह बना रहता ही है। यह पुस्तक लिखकर वही उतारने का प्रयास है। मैं मेरे पास कुछ रखना ही नही चाहता बस देने वाला शिवय स्वामि रहा हु।

लेने वाले शिष्य भी लाखो मे है। पर जो देने के लिये मै आया हुं, वह लेने वाला कोई नही है, मेरे जिवन मे नही पर इस पुस्तक के जिवन मे वह अवश्य मिलेगा ही क्योंकी पुस्तक के रुप मे ज्ञान तो युगो युगो तक रहेगा ही, यह पुस्तक ही आप को आपका गुरु बनाये और आप के भितर की गुरुशकतीया जागे और आप समाज के बीच मे भी रह कर "कमल" के समान अपना अस्तीत्व पवीत्र व "शुद्ध आत्मा" को बनाये रखे, और सारे विश्व के आत्मीक संमन्ध निर्माण हो और ध्यान के माध्यम से विश्व का कल्याण हो यही गुरुचरणो पर प्रार्थना है। आप सभी को खुब खुब आर्शिवाद

आपका

बाबास्वामी

10/1/2009

यह पुस्तक मै गुरु माँ को
समर्पीत कर रहा हुँ ताकी
वह उसके माध्यम से विश्व
की "ऊर्जी शकती" तक पहुँचे
"गुरु माँ" के सहयोग के बीना
इस पुस्तक का एक अक्षर भी
संभव नही था,

बाबा स्वामी
10-1-2009

सद्‌गुरु श्री शिवकृपानंद स्वामीजी का परिचय

सद्‌गुरु श्री शिवकृपानंद स्वामी वे 'भगीरथ' हैं जो 'हिमालयीन ध्यानयोग (मेडिटेशन)' (पहले 'समर्पण ध्यानयोग' से जाना जाता था) रूपी 'भागीरथी' (गंगा), हिमालय की कंदराओं से समाज तक लाए। 'हिमालयीन ध्यानयोग' संस्कार का ज्ञान हिमालय में ध्यान कर रहे मुनियों, तपस्वियों तथा कैवल्य कुंभक योगियों को ही था। स्वामीजी उन तक कैसे पहुँचे? यह जानने के लिए, आइए, स्वामीजी को उनके बचपन से जानें।

स्वामीजी का जन्म एक निम्न मध्यमवर्गीय महाराष्ट्रीय ब्राह्मण परिवार में हुआ। माता धार्मिक विचारोंवाली, सौम्य, शांत तथा मितभाषी महिला थीं। स्वामीजी को अपने नाना-नानी तथा माँ से धार्मिक संस्कार प्राप्त हुए थे। किन्तु उन सबसे स्वामीजी की खोज भिन्न थी... वे ईश्वर से मिलना चाहते थे... उनकी अनुभूति करना चाहते थे।

पिता की सीमित आय होने के कारण स्वामीजी ने मैट्रिक (एस. एस.सी.) से स्नातकोत्तर (वाणिज्य) तक की पढ़ाई का खर्च स्वयं वहन किया। वे अपने खाली समय में विद्यार्थियों को पढ़ाते। इससे जो आय होती उसी से शिक्षा शुल्क (फीस) तथा शिक्षण सामग्री का खर्चा चलता था।

बचपन से ही उन्हें घूमने का बहुत शौक था। बचपन में रेल की पटरी पर चलते-चलते आसपास के गाँव, खेत देख आते। थोड़े बड़े हुए तो दोस्तों की साइकिल से दूर, जंगल-पहाड़ों की यात्रा कर आते। नौकरी लगने पर उन्होंने लगभग पूर्ण भारत भ्रमण किया।

भ्रमण करते समय वे दर्शनीय स्थान तो देखते ही थे, साथ-ही-साथ स्थान विशेष के आध्यात्मिक व्यक्तियों से आध्यात्मिक चर्चा भी करते।

जप-जाप करते हुए जब भी उनका ध्यान लग जाता, ध्यान में उन्हें तीन आकृतियाँ एक के बाद एक नजर आतीं—1. श्री पशुपतिनाथ मंदिर (नेपाल) 2. एक तपस्वी जो छह फुट लंबे थे तथा जिनकी नीली आँखें, गौर वर्ण तथा लंबी, श्वेत दाढ़ी थी। 3. एक टेकड़ीनुमा स्थान पर महादेव का मंदिर।

ऐसे ही, नौकरी के कार्य के सिलसिले में वे कानपुर गए थे। तब वहाँ किसी कारण से बैंक की हड़ताल थी। वह कुछ दिन और चलने वाली है, ऐसा लगा। अतः स्वामीजी ने सोचा, क्यों न पशुपतिनाथ के दर्शन कर आएँ? वे नेपाल गए, पशुपतिनाथ के दर्शन किए। वहीं एक वृद्ध सज्जन जो सुदूर शिबू गाँव से आए थे, उन्होंने स्वामीजी से कहा, "शिवबाबा आपकी राह देख रहे हैं, चलिए।" स्वामीजी शिवबाबा से मिले तो जाना वे वही तपस्वी मुनि थे, जिनके दर्शन उन्हें ध्यान में अक्सर होते थे। शिवबाबा ने अपनी सभी आध्यात्मिक शक्तियाँ स्वामीजी में संक्रमित कीं तथा आध्यात्मिक प्रगति का मार्ग प्रशस्त किया। स्वामीजी नेपाल से लौट आए।

उनकी नौकरी यथावत् चल रही थी। शीघ्र उनका विवाह हुआ तथा एक पुत्ररत्न की प्राप्ति हुई। पुत्र जब डेढ़ वर्ष का हुआ, तब एक और गुरु उनके घर आए तथा पत्नी की सहमती से स्वामीजी को हिमालय ले गए। वहाँ अनेक मुनियों, तपस्वियों तथा कैवल्य कुंभक योगियों को गुरु के रूप में मानते हुए स्वामीजी ने उनकी सेवा की। गुरु सेवा करते हुए उन्हें ज्ञान प्राप्त हुआ।

प्रत्येक गुरु ने ज्ञान प्रदान कर दूसरे गुरु के पास स्वामीजी को भेजा। विभिन्न गुरुओं से ज्ञान प्राप्त करते हुए स्वामीजी को ध्यान के उस संस्कार का पता चला जो प्रत्येक आत्मा के लिए मोक्ष का मार्ग प्रशस्त करती थी। वह ध्यान संस्कार धर्म, जाति, भाषा तथा लिंग से परे है अर्थात विश्व की सभी आत्माएँ उस ध्यान संस्कार से ध्यान कर सकती हैं।

गुरु आज्ञा से स्वामीजी उस ध्यान संस्कार को समाज में लाए। गुरुओं के प्रति समर्पण भाव के कारण ही गुरुदेव इस ध्यान संस्कार को जान सके। अतः इस तरह नाम रखा गया—'हिमालयीन ध्यानयोग'। विश्व का प्रत्येक मानव आत्मा के पूर्ण समर्पण द्वारा इस ध्यान के ज्ञान को प्राप्त कर सकता है।

स्वामीजी के जीवन का उद्देश विश्व की सभी आत्माओं का आध्यात्मिक विकास तथा उन्हें जीते जी मोक्ष की स्थिति प्रदान करना है। इसलिए वे इस अमूल्य ज्ञान को विश्व भर में निःशुल्क बाँट रहे हैं। स्वामीजी स्वयं चैतन्य सागर हैं, किंतु स्वयं को गुरु ऊर्जा का माध्यम मात्र मानते हैं। उनकी इस सौम्यता-सादगी को शत शत नमन!

—सहधर्मचारिणी

गुरुमाँ

'हिमालयीन ध्यानयोग (मेडिटेशन)' का परिचय

'हिमालयीन ध्यानयोग' को सद्‌गुरु श्री शिवकृपानंद स्वामीजी ने कुछ ऐसे समझाया है—

समर्पण

"आज विश्व में जितनी भी ध्यान की पद्धतियाँ हैं, उन पद्धतियों में या तो सांस पर चित्त रखकर ध्यान किया जाता है या दीये की ज्योति पर चित्त रखकर ध्यान किया जाता है या भस्त्रिका प्राणायाम करके ध्यान किया जाता है। समर्पण ध्यानयोग कोई भी उपरोक्त पद्धति नहीं है। समर्पण ध्यान कोई ध्यान की पद्धति नहीं है। यह तो एक पवित्र आत्मा द्वारा एक पवित्र आत्मा पर किया गया एक संस्कार है। बस, यह संस्कार पाने के लिए पवित्र आत्मा होना पड़ता है और परमात्मा के माध्यम द्वारा परमात्मा को पूर्ण समर्पित होना पड़ता है। बस, 'संस्कार' घटित हो जाता है!"

संस्कार

"हिमालयीन ध्यानयोग का संस्कार पाने के लिए जंगल में जाने की जरूरत नहीं है, समाज छोड़ने की जरूरत नहीं है, यहाँ तक कि आपका कर्म छोड़ने की जरूरत भी नहीं है। आप जो भी कर्म करते हो वह अपेक्षा रहित होकर करने की जरूरत है। फिर वह 'कर्म' तुम करोगे नहीं, तुमसे होगा। जो भी 'कर्म' पहला करोगे, वह तुम अपनी इच्छा से करोगे, बाकी बाद के कर्म तुम्हारे से हो जाएँगे।

अच्छा कर्म करोगे तो अच्छी शक्तियाँ तुम्हारे पीछे हो जाएँगी, बुरा कर्म करोगे तो बुरी शक्तियाँ तुम्हारे पीछे हो जाएँगी। यह मेरे मुस्लिम गुरु कहा करते थे।"

"एक पवित्र और शुद्ध आत्मा के द्वारा एक पवित्र और शुद्ध आत्मा पर किया गया यह एक संस्कार है। इस प्रक्रिया को घटित होने के लिए और इस संस्कार हो ग्रहण करने के लिए प्रथम आत्मा होना पड़ता है। आत्मा ही इस संसार में नाशवान नहीं है। बाकी सब नाशवान हैं। जब आप इस पवित्र संस्कार को ग्रहण करते हैं और अपने भीतर विकसित करते हैं तो आप मानव से महामानव हो जाते हैं और फिर आपका शरीर तो माध्यम बन जाता है। और फिर मेरे जैसे एक सामान्य मनुष्य के माध्यम से भी 22 वर्ष में ही विश्वस्तर का कार्य हो जाता है और यह हो सकता है। इसका उदाहरण मुझे हिमालय से समाज में भेजकर 'हिमालय के गुरुओं' ने दिया है। यह केवल 'हिमालयीन संस्कार' से ही संभव हो सका है।"

"यह संस्कार विश्व का कोई भी मनुष्य ग्रहण कर सकता है। जो भी ग्रहण करना चाहे, 'परमात्मा' के दरवाजे सभी के लिए खुले हैं। समान भाव और नि:शुल्क यह 'परमात्मा' की विशेषताएँ हैं।"

—सद्‌गुरु श्री शिवकृपानंद स्वामीजी

26/11/2017

'हिमालयीन ध्यानयोग' संस्कार को थियोसोफिकल सोसायटी (यू.के.), ऑल इंडिया मेडिकल एसोसिएशन, आयुष मंत्रालय, रेडक्रॉस सोसायटी ने अनुमोदित किया है।

'हिमालय का समर्पण योग', यह एक पुस्तक नहीं है—यह तो जीवन परिवर्तन करने वाला एक जादुई करिश्मा है। इस ग्रंथ की विशेषता यह है कि एक पवित्र एवं शुद्ध आत्मा ने इसे लिखा है। इस पुस्तक में अखूट ऊर्जा का भंडार है। इस ग्रंथ के माध्यम से लाखों आत्माएँ मोक्ष का मार्ग पाएँगी।

यह एक सनातन शास्त्र है—जैसे-जैसे समय बीतता जाएगा वैसे-वैसे इसकी उपयोगिता बढ़ती ही जाएगी। इस ग्रंथ को जब-जब पढ़ेंगे—नई ऊर्जा से भर जाएँगे।

—**श्री ताराचंदजी मुनि**,
प्रशांत मुनि एवं **समर्पण मुनि**,
कच्छ स्थानकवासी जैन संघ

'हिमालय का समर्पण योग' पढ़ते वक्त हम पूरे तल्लीन हो जाते हैं। यह आत्मबोध के नए रास्ते खोलता है।

—**श्री सुनील शुक्रे**
न्यायाधीश, मुंबई उच्च न्यायालय

विषय-सूची

प्रकरण 1

आकाश में ॐ का निर्माण

आत्मज्ञान से आत्मशक्ति बढ़ती है और आत्मशक्ति के बिना आत्मसंयम संभव नहीं है और आत्मसंयम के बिना शारीरिक शक्ति कुछ काम की नहीं है। आत्मसंयम के बिना शारीरिक शक्ति असंतुलित हो सकती है, शरीर की शक्ति वासनामय हो सकती है, शारीरिक शक्ति मोहमय हो सकती है, शारीरिक शक्ति अमानवीय भी हो सकती है। पर कार्य के प्रति किया गया सतत समर्पण का भाव आत्मसंयम का निर्माण कर देता है। इसी प्रकार का अनुभव मुझे इस ध्यान-साधना के दौरान आया। एक विशिष्ट लक्ष्य को लेकर, लक्ष्यप्राप्ति के उद्देश से यह ध्यान-साधना प्रारंभ की थी। लक्ष्य था—आत्मसाक्षात्कार को वर्षों से एक गुरु से केवल एक शिष्य तक और एक शिष्य से भी जीवन में केवल एक शिष्य तक ही दिए जाने की जो परंपरा चल रही थी, उसी परंपरा का विस्तार करना। यानी जो आज तक कभी नहीं हुआ, वह करना। तो यह असंभव-सा लक्ष्य था। इस लक्ष्य को प्राप्त करने के लिए आत्माओं को सामूहिक प्रयास करना था। इस महान लक्ष्य में आत्मसाक्षात्कार देने वाली अनेक आत्माएँ शामिल होने वाली थीं और आत्मसाक्षात्कार लेने वाली भी लाखों आत्माएँ शामिल होने वाली थीं। ऐसे लक्ष्य को लेकर ध्यान-साधना प्रारंभ की थी, पर धीरे-धीरे कब ध्यान-साधना ही गुरुमय हो गई, कब मेरा अस्तित्व ही गुरुमय हो गया और कब मेरा लक्ष्य भी गुरुमय हो गया, इसका मुझे ही पता नहीं था। सबकुछ एक ही हो गया और रह गए गुरुचरण! वहाँ जाकर सारी ध्यान-साधना विलीन हो गई। यह सब स्वाभाविक रूप से ही हो गया। सब एक हो गया था।

आज भी शाम रोज की तरह अपनी कुटीर से निकला। सभी पक्षियों के बच्चों से ही मिला क्योंकि केवल बच्चे ही घर पर थे। पक्षी तब तक अपने घर पर पहुँचे नहीं थे। पक्षियों के बच्चे, जो जरा बड़े हो गए थे, अपनी माँ का इंतजार कर रहे थे। वे घोंसले से निकलकर आसपास की डगालों (डालों) पर फूदक रहे थे, उड़ने का अभ्यास कर रहे थे। यानी उनका विश्व भी विकसित हो रहा था; पहले अण्डे के भीतर का छोटा-सा विश्व, बाद में घोंसले के जितना विश्व, बाद में वृक्ष के जितना विश्व हो गया था। और इस पेड़ के विश्व को ही अपना विश्व समझ रहे थे। वे समझ रहे थे—यह पेड़ जितना बड़ा है, विश्व भी बस उतना ही बड़ा है। उस क्षण वे, इस पेड़ के बाहर भी कोई दुनिया है, इसका अंदाजा नहीं लगा सकते थे। बच्चों के पंख जैसे-जैसे बड़े होते जा रहे थे और जैसे-जैसे पंखों के उपयोग का पता उन्हें हो रहा था, वैसे-वैसे विश्व का आकार बड़ा होते जा रहा था। यानी विश्व का पता लगाने के लिए केवल पंख पर्याप्त नहीं थे, पंखों का उपयोग भी पता होने की आवश्यकता थी। पंखों का उपयोग करते न आ रहा हो और पंख हों तो कोई फायदा नहीं है क्योंकि पंख होकर भी उड़ते तो आता ही नहीं है और उड़ोगे तो पता चलेगा कि आकाश कितना बड़ा है और विश्व कितना विशाल है। पर यह तब तक पता नहीं चलेगा, जब तक उड़ोगे नहीं। उसके लिए उड़ना ही होगा। मुझे उस शाम लगा—मनुष्य भी इन पक्षियों के बच्चों जैसा ही है। पक्षियों का विश्व जैसे पहले अण्डे तक ही सीमित रहता है, वैसे ही मनुष्य अपने शरीर तक ही सीमित रहता है। 'मैं' यानी शरीर और शरीर यानी 'मैं', इतनी ही छोटी व्याख्या मानव जीवन की करता है। इसके बाहर कभी और कुछ है, यह कभी विचार भी नहीं करता है। पर उसका शरीर धीरे-धीरे विकसित होने लगता है। आत्मा विकसित शरीर को और विकसित करती रहती है और आत्मा पूर्णतः विकसित हो जाती है, अपने पूर्वजन्म के प्रभाव से मुक्त हो जाती है। लेकिन आत्मा के सशक्त व परिपूर्ण होते हुए भी मनुष्य को आत्मा का ज्ञान नहीं होता है, जिस प्रकार से इन बच्चों को पंख हैं, पर पंखों का उपयोग पता नहीं है। फिर आत्मज्ञान होने पर मनुष्य आध्यात्मिकता के आकाश में पहुँचता है और उसे आकाश के समान परमात्मा के दर्शन होते हैं। फिर जैसे पक्षी को, जिधर

देखता है, आकाश ही आकाश नजर आता है, वैसे ही आत्मा को सभी ओर परमात्मा ही परमात्मा नजर आने लग जाता है। सारा जगत ही परमात्मामय है, सर्वत्र ही परमात्मा है, इसका एहसास ही स्वयं के अस्तित्व को समाप्त कर देता है। स्वयं का अस्तित्व तब पता चलता है, जब परमात्मा के अस्तित्व को जान जाता है। 'स्वयं का अस्तित्व' का अर्थ है—आत्मज्ञान होना। आत्मज्ञान होना यानी अपने-आपको जानना। मनुष्य जीवनभर दूसरों को जानने में ही जीवन व्यतीत करता है। आत्मज्ञान होने पर भीतर की यात्रा प्रारंभ होती है, स्वयं को जानना प्रारंभ होता है। और जिसने स्वयं को जान लिया, वह सारे विश्व को भी जान लेगा।

मुझे मेरे जीवन में आकाश में उड़ने का और परमात्मा को जानने का अवसर गुरुकृपा में प्राप्त हुआ था। पर मेरी इच्छा थी, यह प्रत्येक मनुष्य को मिले, विशेष रूप से उन मनुष्यों को तो अवश्य मिले जो ईश्वरप्राप्ति चाहते हैं। बस इसी के लिए सारी ध्यान-साधना चल रही थी। उस ध्यान-साधना में समय कब व्यतीत होता था, उसका पता ही नहीं चलता था।

उस शाम लगा कि पक्षी को पंख हों और पंखों के उपयोग की जानकारी ही न हो और जानकारी के अभाव में पक्षी अपने घोंसले को ही विश्व समझ ले, तो पक्षी का जीवन व्यर्थ है। ठीक इसी प्रकार, मनुष्य को मनुष्य योनि प्राप्त हो और मनुष्यजन्म लेकर अपनी आत्मा का ज्ञान न हो और मनुष्य शरीर धारण करके भी परमात्मा की अनुभूति प्राप्त न कर सके तो मनुष्य का जीवन भी व्यर्थ ही है।

मैं ऐसा सोचते-सोचते कब ब्रह्मपुत्र नदी के किनारे पर पहुँचा, इसका पता नहीं चला। आज नदी के पानी का बहाव कुछ अधिक ही तेज लग रहा था। रोज की तरह मैंने नदी में उतरकर स्नान किया और सूर्यास्त को देखने लग गया। मेरा मुख पश्चिम की ओर था और सूर्यास्त का नजारा सामने था। सूर्यास्त हो रहा था और सूर्य के लाल और पीले रंग के प्रकाश से सारा आकाश भर गया था। सूर्य के आसपास लाल व आसमान में सुनहरा प्रकाश छाया हुआ था। आकाश के कुछ बादलों पर उस प्रकाश से एक सुनहरे आकाश का आभास हो रहा था। मैं सूर्य को ही गुरुदेव मानकर प्रार्थना कर

रहा था, सूर्य में ही गुरुदेव के दर्शन कर रहा था। मैं प्रार्थना कर रहा था, "गुरुदेव, आप जानते हैं, मनुष्य की जनसंख्या बड़ी गति के साथ बढ़ रही है। इस गति के साथ नकारात्मक विचारों की गति भी बढ़ रही है क्योंकि नकारात्मक विचारों की ही सामूहिकता हो रही है। ऐसी नकारात्मक विचारों की सामूहिकता में जन्म लेकर मनुष्य नकारात्मक विचारों की संख्या को बढ़ा रहा है। सारे विश्व में वैचारिक प्रदूषण फैल रहा है और सारा मानव-समाज उसमें डूब रहा है। इस वैचारिक प्रदूषण से विश्व में एक प्रकार का असंतुलन निर्मित हो रहा है। इस नकारात्मक विचारों के प्रदूषण से सारी मानवजाति परेशान हो गई है और इन नकारात्मक विचारों को दूर करने का उपाय खोज रही है। कुछ लोगों ने नकारात्मक विचारों से मुक्ति पाने के लिए सकारात्मक विचारों का प्रयोग किया है, पर यह प्रयोग भी बेकार ही साबित हुआ है क्योंकि मनुष्य सकारात्मक विचार करे या नकारात्मक विचार करे, दोनों ही स्थितियों में प्रदूषण ही फैलाता है। नकारात्मक विचारों को रोकने के लिए सकारात्मक विचार करने का प्रयास भी अस्थाई प्रयास है और इस अस्थाई प्रयास में भी मनुष्य की ऊर्जा तो खर्च होती ही है, क्योंकि जो सकारात्मक विचार कर सकता है, वही मनुष्य नकारात्मक विचार भी कर सकता है। दोनों ही विचार मनुष्य की शक्ति को खर्च करते हैं। इन दोनों से मुक्ति निर्विचारता की स्थिति है। यह स्थिति भी स्वयं, प्राकृतिक रूप से मिलनी ध्यान में ही संभव है और ध्यान आत्मज्ञान से ही संभव है। यानी विश्वकल्याण का मार्ग आत्मज्ञान से ही संभव है। प्रत्येक मनुष्य के लिए अपने-आपको जानना आवश्यक है। मनुष्य किसी के उतना करीब नहीं है, जितना वह स्वयं के करीब है। पर मनुष्य स्वयं के करीब होकर भी स्वयं से सबसे अधिक दूर है क्योंकि स्वयं की ओर देखने की उसकी दिशा ही नहीं है और दिशा नहीं है, तब तक वह स्वयं को जान ही नहीं पाएगा। गुरुदेव, कृपा कीजिए और वह मार्ग बताइए जिससे मनुष्य स्वयं को जान पाए।"

आज का दिन भी चला गया। एक और सूर्यास्त हो गया। एक और दिन व्यर्थ चला गया। सूर्यास्त होने के बाद मैं फिर से पूर्व दिशा की ओर मुँह करके ध्यान-साधना में लग गया। लेकिन धीरे-धीरे प्रार्थना का भाव भी समाप्त हो रहा था। मैंने अपना समर्पण परमात्मा

के माध्यम के रूप में गुरुदेव के प्रति कर दिया था। अब जब संपूर्ण समर्पण कर दिया तो मेरा स्वयं का, निजी अस्तित्व तो समाप्त ही हो गया! अब लग रहा था—मेरा अलग अस्तित्व ही नहीं है तो प्रार्थना करेगा कौन? क्योंकि करनेवाला ही कोई बाकी नहीं रह गया था! संपूर्ण एकाकारिता स्थापित हो गई थी। ऐसा लग रहा था मानो प्रकृति का एक चक्र है और उसी चक्र की गति में सारी प्राकृतिक क्रियाएँ हो रही हैं। पशु-पक्षियों का प्रजनन व हनन, दोनों ही हो रहे हैं। इस प्रकृति के संतुलन को बनाए रखने के लिए जाने-अनजाने में प्रत्येक पशु का, प्रत्येक पक्षी का अपना निजी योगदान हो रहा है। सारे पशु और सारे पक्षी प्रकृतिसंतुलन में योगदान देने का कार्य कर रहे हैं, पर्यावरण को बनाए रखने का प्रयास कर रहे हैं। ऐसा लग रहा था, मैं आत्मिक स्तर पर काफी ऊपर उठ गया हूँ और एक ऊँचाई है जिस पर से सारे विश्व को एक साथ देख रहा हूँ। यह सब दिख रहा है; छोटे-से-छोटे कीटक भी, कीड़े भी, नदी भी, नाले भी, समुद्र भी, जंगल भी जहाँ पर आज तक मनुष्य पहुँचा नहीं है। वे जंगल नैसर्गिक रूप से बड़े सुंदर दिखाई दे रहे थे मानो फूलों का एक गुलदस्ता-सा हो जिसमें सारे प्रकार के विभिन्न फूल एक साथ, एक स्थान पर, एक अच्छे उद्देश से एकत्र हुए हों। जंगलों में वृक्षों की विविधता थी और इस विविधता के कारण ही जंगल नैसर्गिक लग रहे थे। परमात्मा की इस सुंदर धरती को केवल मनुष्य ही नुकसान पहुँचा रहा था। एक ओर नदियों पर बाँध बनाकर प्राकृतिक वातावरण में रुकावट पैदा कर रहा था, वहीं दूसरी ओर लाभदायक पेड़ों के वन लगाकर जंगल नष्ट कर रहा था। मनुष्य केवल वही पेड़ लगाता है जिससे उसे फायदा है। इस कारण से वे पेड़ नहीं लगते हैं जिनसे फायदा नहीं है। यानी वृक्षों में भी मनुष्य का हस्तक्षेप हो रहा है और प्रकृति का संतुलन बिगड़ रहा है। एक प्रकार से, प्रकृति छोटे-से-छोटे कीटक व छोटी-से-छोटी वनस्पति पर संतुलित है। सब एक-दूसरे के पूरक हैं। सब एक-दूसरे के ऊपर निर्भर हैं। एक की कमी या एक की अधिकता प्रकृति का संतुलन बिगाड़ती है। मनुष्य ही एकमात्र प्राणी है जो इस प्रकृतिचक्र में हस्तक्षेप कर रहा है, इस प्रकृति के संतुलन को बिगाड़ रहा है। मनुष्य के कारण ही जंगलों में प्रदूषण, पानी में प्रदूषण, आकाश में प्रदूषण और जमीन पर नए-

नए अविष्कारों से निर्मित कचरे से प्रदूषण हो रहा है। सबसे अधिक प्रदूषण नकारात्मक विचारों से उत्पन्न कर रहा है और इसी वैचारिक प्रदूषण से पृथ्वी का आभामण्डल प्रभावित हो रहा है। समाज में यह वैचारिक प्रदूषण बड़ी अधिक मात्रा में फैल रहा है। उससे आत्मा की शुद्धता प्रभावित हो रही है। आत्मतत्त्व प्रभावित हो रहा है। आत्मतत्त्व अशक्त हो रहा है और यह स्थिति आत्मा की प्रगति के लिए बाधक सिद्ध हो रही है। मनुष्यता ही नष्ट हो रही है क्योंकि मनुष्य की मनुष्यता ही मुख्य तत्त्व है। वही नष्ट हो गई, तो मनुष्य के अपने अस्तित्व के लिए ही खतरा निर्माण होने वाला है। मनुष्य के लिए मनुष्य से बड़ा खतरा इस दुनिया में नहीं। मनुष्य मनुष्य के लिए भी खतरा है और मनुष्य प्रकृति के लिए भी खतरा बना है। भविष्य में प्राकृतिक विपदाएँ आने के आसार अधिक लगते हैं क्योंकि प्राकृतिक संतुलन बिगड़ जाने पर ऐसे ही परिणाम अपेक्षित हैं।

ध्यान-साधना से मेरा सोचना अधिक व्यापक हो गया था। मेरा हृदय भावप्रधान हो गया था। अब जो हो रहा था, वह विश्वस्तर पर ही हो रहा था। सारी परिस्थिति, जो आसपास भी नहीं थी, वह भी चित्त के द्वारा जानी जा रही थी। इस ध्यान-साधना में पहला विरोध शरीर की ओर से हुआ था पर धीरे-धीरे शरीर पानी से अभ्यस्त हो गया था। अब तो पानी के भीतर की मछलियाँ भी मुझसे अभ्यस्त हो गई थीं। अब उनसे भी तकलीफ नहीं होती थी। ध्यान-साधना में जो समय लग रहा था, उसके लिए भी मन को समझा दिया था, "इस ध्यान-साधना की पद्धति से जितने अधिक लोग लाभान्वित होंगे, उतना ही अधिक समय इसमें लगने वाला है। एक व्यक्ति के लिए कम समय लगता है, पर लाखों लोगों की बात हो तो अधिक समय लगेगा ही।"

सूर्योदय हो रहा था और मैंने सूर्य को ही अपना गुरु मानकर नमस्कार किया और कहा, "जब मेरे गुरु इस धरती पर अलग-अलग रूपों में विद्यमान थे, तब मैं नहीं था, पर सूर्यदेव, तुम तो थे ही। आपने उन गुरुओं के सान्निध्य में समय बिताया है, इसलिए तुम्हारे माध्यम से मैं उन्हें प्रणाम करता हूँ।

आज भी कई गुरु इस धरती पर, विश्व के कोने-कोने में विद्यमान होंगे। मैं आज उन्हें नहीं देख पा रहा हूँ पर आप प्रकाश के माध्यम से उन तक पहुँचते ही होंगे। इसीलिए आपके माध्यम से मैं उन्हें भी प्रणाम करता हूँ। भविष्य में मैं नहीं रहूँगा, न इस शरीर के रूप में और न आत्मा के रूप में, लेकिन तब भी, सूर्यदेव, आप विद्यमान होंगे। इसलिए भविष्य में आनेवाले गुरुओं को भी मैं आपके माध्यम से नमस्कार करता हूँ।" ऐसी प्रार्थना कर अपना ध्यान समाप्त किया।

नदी में से निकलकर थोड़े समय बाहर पत्थर पर बैठकर सूर्य की किरणों को निहारता रहा। ये सुबह-सुबह निकलने वाली किरणें मुझे बहुत अच्छी लगती थीं। पता नहीं क्यों, वह सुबह-सुबह किरणें देखने से ही प्रसन्नता लगती थी, उत्साह लगता था। थोड़ी देर देखने के बाद मैं वापस कुटीर की ओर चल दिया था। आज कुटीर में पहुँचकर भी मेरा प्रकृति के बारे में सोचना जारी था। ऐसा लगा, सभी बीज वृक्ष नहीं बन पाते हैं। बहुत कम बीज वृक्ष-सा जीवन पाते हैं। जिन्हें परमात्मा की कृपा प्राप्त हो जाती है, वे ही वृक्ष बन पाते हैं। पर परमात्मा की कृपा प्राप्त हो, ऐसे खुशनसीब सभी नहीं होते। पर जो खुशनसीब बीज होते हैं, वे बड़े वृक्ष बनकर अपने को प्राप्त कृपा को औरों को बाँटने का कार्य करते हैं, नए वृक्षों के निर्माण में सहायता करते हैं। ठीक ऐसा ही मुझे भी लगा कि सभी लोग परमात्मा की अनुभूति प्राप्त नहीं करते हैं, पर परमात्मा की असीम कृपा में मुझे अनुभूति हुई है तो मेरा भी समाज के प्रति दायित्व है कि जो अनुभूति परमात्मा की कृपा में मुझे प्राप्त हुई, वह मैं भी औरों को बाँटूँ। यही सोचकर इस परमात्मा की अनुभूति को मनुष्यसमाज में बाँटने का निश्चय किया।

आज शाम भी रोज की तरह ही घर से निकला। सभी पक्षियों के बच्चों से मिला, वृक्षों से मिला, फिर अपने निश्चित रास्ते से नदी की ओर चल दिया। मैंने एक निश्चित मार्ग बनाया था और उसी मार्ग से मैं चलता था ताकि आसपास जो छोटे वृक्ष हैं, उन्हें मेरे चलने के कारण तकलीफ न हो और मेरे चलने से प्रकृति के बीच अवरोध न हो। रास्ते में आनेवाले छोटे-छोटे पेड़ मुझे बड़ी खुशी देते थे। वह खुशी मुझे इसलिए भी होती थी क्योंकि मेरे सामने ही वे अंकुरित

हुए थे। एक-एक पत्ता निकलते देखा था। एक-एक टहनी का निर्माण होते देखा था। रोज थोड़ा-थोड़ा बढ़ते देखा था। वृक्ष को देखकर किसी को खुशी न मिलती हो पर वह वृक्ष उसे अवश्य खुशी देता है जिसने उसे वृक्ष बनते देखा है। यानी खुशी बड़ा होने में नहीं है, खुशी वृद्धिगत होते हुए होती है। मनुष्य का चित्त सृजनात्मक है। सृजन होते हुए प्रसन्न होता है। ऐसा सोचते-सोचते कब नदी तक पहुँच गया, इसका पता भी नहीं चला।

रोज की तरह आज भी स्नान किया। सूर्यास्त को देखकर प्रार्थना की, "गुरुदेव, मैं सूर्य के रूप में आपको वंदन कर रहा हूँ। अब मैंने मेरा सारा अस्तित्व ही आपको समर्पित कर दिया है। अब मेरी निजी, ऐसी कोई प्रार्थना नहीं है। अब मेरा कोई अस्तित्व ही नहीं है, तो फिर निजी प्रार्थना कैसे हो सकती है? मैं तुम्हारी लीला समझने में असमर्थ हूँ। अब तुम जैसा चाहो, वैसा ही हो। जीवन की सभी घटनाएँ आपकी इच्छानुसार हों, बस यही प्रार्थना है।" प्रार्थना की और सूर्यास्त को देखा। आज आकाश पर कुछ विशेष ही लालिमा थी। सारा आकाश लाल और सुनहरा हो गया था और उस प्रकाश से सारी ब्रह्मपुत्र नदी भी प्रकाशित हो रही थी। आज तो इतना प्रकाश था कि लग रहा था मानो किसी ज्वालामुखी से कोई लाल लावा ही बह रहा हो! पक्षी कतार बनाकर घर को लौट रहे थे। एक पक्षी आगे और दो फाल में पक्षियों की दो कतारें तीर के समान पीछे चल रही थीं। यह दृश्य आकाश में दिख रहा था, तभी मेरा ध्यान मेरे सिर के ऊपर आकाश में गया तो आश्चर्य था! आकाश में 'ॐ' की आकृति स्पष्ट रूप में निर्माण हो गई थी और उस 'ॐ' की आकृति में मुझे गुरुदेव दिख रहे थे। मैंने उन्हें देखकर वंदन किया। वे मुझे संकेत दे रहे थे—अब मार्गदर्शन इसी प्रकार से होने वाला है। जीवन में कोई नवनिर्माण होने वाला है और यह 'ॐ' का दर्शन उसका संकेत है। उस 'ॐ' के दर्शन के साथ शरीर में चैतन्य प्रवाहित होने लग गया था। ऐसा लगा मानो मैं एकदम हल्का हो रहा हूँ, जो शरीर की थकावट थी, वह समाप्त हो रही है और शरीर में एक नई ऊर्जा प्रवाहित हो रही है। यह नई ऊर्जा प्रवाहित होने का अर्थ है—नया कार्य करने का अवसर मिलने वाला है। मुझे एक बार गुरुदेव ने ही बताया था कि फूटे हुए मिट्टी के दीये में कोई तेल नहीं डालता है।

यानी जो निरुपयोगी हो, उसे परमात्मा शक्ति प्रदान नहीं करता। जो शक्ति का उपयोग दूसरे की सेवा करने में करता है, परमात्मा उसी को शक्ति देता है। यानी परमात्मा के किसी नए कार्य की शुरुआत थी। मैंने गुरुदेव से प्रार्थना की, "तेरी लीला तू ही जाने। तुमने ही कार्य दिया है, अब तुम ही करा लेना। मैं तो एक माध्यम हूँ, बस माध्यम ही रहने देना। तेरे कार्य का माध्यम बनने का अवसर दिया, इसी में मुझे सारे संसार का सुख प्राप्त हो गया। मेरा तो जीवन धन्य हो गया कि मेरा जीवन तुम्हारे कुछ काम आ सका।" मैं पूर्व दिशा की ओर मुँह कर ध्यान-साधना में लीन हो गया। दूसरे दिन सुबह तक उसी स्थिति में बना रहा।

रोज की तरह सूर्योदय हुआ तो मैं फिर ध्यान में से बाहर आया। सूर्यदेव को गुरुदेव मानकर नमस्कार किया, नहाया और रोज की तरह बाहर निकलने के लिए मुड़ा और अचानक स्तब्ध हो गया क्योंकि सामने किनारे पर एक नाव खड़ी थी और उसके पास ही दो मनुष्य भी हाथ जोड़े खड़े थे। मैं उनके पास गया। बहुत दिनों के बाद मैंने किसी मनुष्य को देखा था। मैं समझ गया, मेरा यहाँ से चलने का समय आ गया है। वही संकेत कल 'ॐ' का प्रकटीकरण दे रहा था। वह संकेत प्रगति की पहचान थी। गुरुदेव ने ही इन दो मनुष्यों को यहाँ भेजा है। क्योंकि इस बेट (द्वीप) पर, गुरुदेव कहते थे, मेरी इच्छा के बगैर न कोई आ सकता है और न कोई यहाँ से जा सकता है। मैं उनके पास पहुँचा तो दोनों मनुष्यों ने मुझे साष्टांग दंडवत प्रणाम किया। तो मुझे लगा कि मेरे भीतर से ही चैतन्य बहने लग गया और एक ऊर्जा का प्रवाह निकला और उन मनुष्यों पर बरसने लग गया।

उन्होंने असमी भाषा में बताया, "हम मछुहारे हैं। मछली पकड़ने के लिए निकले थे और एक बड़ा तूफान आ गया और उसमें हमारी नाव फँस गई। आगे क्या हुआ, हमें कुछ पता नहीं है। हम नाव पर नियंत्रण करने का खूब प्रयास करते रहे। बाद में हम दोनों बेहोश

होकर इस नाव में ही गिर गए। कल शाम जब होश आया तो पाया—यह नाव इस बेट पर आकर रुक गई थी। शाम का समय था। हमने देखा—आप नदी में खड़े होकर ध्यान कर रहे थे। हमने आपको देखा तो लगा कि हमारे सामने हमारा देव खड़ा है जिसके दर्शन से ही सारा भय, सारी अनिश्चितता समाप्त हो गई और तब से हम सारी रात आपका ध्यान कर रहे हैं। पर आप कभी दिखते थे, कभी नहीं। कभी-कभी इतना, चंद्रमा जैसा प्रकाश आपके आसपास से निकलता था कि हम आपको देखने का साहस ही नहीं कर सकते थे! हमारी आँखें ही बंद हो जाती थीं। हम समझ गए कि हमें परमात्मा के दर्शन हो गए। हम तीन दिनों से भूखे-प्यासे हैं पर आपके दर्शन से ही भूख-प्यास समाप्त हो गई। प्रभु, हम आपके दर्शन से धन्य हो गए!"

उनमें एक व्यक्ति बहुत बूढ़ा था। करीब साठ साल का होगा। उसके शरीर पर फैली झुर्रियाँ और उसका चेहरा यह बता रहा था। दूसरा व्यक्ति युवक था। तीस-पैंतीस साल का होगा। बाद में उन्होंने बताया—दोनों पिता-पुत्र ही थे।

मैंने पास जाकर पहले उनका भ्रम दूर करने का प्रयास किया और कहा, "मैं परमात्मा नहीं हूँ। मैं आप जैसा एक सामान्य मनुष्य हूँ। जैसे आज आप तूफान में बहकर आए हो, ऐसे एक दिन मैं भी बहकर आया था। यहाँ पर मेरे गुरुदेव की कुटीर है। मैं उन्हीं के साथ रहता था। कुछ दिन पूर्व ही मेरे गुरुदेव ने देहत्याग किया है।" मैंने वातावरण को थोड़ा सामान्य करने का प्रयास किया। उस वृद्ध ने अगुआई करते हुए कहा, "प्रभो, इस विश्व में परमात्मा तो कण-कण में ही फैला है। आपको कहाँ अनुभव होता है, वह महत्त्वपूर्ण है। हमें आपमें अनुभव हुआ, हमारे लिए आप ही परमात्मा हैं। आपकी कृपा से ही हमारे प्राण बचे हैं। प्रभो, परमात्मा किसे मानना है, यह आत्मा का शुद्ध भाव है। बस, आत्मा जिसे मान ले, वही परमात्मा है। हमें आपके दर्शन करके ऐसा अनुभव हुआ कि हमने परमात्मा को पा लिया है।"

मैंने फिर उनको समझाने का प्रयास किया पर व्यर्थ ही रहा। उन्होंने रात को मेरे चारों ओर जो चमकता हुआ आभामण्डल देखा था, उससे उनको पूरा विश्वास हो गया—मैं ही परमात्मा हूँ। अब वह जो उन्होंने देखा है, उससे वे मानने के लिए तैयार ही नहीं थे

कि मैं परमात्मा नहीं हूँ। वे उस आभामण्डल को चमत्कार मान रहे थे। वास्तव में, चमत्कार कोई कर नहीं सकता है। वह परमात्मा की कृपा में हो जाता है। मनुष्य का पूर्ण समर्पण और परमात्मा की कृपा, दोनों एकत्र हो जाएँ तो चमत्कार घटित हो जाता है।

मैं उन दोनों पिता-पुत्र को प्रथम मेरे एक खड्ढे के पास ले गया। यह खड्ढा मुझे विशेषत: बरसात के दिनों में बनाना पड़ता था; जब बरसात से नदी का पानी मटमैला हो जाए। तब मैंने रेत में एक खड्ढा कर रखा था। उसमें रेत से छनकर अच्छा-शुद्ध पानी इकट्ठा हो जाता था। यह मेरा शुद्ध पानी का स्रोत था। प्रथम वहाँ जाकर उन दोनों को पानी पिलाया। फिर थोड़ी देर वहीं पर बैठे रहे, थोड़ा आराम किया। फिर तब तक मैंने थोड़े केले तोड़कर लाए और उन्हें दिए। उन्होंने वे खाए। फिर उन्हें लेकर मैं कुटीर में वापस आया। वे कुटीर देखकर बड़े प्रसन्न हो गए क्योंकि कुटीर के आसपास बड़ा प्रसन्न वातावरण था। फिर रात को मैंने उन्हें लाईपत्ते आदि का भोजन कराया। वे रात को कुटीर के बाहर ही सो गए।

दूसरे दिन सुबह उठे तो थोड़े ठीक लग रहे थे। वे बोले, "इतने वीरान बेट पर कोई हो सकता है, इसकी कल्पना भी कोई नहीं कर सकता है। कितना घना जंगल है!" उन्होंने बड़े कुतूहल से पूछा, "आप यहाँ इतने घने जंगल में अकेले कैसे रहते हैं?" मैंने कहा, "मैं अकेला अभी कुछ ही दिनों से रह रहा हूँ। पहले मेरे गुरुदेव साथ थे। तब मुझे तो लगता था—सारा विश्व मेरे साथ है। उन्होंने मुझे ज्ञान दिया और कहा था—इस स्थान से जाने का प्रयास मत करना। जब तुम्हारी ध्यान-साधना पूर्ण हो जाएगी, तभी तुम्हारी यहाँ से जाने की भी व्यवस्था हो जाएगी। मेरे गुरुदेव ने ही तुम्हें भेजकर मेरी यहाँ से निकलने की व्यवस्था की है। यहाँ से तो कहीं भी देखो, जमीन दिखती ही नहीं है, इतना पानी है!" तब पानी का बहाव बहुत तेज था, इसलिए हमने कुछ दिन यहाँ रुककर निकलने की योजना बनाई।

वह युवक बोला, "हम तो हिम्मत हार गए थे क्योंकि हमने नाव पर नियंत्रण करने के सारे प्रयत्न किए पर नाव पर नियंत्रण ही नहीं हो रहा था। फिर हम दोनों थककर हार गए और फिर नाव

पर नियंत्रण करने के सारे प्रयत्न छोड़कर परमात्मा से प्रार्थना करने लग गए—अब हमारे प्रयत्न समाप्त हो गए हैं। अब परमात्मा तेरी ही कृपा है, अब तू ही बचा सकता है। अब हम अपने-आपको तेरे ही हवाले कर रहे हैं। फिर परमात्मा से प्रार्थना करने लग गए। क्योंकि नदी का बहाव इतना तेज था कि हाथी भी अगर पानी में गिर जाता तो उसे भी बचाया नहीं जा सकता था। वह भी बह जाता। बाद में जब आँख खुली तो अपने-आपको एक वीरान बेट पर पाया।" उस युवक के पिता बोले, "इतना अच्छा लगा इस बेट पर आकर मानो हम स्वर्ग में ही आ गए हों! मैं स्वयं भोलेनाथ का भक्त हूँ और जब मैंने आपको पानी में ध्यान करते देखा और आपके आसपास शक्तियाँ देखीं तो मुझे तो आप में ही भोलेनाथ भगवान के दर्शन हो गए। अब भी मेरे सामने से वह दृश्य जा ही नहीं रहा है। आपके चारों ओर चंद्रमा का तेज प्रकाश था और आपके उस प्रकाश के तीन-चार फीट के अंतर से उसी प्रकाश की गहरी पट्टी का एक और किनारा था। यानी आपके प्रकाश के आसपास एक गहरे रंग की पट्टी भी थी। प्रकाश कभी कम तो कभी ज्यादा हो रहा था। वह जब देखा तो देखता ही रह गया। सारी रात वह दिखता रहा और कभी-कभी ही आप दिखते थे। अधिकतर समय प्रकाश ही प्रकाश दिखता था। वह चंद्रमा जैसा दिख रहा था। मैंने सुना था कि भोलेनाथ के सिर के ऊपर चंद्रमा विद्यमान है और प्रकाशरूपी चंद्रमा आपके ऊपर भी विद्यमान था। इसीलिए मुझे आप में भोलेनाथ के दर्शन हो गए। मैं यह रात जीवनभर नहीं भूल सकता! उस प्रकाश में आकर्षण था। कोई भी उसे देखे तो बस देखते ही रह जाए!"

मैंने उन्हें समझाया, "मनुष्य जब अपने गुरु को पूर्ण समर्पण करता है, तब उसके विचार बंद हो जाते हैं। न तो भूतकाल के विचार आते हैं और न ही भविष्यकाल के विचार आते हैं। ये विचार ही हैं जो हमें प्रकृति से विभक्त करते हैं। हमारा अलग अस्तित्व इन्हीं विचारों के कारण ही होता है। मनुष्य की भी तीन स्थितियाँ हैं। एक—बुरे विचार, नकारात्मक विचार। ये व्यर्थ के विचार होते हैं। ये जब हम करते हैं, तब हमारे शरीर की ऊर्जा को हम नष्ट करते रहते हैं। ये विचार घातक होते हैं क्योंकि बुरे विचार करते-करते एक समय मनुष्य बुरे कर्म भी करने लगता है। दूसरे, भविष्य की

योजनाओं के विचार, ये अच्छे विचार भी मनुष्य की ऊर्जा को नष्ट करते हैं। इन दोनों स्थितियों में हम प्रकृति से अलग ही रहते हैं। इसी कारण परमात्मा प्रकृति के माध्यम से हमें जो नई ऊर्जा देना चाहता है, वह हम नहीं ले पाते हैं। तीसरी स्थिति है -निर्विचारता की स्थिति। इस स्थिति में हमें न तो अच्छे विचार आते हैं और न बुरे विचार आते हैं और हम प्रकृतिप्रदत्त ऊर्जा ग्रहण करने लग जाते हैं। यह गुरुसान्निध्य में होता है क्योंकि गुरु की जो स्थिति रहती है, वह साधक को भी प्राप्त हो जाती है। यह मनुष्य की सर्वश्रेष्ठ स्थिति है क्योंकि इसी स्थिति से मनुष्य ध्यान में जा सकता है। जो बुद्धिप्रधान लोग होते हैं, वे अहंकारी होते हैं। वे भगवान के अस्तित्व को ही नहीं मानते। वे बोलते हैं—भगवान वगैरह कुछ नहीं है, सब प्रकृति ही है। इनकी पहुँच प्रकृति तक ही रहती है क्योंकि जो दिखता है, उसे ही वे मानते हैं, जो नहीं दिखता, उसे वे नहीं मानते हैं। वे इसलिए भगवान के अस्तित्व को नहीं मानते क्योंकि भगवान के अस्तित्व को मानने के लिए खुद के अस्तित्व को कम करना होगा और अपने अहंकार के कारण वे यह नहीं कर सकते हैं। दूसरा, 'मानना' यह हृदय का भाव है और ये लोग तो बुद्धिप्रधान हैं, हृदय तो है नहीं, तो भाव कहाँ से आएगा? जो हृदयप्रधान लोग हैं, उनके पास भाव होता है और उस भाव के कारण वे आस्तिक होते हैं और वे भगवान को मानते हैं। भगवान को मानना, यह एक पवित्र हृदय का शुद्धतम भाव है और उनके मानने का कोई भी माध्यम हो सकता है। कोई मूर्ति को मानते हैं, कोई पृथ्वी को मानते हैं, कोई सूर्य को मानते हैं, कोई किसी गुरु को ही भगवान मानते हैं। यानी वे किसी भी माध्यम से भगवान को माने, वे भगवान को मानते हैं। यानी आप किसी भी माध्यम को भगवान मानकर नतमस्तक होते हैं, झुकते हैं, तो आपकी ग्रहण करने की क्षमता बढ़ जाती है और आप प्रकृतिप्रदत्त ऊर्जा ग्रहण करने लग जाते हो। काफी साल वह ग्रहण करते रहे तो वह ऊर्जा आभामण्डल के रूप में शरीर के आसपास दिखाई देने लग जाती है।" मैं अपनी ही धुन में बता रहा था, वे दोनों तो सो गए थे!

हमने दो दिनों के बाद सुबह उस बेट से निकलने का निर्णय लिया। सुबह बड़े भारी मन से मैं एक बार सभी वृक्षों से मिला, लताओं से मिला, पक्षियों के बच्चों से मिला और उस कुटीर में जाकर

गुरुदेव के शैय्यास्थान के पास जाकर नमस्कार किया, "गुरुदेव, मेरे हाथों से आपकी इच्छानुसार कार्य घटित हों, यही आपके श्रीचरणों में प्रार्थना है।" फिर मैं बड़े भारी मन से बाहर आया। वे दोनों नाव तैयार करने के लिए पहले ही किनारे पर चले गए थे। हमने नाव में केले रख लिए थे और बाँसों में भरकर पानी भी रख लिया था। मैं जब किनारे पर पहुँचा तो वे दोनों मेरी प्रतीक्षा ही कर रहे थे। उन्होंने नाव को पानी में उतारा। अब नदी का पानी भी शांत बह रहा था। नाव के आगे पिता बैठा और पीछे पुत्र बैठा, मुझे बीच में बिठाया और हमारी यात्रा नाव से प्रारंभ हो गई। मैंने उस बेट को फिर से नमस्कार किया और नाव चल दी थी। पहले नाव कम गहरे पानी में थी और थोड़ी ही देर में नाव नदी की मुख्य धारा में आ गई तो चलाना आसान हो गया था। नाव ऐसे ही चल रही थी।

मुझे लगा—मनुष्य का जीवन भी ऐसा ही है। नाव की तरह जब 'मैं' के कम पानी में होता है तो जीवन कठिन मालूम होता है, पर जब परमात्मा को समर्पित होता है तो सामूहिक शक्ति की मुख्य धारा में आ जाता है और जीवन आसान हो जाता है। वहाँ नाव चलानी पड़ती है, यहाँ नाव स्वयं ही चलती है। फिर अपने प्रयत्नों का कोई स्थान नहीं होता। नाव चलती रहती है, नदी की मुख्य धारा के अनुसार ही बहती है। वे दोनों कुशल नाविक थे। पिता के पास अनुभव था; निश्चित दिशा थी और नदी के पानी का अंदाजा था। पुत्र के पास अनुभव की कमी थी पर शक्ति थी। यानी अनुभव व शक्ति, दोनों का संयुक्त प्रयास उनकी नाव थी।

सचमुच, मनुष्य की जीवननाव भी ऐसी ही है। घर के बुजुर्ग व्यक्ति अनुभवी होते हैं। वे अपने अनुभव के कारण नई पीढ़ी का मार्गदर्शन कर सकते हैं पर कार्य करने की शक्ति उनके पास नहीं होती है क्योंकि वे वृद्ध हो चुके होते हैं। युवा पीढ़ी शक्तिशाली होती है, पर उनके पास अनुभव की कमी होती है। अनुभव व शक्ति, दोनों ही समाज के लिए आवश्यक हैं। मनुष्य के जीवन की नाव भी दोनों के साथ-साथ ही चल सकती है।

नाव को ठीक से दिशा देने का कार्य पिता कर रहा था और वह नाव चलाते-चलाते आसामी लोकगीत भी गा रहा था। हमारा

नौकाप्रवास दिनभर हो गया था। अब सूर्यास्त होने वाला था। बड़ा सुंदर वातावरण लग रहा था।

ब्रह्मपुत्र नदी के पानी में बहाव इतना तेज था कि नाव को चलाने की आवश्यकता ही नहीं थी। वे दोनों केवल नाव का संतुलन बनाए रख रहे थे और मुख्यधारा में ही रख रहे थे। वह पिता तो काफी अनुभवी नाविक था। धीरे-धीरे रात हो गई और रात में भी हमारी यात्रा नाव में चल ही रही थी। रात में चंद्रमा के प्रकाश में नदी का पानी चमकता था। हम इस यात्रा में आपस में बहुत कम बातें कर रहे थे क्योंकि वे दोनों नाव के नियंत्रण में लगे रहते थे और उस बाबत (बारे में) ही अधिक बातें होती थीं। अब रात में किनारे पर कुछ बस्तियों के प्रकाश दिखने लग गए थे। पर इन नाविकों का ठिकाना 'डिब्रूगढ़' था। ये वहाँ पर नाव ले जाना चाहते थे। फिर सुबह हुई, सूर्योदय हुआ। नाव चल ही रही थी। रास्ते में कई जगह छोटे-छोटे बेट लग रहे थे। वहाँ पर थोड़े वृक्ष भी होते थे पर लताएँ और छोटी झाड़ियाँ ही अधिक होती थीं। वहाँ पर पक्षियों ने सुरक्षित स्थान समझकर अपने घोंसले बनाए थे। रास्ते में जब भूख लगती, तब हम वे लाए हुए केले खाते थे और अपना समय निकाल रहे थे। फिर दिनभर नाव चलती रही। अब किनारे की मनुष्यबस्तियाँ भी दिख रही थीं। बाद में उन बस्तियों से रास्ते को समझते हुए उस पिता ने नाव का संचालन बड़ी सावधानी से, बड़ी कुशलता के साथ किया और अब वह धीरे-धीरे नाव को किनारे से चला रहा था। अब हम मुख्य धारा से अलग होकर चल रहे थे। अब हमारी गति भी कम हो गई थी। धीरे-धीरे मनुष्यबस्तियाँ पास आती गईं। डिब्रूगढ़ के पास एक गाँव में उस पिता की बहन रहती थी, उनके गाँव हम पहुँचे। तब तक शाम हो गई थी। जैसे-तैसे नाव किनारे पर पहुँची तो कुछ मछुहारे दौड़कर हमारे पास आए। नाव को ऊपर खींचने में व बाँधने में मदद करने लग गए। नाव को बाँधकर हम जमीन पर उतरे। फिर उन मछुहारों ने आसामी में हमें पूछा, "किसके घर जाना है?" फिर उन्होंने उस पिता की बहन के घर हमें पहुँचाया। वे पिता व पुत्र तो

उस बहन के घर में रुके पर मुझे पास के एक मंदिर में ठहराया। मेरे स्नान की व्यवस्था की। रात को उन्होंने भोजन भी लाकर दिया। मैंने खूब दिनों के बाद चावल खाए क्योंकि बहुत दिनों से लाई के पत्ते, बांबू के पत्ते व अन्य पत्ते ही खा रहा था।

इन सबके मन में मेरे लिए भययुक्त आदर का भाव रहता था। फिर दो दिन वहाँ रुकने के बाद उन्होंने मुझे भी गुवाहाटी का टिकट निकालकर दिया और पाँच सौ रुपए मेरे प्रवासखर्च के लिए भेंट किए। वे भी अपनी नाव एक ट्रक में रखकर अपने घर रवाना हुए और मैं भी अपने घर के लिए रवाना हुआ था। काफी दिनों से शांत वातावरण में रहने के कारण बसों की भीड़-भाड़, घनी मनुष्यबस्तियों से मुझे तकलीफ हो रही थी। बड़ी कठिनाई से घर पहुँचा। घर पर मेरा रूप देखकर तो पत्नी कठिनाई से पहचान पाई। इतना बदलाव मेरे में आ गया था! जो बच्चा मेरे सामने जन्मा था, वह अब बड़ा हो गया था। पत्नी ने उसे पहचान कराई, "ये तेरे पिता हैं।" वह मुझे पहचानता ही नहीं था। मेरी दाढ़ी-मूँछें बढ़ी हुई थीं। वह मेरा ही बच्चा मेरे से डरता था, पर धीरे-धीरे उसका डर कम हुआ।

मैं फिर कई दिनों तक अपनी पत्नी को यात्रा का वर्णन ही बता रहा था—कहाँ-कहाँ गया, कैसे-कैसे भटका, किसे-किसे मिला, क्या-क्या घटनाएँ घटीं। हम घण्टों इसी पर बातें करते रहते थे। मुझे लगा था—मैं एकाध साल बाहर था, पर बाद में मालूम हुआ—मैं दो साल बाहर था!

मैं अधिकतर घर में रहता था। एक तो मुझे भीड़ अच्छी नहीं लगती थी और आवाजें सहन नहीं होती थीं, दूसरा, रास्ता बदलने में भी काफी समय लगता था, इसलिए मैं बाहर जाता ही नहीं था; घर पर ही रहता था, घर के काम करता था। घर में रसोई बनाने का कार्य मुझे अधिक प्रिय था। सुबह-शाम नियमित ध्यान करता था और ध्यान में अपने गुरुदेव से संपर्क में रहता था। एक दिन गुरुदेव से प्रार्थना की, "गुरुदेव, आपने आदेश दिया—अब घर जाओ, घर पर पत्नी याद कर रही है, तो मैं घर आ गया। पर इस समाज में मैं रह पाऊँगा, ऐसा मुझे नहीं लगता। थोड़ी आवाजों से चौंक जाता हूँ, कान में रुई डालकर रहता हूँ। अब यहाँ पर कैसे रहूँ? अब आगे का

मार्गदर्शन करो; क्या करूँ?" गुरुदेव कह रहे थे, "इतने दिन ध्यान किया, अब मेरी भक्ति कर। परमात्मा सर्वत्र ही है, सब स्थानों पर विद्यमान है। उसके दर्शन कर। परमात्मा सर्वत्र है, पर उस परमात्मा को देखने की दृष्टि प्राप्त कर क्योंकि ध्यानमार्ग में मनुष्य अपने भीतर की यात्रा करता है और भीतर की यात्रा में इतना लीन हो जाता है कि वह परमात्मा के दर्शन अपने भीतर ही करने लग जाता है। यानी यह भी अति ही है। वह बाहर के परमात्मा के दर्शन कर ही नहीं पाता है जबकि परमात्मा बाहर भी तो विद्यमान है! भक्तिमार्ग में इसका एकदम उल्टा है: परमात्मा बाहर है। साधक भक्ति कर परमात्मा को किसी एक माध्यम के द्वारा पाना चाहता है और अनन्य भक्ति कर उस परमात्मा को पा भी लेता है।"

"अनन्य भक्ति महत्त्वपूर्ण है। जब तक भक्ति की धारा को एक स्थान पर न केंद्रित किया जाए, तब तक हम परमात्मा को नहीं पा सकते हैं। हमें अपने-आपको किसी एक स्थान पर केंद्रित करना होगा। यह ठीक वैसा ही है, जैसे पानी की तलाश में हम कुआँ खोदते हैं तो एक ही स्थान पर खोदते जाते हैं, तभी पानी लगता है। एक स्थान पर ही अपना सारा ध्यान केंद्रित करते हैं और कुआँ गहरा खोदा जाता है और पानी लग जाता है। पर कुआँ खोदने के लिए अगर थोड़ा-थोड़ा खूब जगह खोदा जाए तो पानी कभी लग ही नहीं सकता। ठीक उसी प्रकार, जब तक किसी एक माध्यम की अनन्य भक्ति न की जाए, परमात्मा प्राप्त नहीं हो सकता है। पर भक्तिमार्ग में बाहर का ही परमात्मा मिलता है, भीतर के परमात्मा से हम अनजान रहते हैं। इसके ठीक विपरीत, ध्यान में भीतर उतरा जाता है और परमात्मा को भीतर ही प्राप्त किया जाता है। पर इसके लिए कोई भीतर तक उतरा हुआ सद्गुरु मिलने की आवश्यकता होती है। पर फिर सारी खोज भीतर की ही चलती रहती है और परमात्मा को भीतर की ओर ही खोजा जाता है और परमात्मा को भीतर ही उतरकर पाया जाता है। पर इसमें बाहर के परमात्मा का अनुभव नहीं होता है। परमात्मा तो सर्वत्र है। वह भीतर भी है और बाहर भी है। यह सभी ओर है। न यह पैदा हुआ है और न ही इसे मृत्यु प्राप्त है। परमात्मा की न तो कोई शुरुआत है और न ही कहीं अंत है। वह आदि व अंत, इन दोनों से ही परे है। भक्तिमार्ग भी माध्यम में ही

परमात्मा देखता है और ध्यानमार्ग यानी केवल स्वयं में परमात्मा की अनुभूति प्राप्त करना है। ये दोनों अतिकठिन मार्ग हैं और आज के समय में इन दोनों को भी अपनाकर समाज में नहीं रह सकते हैं।"

गुरुदेव की इच्छा उनके ज्ञान को सामान्य से सामान्य मनुष्य तक पहुँचाने की थी। यानी और भी कोई आसान मार्ग होगा जिससे परमात्मा तक पहुँचा जा सकता हो। अब मैं भी इस मार्ग में इतना गहरा उतर गया था कि समाज में रहकर भी सामाजिक नहीं था। मेरी बातें लोगों की समझ में नहीं आ रही थीं। लोग, मेरी बातें सदैव ध्यान की होती थीं, तो मुझसे ऊबते थे। मैं किसी शादी में अगर गया तो मैं जिस कोने में बैठता था, उस कोने में कोई नहीं आता था क्योंकि लोग मेरी ध्यान की बातें सुन-सुनकर बोर हो गए थे (ऊब गए थे)। मुझे ध्यान के अलावा और कुछ आता भी नहीं था और लोगों को इसमें रस नहीं था। मुझे परमात्मा की अनुभूति प्राप्त हुई थी और इसी कारण आत्मज्ञान मिला था, पर उसे दूसरों को बाँटने का अधिकार नहीं मिला था और इसी कारण मेरी बातें लोगों की समझ में नहीं आ रही थीं। मैं मनुष्य-समाज में था, पर फिर भी अलग था। मैं लोगों से, रिश्तेदारों से एक दूरी ही बनाए रखता था। वे भी एक दूरी ही बनाए रहते थे। मैं समझ रहा था—मैं साधनारत हूँ पर मेरी साधना अभी पूर्ण नहीं हुई है और माँ-बाप, लगातार, मैं कुछ व्यवसाय करूँ, ऐसे पीछे लगे रहते थे। केवल पत्नी ही थी जो मेरी अंतरंग दशा को समझ पा रही थी। वे कहती थीं, "तुम अपनी आत्मा की आवाज सुनो, वह क्या कह रही है। आत्मा को सब ज्ञान होता है—क्या उचित है, क्या अनुचित है। माँ-बाप पुत्रमोह के कारण तुम्हें कह रहे हैं—व्यवसाय करो, नौकरी करो। पर तुम्हें अगर नहीं लगता, मत करो। तुम वही करो जो करने को आत्मा कह रही हो।"

प्रकरण 2

श्री हरि महाराज के साथ

एक दिन ध्यान में ही मुझे गुरुदेव का आदेश मिला, "हिमालय में 'नामसाई' शहर के पास परशुराम कुण्ड है, वहाँ पर पूर्णिमा के दिन पहुँचो। वहाँ पर हरि महाराज मिलेंगे। तुम्हारी अगली आध्यात्मिक यात्रा वहीं से प्रारंभ होगी।" मैंने दूसरे दिन पत्नी को बताया और फिर उस यात्रा पर चल दिया। मैं वापस डिब्रूगढ़ आया। डिब्रूगढ़ से नामसाई ब्रह्मपुत्र नदी पार करके आया और फिर परशुराम कुण्ड की ओर चल दिया। यह हिंदू तीर्थस्थान है। यहाँ पर भगवान परशुराम ने अपना परशु डुबाया था, इसलिए इस तालाब का पानी लाल है, ऐसी पौराणिक कथा है। मैं पहुँचा, तब पूर्णिमा में तीन दिन बाकी थे। मैं वहाँ पहुँचकर गुरुमहाराज का इंतजार करने लग गया। पूर्णिमा के दिन भी सुबह से इंतजार कर रहा था, पर शाम को गुरुमहाराज को खोज सका। वे बड़े पेड़ों के बीच अपना आसन लगाए बैठे थे। मैं जैसे ही उनके पास पहुँचा तो मुझे इसलिए आश्चर्य हुआ कि वे शिवबाबा के समान ही दिख रहे थे। दोनों में बहुत साम्यता थी। ये गुरुमहाराज भी एकदम गौरवर्ण थे, इनकी उम्र 60-65 साल की ही लग रही थी, ऊँची कद-काठी थी, सफेद दाढ़ी थी, सफेद-शुभ्र बाल थे और बड़ी प्रभावशाली आँखें थीं। उन्होंने भी मुझे देखा तो हाथ से इशारा करके बुलाया। मैं उनके सामने झुककर, नमस्कार करके बैठ गया।

वे बोले, "घर पर शांति से रहा नहीं जा रहा है? कैसे रहोगे, तुम घर में रहने के लिए बने ही नहीं! बैठो।"

"मैं हर साल पूर्णिमा के दिन इस पवित्र स्थान पर आता हूँ। मुझे यहाँ परशुराम महाराज बुलाते हैं, मैं आता हूँ। कल मैं वापस हिमालय के पर्वत पर लौट जाऊँगा। तुम भी मेरे साथ चलना। आगे का मार्ग वहाँ है।"

दूसरे दिन सुबह उनके साथ मेरी यात्रा शुरु हुई। इस भाग में बड़े, घने और ऊँचे वृक्षों के जंगल थे। हम दिनभर प्रवास करते थे और रात को किसी वृक्ष के पास विश्राम करते थे। कुछ जंगल ऐसे भी लगे जिन जंगलों में अवैध रूप से कटाई हो रही थी। बड़े-बड़े वृक्ष काटे जा रहे थे। मनुष्य पैसों के लालच में वृक्षों को काट रहा था। कटाई करने वाले भी बड़े व्यवस्थित रूप से कार्य करते थे। मशीनों की सहायता से वृक्ष को काटते थे और उनके पास हाथी बड़ी मात्रा में थे, वे हाथी उन वृक्षों के गड्ढों को सड़क पर खड़ी ट्रक में चढ़ाते थे। बड़ी मात्रा में यह कार्य हो रहा था। हम यह दृश्य जगह-जगह देख रहे थे। जंगल के जंगल उजाड़े जा रहे थे। सुनसान जंगल में ट्रक चलने की आवाजें जंगल की शांति को भंग कर रही थीं। हम यह सब देखते हुए आगे बढ़ रहे थे। बाद में सारे जंगल समाप्त हो गए और पहाड़ियाँ चालू हो गईं। छोटी-छोटी पहाड़ियाँ चढ़ते थे, उतरते थे। लेकिन अब हिमालय के पर्वतशिखर पास, और पास आ रहे थे। पर्वतशिखर लगते तो बहुत पास थे पर पास जाने पर फिर दूर लगने लग जाते थे। रास्ते में लग रही पहाड़ियों के शिखरों पर जमी हुई बर्फ दिख रही थी, बाकी नीचे की बर्फ पिघल गई थी। मैंने जीवन में हिमालय के दर्शन इतने पास से बहुत दिनों के बाद किए थे। अब हम मनुष्य-बस्ती के बाहर चले गए थे। अब कहीं भी कोई मनुष्य नहीं दिख रहा था। अब बर्फीली पहाड़ियाँ भी लगनी शुरू हो गई थीं पर हमारा प्रवास समाप्त नहीं हो रहा था। बर्फ के बीच कहीं कोई चट्टान मिलती थी, तब ही हम उस पर रुकते थे। धीरे-धीरे हम आगे बढ़ रहे थे।

हिमालय का और जामुनी रंग का क्या संबंध था, यह पता नहीं, पर हिमालय में मैंने जामुनी रंग के फूल ही अधिक मात्रा में देखे। गुरुदेव इस मार्ग के अभ्यस्त लगे। वे हर साल गुरुपूर्णिमा के दिन उस परशुराम कुण्ड पर आते थे और यह क्रम सालों से चल रहा

था। गुरुदेव को वनस्पतियों और जड़ी-बूटियों का बहुत ज्ञान था। वे रास्ते में लग रही कुछ वनस्पतियाँ खाने के लिए देते थे और कुछ जड़ी-बूटियाँ वे एकत्र करके चल रहे थे। कुछ वनस्पतियाँ रात में जुगनू की तरह प्रकाशित हो रही थीं। चार दिनों के प्रवास के बाद हम गुरुदेव की गुफा तक पहुँचे। यह पर्वत के शिखर से नीचे, रास्ते में ही एक बड़ी विशाल गुफा थी, पर इस गुफा का रास्ता बड़ा विचित्र था। एक बड़ी-सी चट्टान पहाड़ से उभर आई थी। उसके नीचे एक दरार थी। इस दरार में से ही गुफा में प्रवेश किया जा सकता था। वह ऊपर की उभरी हुई चट्टान गुफा के मार्ग को ढँक रही थी। यानी पास में जाओ तो प्रवेश का द्वार दिखता था, अन्यथा दूर से कुछ भी दिखता ही नहीं था। गुफा के भीतर एक बड़े पत्थर के ऊपर, पत्थर के बीचो-बीच एक छोटी-सी, सफेद संगमरमर की, गणेश की बड़ी ही सुंदर और मोहक मूर्ति थी। उस मूर्ति के आसपास भी आभामण्डल निर्मित था। गुरुदेव ने जाकर मूर्ति को दंडवत प्रणाम किया। मैंने भी जाकर दंडवत प्रणाम किया। मेरे जीवन की आध्यात्मिक यात्रा में ये पहले गुरु मिले थे जो मूर्तिपूजक थे। अभी तक सभी ध्यान करने वाले ही मिले थे। यह मेरा एक अलग ही अनुभव था। इतनी दूर, हिमालय में, इतने निर्जन स्थान पर कोई पूजा-पाठ कर सकता है, इसकी कल्पना भी मैं नहीं कर सकता था।

वे गुरुदेव नियमित पूजा-पाठ करते थे और ध्यान भी करते थे। मैं पूजा में उनकी सहायता करता था। वे मन ही मन कोई पाठ नियमित किया करते थे। वे क्या पाठ करते थे, वह नहीं मालूम, लेकिन जब वे करते थे तो मुझे रोम-रोम में चैतन्य का अनुभव होता था, आसपास का सारा वातावरण पवित्र व चैतन्यमय हो जाता था। वे उस गणेशमूर्ति का रोज अभिषेक करते थे और वह पाठ करते थे। कभी-कभी जब उनकी इच्छा होती थी, तब बोलते थे। मुझे धीरे-धीरे जानकारी प्राप्त हो रही थी। वे जो पाठ करते थे, वह पाठ मुझे भी सिद्ध करना चाहिए, इसलिए वे मुझे यहाँ लेकर आए थे। एक दिन वे बोले, "मैं 'श्री गणपति अथर्वशीर्ष' का नियमित पाठ करता हूँ।

यह पाठ नियमित करके मैंने इसे सिद्ध कर दिया है और मैं चाहता हूँ कि तुम भी इसे सिद्ध करो। समाज में जाने के पूर्व तुम्हारा चित्त शुद्ध व पवित्र होना आवश्यक है। पवित्र व शुद्ध करने के लिए यह पाठ सीखना और सिद्ध करना अति आवश्यक है। यह पाठ की विशेषता है—अगर किसी गलत शिष्य को यह सिखाया तो उसका दोष गुरु को ही लगता है। इसलिए इसे सिखाया नहीं जाता। तुम्हें इसे सिद्ध करना स्वयं ही सीखना होगा। मैं यह सिखाऊँगा नहीं, पर तुम्हें सीखना होगा और तुम गुरुकृपा में सीख सकते हो। तुम्हें इक्कीस लाख पाठ करके इसे सिद्ध करना है। मैंने भी 21 लाख पाठ करके इसे सिद्ध किया है। तुम जो समाज में कार्य करने जा रहे हो, वह इसके माध्यम से ही हो सकता है।"

उन्होंने कहा था—अगली गुरुपूर्णिमा के दिन मैं तुम्हें फिर परशुराम कुण्ड पर छोड़ आऊँगा। यानी मेरे पास एक ही साल था। अब मुझे सब असंभव लग रहा था।

मुझे धीरे-धीरे गुरुदेव के बारे में जानकारी मिल रही थी। वे कभी-कभी अपने बारे में बताते रहते थे। उनका नाम श्री हरि पटवर्धन था। वे सांगली, महाराष्ट्र के रहने वाले थे। वे कोंकणस्थ ब्राह्मण थे। वे अपने-आपको श्री परशुराम का वंशज मानते थे। मैं भी कोंकणस्थ ब्राह्मण था, इसकी भी जानकारी उन्हें थी। वे इस पाठ को सिद्ध कराने के लिए किसी शिष्य की तलाश में थे। वे कहते थे, "मैं परशुराम का वंशज हूँ और तुम मेरे ही वंशज हो।" मेरे रिश्तेदार रत्नागिरी-कोंकण में थे, पर सांगली में कोई होगा, यह मुझे मालूम नहीं था। वह पाठ करना बाद में था, पहले पूजा-पाठ का अर्थ मुझे समझना था।

परमात्मा तो विश्व के कण-कण में है। तो फिर उसे तो सर्वत्र महसूस किया जा सकता है। फिर उस परमात्मा को केवल एक मूर्ति में ही बाँधकर रखना कहाँ तक उचित है? दूसरा, चित्तशुद्धि के लिए गणेशप्रतिमा ही क्यों? मेरे मन में ऐसे कई प्रश्न उठ रहे थे। जब तक उनका उत्तर नहीं मिलता, मैं आगे नहीं बढ़ सकता था। परमात्मा की प्राप्ति के लिए किसी विशेष धर्म को ही क्यों अपनाना? किसी विशेष उपासनापद्धति को ही क्यों अपनाया जाए? हिंदू धर्म

को ही क्यों अपनाया जाए? यह प्रश्न था। सारे लोग तो हिंदू नहीं हैं, फिर उन्हें परमात्मा कैसे मिलेगा? मैं हिंदू हूँ, ठीक है, पर बाकी लोग उसे कैसे ग्रहण करेंगे? मैं चाहता था—कोई ऐसा मार्ग हो जिसे आम आदमी भी अपनाए, किसी भी धर्म का आदमी अपनाए, किसी भी उपासनापद्धति का आदमी अपनाए। मुझे लगा कि हिंदू धर्म की सीढ़ी को पार कर मैं मनुष्यधर्म तक पहुँच गया हूँ और ये गुरुदेव मुझे वापस हिंदू धर्म में रखकर सीमित कर रहे हैं। मैं बड़ी उलझन में था। ऐसे लाखों प्रश्न मेरे सामने थे और आगे का मार्ग मुझे दिख नहीं रहा था। सब ओर अँधेरा ही अँधेरा था। कहीं कोई ज्ञान का प्रकाश नजर नहीं आ रहा था।

हिमालय में बड़ा शांत वातावरण था। जंगल में जैसे पशु-पक्षी अधिक मात्रा में थे, वैसे ही यहाँ पर वनस्पतियाँ अधिक मात्रा में थीं। हिमालय में चलना भी कठिन था। कहाँ पर बर्फ मोटी है, कहाँ पर पतली है, कहाँ खड्ढा है, कहाँ खाई है, ऊपर से कुछ अंदाजा नहीं लगाया जा सकता था। सूर्योदय के समय जब सूरज की किरणें बर्फ पर पड़ती थीं तो वह इतनी चमकती थी कि आँखें चौंधिया जाती थीं। मैं गुफा के बाहर अकेला कम ही निकलता था और निकला तो भी प्रायः गुफा के आसपास ही रहता था क्योंकि मुझे वहाँ की अधिक जानकारी नहीं थी। बर्फ जब ताजी-ताजी गिरती थी तो बड़ी नरम रहती थी पर बाद में सख्त हो जाती थी। कहीं-कहीं तो इतनी नर्म बर्फ रहती थी कि कहीं पेशाब भी करो तो वहाँ पेशाब की गर्मी से एक खड्ढा हो जाता था! इतनी नर्म बर्फ होती थी! और इतना ठण्डा वातावरण होता था कि पेशाब से भाप निकलती थी मानो उबला हुआ पानी गिर रहा हो! पेशाब तो जैसी गर्म होती है, वैसी ही थी, पर वातावरण बहुत ठण्डा था, इसलिए पेशाब अधिक गर्म लगती थी। ठीक ऐसा ही अनुभव मलत्याग के समय होता था। बाहर का वातावरण एकदम ठण्डा था। गुफा के बाहर ही अधिक ठण्ड लगती थी, अंदर उतना ठण्डा नहीं लगता था। अंदर का वातावरण तो बहुत चैतन्यमय था। मेरे प्रश्न अधिकतर गुफा के बाहर आने पर ही अधिक उठते थे।

एक दिन सुबह-सुबह मैंने सूर्य के दर्शन किए और सूर्यदेव को ही नमस्कार करके मैंने मेरे गुरुदेव को याद किया और प्रार्थना की, "गुरुदेव, मेरा मन बड़ी दुविधा में है। कुछ मार्ग बताइए, कुछ रास्ता दिखाइए—उपासनापद्धति श्रेष्ठ है या ध्यान श्रेष्ठ है? बड़ी असमंजस की स्थिति है। आगे का मार्ग नहीं दिख रहा है।" सूरज की प्रथम किरण के साथ मुझे उत्तर आया, "जो दिख रहा है, उसमें उत्तर मत खोज। जो अनुभव हो रहा है, उसमें उत्तर है। अनुभव कर! यह अनुभव आध्यात्मिक क्षेत्र की प्रगति की पादान है।" मैं फिर गुफा में आ गया। अभी तक तो मैं असफल ही था।

एक दिन पूजा करने के बाद गुरुदेव बताने लग गए, "हमें किस शरीर में जन्म लेना है, इसका चुनाव आत्मा स्वयं अपनी इच्छा से करती है। जिस घर में हमने जन्म लिया, उस घर की उपासनापद्धति को ही हम अपना लेते हैं। यानी एक प्रकार से देखा जाए तो भीतर भले एक ही धर्म है, पर बाहरी धर्म हम वह अपनाते हैं जो अपने घर का होता है। यानी इस बाहरी धर्म का चुनाव भी आत्मा ही करती है। परमात्मा एक विश्वव्यापी चेतनाशक्ति है जो सारे ब्रह्माण्ड में फैली हुई है। लेकिन उस चेतनाशक्ति ने हम तक पहुँचने के लिए जो मार्ग अवलंब किया और जिस माध्यम से हम तक पहुँची, वह माध्यम ही हमारे लिए परमात्मा है, हमारे लिए चेतना का स्रोत है। हमारे लिए यह माध्यम हमारे गुरुदेव होते हैं। अगर हम हमारे गुरुदेव को ही भगवान मानते हैं, तो ही हम उस चेतनाशक्ति को भी पा सकते हैं जिसे परमात्मा कहते हैं। क्योंकि इस माध्यम का चुनाव हमने नहीं किया, परमात्मा ने स्वयं किया है। ठीक इसी प्रकार से, हमारे घर पर अपनाए जानेवाले बाहरी धर्म का चुनाव भी हमने नहीं किया, आत्मा ने अपनी सुविधानुसार किया है।"

"आत्मा के द्वारा चुने हुए बाहरी धर्म को ही अगर हम अपना लें, तो उस बाहरी धर्म से भीतरी धर्म तक पहुँचा जा सकता है। यानी सब धर्म समान हैं। सभी धर्मों में मनुष्यधर्म की बात की गई है और सभी धर्मों का उद्देश मनुष्यधर्म को जगाना है। धर्म का चुनाव आत्मा ने किया है, इसीलिए जिस घर में जन्म लिया, उसी घर के धर्म को मनुष्य को अपनाना चाहिए क्योंकि वही उसकी आध्यात्मिक प्रगति

के लिए उपयुक्त है। आध्यात्मिकता एक स्थिति है जिस स्थिति में परमात्मा की प्राप्ति होती है और यह आध्यात्मिक स्थिति किसी भी धर्म के द्वारा प्राप्त की जा सकती है। या हम यह भी कह सकते हैं कि आध्यात्मिक स्थिति वह ठिकाना है जिसे किसी भी धर्म के मार्ग से पाया जा सकता है। इसलिए मनुष्य को अपने धर्म का ही पालन कर आध्यात्मिक स्थिति को प्राप्त करना है। अपने धर्म को छोड़कर दूसरा धर्म ग्रहण करने की कोई आवश्यकता नहीं है। आध्यात्मिक स्थिति तक सभी धर्मों से पहुँचा जा सकता है, लेकिन उस आध्यात्मिक स्थिति को प्राप्त करने के लिए प्रथम अपने धर्म को पकड़ना होगा, अपने धर्म का पालन करना होगा और बाद में धर्म से परे पहुँचना होगा। धर्म भी माध्यम है आध्यात्मिक स्थिति प्राप्त करने का। एक बार आध्यात्मिक स्थिति प्राप्त हो गई, फिर कोई महत्त्व नहीं रह जाता है, आप किस धर्म को अपनाकर इस ओर पहुँचे हैं। मकान तक पहुँचने के बाद सीढ़ी का कोई महत्त्व नहीं रह जाता है। इसलिए आपकी आत्मा ने जिस धर्म को धारण किया है, वही मार्ग आपकी स्थिति के अनुसार आध्यात्मिक स्थिति पाने के लिए उपयुक्त है। धर्म को बिना अपनाए आध्यात्मिक स्थिति नहीं पाई जा सकती है।"

"आध्यात्मिक स्थिति प्राप्त करने के सभी धर्म मार्ग हैं। मार्ग मार्ग है। वह अच्छा या बुरा नहीं होता है। मार्ग चलने के लिए ही होता है, मार्ग रुकने के लिए नहीं होता है। मार्ग ठहराव नहीं है, मार्ग पर केवल चलना ही होता है। प्रत्येक मार्ग केवल चलने के लिए ही बना होता है, रहने के लिए नहीं बना होता। जो अपने मार्ग पर ही नहीं चला, वह अपने ठिकाने तक कैसे पहुँच सकता है? यह धर्म का मार्ग आपने नहीं चुना, आपकी आत्मा ने चुना है और आपने उस धर्म में जन्म लिया है। इसलिए धर्म-परिवर्तन अपनी ही आत्मा के विरुद्ध है। मनुष्य को चाहिए—उसने जिस धर्म में जन्म लिया है, उसी धर्म का संपूर्ण पालन करे और अपने इस धर्म को ही मार्ग बनाकर 'आध्यात्मिकता' के ठिकाने तक पहुँचे। क्योंकि 'आध्यात्मिक स्थिति' वह स्थिति है जहाँ परमात्मा की प्राप्ति होती है। परमात्मा की प्राप्ति के मार्ग में कोई धर्म, कोई जाति, कोई भाषा बाधक नहीं है क्योंकि ये सब परमात्मा की प्राप्ति में सहायक ही हैं, बाधक नहीं हैं। हमें अपने बाहरी धर्म के सहारे भीतरी आत्मधर्म को जगाना है। हमारा

बाहरी धर्म कुछ भी हो, भीतरी धर्म एक ही है, वह है मनुष्यधर्म और उसी धर्म को जगाने के लिए ये सब बाहरी धर्म बनाए गए हैं। मैंने भी यही किया है। मैंने हिंदू धर्म में जन्म लिया तो मैंने मूर्तिपूजा को मार्ग बनाया और आध्यात्मिकता तक पहुँचा हूँ। जिस मार्ग से मैं आया हूँ, मैं वही बात कर रहा हूँ। वास्तव में, धर्म की एक सीमा होती है। हिंदू धर्म की कोई सीमा नहीं है। यह इसलिए है कि हिंदू (हिंदुत्व) धर्म नहीं है, हिंदू संस्कृति है जो प्रकृति के साथ जुड़ी हुई है। यह भारतीय संस्कृति है जिसमें अनेक देवता हैं, अनेक गुरु हैं, ध्यान की अनेक पद्धतियाँ हैं, योगासन है, प्राणायाम है, ध्यान है, शास्त्रीय संगीत है, वादन है, नृत्य है, शास्त्र है, पशु देवता है, वृक्ष देवता है, नदी देवता है, समुद्र देवता है, सूर्य देवता है, चंद्र देवता है। ये सभी तो प्रकृति से जुड़े हैं। इसीलिए हिंदू संस्कृति को हिंदू धर्म के दायरे में बाँधा नहीं जा सकता। इस संस्कृति में तो प्रत्येक मनुष्यमात्र का विचार किया गया है। सारे विश्व के प्राणीमात्र के लिए सोचा गया है। धर्म कहलाने के लिए इसके पास न कोई एक देवता है और न एक निश्चित ग्रंथ। कोई भी निश्चित सीमा नहीं है। यह तो खुली किताब है जो आदिकाल से लिखी जा रही है और आज तक बंद नहीं हुई है। आज भी कोई गुरु आकर अपनी चार बातें उसमें जोड़ सकता है। इसमें पूजा के माध्यम से प्रकृति के साथ जुड़ना सिखाया जाता है। पर्वत की पूजा, नदी की पूजा, पेड़ की पूजा, चंद्र की पूजा, सूर्य की पूजा, साँप की पूजा, गाय की पूजा, बंदर की पूजा, वगैरह-वगैरह। यानी "सर्वत्र परमात्मा है," यह बताने का उद्देश है। लेकिन लोग पूजा और कर्मकाण्ड को पकड़कर बैठ गए तो यह लोगों का दोष है, पूजापद्धति का नहीं। पूजा यानी किसी एक माध्यम पर चित्त एकत्र करके बाद में भीतर की यात्रा करना है। अंतिम उद्देश आत्मधर्म जागृत करना ही है। पूजा भी क्रमबद्ध तरीके से, लयबद्ध तरीके से मन को एकाग्र करने का माध्यम है। मुख्य उद्देश मन की एकाग्रता ही है। पूजा सशक्त माध्यम है मन की एकाग्रता का। मेरी आत्मा ने हिंदू संस्कृति में जन्म लिया तो मैं वह अपना रहा हूँ। मैंने उसे ही मार्ग बनाया। वैसे ही जो व्यक्ति जिस धर्म में जन्म ले, उसे उसी धर्म को मार्ग बनाना होगा।"

"'धर्म' को ही पकड़े रखना नहीं है। कट्टर धार्मिक व्यक्ति कभी भी परमात्मा नहीं पा सकता है, पर धर्म के बिना परमात्मा की प्राप्ति भी नहीं हो सकती है। धर्म मार्ग है परमात्मा तक पहुँचने का और ये मार्ग अनेक हैं। सभी धर्मों का उद्देश निर्विचारता की स्थिति प्राप्त करना है और उस स्थिति से ध्यान की शुरुआत होती है। ये सभी बाहरी धर्म बनाए गए हैं भीतरी मनुष्य-धर्म को जागृत करने के लिए। वास्तव में भीतरी धर्म एक ही है—आत्मधर्म। मनुष्य योनि एक है, तो धर्म अलग कैसे हो सकते हैं? आवश्यकता है उस ऊँचे स्तर तक पहुँचने की जहाँ पहुँचकर ही यह बात समझ में आ सकती है। मनुष्य के प्रत्येक जन्म के साथ बाहरी उपासनापद्धति वाले धर्म बदलते रहते हैं। इसीलिए जो सद्‌गुरु इस बात को जानते हैं और समझते हैं, उन्होंने सदैव धर्म से ऊपर उठकर ही कार्य किया है। इसलिए मैंने भी वही किया है। जिस धर्म को मेरी आत्मा ने चुना और जिस उपासनापद्धति में जन्म लिया, उसी उपासनापद्धति वाले धर्म को मैंने अपनाया और उसी का सहारा लिए मैं यहाँ तक पहुँचा हूँ और तुम्हें भी वही रास्ता अपनाना होगा। अपनी आत्मा द्वारा चुने हुए धर्म के मार्ग पर ही चलना होगा। आत्मा जानती है कि किस मार्ग से मैं परमात्मा तक पहुँच सकती हूँ।"

उन दिनों बाहर भी मौसम बहुत अच्छा था। गुफा के आसपास भी बाहर जामुनी रंग के फूल बहुत बड़ी मात्रा में उगे थे। बर्फ जमकर पत्थर जैसी कड़क हो जाती थी और उस पर ये फूल उगते थे। इस स्थान पर अलग-अलग जड़ी-बूटियाँ भी पाई जाती थीं। यहाँ पर पक्षी भी अलग-अलग प्रकार के थे। बाहर चलते समय सबसे बड़ा खतरा जमे हुए पानी का होता था। पानी गड्ढे में इकट्ठा हो जाता था। उस पर बर्फ की पतली लेयर-सी (परत-सी) जम जाती थी। ऊपर से सब ठीक लगता था, पर उस पर पैर रखने पर पैर पानी में धँस जाता था। इसीलिए मैं अकेला बाहर ज्यादा दूर नहीं जाता था। गुरुदेव के साथ आसपास जाता था। वे वनस्पति इकट्ठा करने जाते थे, जड़ी-बूटियाँ इकट्ठा करने जाते थे। यहाँ की वनस्पतियाँ भी अलग ही प्रकार की थीं। यहाँ पर मीलों तक कोई मनुष्य-बस्ती नहीं थी। हिमालय पर अनेक ऋषि-मुनियों ने तपस्या की है। इसलिए वहाँ पर एक ऐसा प्रभाव निर्मित हो गया है जिस प्रभाव में जाकर किसी भी

मनुष्य का ध्यान लग सकता है। कई ऋषि-मुनि वहाँ ध्यान कर रहे हैं। उनका भी आभामण्डल वहाँ निर्मित हो गया है। पर यह एकांकी मार्ग प्रतीत होता है। यहाँ पर जो लोग आते हैं, वे प्रायः समाज में कभी वापस नहीं जाते हैं। शायद जा ही नहीं सकते हैं क्योंकि समाज का विचार ही नहीं आता तो समाज तक जाएँगे कैसे? हिमालय पर्वत का स्वयं का एक आभामण्डल है जो मनुष्य को अपनी ओर आकर्षित करता है। इसीलिए उसे पर्वतराज कहते हैं।

एक-एक दिन बीत रहा था। मैं मन में सोच रहा था—महाराष्ट्र में सांगली एक सिरा है और यह हिमालय पर्वत भारत का दूसरा सिरा है। ये गुरुदेव भी कहाँ से कहाँ आ गये थे! यह भाग चीन देश के करीब था। मनुष्य अपनी भीतर की यात्रा करने के लिए बाहर भी कितनी यात्रा करता है!

एक दिन गुरुदेव ने बताया, "मेरी आत्मा ने हिंदू धर्म में जन्म लिया, इसलिए मैंने हिंदू उपासनापद्धति को अपनाया और मुझे बचपन से गणेश के रूप में ही भगवान का स्वरूप प्रिय था। हिंदू उपासनापद्धति में भगवान के हजारों रूप माने जाते हैं, पर मुझे श्री गणेश का रूप ही भाता था। हमें अपनी आध्यात्मिक प्रगति के लिए मन की एकाग्रता करनी होगी और मन की एकाग्रता करने का माध्यम मूर्ति है। मूर्ति तो वास्तव में एक पत्थर है, पर उस पत्थर में आकार दिया गया है। वह आकार हमारे मन में भाव निर्माण करता है। मूर्ति तो अपनी एकाग्रता के लिए है। हमारा भाव ही उसमें देवत्व निर्माण करता है। मन की एकाग्रता करने के लिए एक ही माध्यम होना चाहिए, इसीलिए मैंने एक माध्यम श्री गणेश को माना। मैंने श्री गणेश के अलावा कभी किसी देवता की उपासना नहीं की है। आप किसी भी माध्यम को मानो, मानना आत्मा का शुद्ध भाव है। वह भाव ही मनुष्य को झुका सकता है और मनुष्य जितना झुकता है, उतना ही उसका स्वयं का अस्तित्व समाप्त हो जाता है। मनुष्य का अस्तित्व जितना समाप्त होता है, उतना ही वह सामूहिकता के साथ जुड़ जाता है। यह सामूहिकता की शक्ति ही परमात्मा की शक्ति होती है। श्री गणेश का रूप बहुत मोहक है। श्री गणेश की सूँड बताती है कि प्रत्येक वस्तु की अनुभूति लो, अनुभूति पर ही

विश्वास करो। संवेदनशील बनो, संवेदनाओं से विश्व को जानो। जीवन अनुभूतिप्रधान होना चाहिए। उसका बड़ा मस्तक बताता है—सदैव शांतचित्त रहो, सभी परिस्थितियों में से मनुष्य शांति के साथ निकल सकता है। अपनी मन की शांति बनाए रखो। श्री गणेश की आँखें बारीक हैं। यानी मनुष्य को अपनी दृष्टि सदैव पैनी रखनी चाहिए। सदैव सूक्ष्म दृष्टि ही मनुष्य को सत्य का दर्शन करा सकती है। सूक्ष्म दृष्टि से ही आभामण्डल को जाना जा सकता है। श्री गणेश की आँखें सूक्ष्मता का संदेश देती हैं। श्री गणेश के बड़े-बड़े कान बताते हैं—मनुष्य को अधिक सुनने की आदत डालनी चाहिए। सभी बातें शांतचित्त होकर सुनो। सुनने से ही ज्ञान की प्राप्ति हो सकती है। सदैव अच्छा अधिक से अधिक सुनो। श्री गणेश का बड़ा पेट उदारता का प्रतीक है, समाधान का प्रतीक है। समाधानी मनुष्य का पेट बड़ा होता है क्योंकि वह तृप्त होता है। शारीरिक, मानसिक सभी दृष्टि से उसे कोई भूख नहीं होती है। श्री गणेश का बड़ा शरीर शक्ति का प्रतीक है। मनुष्य को सदैव शक्तिशाली होना चाहिए। दूसरी महत्त्वपूर्ण बात है—उनके (श्री गणेश के) शरीर की संरचना चैतन्य का निर्माण करती है। वास्तव में, यह आकार चैतन्य ग्रहण करने के लिए ही हुआ है। यह आकार पृथ्वी के चैतन्य को ग्रहण करता है। श्री गणेश पवित्रता के देवता हैं। बिना पवित्रता के कोई साधना पूर्ण नहीं हो सकती है। पवित्रता से मेरा आशय केवल शरीर की पवित्रता से नहीं है, पवित्रता से मेरा आशय चित्त की पवित्रता से है। मनुष्य को अपना चित्त इतना पवित्र करना चाहिए कि उसके चित्त में कोई अपवित्र विचार भी नहीं होना चाहिए। इस पवित्र चित्त की बड़ी शक्ति होती है। चित्त से सबकुछ हो सकता है। श्री गणेश पवित्रता के देवता हैं। इसी कारण से प्रत्येक धार्मिक अनुष्ठान में, प्रत्येक कर्मकाण्ड में श्रीगणेशपूजा से कार्य प्रारंभ करते हैं। कोई भी कार्य, कोई भी उपासना करने के पूर्व शुद्ध होना चाहिए, फिर ही वह शुरू की जानी चाहिए। श्री गणेश मंगल के प्रतीक हैं। वे मंगलमय वातावरण का निर्माण करते हैं और यही कारण है कि जहाँ पर गणेश की स्थापना हो, वहाँ पर मंगलमय वातावरण वैसे ही निर्मित हो जाता है। यह सब उनके शरीर की संरचना का ही परिणाम है। इस शरीर की संरचना ही इसी उद्देश से की गई है।”

"एक कहानी के माध्यम से उनके महत्त्व को समझाया गया है। पार्वतीजी नहा रही थीं और श्री गणेश बाहर पहरा दे रहे थे। वास्तव में, हमारे शरीर की ऐसी ही संरचना है। हमारे शरीर में मूलाधार चक्र पर श्री गणेश का स्थान है और उसके पास ही कुण्डलिनी माँ का स्थान है। कुण्डलिनीमाँस्वरूप पार्वती पास ही रहती है। उस कुण्डलिनी शक्ति को जगाने के लिए प्रथम श्री गणेश के पास जाना होता है। वे प्रथम देखते हैं कि उनकी माँ तक पहुँचने वाला अधिकारी व्यक्ति है या नहीं? कौन कुण्डलिनी शक्ति को जगा रहा है? वह जगाने वाला व्यक्ति अधिकारी व्यक्ति होना चाहिए, पवित्र व्यक्ति होना चाहिए, अन्यथा मूलाधार चक्र के ऊपर ही मनुष्य पहुँच नहीं सकता है। मूलाधार चक्र का प्रभाव विसर्जन संस्थान पर होता है। मैल का विसर्जन... फिर वह मैल शरीर का हो या चित्त का हो, मनुष्य मैलरहित, पवित्र होना चाहिए। चित्तशुद्धि महत्त्वपूर्ण है।"

"इसीलिए मैंने अपनी उपासना के लिए श्री गणेश के माध्यम का उपयोग किया है। इन्हीं की उपासना से मुझे चित्तशुद्धि की स्थिति प्राप्त हुई। इसी चित्तशुद्धि के कारण मुझे मेरे गुरु मिले थे और आध्यात्मिक स्थिति की प्राप्ति हुई। ब्राह्मणों के लिए श्रीगणेश-उपासना अधिक आसान सिद्ध होती है। अब रही बात श्री गणपति अथर्वशीर्ष की, तो यह श्री गणेश की स्तुति है। उन्हीं का गुणगान इसमें किया गया है। इसे भी सिद्ध करना पड़ता है। मैंने इसे सिद्ध किया है और तुम भी इसे सिद्ध करो। पर मैं यह सिद्ध करना सिखाऊँगा नहीं, तुम स्वयं सीखो। तुम यह सीख सकते हो, इसका मुझे पूर्ण विश्वास है।"

मुझे लगा, घूम-फिरकर फिर मैं वहीं आ गया जहाँ से चला था। मुझे भ्रमित होता देख गुरुदेव मुस्करा दिए। मैंने इसका मार्ग निकालने के लिए शरणागति का मार्ग ही अपनाया। मैंने गुरुदेव की चरणवंदना की और कहा, "गुरुदेव, मैं अपने-आपको संपूर्ण समर्पित कर रहा हूँ। अब आप ही मुझे यह सिद्ध करने का मार्ग बताइए।" गुरुदेव ने हँसते हुए कहा, "अरे पगले, जब मैं इसका पाठ करता हूँ तो उसमें से चैतन्य का एक प्रवाह बहता है। उस प्रवाह को पकड़,

उस पर चित्त रख, तो प्रवाह का स्रोत शब्द हैं, वे शब्द और उनका सार समझ में आ जाएगा।"

मैं समझ गया—गुरुदेव चैतन्य की भाषा की बात कर रहे थे। मैंने दूसरे दिन से ही यह प्रयोग शुरु किया। प्रथम ब्रह्मनाद सुनाई पड़ा। फिर संस्कृत भाषा के शब्द समझ में आ रहे थे। रोज थोड़ा-थोड़ा करके मैं पूर्ण पाठ समझ गया और अब उसे सिद्ध करने का कार्य बाकी था। फिर उसे सिद्ध करने के लिए अनुष्ठान प्रारंभ किया। उसी का पाठ करते-करते ध्यान करता था। लगातार साधना चल रही थी।

प्रत्येक शब्द का अपना एक आभामण्डल होता है और उस आभामण्डल का निर्माण जब समूह में होता है तो वह वातावरण में एक शक्तिशाली ऊर्जा का निर्माण करता है। उस ऊर्जाशक्ति को आप अपनी इच्छाशक्ति से प्रवाहित कर सकते हैं। उस ऊर्जा को गलत दिशा में प्रवाहित न करें, इसके लिए प्रथम चित्त शुद्ध होना आवश्यक है। चित्त शुद्ध होगा तो आपके मन में कोई वैर, कोई लालच होगा ही नहीं। फिर उस ऊर्जाशक्ति का उपयोग आप दूसरे का बुरा करने के लिए करोगे नहीं, खुद के लिए कुछ माँगोगे नहीं, तो फिर उसका उपयोग जनकल्याण के लिए ही करना बाकी रह जाता है। अब वह करोगे। साधना सतत, नियमित रूप से चल रही थी।

गुरुदेव ने कहा, "चैतन्य की अपनी अलग भाषा है। एक बार वह भाषा सीख गए, तो फिर पुस्तक की भाषा समझने की आवश्यकता नहीं है। चैतन्य की भाषा का ज्ञान तुम्हें इसलिए भी आवश्यक है क्योंकि तुम्हें आध्यात्मिक अनुभूति के प्रचार का कार्य सारे विश्व में करना है। सारा विश्व तेरी बात समझ सके, अब ऐसी भाषा तुझे आनी चाहिए। दुनिया में ऐसी भाषा कोई नहीं है जिसे पुस्तक से पढ़ा जाए और सभी को समझ में आ जाए। केवल चैतन्य की भाषा परमात्मा और आत्मा की भाषा है। इसमें शब्द नहीं हैं, अनुभूति है और अनुभूति से ज्ञान प्राप्त हो सकता है। इसी चैतन्य की भाषा पर, मनुष्य की ही नहीं, पशु-पक्षियों की भाषा भी जुड़ी हुई है। इसमें (चैतन्य की भाषा में) शब्द नहीं, नाद है और नाद एक चैतन्य का निर्माण करता है। पशु-पक्षियों की भाषा में नाद होता है, शब्द नहीं

होते हैं। उसी नाद पर वे अपनी बात एक-दूसरे तक पहुँचाते रहते हैं।"

जैसे-जैसे मेरी ध्यान-साधना बढ़ रही थी, वैसे-वैसे मेरे भीतर कुछ बदलाव होने लग गया था। चित्त में पवित्रता अनुभव हो रही थी। चित्त सूक्ष्म भी हो रहा था। चित्त के सूक्ष्म होने के साथ-साथ उसे गति भी प्राप्त हो रही थी। विश्व छोटा महसूस होने लगा था। विश्व में चल रही छोटी से छोटी बात भी समझ में आ रही थी। एक दिन ध्यान में अनुभव हुआ कि साधना चल रही थी, पर मैं आकाश में चला गया था और ऊपर से गुफा को, गुरुदेव को, अपने शरीर को स्पष्ट रूप से देख पा रहा था। जब मैं मेरे शरीर को स्पष्ट रूप से देख पाया, तब अनुभव हुआ—मैं शरीर नहीं हूँ, मैं एक आत्मा हूँ। इस आत्मा के अस्तित्व को प्रथम बार अनुभव किया। अपनी आत्मा को शरीर से हटकर होने का अनुभव किया और अपने-आपको, शरीर से अलग पाया। तब ही ज्ञान हुआ कि मैं शरीर नहीं हूँ, शरीर तो मैंने पहना हुआ वस्त्र है। मैं एक पवित्र आत्मा हूँ। इसका ज्ञान हुआ और उस आत्मस्वरूप में मैं संपूर्ण विश्व में घूमकर आ गया और सारे ब्रह्माण्ड में घूमकर आ गया और देखा—शरीर अभी भी वहीं बैठा हुआ है। धीरे-धीरे उस शरीर पर एकाग्र हुआ और फिर अपने उस शरीर पर जाकर भीतर पहुँच गया। उस अनुभव से यह जान पाया—मैं कौन हूँ। वास्तव में, मैं कौन हूँ, यह जानना आध्यात्मिक प्रगति के लिए अति आवश्यक है।

एक दिन गुरुदेव बोले, "तेरे पूर्वजन्म के कर्म अच्छे हैं, वह तेरी पत्रिका से ही पता चल रहा है। तेरा गुरु ग्रह बड़ा श्रेष्ठ है। गुरु ग्रह से मनुष्य के पूर्वकर्मों का पता चलता है। बड़े पुण्यकर्म करके तू जन्मा है! तेरी पत्रिका में 'मालायोग' है। तुम बड़े भाग्यवान हो। तुम्हारे जन्म का उद्देश ही आत्माओं का कल्याण करना है। तुम्हारे आत्मकल्याण के हवन में मैं भी एक आहुति डालना चाहता हूँ। ज्योतिष गणित पर आधारित शास्त्र है जो सही है। पर इसका आधार सही होना चाहिए। यह बच्चे के जन्मसमय, जन्मस्थान पर आधारित होता है। ये सही हैं, तो भविष्य भी सही ही होगा। दूसरा, भविष्यवक्ता भी सही

होना चाहिए, तभी वह अपने अनुभव के आधार पर सही-सही गणना कर सकता है।”

“ये शास्त्र की सीमाएँ हैं। यह बिना जन्मसमय व बिना जन्मस्थान के जान नहीं सकता है। पर ये दोनों, आवश्यक नहीं कि प्रत्येक मनुष्य को पता ही हों। इसलिए इस शास्त्र से किसी भी मनुष्य के बारे में नहीं जाना जा सकता है। तू इससे भी अधिक प्रगति करने वाला है। तुझे अंतर्ज्ञानी शक्तियाँ प्राप्त होने वाली हैं। उन शक्तियों के आधार पर तू यहाँ, एक स्थान पर बैठकर विश्व के किसी भी व्यक्ति के बारे में संपूर्ण पता लगा सकता है। उस व्यक्ति का भूतकाल जान सकता है, वर्तमान स्थिति जान सकता है, भविष्य भी जान सकता है। वह इसलिए जान पाएगा क्योंकि प्रत्येक जीवित व्यक्ति का एक आभामण्डल होता है। उस आभामण्डल के रंग होते हैं। उन रंगों को दूर से भी स्पष्ट रूप से देखा जा सकता है और इन रंगों के आधार पर उस व्यक्ति के बारे में संपूर्ण जाना जा सकता है। जिस प्रकार से, विश्व में इतने व्यक्ति हैं, पर प्रत्येक मनुष्य के हाथ के अंगूठे की लकीरें अलग-अलग होती हैं, अंगूठे की छाप अलग-अलग होती है, ठीक उसी प्रकार से, मनुष्य का आभामण्डल भी अलग-अलग होता है। उस आभामण्डल को चित्त से जाना जा सकता है। चित्त की गति प्रकाश की गति से भी तेज होती है। एक क्षण में सारी जानकारी मिल जाती है। यह ज्ञान तू सीख सकता है, पर सिखाया नहीं जा सकता है, यह स्वयं ही आ जाता है। यह सब एक पवित्र चित्त के कारण ही संभव है और पवित्र चित्त का निर्माण पवित्रता के देवता श्री गणेश की उपासना से ही संभव है। इसी कारण प्रत्येक शुभ कार्य को पवित्रता से करने के लिए श्री गणेश का पूजन प्रथम किया जाता है। पवित्रता से मेरा आशय शरीर की ही पवित्रता से नहीं है। वह तो शारीरिक शुद्धि हुई। वह तो जानवर भी कर लेते हैं। मेरा आशय चित्त की पवित्रता से है यानी ऐसे चित्त से है जिसमें कभी अपवित्र विचार भी नहीं आए। चित्त को पवित्र करने में 12 सालों की ध्यान-साधना करनी होती है। यह क्षणभर में संभव नहीं है। जो चित्त क्षणभर में पवित्र हुआ, वह क्षणभर में दूषित भी हो सकता है। वह अस्थाई स्वभाव का है, स्थाई पवित्रता आत्मा की पवित्रता है जो एक बड़ी ध्यान-साधना से ही संभव होती है। एक बार चित्त की पवित्रता

का दीपक जल जाए, तो फिर उस दीपक की लौ के सान्निध्य में अनेक दीपक जल उठ सकते हैं।"

अब मैं वहाँ के ठण्डे वातावरण का अभ्यस्त हो गया था। नेपाल में मिले शिवबाबा की गुफा के आसपास का वातावरण और यहाँ के वातावरण में साम्यता थी। ठीक उसी प्रकार, इन श्री हरि महाराज गुरुदेव और श्री शिवबाबा में भी दिखने में साम्यता थी। ये वैसे ही गौरवर्णीय थे। वैसी ही आँखें, नाक... वैसे ही ऊँचे कद के थे। उनके साथ रहते-रहते मैं उन्हें अनुभव कर रहा था। रोज उनके नए-नए ज्ञान के दरवाजे खुल रहे थे।

उनकी बातों से ही पता चला कि वे महाराष्ट्र में समाजकार्य करते थे, बाद में क्रांतिकारी हो गए और काफी सालों तक क्रांतिकारी विचारों के साथ कार्य करते रहे। भारत के स्वतंत्र हो जाने के बाद उन्होंने अनुभव किया कि मनुष्य जब तक स्वयं सुधरना नहीं चाहता, उसे कानून सुधार नहीं सकता है। वे फिर आत्मसुधार हेतु किसी गुरु के साथ हिमालय की शरण में आ गए। यहाँ रहकर भी वे चित्त से लोककल्याण का कार्य करते थे। उन्हें वहाँ बैठे-बैठे ही सब पता चलता था। एक दिन मैंने समझना चाहा तो उन्होंने एक प्रयोग किया कि मुझे ध्यान में बिठाया और कहा, "देख, अब मैं चित्त से सांगली जा रहा हूँ और तुझे भी चित्त से वहाँ लेकर जाऊँगा।" और सचमुच मैं उनके सांगली, महाराष्ट्र में चला गया। वह गाँव देखा, नदी देखी, श्रीगणेश-मंदिर देखा। बड़ी सुंदर गणेश की प्रतिमा थी और बहुत ही सुंदर वहाँ का वातावरण था। मैं जीवन में कभी सांगली नहीं गया था और न ही मुझे सांगली की कोई जानकारी थी। लेकिन उस गाँव की यात्रा मैंने गुरुदेव के साथ चित्त से कर ली और पूरे दिनभर सांगली के दर्शन करता रहा। जब उनका चित्त वापस आया, तो मेरा भी चित्त वापस आ गया।

उनका कहना था, "मनुष्य को सरकार कितनी भी सुविधाएँ दे, तो भी जब तक उन सुविधाओं का उपयोग करना उसे नहीं

आता, सारी सुविधाएँ बेकार सिद्ध होंगी। इसलिए प्रथम मनुष्य को आत्मज्ञान की प्राप्ति होनी चाहिए। 'आत्मज्ञान' की प्राप्ति के बाद मनुष्य को ज्ञान हो जाता है कि क्या योग्य है, क्या अयोग्य है, मुझे क्या कार्य करना चाहिए, क्या नहीं करना चाहिए। यह ज्ञान जब तक मनुष्य को नहीं होता, तब तक लोककल्याण संभव नहीं है और लोककल्याण आत्मकल्याण के बिना संभव नहीं है। इसीलिए अगर हम विश्व को सुधारना चाहते हैं, तो उस विश्वसुधार की शुरुआत स्वयं से ही करनी होगी। स्वयं का सुधार कोई और नहीं कर सकता, स्वयं को ही करना होगा। सबसे पहले मनुष्य को यह जानना होगा, "मैं कौन हूँ?" इस एक प्रश्न में सारे जीवन का रहस्य छुपा है। मनुष्य को एकांत में बैठकर अपने-आपसे यह प्रश्न तीन बार पूछना चाहिए। ऐसा रोज करने पर उसे अपने स्वयं के अस्तित्व का पता चल जाएगा कि वह कौन है। मैंने भी इस प्रश्न की साधना प्रांरभ की। रोज सुबह गुफा के बाहर एक निश्चित स्थान पर जाकर बैठता था और अपने-आपको ही प्रश्न पूछता था, "मैं कौन हूँ?" कुछ दिनों तक तो कुछ पता नहीं चला, पर बाद में ऐसा अनुभव हुआ कि चैतन्य की तरंगें मेरे आसपास घूमने लग गईं और वे अंदर, और अंदर की यात्रा करने लग गईं और मेरी चेतना ही समाप्त हो गई थी। फिर बाद में जो अनुभव हुआ, वह अवर्णनीय है। मैं एक महाराष्ट्रियन (महाराष्ट्रवासी) था, इसलिए मैं यह प्रश्न, "मी कोण आहे?" (मैं कौन हूँ?), ऐसे पूछता था क्योंकि गुरुदेव का कहना था, "यह प्रश्न अपनी मातृभाषा में ही पूछना चाहिए। मातृभाषा वह भाषा है जिस भाषा को अपनी आत्मा ने जन्म के लिए चुना है। आपकी आत्मा ने जिस भाषावाले शरीर को धारण किया, वह भाषा आपकी आत्मा के करीब होती है। इसलिए यह प्रश्न अपनी मातृभाषा में ही करना चाहिए।" उनके कहे अनुसार, "कहीं एकांत कमरे में गाय के घी का एक दीपक जलाकर उसके सामने निर्वस्त्र बैठना चाहिए और आपके बदन पर कोई तावीज, धागा, कुछ भी नहीं होना चाहिए। आप जैसे जन्मे हो, जैसा परमात्मा ने आपको पैदा किया है, वैसे ही बैठो और फिर आँखें बंद करके, शांत चित्त होकर 'मैं कौन हूँ?' यह प्रश्न तीन बार अपनी मातृभाषा में अपने-आपसे करो। फिर देखो, आपके भीतर कैसा भूचाल आ जाता है!"

हिमालय में दीपक की व्यवस्था तो नहीं थी। इसलिए सूर्य को ही दीपक मानकर मैं यह प्रयोग सूर्योदय के समय करता था और वास्तव में, मेरे भीतर कुछ घटित हो रहा है, इसका आभास मुझे होने लगा। धीरे-धीरे अनुभव होने लग गया कि शरीर का एहसास कम होने लगा था और आत्मा का अस्तित्व पता लगने लगा था। बाद में शरीर का एहसास संपूर्ण ही समाप्त हो गया और आत्मा का स्वरूप पूर्णतः प्राप्त हो गया और फिर पता चला मेरे जन्म का उद्देश! और यह अनुभव किया—इस जगत में मैं एक विशिष्ट उद्देश से आया हूँ। वह उद्देश है—मोक्ष की प्राप्ति। पर वह उद्देश मुझे लाखों आत्माओं को साथ लेकर प्राप्त करना है और इसीलिए मोक्ष का ज्ञान प्राप्त होने के बाद भी यह जन्म लिया है।

इस जन्म का एक ही उद्देश है। एक पर्वत के उच्च शिखर पर मैं पहुँचा हूँ; अपने प्रयत्न से, अपनी साधना से और वहाँ पहुँचकर बैठा नहीं रहा, वहाँ से वापस नीचे आया हूँ औरों को पर्वतशिखर का रास्ता बताने के लिए! और जो कठिनाइयाँ मैंने झेली हैं, वे दूसरों को न झेलनी पड़े, इसीलिए रास्ते के बारे में जानकारी दे रहा हूँ—किस रास्ते से जाना उचित होगा। यह रास्ते बताने का कार्य मेरे इस जीवन का उद्देश है। सबके उस उच्च शिखर पहुँचने के बाद ही मैं उस उच्च शिखर पर जाऊँगा।

मैं इस रास्ता बताने के आश्वासन से बँधा हुआ हूँ। यह आश्वासन जब तक मैं पूर्ण नहीं करता, मैं भी मोक्ष प्राप्त नहीं कर सकता। उद्देश के लिए मैं अकेला आया हूँ और अकेला जाऊँगा। यह मार्ग बड़ा सँकरा है। यहाँ अकेले को ही प्रयास करना होता है। मोक्ष की प्राप्ति मुझे सामूहिकता में ही संभव है क्योंकि मैं आश्वासन के कारण सामूहिकता के साथ बँधा हुआ हूँ। जन्म का उद्देश पता चला तो सारा मार्ग प्रकाशित हो गया और फिर उस उद्देश की ओर चलने का मैंने दृढ़ निश्चय कर लिया। उस दिन लगा—यह तो कस्तुरी मृग के समान ही घटना हो गई! कस्तुरी मृग की नाभि में कस्तुरी छुपी हुई होती है। जब उस कस्तुरी की खुशबू फैलती है, तब वह मृग प्राणी दौड़ने लगता है, भटकने लगता है। वह खुशबू कहाँ से आ रही है, यह जान ही नहीं पाता। दौड़-दौड़कर मर जाता है, पर

अंत तक यह पता नहीं लगा पाता कि खुशबू उसके ही नाभिचक्र से निकल रही है। ठीक इसी प्रकार, आज आत्मा का अनुभव होने के बाद जो गुलाब की महक मेरे ही भीतर से अनुभव होने लग गई थी, वह आज पता चला कि वह मेरे ही आत्मा के कारण अनुभव हो रही है जबकि मैं गुलाब के फूल बाहर ढूँढ़ता था कि कहाँ फूल रखे हैं जहाँ से खुशबू आ रही है। वास्तव में, यह खुशबू बाहर के फूलों की थी ही नहीं, यह तो आत्मा की खुशबू थी। आत्मा के रूप में परमात्मा प्रत्येक मनुष्य के भीतर ही बैठा हुआ है और मनुष्य है कि अपने भीतर बैठे परमात्मा को छोड़कर बाहर के परमात्मा को खोजता रहता है। बाहर के परमात्मा की खोज में सारा जीवन चला जाता है, पर बाहर का परमात्मा नहीं मिलता है। इस भीतर के परमात्मा के दर्शन करने के लिए आवश्यक है कि कोई परमात्मास्वरूप सद्‌गुरु अपने जीवन में आए और उसकी करुणा में मनुष्यचित्त भीतर की ओर जाए। तो ही यह संभव है। जब तक यह भीतर का मार्ग बताने वाला कोई मार्गदर्शक जीवन में नहीं आता, तब तक, हमारे भीतर भी मार्ग है और उस पर चलना है, इसका मनुष्य को पता भी नहीं चलता। मैं कितना भाग्यवान हूँ जो गुरुदेव मेरे जीवन में आए और इस मार्ग का पता मुझे जीवन में चल सका! मैंने मन-ही-मन गुरुदेव का आभार माना और उनसे प्रार्थना की, "आप आशीर्वाद दो कि यह मार्ग मैं कम-से-कम उन आत्माओं को दिखा सकूँ जो यह मार्ग खोज रहे हैं, जो यह मार्ग ढूँढ़ रहे हैं।" ऐसी प्रार्थना कर मैंने गुरुदेव को नमस्कार किया।

गुरुदेव को ज्योतिषशास्त्र का काफी ज्ञान था। उनका कहना था, "चंद्रमा का प्रभाव समुद्र के विशाल पानी पर पड़ता है और उस प्रभाव के कारण समुद्र में ज्वार-भाटा निर्मित होते रहते हैं। अमावस्या के दिन समुद्र की स्थिति अलग होती है, पूर्णिमा के दिन वह स्थिति अलग होती है। जब चंद्रमा के प्रकाश से इतना बड़ा समुद्र प्रभावित हो सकता है, इसका अर्थ है—जलतत्त्व चंद्रमा के प्रभाव में होता है। मनुष्य के शरीर में भी जलतत्त्व विद्यमान होता है। तो चंद्रमा का प्रभाव मनुष्य के भीतर के जलतत्त्व पर पड़ेगा ही। ज्योतिष एक गणित है। हाँ, उसका आधार गलत हो सकता है, उसका गणनाकार गलत हो सकता है, पर गणित गलत नहीं है। गलत आधार के कारण

और गलत गणनाकार के कारण आज यह शास्त्र भी शंका की दृष्टि से देखा जाने लगा है। जब तक इसे शास्त्र समझकर सीखा गया और भविष्य बताया गया, तब तक सब ठीक चल रहा था। जबसे ज्योतिष को धन-उपार्जन का ही साधन समझा जाने लगा, तबसे उसमें से सत्य चला गया। फिर उस शास्त्र में शुद्धता नहीं रह गई, पवित्रता नहीं रह गई। पवित्रता ही उस शास्त्र की आत्मा थी! प्रत्येक साधना में, प्रत्येक ज्ञान में पहले पवित्रता चाहिए। बिना पवित्रता के कोई साधना प्रारंभ ही नहीं हो सकती है, तो संपूर्ण होने का सवाल ही नहीं है! प्रत्येक साधना में पवित्रता प्राण होती है और प्राण ही चला जाए तो फिर देह की कोई कीमत नहीं होती है। ठीक वैसा ही है। पवित्रता प्रथम चाहिए ताकि चित्त शुद्ध रह सके। और चित्तशुद्धि का अर्थ है—ग्रहण करने की क्षमता विकसित होना।"

गुरुदेव को हिमालय में पाई जानेवाली वनस्पतियों और जड़ी-बूटियों का भी बहुत ज्ञान था। कई बार वे ऐसी वनस्पति खाते थे और मुझे भी खिलाते थे जिससे भूख ही नहीं लगती थी और फिर भी शरीर की ऊर्जाशक्ति बनी रहती थी। कई जड़ी-बूटियाँ शक्तिवर्धक होती थीं जिससे शरीर पर उम्र का प्रभाव नहीं पड़ता था। इसी कारण उन गुरुदेव की उम्र अधिक होते हुए भी दिखती नहीं थी। कई जड़ी-बूटियाँ रंग छोड़ती थीं। उससे विभिन्न रंग बनाए जा सकते थे।

ऐसे पवित्र वातावरण में मेरा श्री गणपति अथर्वशीर्ष का अनुष्ठान चल रहा था। जैसे-जैसे अनुष्ठान आगे बढ़ता था, चित्त में पवित्रता अनुभव होती थी और चित्त भीतर, भीतर, और भीतर चला जाता था। दूसरा, चित्त में स्थिरता आ गई थी और चित्त की स्थिरता का प्रभाव शरीर की गतिविधियों पर भी होने लग गया था। चित्त स्थिर होने पर शरीर की गतिविधियाँ कम हो गई थीं। सब शारीरिक कार्य बहुत धीरे-धीरे होते थे। शरीर एकदम हल्का अनुभव होता था। साधना के समय तो शरीर पर से नियंत्रण ही चला जाता था। शरीर पर कोई भी भार अधिक लगने लग जाता था। एक दिन संपूर्ण साधना पूर्ण हुई और वह गणपति अथर्वशीर्ष सिद्ध हो गया। फिर गुरुदेव ने समझाया, "अब इसका उपयोग अपने गुरुकार्य को करने के लिए करो। अब तुम चित्त में जो भी इच्छा रखकर यह पाठ करोगे, तो

इस पाठ को करने से तुम्हारे भीतर से एक विशिष्ट ऊर्जा प्रवाहित होगी और उस ऊर्जा को तुम जिस इच्छा की दिशा प्रदान करोगे, वह पूर्ण होगी। इसका संपूर्ण श्रद्धा व विश्वास के साथ प्रयोग करना और उसी मनुष्य के लिए इसका उपयोग करना जो इसके योग्य हो। प्रकृति का एक चक्र है। उस चक्र के तहत मनुष्य का जन्म व मृत्यु दोनों होते रहते हैं। इस पाठ का उपयोग उस चक्र के विरुद्ध मत करना, अपवित्र मनुष्य के लिए मत करना। तुम इसका उपयोग तब ही कर सकोगे, जब तुम स्वयं करना चाहोगे। तुम कभी बाहरी परिस्थिति से प्रभावित नहीं होओगे और न ही तुम कभी बाहरी परिस्थिति के प्रभाव में रहोगे।"

"अब तुम चाहो तो अपने सूक्ष्म शरीर से संबंध बनाकर, उसे माध्यम बनाकर विश्व के किसी भी व्यक्ति के बारे में जानकारी प्राप्त कर सकते हो। तुम्हारा चित्त अब इतना पवित्र हो गया है कि वह सूक्ष्म हो गया है और सूक्ष्म चित्त बड़ा सशक्त होता है, इसकी बड़ी गति होती है। उस चित्त से क्षणभर में सारी जानकारी मिल सकती है जो तुम जानना चाहोगे। मनुष्य का एक स्थूल शरीर होता है जिस शरीर को छूकर देखा जा सकता है। इस स्थूल शरीर के माध्यम से ही सूक्ष्म शरीर का निर्माण होता है। सामान्यतः, इस जगत में स्थूल शरीर की मृत्यु हो जाने के 25 सालों के बाद इस सूक्ष्म शरीर का निर्माण होता है। यह उसके कार्यों का शरीर होता है। वह सदैव स्थाई रूप से होता ही है। इसे इस प्रकार भी समझ सकते हैं कि सांगली शहर में मनोहर सेठ नामक एक बड़े व्यापारी थे। उनके जीवनकाल में उन्होंने स्कूलें बनाईं, कॉलेजें बनाईं, अस्पताल बनाए और बाद में वे मर गए। पर मर जाने के बाद भी उन स्कूलों के कारण, अस्पतालों के कारण उन्हें लोग याद करेंगे ही। ठीक इसी प्रकार से, यह साधना का शरीर मृत्यु के 25 साल बाद निर्मित होता है और वह सदैव होता ही है। पर तुम्हारा सूक्ष्म शरीर अभी ही निर्मित हो रहा है। आज से बीस साल बाद वह कार्यरत हो जाएगा यानी फिर तुम्हारा स्थूल शरीर ही माध्यम हो जाएगा और फिर स्थूल शरीर के माध्यम से बहुत कार्य घटित होने प्रारंभ हो जाएँगे। उस सूक्ष्म शरीर से संपर्क करके तुम क्षणभर में दुनिया के किसी भी व्यक्ति के बारे

में संपूर्ण जानकारी प्राप्त कर सकते हो। ये सब आत्मसिद्धियाँ हैं। इनकी साधना-अभ्यास भविष्य में तुम्हें करना होगा।"

"यह चित्त की सूक्ष्मता दूसरों के लिए अच्छी है और स्वयं तुम्हारे लिए घातक है। इसका प्रयोग आवश्यक हो, तभी करें। क्योंकि जब भी तुम चित्त का प्रयोग किसी को भी जानने के लिए करोगे, तब उस व्यक्ति की खराब ऊर्जा अनायास ही ग्रहण करोगे और वह व्यक्ति पवित्र हो जाएगा, लेकिन तुम्हारा चित्त दोषयुक्त हो जाएगा। तुम्हारा चित्त स्वयं ही क्यों गंदा होगा? क्योंकि वह अतिशुद्ध है और यह अतिशुद्धता ही अतिगंदा होने का कारण बनेगी। इसलिए इस बात से जीवनभर सतर्क रहना होगा। जिस प्रकार से एक सफेद कपड़ा पहनने को तो बड़ा अच्छा लगता है, पर यह सफेद कपड़ा गंदा भी जल्दी हो जाता है। यह भी ऐसा ही कुछ है। इसलिए सदैव अपने चित्त को शुद्ध रखा करो। शुद्धता के कारण ही सूक्ष्मता प्राप्त होती है और चित्त की सूक्ष्मता ही चित्त को सशक्त बनाती है। और सशक्त चित्त ही शक्तियों का आधार है। यह सूक्ष्म शरीर आकाश में स्थित होता है। उससे संबंध करके विश्व के किसी भी व्यक्ति की, घटना की संपूर्ण जानकारी हो सकती है। जिस प्रकार सूक्ष्म शरीर होता है, ठीक इसी प्रकार आभामण्डल होता है। यह आभामण्डल प्रत्येक जीवित व्यक्ति के आसपास होता है। आभामण्डल में उस व्यक्ति के विचारों से निर्मित रंग रहते हैं। इन रंगों को अतिसूक्ष्म चित्त से या दृष्टि से भी जाना जा सकता है। यह आभामण्डल आँखों से भी देखा जा सकता है। इस आभामण्डल से, वह व्यक्ति किस प्रकार का है, यह जाना जा सकता है। यह अच्छा या बुरा उस व्यक्ति के विचारों के अनुसार होता है। यह आभामण्डल मनुष्य के विचारों के अनुसार उसके आसपास रंगों का निर्माण करता है। ये रंग उसकी स्थिति के अनुसार बदलते रहते हैं। इन रंगों के अध्ययन से उस व्यक्ति के विचार जाने जा सकते हैं और उन विचारों से उस व्यक्ति को संपूर्ण जाना जा सकता है। यह आभामण्डल प्रत्येक मनुष्य का अलग-अलग होता है। जिस प्रकार से प्रत्येक मनुष्य के हाथों के अंगूठे की छाप अलग-अलग होती है, ठीक वैसे ही प्रत्येक मनुष्य का आभामण्डल अलग-अलग होता है।"

गुरुदेव को ज्योतिष की जानकारी थी, जड़ी-बूटियों की जानकारी थी, इस आभामण्डल की जानकारी थी, पर मुझे प्रश्न था—यह सब जानकारी आम आदमी तक पहुँचेगी कैसे? क्योंकि आम आदमी तो यहाँ हिमालय तक पहुँचने से रहा और ये आम आदमी तक जाएँगे नहीं। फिर यह जानकारी समाज तक कैसे पहुँचेगी? रोज समय बीतते जा रहा था।

एक दिन गुरुजी बोले, "गणेश की प्रतिमा की संरचना ही ऐसी है कि वह आसपास के वातावरण को ही प्रसन्न कर देती है। आसपास की ऊर्जा को खींचकर वह अपने आसपास प्रभावशाली वातावरण का निर्माण कर देती है। श्री गणेश की मूर्ति वैश्विक चैतन्य का एक अच्छा माध्यम होती है। जिस प्रकार श्रीयंत्र होता है कि श्रीयंत्र भी अच्छे चैतन्य को ग्रहण कर प्रसारित कर सकता है, ठीक वैसे ही श्री गणेश की प्रतिमा भी यह कार्य करती है। इसी कारण उसके आसपास हमें सदैव अच्छी ऊर्जा का अनुभव होता है।" गुरुदेव बचपन से ही गणेशभक्त थे और अपनी सारी एकाग्रता एक ही रूप पर रखकर उन्होंने जीवन में प्रगति की थी। वे पवित्रता पर अधिक जोर देते थे। वे कह रहे थे कि गणेश पवित्रता के आराध्य दैवत (देव) हैं। उनकी उपासना शुद्ध, पवित्र चित्त से ही होनी चाहिए। पवित्र शरीर में ही पवित्र विचार रहते हैं। बाहर और भीतर, पवित्रता दोनों ओर चाहिए ही। साधना भी किसी वासनापूर्ति के लिए नहीं होनी चाहिए। कोई भी स्वार्थ या कोई भी वासना ध्यान-साधना को मलीन करती है क्योंकि शुद्ध व पवित्र चित्त से की गई साधना मन के लिए शांतिदायक होती है।

किसी भी साधना को शुरु करने के पूर्व चित्त का शुद्ध होना अति आवश्यक है। एक पवित्र चित्त साधना को एक गहराई प्रदान करता है। हिमालय में रहते-रहते यहाँ पर साधनारत मुनि, तपस्वी हिमालय के पवित्र वातावरण के इतने अभ्यस्त हो चुके होते हैं कि वे उसके बाहर के जगत में जाना ही नहीं चाहते। वह एक अलग ही विश्व है। उस विश्व की शुरुआत भी हिमालय में होती है और उसका अंत भी हिमालय में होता है। हिमालय पर गुरुत्वाकर्षण शक्ति अधिक है, इसीलिए ध्यान-साधना में एक गहराई प्राप्त होती है। सालों

तक अनेक लोगों द्वारा ध्यान-साधना की होने के कारण वहाँ पर उस ध्यान-साधना का प्रभाव विद्यमान है। इसीलिए वहाँ पर एक उपयुक्त वातावरण है। हिमालय पर दो प्रकार के ही लोग सामान्य रूप से अधिक मात्रा में पाए जाते हैं। एक तो ध्यान-साधना करनेवाले मुनि और दूसरे पर्वतारोही। एवरेस्ट आदि पर्वतशिखरों पर चढ़ने के उद्देश से हजारों की संख्या में पर्वतारोही हिमालय पर हर साल आते रहते हैं और पर्वतारोहण करते रहते हैं। मुनि हो या पर्वतारोही, दोनों ही ऊपर, और ऊपर की उँचाई पाना चाहते हैं, फिर चाहे वह उँचाई पहाड़ के शिखर की हो या ध्यान-साधना में आध्यात्मिक शिखर की हो। दोनों ही उच्च शिखर प्राप्त करना चाहते हैं, पर दोनों में एक बड़ा अंतर है। पर्वतारोही उच्च शिखर पर पहुँचकर वहाँ पर स्थिर नहीं होता है, वह फिर नीचे आ ही जाता है और बाद में हिमालय की दुनिया से फिर अपनी दुनिया में चला आता है। पर ध्यान करनेवाला मुनि उच्च शिखर से अतिध्यान के उच्च शिखर पर चढ़ता जाता है, पर वह नीचे कभी नहीं उतरता है और वह सदैव ऊपर और ऊपर की ओर ही यात्रा करता है। न ही वह कभी वापस नीचे आता है और न ही वह अपनी दुनिया में कभी लौटता है। क्योंकि वह सब दुनिया छोड़कर यहाँ आया होता है, इस दुनिया के अलावा उसकी और कोई दुनिया नहीं होती है।

हिमालय का मार्ग एकतरफा है। केवल जाने का मार्ग है, वापस आने का नहीं है। एकांकी मार्ग है। इसीलिए कोई हिमालय गया, तो समझो वह गया न आने के लिए। इसलिए वहाँ पर जाकर कोई वापस नहीं आता है। वहाँ की दुनिया कुछ और ही दुनिया है जिसका शब्दों में वर्णन करना असंभव है। वह अनुभूति करके देखने की दुनिया है। हिमालय की अपनी एक संस्कृति है। उस संस्कृति का अपना एक अलग ही अमिट प्रभाव होता है और उस प्रभाव का अनुभव हजारों तपस्वी आज कई सालों से कर रहे हैं। इसीलिए जब किसी भी मनुष्य की आध्यात्मिक प्यास जगती है, तब वह हिमालय की ओर ही भागता है। इस प्रकार का हिमालय का एक आध्यात्मिक आकर्षण है। गुरुदेव एक दिन कह रहे थे कि हिमालय में एक आध्यात्मिक स्थिति स्थाई रूप में स्थापित ही है। जब कोई

उस आध्यात्मिक स्थिति की इच्छा करता है, तो आध्यात्मिक स्थिति बस उसे अपनी ओर खींच लेती है।

एक-एक दिन बीत रहा था। श्री हरि महाराज के सान्निध्य में 'श्री गणपति अथर्वशीर्ष' को सिद्ध करने की साधना भी संपूर्ण हो गई थी। श्री हरि महाराज भी प्रसन्न थे। एक दिन ऐसे ही प्रसन्न होकर बोले, "तुम्हें भविष्य में बड़ा कार्य करना है, आत्मज्ञान बाँटने का कठिन कार्य करना है। आत्मज्ञान पाना ही बड़ा कठिन है। न सिर्फ वह कठिनता से प्राप्त होता है, उसे बाँटना तो और भी कठिन है क्योंकि उसे बाँटने के लिए दृढ़ इच्छा होनी चाहिए।

बाँटने की दृढ़ इच्छा किए बिना उसे बाँटना असंभव है। तुम्हारे जन्म का उद्देश ही बाँटना है। इसलिए यह बाँटने का कार्य तुम्हारे हाथ से अवश्य होगा।"

"मनुष्य का जीवन में पाना अलग बात होती है और दूसरों को देने के लिए पाना अलग बात होती है। तुम्हारे हाथ से तभी बँट सकता है, जब पाने के पूर्व ही तुमने देने का ही संकल्प लिया हो। जीवन में वह व्यक्ति ही पा सकता है जो उसके लिए योग्य हो। तभी वह पा सकता है। लेकिन दूसरों को देने की दृष्टि से जो मनुष्य पाता है, वह उसकी योग्यता से अधिक गुना पाता है। क्योंकि दूसरों को देने के भाव के कारण उसका चित्त बहुत विशाल हो जाता है, तो स्वाभाविक रूप से उसकी योग्यता भी कई गुना बढ़ जाती है। फिर उस ज्ञान को बाँटने की योग्यता के कारण ही अनेक गुरुशक्तियाँ उसे अपना माध्यम बनाती हैं और फिर ऐसा व्यक्ति सामूहिक योग्यता में ज्ञान पाता है। प्रत्येक ज्ञानी गुरु अपने ज्ञान को बाँटने की इच्छा तो रखता है पर वह बाँटने की योग्यता नहीं पाता है और फिर बाँटने की इच्छा रखने वाले ऐसे गुरु ऐसे व्यक्ति को अपना माध्यम बनाते हैं और फिर उस एक व्यक्ति से बहुत बड़ा कार्य जीवन में होता है। इस व्यक्ति में पाने के भाव से देने का ही भाव कई गुना अधिक होता है। इसी कारण इसके हाथ से यह बाँटने का कार्य हो पाता है। इस प्रकार के व्यक्ति युगों में निर्माण होते हैं। मेरे धन्यभाग हैं कि मुझे तुम्हारे रूप में ऐसे युगपुरुष के दर्शन हुए हैं। वास्तव में, सहजता से बाँटना बड़ा कठिन कार्य

होता है। क्योंकि कोई भी मनुष्य ज्ञान सहजता से नहीं पाता है, बड़ी कठिनाइयों से पाता है। तो स्वाभाविक है कि जो कठिनाइयाँ उसने झेलीं, वे ही कठिनाइयाँ वह जब तक दूसरे को नहीं देता, वह ज्ञान नहीं दे सकता! यानी ज्ञान आसानी से बाहर निकल ही नहीं सकता है। स्वयं जहर पीना और जहर पीकर दूसरों को सदैव अमृतपान कराना, यह कार्य केवल भगवान शिव ही कर सकते हैं। युगपुरुष शिव के समान होते हैं। वे बड़ी सहजता से ज्ञान प्रदान करते रहते हैं। शिव एक तत्त्व है जो मंगलदायक है, मंगलकारी है। युगपुरुष मंगलकारी होते हैं, शिवतत्त्वधारी होते हैं। ये अपना संपूर्ण अस्तित्व प्रकृति में खो चुके होते हैं। इन्होंने यह ज्ञान स्वयं प्राप्त किया नहीं रहता है, इसलिए, मैंने प्राप्त किया, यह अहंकार नहीं रहता है। ये सदैव यह जानते हैं कि मेरी तो बाँटने की इच्छा थी, अत: बाँट रहा हूँ, अपनी बाँटने की इच्छा पूर्ण कर रहा हूँ। ये तो बाँटने की इच्छा पूर्ण होने पर ही प्रसन्न रहते हैं और इस प्रसन्नता के कारण ही इनके द्वारा बाँटने की क्रिया सहजता से होती है। यह ठीक उसी प्रकार है, माँ प्रसन्न होने पर अपने पुत्र को स्तनपान कराती है। माँ के लिए स्तनपान कराना एक ऐसा अनुभव है जिससे वह प्रसन्न होती है। माँ को स्तनपान कराते देखना ही मनुष्य को प्रसन्नता प्रदान करता है। बच्चा अपनी माँ के स्तनों को मुँह में रखकर चूसता है। जितना चूसता है, उतना ही दूध स्तन से निकलता रहता है। माँ दूध का माध्यम है। ऐसे युगपुरुष उस माँ के स्तर पर हो जाते हैं, उस ऊँचाई को अनायास ही पा लेते हैं जहाँ जाकर शरीर का बोध समाप्त हो जाता है। ये युगपुरुष माँ हो जाते हैं।"

"जिस प्रकार माँ के स्तन से दूध बहता रहता है और माँ के स्तनों में थोड़ी-थोड़ी देर बाद दूध स्वयं ही आ जाता है, ठीक वैसे ही युगपुरुष के भीतर भी आत्मिक ज्ञान की शक्तियाँ आती ही रहती हैं और, यह बाँटता है, कहना ठीक न होगा, इसके द्वारा बँटती ही रहती हैं। यह इतना प्राकृतिक रूप से होता है कि उसका उसे भी पता नहीं चलता है। इस युगपुरुष के रोम-रोम में से चैतन्य की शक्तियाँ बरसती ही रहती हैं। यह चाहे या न चाहे, कोई फर्क नहीं पड़ता है। इनके शरीर का कोई अस्तित्व नहीं होता है। इसी कारण इनका चाहना, न चाहना, कोई मायने ही नहीं रखता है। हाँ, यह अवश्य है

कि ये जब प्रसन्न होते हैं, तब इन चैतन्यशक्तियों का प्रवाह बड़ी जोर से निकलने लगता है। ये युगपुरुष अच्छी, योग्य आत्माओं के सान्निध्य में प्रसन्न होते हैं। इनके आसपास कई शक्तियों का चक्र घूमता ही रहता है। वह चक्र किसी भी अयोग्य व्यक्ति को उनके आसपास फटकने ही नहीं देता है। फिर वह स्वयं उस व्यक्ति को कितना भी पसंद करे, फिर वह स्वयं उस व्यक्ति को कितना भी चाहे, उस अयोग्य व्यक्ति को वे शक्तियाँ दूर फेंक देती हैं। इस युगपुरुष के आसपास इसकी शक्तियों के सुचालक ही रह सकते हैं, कुचालक नहीं। यह शक्तियों का चक्र इस युगपुरुष के जीवनभर चलता ही रहता है। इन शक्तियों का प्रभाव तो उसके समाधिस्थ होने के बाद भी बना रहता है। अयोग्य व्यक्ति चाहकर भी युगपुरुष की समाधि के पास भी नहीं जा सकता है। यह इसलिए होता है—यह शरीर सदैव शक्तियों के सान्निध्य में रहता है और धीरे-धीरे शक्तियों में अपना अस्तित्व खो देता है और बाद में, कुछ समय बाद उसका शरीर ही वे शक्तियाँ निर्माण करने लगता है। वह शरीर समाधिस्थ होने के बाद भी यही शक्तियाँ, वह इच्छा करे तब तक, बनाए रख सकता है।”

रोज सुबह होती थी और रोज शाम होती थी। जीवन का चक्र चल ही रहा था। साधना का समय ऐसे बीत रहा था मानो समय को भी पंख लग गए हों और वह तेजी से उड़ा जा रहा हो! एक दिन एक क्षण जैसा लगता था और ऐसे समाप्त होता था कि बस मत पूछो! अब तो यहाँ से भी निकलने का समय आ गया था। वहाँ से निकलने की इच्छा नहीं हो रही थी, लेकिन कोई अज्ञात शक्ति वहाँ से निकालना भी चाह रही थी। फिर मेरी वापसी की यात्रा प्रारंभ हुई। उस दिन बड़े बोझल मन से मैंने उस चैतन्यपूर्ण स्थान से विदाई ली। गुरुदेव मुझे लेकर वापसी की यात्रा पर निकल पड़े।

अब बाहर बर्फ कम हो गई थी और बर्फ थी तो पहाड़ों के उच्च शिखरों पर थी। सभी ओर हरियाली ही हरियाली छाई थी। हम धीरे-धीरे पहाड़ों पर से नीचे की ओर प्रस्थान करने लगे थे। वातावरण में अभी भी ठण्डी थी। बाहर बड़ी तेज, ठण्डी हवा अनुभव हो रही थी। कुछ जामुनी कलर (रंग) के फूल जगह-जगह उगे हुए थे। कई स्थानों पर वे इतने अधिक मात्रा में थे कि लगता था—

बगीचा ही बना हुआ हो! यहाँ की ठण्ड के कारण हो सकता है या बर्फ के कारण हो सकता है कि यहाँ फूल प्रमुखता से जामुनी कलर के ही दिखते थे। फूलों के भीतर कई प्रकार थे, पर रंग में हलका जामुनी कलर लिए होते थे। साधारणतः ये जमी हुई बर्फ के ऊपर कुछ दिनों में देखे जा सकते थे। अभी पहाड़ों के शिखरों पर बर्फ जमा थी और ऐसे शिखरों पर जब सूर्य की किरणें पड़ती थीं, तो वे शिखर चमकने लग जाते थे।

उन उच्च शिखरों की ओर देखकर गुरुदेव बोले, "आनेवाला समय बड़ा खराब आनेवाला है। उस आनेवाली विपदा से सारा जग प्रभावित होगा, सारी मनुष्यता प्रभावित होगी। मनुष्य के इस विनाश का कारण मनुष्य ही होगा। मनुष्य के लिए मनुष्य ही खतरा बन जाएगा। मनुष्य मनुष्य को शंका की दृष्टि से देखेंगे। इस शंका के वातावरण में कई घटनाएँ होंगी। बुद्धि का एकतरफा विकास मनुष्य-समाज के लिए बड़ा घातक सिद्ध होगा। यह अतिविकसित बुद्धि अतिविनाश का कारण बनेगी। यह सब उस प्रकृति के चक्र के तहत होगा। प्रकृति ही बनाती है, प्रकृति ही बिगाड़ती है और वास्तव में, यह बिगाड़ना भी एक प्रकार की नवनिर्माण की ही प्रक्रिया है। नए विश्व का निर्माण तभी होगा, जब पुराना विश्व नष्ट होगा। यह प्रकृति के चक्र के तहत होने वाली सामान्य प्रक्रिया है। यह सदैव चलती ही रहती है। बर्फ हर साल गिरती है और हर साल पिघलती है। जो बर्फ उच्च शिखर पर सामूहिकता के साथ जमी है, वह जमी ही है, बाकी सब बर्फ पिघल गई है। ठीक इसी प्रकार, इस प्रकृति के चक्र के तहत वे मनुष्य बच पाएँगे जो आध्यात्मिकता के उच्च शिखर पर होंगे, सामूहिकता में होंगे। ये ही मनुष्य उस विनाश की आँधी में बचे रह पाएँगे। आनेवाले समय में एक व्यक्ति अकेला इस प्रकृति के चक्र के सामने खड़ा नहीं रह सकेगा। मनुष्य को अपना अस्तित्व बचाने के लिए सामूहिकता की आवश्यकता होगी। 'सामूहिकता' से मेरा आशय 'सामूहिक इच्छाशक्ति' से है। यह सामूहिकता चित्त के माध्यम से ही जुड़ी हुई होगी। ये मनुष्य अलग स्थानों पर रहकर भी आपस में एक उच्च आध्यात्मिक शिखर को चित्त से पकड़े हुए होंगे। ऐसे विकट समय सामूहिकता का महत्त्व समझ में आएगा।"

"ऐसी सामूहिकता में बने रहना बड़ी लंबी प्रक्रिया है। कई दिनों तक साधना की आवश्यकता होती है अपने अलग अस्तित्व को मिटाने के लिए। अपने अहंकार को मिटाना इतना आसान नहीं है। यह 'मैं' का अहंकार ही मनुष्य को सामूहिकता से दूर कर देता है और यह अलग-थलग हुआ व्यक्ति प्रकृति के प्रकोप का आसानी से शिकार हो जाता है। यह 'मैं' का अहंकार ही मनुष्य के विनाश का कारण बनेगा। यह सब एक बड़े बदलाव के तहत होगा। यह एक बदलाव की प्रक्रिया है। इन सब बदलावों का कारण मनुष्य की बुद्धि होगी जिस बुद्धि का उपयोग वह अपने ही विनाश के लिए करेगा। समाज भावनाविहीन हो जाएगा, भावशून्यता होगी। एक प्रकार का सूखापन समाज में व्याप्त हो जाएगा। यह सूखापन ही विनाश का कारण बनेगा। बुद्धि की पराकाष्ठा होगी। अति बुद्धिमान व्यक्ति ही अति भावनाविहीन होंगे। ये ही मनुष्य समाज में मनुष्य के लिए एक असंतुलन का निर्माण करेंगे और यह असंतुलन ही जगत में नवनिर्माण करेगा। कोई भी अति एक सीमा के बाद जाकर समाप्त होती ही है। रात कितनी भी काली हो, समाप्त होगी ही। रात में कितना ही अँधेरा हो, एक समय के बाद सूरज उगता ही है। ठीक इसी प्रकार, जगत की इस रात के बाद जगत में सूर्योदय भी होगा, प्रकाश भी होगा। इस नए प्रकाश का माध्यम मनुष्य का चित्त होगा। प्रभावशाली चित्त के धनी व्यक्ति इस प्रकाश को जगत में फैलाने का कार्य करेंगे। नए जगत का निर्माण चित्तशक्ति से होगा। अब आने वाला युग चित्तशक्ति का होगा। इस युग में चित्त की प्रधानता होगी। प्रभावशाली चित्तवाले, प्रभावशाली चित्त के धनी व्यक्ति एक स्थान पर बैठकर दूसरे स्थान पर बड़ी आसानी से नियंत्रण रख सकेंगे। प्रभावशाली, सशक्त चित्त ही शक्ति का केंद्र होगा। आने वाला युग चित्तशक्ति का युग होगा। शक्तिशाली चित्त से निकलने वाली शक्तिशाली ऊर्जा एक क्षण में एक स्थान से दूसरे स्थान तक जा सकती है। प्रकृति अपने में समाहित ऐसे मनुष्यों के चित्त को जगत के नवनिर्माण का माध्यम बनाएगी।"

"ये सशक्त-प्रभावशाली चित्त के धनी व्यक्ति ही समाज को संरक्षण प्रदान करेंगे, सुरक्षा प्रदान करेंगे। उन्हीं के करीब, उन्हीं के पास मनुष्यसमाज शांति का अनुभव करेगा। अनायास ही, सारा

समाज ही ऐसे स्थानों पर शरण लेगा। यह सब बदलाव करीब ही है। इसीलिए यह सब बातें बता रहा हूँ। आने वाले 25 सालों बाद यह शुरुआत होगी। यह जब होगा, तब मैं नहीं रहूँगा। पर मैं तुझे आगाह कर रहा हूँ, यह सब होने ही वाला है। मुझे आगे का सारा भविष्य दिख रहा है। मुझे मानव-समाज की चिंता है। मनुष्यजाति को बचाने के लिए, सुरक्षा देने के लिए जो मैं कर सकता था, वह किया। मैंने इसमें योगदान दे दिया और यह योगदान देने के लिए ही मैंने तुझे यहाँ बुलाया था। समाज को बचाने के लिए मुझे जो योगदान देना था, वह तेरे माध्यम से मैंने दे दिया है। मैं भी अब मनुष्य-समाज के बंधन से मुक्त हो गया हूँ। जिस मानव-समाज में रहकर मैं बच्चे से बड़ा हुआ, उस समाज के प्रति मेरा भी कोई दायित्व है और उस दायित्व को पूर्ण किए बिना मोक्ष की स्थिति संभव नहीं है। यह सब मैंने मेरी शांति के लिए किया है। इसी से मुझे समाधान मिला है, शांति मिली है। मनुष्य दूसरों की मदद कभी नहीं करता, वह सदैव स्वयं की ही मदद करता रहता है। लगता है—एक मनुष्य एक मनुष्य को मदद कर रहा है। वास्तव में, एक मनुष्य दूसरे मनुष्य को मदद कर सकता है क्या? कभी नहीं! दोनों समान हैं, दोनों एक जैसे हैं, तो एक मनुष्य एक मनुष्य की मदद कैसे कर सकता है! यह तो केवल भ्रम है। कोई किसी की मदद नहीं करता है। मनुष्य दूसरों की मदद करके, वास्तव में, अपनी ही मदद करता रहता है, अपने लिए ही मार्ग बनाता रहता है, अपने लिए ही रास्ता बनाता रहता है। यह सब मदद मैंने तुझे नहीं की है। यह सब करके मैंने अपने लिए मार्ग बनाया है और यही सच है।"

"यह सब मदद मैंने तुझे नहीं की है। अब तुझे भी दूसरों को मदद कर अपने-आपको मदद करनी होगी। अब जैसे मैंने मेरे मोक्ष का मार्ग मुक्त किया, अब तुझे भी अपनी मुक्ति का मार्ग मुक्त करना होगा। मैंने अपनी मुक्ति के लिए तुझे माध्यम बनाया, अब तू अपनी मुक्ति के लिए दूसरों को माध्यम बना। अरे बाबा, दूसरों को मुक्त करके ही अपनी मुक्ति का मार्ग खुलता है। तुझे तो इतने लोगों ने माध्यम बनाया है और अपना मोक्ष का मार्ग प्राप्त किया है कि तू चाहे, न चाहे, तुझे मोक्ष पाने के लिए समाज में जाना ही होगा। तेरे पास इतना भरा है, वह खाली करना ही होगा। वह सब खाली

किए बिना तुझे गति नहीं है। एक बड़ा विशाल कार्य किए बिना तुझे मोक्ष नहीं है। मुझे तुझ पर दया आ रही है; मोक्ष का ज्ञान होने पर भी तू कर्म से बँधा है। वह कर्म किए बिना मोक्ष संभव ही नहीं है। अभी कितना बड़ा कार्य तुझे करना है, इसका अंदाजा तू आज तो लगा ही नहीं सकता है! तू अंदाजा लगाएगा अपने पूर्व-आयुष्य से! पूर्वजीवन से तो इसकी तुलना ही नहीं की जा सकती! पूर्वजीवन तो तेरा एकाकी था। अब यह जीवन अनेक का होगा। लाखों की एक सामूहिकता तेरे साथ सदैव जुड़ी होगी। एक बहुत बड़े-विशाल कार्य का माध्यम तू बनेगा।"

"तुझे नहीं दिख रहा है, पर मुझे दिख रहा है। एक नए युग की सारी संभावनाएँ तेरे भीतर छुपी हुई हैं। तू चाहे और न चाहे, यह सब तुझे करना ही होगा क्योंकि इसी इच्छा को लेकर तूने जन्म लिया है। इसी इच्छा को पूर्ण करने के लिए कई गुरुओं ने अपनी सारी ऊर्जा तुझे सौंपी है। उनसे प्राप्त तेज को बाँटे बिना तुझे मोक्ष नहीं है।"

"ये सब शक्तियाँ समाज में बाँटकर तू उन मनुष्यों पर कोई अहसान नहीं कर रहा है। यह बाँटना तेरी मजबूरी है क्योंकि उन्हीं के लिए तूने शक्तियाँ प्राप्त की हैं। यह बाँटना तुझे समाधान प्रदान करेगा और समाधान ही तुझे मोक्ष प्रदान करेगा। तेरी स्थिति उस माँ के समान है जिसके आँचल में बच्चे के लिए दूध इकट्ठा हो जाता है। बच्चे को दूध पिलाना ही उसकी मजबूरी है। अपने बच्चे को कराया गया स्तनपान ही माँ को समाधान दे सकता है। तेरे साथ भी ठीक ऐसा ही है। कितने बड़े जंजाल में फँसकर तूने जन्म लिया, इसकी तुझे कल्पना नहीं है और यह सब तुझे इसी जन्म में पूर्ण करना है क्योंकि यह तेरा आखिरी जन्म है। कम समय में इतना विशाल कार्य तुझे करना है। समय कम है, कार्य बड़ा। तेरा आने वाला समय बड़ा ही कीमती है। अब यह सब कैसे होगा, मुझे यही चिंता है। यह जब होगा, तब मैं इस दुनिया से मुक्त हो चुका होऊँगा। तुझे कम समय में खाली होना है और खाली होने के लिए खाली, पवित्र, निखालस चित्त चाहिए न! ऐसे साधक, ऐसे शिष्य जब तक नहीं मिलते, तू तो अटका हुआ है, तू तो अटक गया है। तूने इतनी बड़ी सामूहिकता

की शक्ति इकट्ठा ही क्यों कर ली? अब बाँटना तेरी आवश्यकता है। तू तो अब बाँटने से ही बँध गया है।"

"अगर तू इसमें से मुक्त होना चाहता है, तो तू स्थानों को माध्यम बना, वस्तुओं को माध्यम बना। ऐसे माध्यमों का निर्माण कर जिनके माध्यम से भी तेरा कार्य आसान हो जाए। पिछले 800 सालों का इकट्ठा किया हुआ एक जीवन में बाँटना है। कितना कठिन कार्य तूने लेकर रखा है! जितने अधिक तेरे माध्यम होंगे, उतना तेरा कार्य आसान होगा, तू जल्दी खाली होगा। कुछ मार्ग बना, कुछ रास्ता निकाल। अब यही सब तेरी नियति है।"

"तू अपने पूर्वजन्म के आश्वासनों से बँधा हुआ है। इसलिए तुझे समाज में वापस जाना ही होगा। जब तक तू अपने आश्वासनों को पूरा नहीं करता, तब तक तेरे मोक्ष का मार्ग खुल ही नहीं सकता है। तेरे साथ अनेक गुरुओं की भावनाएँ जुड़ी हैं। तुझे इसीलिए अनेक गुरुओं ने माध्यम बनाया है। वह सब कार्य तुझे करना ही होगा।" मैंने कहा, "मुझे तो कोई ज्ञान नहीं है और न ही कोई अनुभव है कि मैं किसी को अपनी बात समझा सकूँ। मुझे खुद को ही अभी कुछ समझता नहीं है। इतना विशाल संसार है, कौन मेरी सुनेगा और कौन मुझसे समझ पाएगा? गुरुदेव, आपकी बातों से मैं और भयभीत हो गया हूँ। आप ही कोई मार्ग बताइए।" गुरुदेव ने कहा, "तू अपने पूर्वजन्म के आश्वासन के साथ बँधा हुआ है। सारे आश्वासन पूर्वजन्म के हैं। तो जो इन आश्वासनों को पूर्ण करने की शक्ति देगा, वही परमात्मा, ये सब तुझसे करवा लेगा। तू बस अपना स्वयं का अस्तित्व समाप्त कर दे। तू एक अच्छा, निखालिस, पवित्र माध्यम बन जा, पाईप बन जा। अरे, पाईप को थोड़े ही पानी को प्रवाहित करने के लिए कुछ करना पड़ता है। पानी तो पाईप के माध्यम से स्वयं ही प्रवाहित हो जाता है।"

मुझे जंगलों के निर्जन वातावरण, हिमालय के सुंदर मनोहारी दृश्यों, हिमालय की पवित्र भूमि, वहाँ के ऊर्जास्रोतों की आदत-सी हो गई थी। वहाँ पर सदैव निर्विचारता की स्थिति बनी ही रहती थी। ये सब छोड़कर समाज में जाना, मनुष्यों की भीड़ में रहना और सालों रहना, मैं तो इस कल्पना से भी सिहर उठा! प्रत्येक मनुष्य के

भीतर से ऊर्जा की तरंगें निकलती रहती हैं और वह मनुष्य अपने विचारों से उसे अच्छे या खराब तरीके से प्रसारित करता रहता है। मनुष्य बता कुछ भी रहा हो या मौन भी हो, दोनों ही स्थितियों में ऊर्जा की तरंगें बहती ही रहती हैं। इन सब मनुष्यों की ऊर्जातरंगों के बीच रहना और अपने-आपको दूषित ऊर्जातरंगों से बचाना बड़ा ही कठिन कार्य है। इन दूषित विचारों की तरंगों के कारण ही समाज को कोयले की खदान कहते हैं।

समाज में सर्वत्र दूषित विचारों का कोयला ही कोयला पड़ा है। अब उनके बीच रहना और अपने सफेद कपड़े लेकर चलना तो बड़ा ही कठिन कार्य है। मनुष्य अपनी दृष्टि से, अपने चित्त से, अपनी वाणी से ये ऊर्जातरंगें फेंकता ही रहता है। मैंने सोचा—मैं समाज में जाऊँगा और कम-से-कम किसी से बात करूँगा, कम-से-कम किसी के सामने जाऊँगा और ऐसा कोई कार्य नहीं करूँगा जिससे किसी का चित्त मुझ पर आए और इस प्रकार से मैं समाज में रहकर भी इन ऊर्जातरंगों से बचा रहूँगा क्योंकि मनुष्य तो इन ऊर्जातरंगों का जमावड़ा साथ में लेकर चलता है। मनुष्य के साथ-साथ यह विचारों का जमावड़ा चलता रहता है। एक चित्त में अनेक लोगों को लेकर चलता रहता है, अनेक प्रकार के विचारों की तरंगों को लेकर चलता है। ये गंदी ऊर्जा की तरंगें आसपास के वातावरण को दूषित करती रहती हैं, गंदा करती रहती हैं। गुरुदेव मुस्करा दिए और बोले, "उन मनुष्यों की तरंगों से डरेगा, तो तेरा कार्य कैसे करेगा? और कार्य नहीं करेगा, तो मुक्त कैसे होगा? यह एक बड़ी उलझन है। इसका एक ही मार्ग है। तू स्वयं किसी का माध्यम बना है। ठीक उसी प्रकार से, तू तेरे माध्यम बना और उन माध्यमों के द्वारा अपना संकल्प पूर्ण कर। माध्यम कई सालों तक कार्य कर सकते हैं। स्थान को माध्यम बना। स्थान पर रखी गई ऊर्जा अनेक वर्षों तक कार्यरत रहती है। यही एकमात्र मार्ग प्रतीत होता है। जितने अधिक स्थानों का निर्माण करेगा, तेरा कार्य उतना अधिक होता चला जाएगा और जितना अधिक होता चला जाएगा, तू उतना जल्दी मुक्त होगा। अभी तो तुझे बड़ा लंबा सफर तय करना है। एक व्यक्ति के लिए अपने ठिकाने पर पहुँचना आसान होता है, लेकिन लाखों लोगों को लेकर पहुँचना बड़ा कठिन कार्य है।"

"तेरा कार्य बहुत बड़ा है, कठिन है। इसलिए तू अपने कार्य से भी मुक्त हो जा। उस कार्य की भी चिंता मत कर। जिन गुरुशक्तियों का कार्य है, वे समय-समय पर तेरी सहायता करती ही रहेंगी। वे तेरी सारी इच्छाएँ पूर्ण करने के लिए तेरे आसपास सदैव विद्यमान रहेंगी ही। इसीलिए जीवन में कभी किसी का बुरा मत सोचना, कभी किसी को बुरा मत कहना क्योंकि तू जो कहेगा, वह घटित हो ही जाएगा, ऐसी सिद्धियाँ तुझे प्राप्त हो गई हैं। अपनी वाणी पर, अपने विचारों पर नियंत्रण रखना। भूल से भी किसी के लिए बुरा मत बोलना क्योंकि शक्तियाँ केवल शक्तियाँ होती हैं, उन्हें कार्य करने की दिशा हमारा चित्त देता है। सदैव दूसरों के भले के लिए, हित के लिए कार्य करना और अगर समझ में न आए, तो उन गुरुशक्तियों के ऊपर ही सौंप दो—गुरुदेवा, आपकी इच्छानुसार हो। फिर जो उचित रहता है, वही होता है। क्योंकि कई बार आसपास की परिस्थितियों के कारण हम उचित व अनुचित का निर्णय नहीं ले पाते हैं। इसलिए उसे उन गुरुशक्तियों पर ही छोड़ना अधिक श्रेयस्कर प्रतीत होता है। ये सब बातें मैं तुझे भयभीत करने के लिए नहीं कर रहा हूँ। इसलिए बता रहा हूँ ताकि तू अपनी मानसिक तैयारी कर ले। मानव-समाज तेरा कार्यक्षेत्र है। तुझे तेरे कार्यक्षेत्र में जाना ही होगा। जाना या न जाना, तेरे हाथ में नहीं है। मैं जानता हूँ, यह बड़ा कठिन कार्य है। हाथी जैसी शक्तियाँ लेकर सड़क पर चलना और अपने पैर के नीचे चींटी भी न मरे, यह भी ध्यान रखना बड़ा ही कठिन कार्य है। चल, अब सो जा, बहुत रात हो गई है।" हम लोग उन्हीं पर्वतशिखरों के नीचे दो बड़े पत्थरों की आड़ में सो गए थे।

दूसरे दिन सुबह वातावरण बड़ा प्रसन्न लग रहा था। सब बादल छँट चुके थे। जिस प्रकार मेरे भीतर भी प्रकाश हो गया था, ठीक वैसे ही बाहर भी सूरज उग गया था, बादल सारे चले गए थे। सूरज की किरणें उन हिमशिखरों पर पड़ती थीं तो बड़ा ही सुंदर दृश्य बन पड़ता था। पहाड़ों के शिखरों से बहकर आनेवाली बर्फ एक रेला-सा बनाती थी, एक हिमनदी-सी बन जाती थी। वह काफी दिनों तक रहती थी। वह काँच की एक बड़ी धारा-सी प्रतीत हो रही थी। अब कई वनस्पतियाँ भी उग गई थीं और रंग-बिरंगे फूल भी उगे हुए थे। अब बर्फ पिघल जाने से नीचे की जमीन स्पष्ट दिखाई दे रही

थी। कई स्थानों पर गड्ढों में बर्फ अभी भी जमी ही थी। उसके पास से गुजरो, तो एक ठण्डी हवा महसूस होती थी। कई बार सामने के पहाड़ों की बर्फ सूरज की किरणों से इतनी चमकती थी कि उसकी ओर देख भी नहीं सकते थे। हम दोनों बड़े संभलकर नीचे की ओर उतर रहे थे। रास्ते में कई जगह फिसलन थी। वहाँ पर रुककर, संभलकर उतरना पड़ता था। दूर पहाड़ के पास एक मनुष्य-बस्ती लग रही थी क्योंकि वहाँ से निकलनेवाला धुँआ दूर से ही दिखाई दे रहा था। हम धीरे-धीरे चल रहे थे। अब ठण्डी हवा कम हो गई थी। पहाड़ पर जितनी पवन थी, उतनी पवन नीचे अनुभव नहीं हो रही थी। पक्षी भी दाना चुगने के लिए अपने घोंसलों से उड़कर आकाश में एक निश्चित दिशा की ओर समूह के साथ जा रहे थे। ऊँचे आकाश में दो बाज अलग ही उड़ रहे थे। स्वच्छ आकाश आज बड़ी प्रसन्नता प्रदान कर रहा था।

हमें प्रवास चालू किए आज तीन दिन हो गए थे। अब हम मनुष्य-बस्ती के करीब आने लगे थे। गुरुदेव ने कल जो बताया, वह सच था। मुझे भी ऐसा अनुभव होता था कि हिमालय में एक पवित्र, शांत व प्राकृतिक माहौल बना हुआ है। उस वातावरण में जो भी व्यक्ति आता है, वह उसमें अनायास ही शामिल हो जाता है और प्रकृति में समरस होने के कारण, उसे निर्विचारता की स्थिति अनायास ही प्राप्त हो जाती है। उस स्थिति को पाने के लिए मनुष्य को अलग से कोई प्रयास नहीं करने पड़ते हैं। यहाँ पर सालों से ऋषि एवं मुनि ध्यान करते रहे हैं। उनकी साधना का प्रभाव यहाँ पर स्पष्ट झलकता है। मुझे तो लगता है कि सारा हिमालय ही उनके प्रभाव में है। ऐसा कोई क्षेत्र नहीं है जहाँ यह प्रभाव न हो, समूचे भाग में ही प्रभाव अनुभव होता है। सब जगह, सब स्थानों पर हम किसी-न-किसी मुनि के आभामण्डल में ही रहते हैं। वे मुनि हमें दिखें या न दिखें, वे अज्ञात रूप में सब स्थानों पर विद्यमान रहते ही हैं। ऊपर के भाग में ठण्ड अधिक होने के कारण पक्षी भी कम ही पाए जाते हैं। पक्षी मैदानी भाग के पास अधिक पाए जाते हैं। पक्षी साधारणतः पहाड़ की आड़ में और तालाब के पास अधिक मात्रा में पाए जाते हैं। जब मनुष्य प्रकृतिमय हो जाता है तो उसके विचार अनायास ही बंद हो जाते हैं। इसलिए प्रायः यहाँ पर कभी कोई मनुष्य दिखता

ही नहीं है और दिखा, तो वह कोई मुनि ही होता है। वह अपनी ही ध्यान की अवस्था में होता है। कई जगह, कोई है, यह एहसास होता है। हिमालय में स्थित ऐसे महान योगियों के कारण ही हिमालय में स्थाई रूप से चैतन्य विद्यमान ही रहता है। हाँ, चैतन्य के माध्यम बदलते रहते हैं। प्रकृति का नियम है—बनाना और बिगाड़ना। वास्तव में, बिगाड़ना भी सदैव बनाने के लिए ही होता है। इसलिए इस चक्र को अच्छी घटना या बुरी घटना नहीं समझना चाहिए। यह निरंतर चलने वाली क्रिया है। यह प्रकृति के तहत होती ही रहती है।

सामान्यतः, चलते समय हमारे बीच कम ही बातचीत होती थी। रास्ते में गुरुदेव प्रकृति के बारे में बोलते रहते थे, औषधियों के बारे में बोलते रहते थे, जड़ी-बूटियों के बारे में बोलते रहते थे, मौसम के बारे में बोलते रहते थे। वे वहाँ रहते-रहते अभ्यस्त हो गए थे। हाँ, हमारी लंबी चर्चाएँ प्रायः एक स्थान पर बैठकर ही होती थीं और चर्चा चलती थी तो घण्टों चलती ही रहती थी। वे बोलते थे तो लगता था—निरंतर अमृत की वर्षा हो रही हो, एक ज्ञान का झरना बह रहा हो! वे बोलते ही रहते थे और मैं सुनता ही रहता था। कभी-कभी तो सारा दिन चला जाता था तो भी पता नहीं चलता था। समय का अंदाजा तो दिन में सूरज के कारण व रात में चंद्रमा के कारण ही लगता था। वह भी तब, जब उसकी ओर ध्यान जाए, अन्यथा तो उस ओर भी ध्यान नहीं जाता था। इसलिए कितने समय में कितना अंतर चलेंगे, यह निश्चित नहीं होता था। कई स्थानों का भी प्रभाव था। कुछ स्थानों पर इतना अधिक चैतन्य होता था कि वहाँ से निकलने की इच्छा नहीं होती थी और बेमन से चलते भी थे तो पैर बड़े धीरे-धीरे उठते थे। शरीर की समस्त क्रियाएँ धीरे-धीरे होने लग जाती थीं। शरीर के ऊपर का नियंत्रण ही कम हो जाता था... बस चल रहे हैं... इसलिए भी प्रवास को काफी समय लगता था। प्रवास का समय कब बीत जाता था, पता ही नहीं चलता था।

ऐसे ही एक बार, एक स्थान पर जब हम विश्राम कर रहे थे, तब मैंने जिज्ञासा की कि आत्मज्ञान को बाँटने का यह कार्य कबसे प्रारंभ होगा? तो गुरुदेव बोले, "जब तक घड़ा भरता नहीं, तब तक घड़े में से पानी बहने की प्रक्रिया प्रारंभ नहीं हो सकती है। घड़े

में से पानी बहने के लिए घड़ा या हण्डा भरा होना चाहिए। अभी हण्डा भरा नहीं है और हण्डा भरने में समय इसलिए भी लग रहा है क्योंकि हण्डा बहुत बड़ा है। तेरा हण्डा बहुत बड़ा है। इसलिए उसके भरने में भी समय लग रहा है और लगेगा ही क्योंकि जब वह बहेगा, तब लाखों आत्माएँ उससे अपनी प्यास बुझाएँगी। अभी हण्डे में खाली जगह है, कचरा है कर्म का। वह सब नष्ट होना होगा। तब तक केवल शांति से इंतजार ही किया जा सकता है। मैं भी करूँगा और तुम भी करो। अभी भी तुम्हारे कुछ भोग बाकी हैं। वे समाज में जाकर ही भोगने होंगे। वे जब तक संपूर्ण समाप्त नहीं हो जाते, चैतन्य संपूर्ण नहीं भर सकता है। जब संपूर्ण भर जाता है, तो फिर हण्डे को तो कुछ करना ही नहीं होता है। पानी तो स्वयं ही हण्डे के बाहर बहना प्रारंभ होता है। यह एक प्राकृतिक क्रिया है। होगी तब होगी। अब वह तेरा कार्यक्षेत्र नहीं है। तू अपने कार्यक्षेत्र में रहकर कार्य कर। वह एक निश्चित क्रिया है। वह समय आने पर ही होगी और समय आने पर ही तुझे किसी गुरु की कृपा प्राप्त होगी। तब तू तो गुरु का माध्यम बनेगा, सारा कार्य स्वयं ही होता चला जाएगा। गुरुशक्तियाँ अपने माध्यम से सारा कार्य संपन्न करा ही लेती हैं। कैसे करा लेती हैं, वह माध्यम को भी पता नहीं चलता है। क्योंकि माध्यम को स्वयं तो कुछ करना नहीं है, शक्तियाँ सब कार्य करती हैं। वह तो केवल निमित्त होता है। जब तक यह स्थिति नहीं आती, कार्य का प्रारंभ नहीं होगा। जब तक देने के लिए कोई उद्देश नहीं मिलता, दिया नहीं जा सकता। आत्मज्ञान देने का अभी तेरे पास कोई उद्देश नहीं है। उद्देश भी वास्तव में निमित्त ही है। पर जब तक जीवन में कोई उद्देश नहीं मिलता, आत्मा का ज्ञान दिया नहीं जा सकता है। अभी तेरे पास आत्मज्ञान देने का कोई उद्देश ही नहीं है। जब समय आएगा, कोई उद्देश भी आएगा। कोई उद्देश तो होगा ही। जब उद्देश आएगा, तब ही यह कार्य प्रारंभ होगा। उद्देश भी निश्चित है। किसी बहुत बड़े उद्देश से तुझे तैयार किया जा रहा है। वह पवित्र उद्देश मुझे भी पता है, पर तेरा उसे जानने का समय अभी नहीं आया है। तुझे पहले बताकर मैं काल के बीच हस्तक्षेप करना नहीं चाहता हूँ। समय आने पर वह बाहर आने ही वाला है। हमें उचित समय तक राह देखनी चाहिए। वह उद्देश इतना बड़ा है कि उसके सामने जीवन

भी छोटा लगने लग जाएगा और फिर उस उद्देश को पूरा करने में तू अपना सारा जीवन लगा देगा। यह सब उस पवित्र उद्देश को पूर्ण करने का ही प्रयास है। अभी तैयारीभर (तैयारीमात्र) चल रही है।"

"हम जब किसी घर में जन्म लेते हैं, तो कई ऋण होते हैं—पितृऋण, मातृऋण, अन्य रिश्तों के ऋण। हम जब तक वे सब नहीं उतारते, हम उनमें से मुक्त नहीं होते हैं और जब तक मुक्त नहीं होते, हम आगे बढ़ नहीं पाते हैं। ये सब जीवन की घटनाएँ हैं, होती ही रहती हैं। वे घटनाएँ भी सब निमित्त हैं। वे नहीं होंगी तो जीवन आगे कैसे बढ़ेगा? इसी को ही तो जीवन कहते हैं। तू तो नियमित ध्यान कर। ध्यान सदैव तुझे संतुलन देगा और संतुलन ही समाधान प्रदान करेगा और समाधान के कारण तू सदैव शाश्वत सुख को जान पाएगा और फिर सदैव शाश्वत सुख को ही ग्रहण करता रहेगा। एक बार किसी ने शाश्वत सुख के आनंद को प्राप्त कर लिया, तो फिर उसका ध्यान कभी शारीरिक सुखों की ओर नहीं जाता है।"

"सबसे निचले स्तर पर शारीरिक सुख होता है जो हमें आराम के साधनों से, सुविधाओं से प्राप्त होता है। धीरे-धीरे हम उस सुख के अभ्यस्त हो जाते हैं और शारीरिक सुख-सुविधाओं को सुख मान लेते हैं। लेकिन इन सुख-सुविधाओं की एक सीमा है। एक सीमा तक वे आराम या सुख दे सकती हैं। पर बाद में पता चलता है कि ये सब सुख देने वाली सुविधाएँ हैं, ये सब साधन हैं; ये सुख नहीं हैं, इनमें सुख नहीं है। हम मान लेते हैं कि इन सुविधाओं में सुख है। वास्तव में, हमारी गलत धारणा के कारण हमें ऐसा लगता है। पर एक चरमसीमा के बाद यह धारणा भी टूट जाती है। फिर वह धनी व्यक्ति सब सुख-सुविधाओं को त्यागकर शाश्वत सुख की तलाश में निकल पड़ता है क्योंकि वह जान जाता है—जिसे मैं सुख समझ रहा था, वे तो केवल सुविधाएँ थीं जो शरीर को आराम दे रही थीं, पर वास्तव में, यह सुख नहीं था क्योंकि यहाँ पर समाधान नहीं था। फिर मनुष्य वहाँ से आगे बढ़ जाता है। फिर अहंकार आड़े आता है। वह बुद्धि के स्तर पर सुख को जानने का प्रयास करता है। पुस्तकों को पढ़कर, प्रवचनों व सत्संग में जाकर ज्ञानप्राप्ति कर सुख को भी जानने का प्रयास करता है। वास्तव में, सुख यानी क्या, यह आत्मसुख

की खोज ही फिर उसे किसी जीवंत (सजीव) गुरु के सान्निध्य में ले जाती है। और फिर उसके सान्निध्य में जब अनुभूति होती है, तब ही वह जान पाता है कि आत्मसुख क्या है। फिर बुद्धि भी गिर जाती है और वह परमसुख को प्राप्त हो जाता है और फिर उस परमसुख में ही रममाण हो जाता है, उसका सारा विश्व वहीं पर सीमित हो जाता है। पर यहाँ तक पहुँचने में मनुष्य को अपने जीवन का एक बड़ा हिस्सा खोना पड़ता है। यह जानने में काफी उम्र चली जाती है। यह सब एक बड़ी प्रक्रिया है और तुझे तो इसके भी आगे जाना है। आत्मसुख प्राप्त कर बाँटना, यह तो और भी बड़ा कार्य है क्योंकि जब तक बाँटने की तीव्र इच्छा नहीं होती और बाँटने का कोई उद्देश नहीं होता, यह दिया नहीं जा सकता है। यह सब भीतर का, आत्मा का भाव है। आत्मसुख भी आत्मा का सुख है। बाँटने की तीव्र इच्छा भी आत्मा की होनी चाहिए और आत्मा को ऐसा पवित्र उद्देश भी मिलना चाहिए ताकि वह बाँट सके। यह जब तक नहीं होता, यह नहीं हो सकता है। आत्मा के सुख का संबंध आत्मा के साथ होता है। वह बाँटना भी सामूहिकता से जुड़ा हुआ एक बड़ा कार्य है। यह इतना बड़ा कार्य घटित होने के लिए इतना ही बड़ा उद्देश भी होना चाहिए। जब तक इतना ही बड़ा उद्देश नहीं होता, यह कार्य प्रारंभ न हो सकेगा।"

हम धीरे-धीरे चल रहे थे और शाम के समय एक नदी के किनारे तक पहुँचे। वहाँ के एक आदिवासी के खेत में मुकाम किया। वहाँ पर देखा, तो अदरक की खेती हो रही थी। दूसरे दिन सबेरे उन आदिवासियों की मदद से नाव से नदी पार की और धीरे-धीरे आगे की यात्रा पर निकले। नदी के बाद कई मीलों तक पत्थर ही पत्थर थे। उन छोटे-छोटे पत्थरों पर चलना पड़ रहा था। यहाँ की नदी को गहराई नहीं थी, पर जब बहाव तेज होता था, तब इसका पात्र काफी बड़े क्षेत्र में फैल जाता था। अभी भी, नीचे आने पर भी वे पर्वतशिखर धूप में चमक रहे थे और उन पर अभी भी काफी बर्फ जमा थी जो चमक रही थी। यहाँ के कुछ आदिवासी तो पंचतत्त्वों को ही देवता मानते थे और कुछ आदिवासी बुद्धिस्ट (बौद्ध) भी थे। बड़े ही शांत स्वभाव के लोग थे। कुछ आदिवासी चावल की भी खेती करते थे। वे आदिवासी आदी, निशी, खांबती ऐसी अलग-अलग

जातियों के थे। ये आदिवासी खांबती जाति के थे। यह जाति प्राय: शांत स्वभाव की होती है। बौद्ध धर्म को मानने वाले होते हैं। बड़े अच्छे लोग होते हैं। बड़े मिलनसार होते हैं। इनका पहनावा—पुरुषों का लुंगी व कुरता होता है और औरतें लुंगी जैसा एक कपड़ा थोड़ा ऊपर करके बाँधती हैं, उसके ऊपर एक ढ़ीला ब्लाऊज व ठण्ड के दिनों में नीचे की लुंगी पर शाल लपेटती हैं। खेत में कार्य करने वाली औरतें अपनी पीठ पर अपने बच्चे को बाँधे हुए ही रहती हैं। बच्चा 4-5 साल का होने तक वे उसे बाँधे ही रहती हैं। वह माँ की पीठ पर बैठकर सारी दुनिया का अवलोकन करता रहता है। यहाँ पर रहने वाले लोग मंगोल प्रजाति के होते हैं। इन लोगों की उँचाई कम ही होती है, पर गोरे होते हैं और कुछ पीले रंग के भी होते हैं।

यहाँ पर, जंगल में उस समय कुछ लकड़ी की कटाई का काम भी चल रहा था। हाथी बड़ी तादाद में थे जो लकड़ी को इधर से उधर ले जाने का कार्य करते थे। जंगल की लकड़ी के लिए बड़ी तादाद में जंगल काटे जा रहे थे। बड़ा दु:ख हुआ, इतने बड़े, घने वृक्ष केवल लकड़ी के लिए काटे जा रहे थे। इन वृक्षों को बड़ा करने में सालों लगे होंगे, पर काटने में चंद मिनटें ही लग रही थीं। बड़े-बड़े, लंबे-लंबे वृक्ष काटे जा रहे थे। हम इन सब दृश्यों को देखकर परमात्मा से प्रार्थना कर रहे थे कि यह लकड़ी की कटाई बंद हो। गुरुदेव ने कहा, “यह तब से ही चल रहा है, जब से मैं आया हूँ। हर साल मैं जब भी नीचे आकर देखता हूँ, यह कटाई चल ही रही होती है। इन काटने वाले ठेकेदारों के पास सरकार का लाइसेन्स (अनुमतिपत्र) भी रहता है। पर अधिकतर कटाई अवैध ही होती है क्योंकि ये लाइसेन्स से भी अधिक मात्रा में लकड़ी काटते हैं। सरकार को इसकी कोई जानकारी नहीं होती। सरकारी अधिकारी इन जंगलों तक देखने आते ही नहीं हैं। काटे गए वृक्षों की लकड़ी फिर ट्रकों में भरकर असम में भेज दी जाती है।” हमारा प्रवास अधिकतर जंगल में से ही हो रहा था, इसलिए हमें मनुष्य-बस्तियाँ नहीं लग रही थीं। पर मनुष्य की बस्तियाँ सड़क के किनारे, सड़क के आसपास अवश्य थीं जो कभी-कभी दिखती थीं। गुरुदेव ने कहा, “पिछले 25-30 सालों से इन जंगलों की कटाई मैं देख रहा हूँ, यह चल ही रही है।” हम धीरे-धीरे ‘परशुराम कुण्ड’ के पास पहुँचे।

यहाँ पर एक मंदिर बना था। उसमें एक बाबाजी सालों से रह रहे थे। एक तालाब था जिसका पानी लाल था। कहते हैं कि परशुराम ने अपनी माँ का वध करके (जो कि उन्होंने अपने पिता की आज्ञा पर और माँ के उस आज्ञा का पालन करने की आज्ञा दिए जाने पर किया था) उस परशु को यहाँ पर धोया था, इसलिए यह पानी लाल हो गया था। गुरुदेव यहाँ प्राय: हर साल एक बार अवश्य आते ही थे। इस स्थान से उनका विशिष्ट लगाव था। यह स्थान उनके गुरुदेव का स्थान था।

कैसा संयोग था कि गुरुदेव भी श्री परशुराम के वंश के थे और मैं भी श्री परशुराम के वंश का ही था। यह स्थान हमारे मूलपुरुष का स्थान था। हम संयोग से यहाँ पर एकत्र हुए थे। महाराष्ट्रियन (महाराष्ट्रवासी) ब्राह्मणों में कोंकणस्थ जाति के ब्राह्मण परशुराम के वंशज कहलाते हैं। हम दोनों भी उसी जाति के थे। यह सब शुरुआतभर होती है। आगे जाकर फिर शरीर का भाव समाप्त हो जाता है और रह जाता है आत्मभाव। आत्मभाव में आत्मा एक ही जाति की है, वह है परमात्मा। बस और क्या? वास्तव में, यह संबंध स्थान से होगा। जो कोंकण प्रदेश में रहने वाले ब्राह्मण होंगे, वे 'कोंकणस्थ' कहलाए होंगे। और क्या? गुरुदेव ने कहा, "हम दोनों का एक ही कुल में पैदा होना केवल संयोगमात्र है। वास्तव में, अपना रिश्ता, अपना संबंध तो पिछले जन्मों का है। सबसे पवित्र और सबसे पास का रिश्ता गुरु और शिष्य का होता है क्योंकि यह संबंध आत्मा का संबंध होता है। इसी संबंध के कारण हम दोनों करीब रहे थे। अब हमारा करीब रहने का समय समाप्त हो रहा है। मैं तुम्हें छोड़ने ही इस स्थान तक आया था। कल सुबह मैं वापस मेरे स्थान की ओर प्रस्थान करूँगा।" उस रात मुझे रातभर नींद नहीं आई। इन गुरुदेव के सान्निध्य में कैसे-कैसे दिन निकले थे, वे याद आ रहे थे और याद आ रहा था वह हिमालय पर्वत, जहाँ पर बैठकर ध्यान-साधना की थी। मैं रातभर जागता ही रहा और सुबह उठकर फिर बड़े भारी मन से गुरुदेव से विदाई ली। मैंने उनको साष्टांग दण्डवत प्रणाम किया। उन्होंने आशीर्वाद दिया, "परमात्मा तुझे जल्दी ही आगे का मार्ग दिखाए।" वे वापस हिमालय लौट गए और मैं भी मेरी वापसी की यात्रा पर चल पड़ा। मैं पैदल ही चोखम नामक गाँव पहुँचा और

बाद में नामसाई नाम के शहर पहुँचकर वहाँ से डिब्रूगढ़ पहुँचा और गुवाहाटी होते हुए घर आ गया।

घर पर मेरे आने की कोई सूचना ही नहीं दी थी, मैं अचानक आ गया था। अचानक आया देखकर घर में खुशी का वातावरण छा गया। सामान्यतः रोज शाम को मैं पत्नी के साथ ही बाहर निकलता था। बाहर पैदल ही घूमने जाते थे। वहाँ पुलिया (छोटे-से पुल) पर बैठकर मैं अपने हिमालय के अनुभव और सारी घटनाएँ पत्नी को बताता था। वह घर बैठे ही सारे हिमालय की यात्राएँ कर लेती थी। वह संपूर्णतः सकारात्मक थी। उसका एक ही विश्वास था—मैंने जीवन में कभी किसी का कोई बुरा नहीं किया है तो मेरे साथ भी परमात्मा कभी बुरा नहीं करेगा। इसी विश्वास के कारण वह कहती थी, "मैं जानती थी, कितनी भी कठिनाइयों में आप रहें, आप घिर जाएँ, पर वापस अवश्य आएँगे ही।" हम दोनों साथ में कम समय ही रहते थे, इसलिए हमारे में, आपस में झगड़े कभी हुए हों, यह मुझे याद नहीं क्योंकि वह मुझे इस जगत का सबसे श्रेष्ठ पति मानती थी। वह कहती, "जिस पति को इतने बड़े साधु-संतों का साथ मिले, इतने पवित्र स्थानों की यात्रा करने मिले, इतने दिनों तक गुरुदेव की सेवा, सान्निध्य का सौभाग्य मिले, तो निश्चित ही ऐसा पति सामान्य पति तो नहीं हो सकता है, वह एक महान आत्मा है और ऐसी महान आत्मा का सान्निध्य मुझे पति के रूप में मिले, यह मेरा कितना बड़ा भाग्य है!" मेरे शरीर से निकलने वाली चैतन्यशक्ति के कारण होता होगा या सदैव मैं गुरुओं के बारे में बताता रहता था, इसलिए होता होगा, पता नहीं, पर मेरी पत्नी सदैव मुझे बड़ी श्रद्धा की दृष्टि से ही देखती थी। अब उसकी आमदनी भी अच्छी हो गई थी, इसलिए उसे आर्थिक रूप से कोई चिंता नहीं थी। इसके लिए वह कहती थी, "आप इस गुरुकार्य में लगे, इसीलिए गुरुओं ने मेरी आमदनी बढ़ाई, मेरी नौकरी बढ़ाई ताकि आपके आसपास एक सुरक्षित वातावरण बन सके।" उसने मेरे कार्य में मदद करने की दृष्टि से 500 रु. महीना अलग से जोड़कर रखा था। वह कहती थी, "यह सब आपके गुरुदेवताओं की कृपा से ही मिला है। इसलिए कम-से-कम यह राशि तो भी उनके कार्य में खर्च करनी चाहिए।" यानी इस प्रकार वह अपनी आमदनी से संतुष्ट थी। पर ऐसी कुछ

बचत नहीं थी और जो बचत थी, उसे वह गुरुकार्य में लगा देती थी। वह कहती, "यह बहुत बड़ी बचत है। यह आध्यात्मिक बचत है। मैं शरीर से कुछ भी गुरुकार्य नहीं कर सकती क्योंकि घर और नौकरी में ही समय चला जाता है। तो यह कुछ राशि इस कार्य में लगाकर मुझे आत्मसमाधान मिलता है कि मैंने भी कुछ योगदान दिया।" उसकी तनख्वाह 1400 रु. ही थी, इसलिए मुझे 500 रु. ज्यादा लग रहे थे, पर उसका भाव था। समय बीत रहा था। मैं समाज में था, पर समाज में नहीं था। मैं पूर्ण समय घर में ही व्यतीत करता था क्योंकि बाहर मनुष्यों की भीड़ से ही मुझे तकलीफ होती थी। प्रत्येक मनुष्य कुछ-न-कुछ विचार करता ही रहता था और प्रत्येक मनुष्य से गंदी ऊर्जा निकलती ही रहती थी। कई लोग तो इतने नकारात्मक होते थे कि उनके अंदर से गंदी ऊर्जा की बदबू आती थी। मैं इन बातों से परेशान हो जाता था। कभी-कभी लगता था कि ऐसा सचमुच हो रहा है और होता है या मेरा भ्रम है या मैं किसी मानसिक बीमारी का शिकार हो गया हूँ। लेकिन पत्नी भ्रमित नहीं थी। वह कहती थी कि आप कुछ अधिक ही समझने लग गए हैं। आप जिनके बारे में बताते हो कि गंदी ऊर्जा वाले व्यक्ति हैं, वास्तव में, वे जीवन में भी खराब व्यक्ति ही हैं। वे केवल अच्छे व्यक्ति होने का नाटक कर रहे हैं, पर हैं नहीं। आप उनका अंतरंग जान जाते हो। मुझे केवल पत्नी ही समझती थी और मेरे कार्य में केवल उसका ही शारीरिक, मानसिक, आर्थिक सब दृष्टि से, संपूर्ण योगदान था। इसलिए मैं भी उसे मेरे कार्य की शक्ति समझता था। सिर्फ समझता ही नहीं था, वास्तव में ही वह इस गुरुकार्य की शक्ति ही थी।

मुझे कभी लगता था कि जब मुझे इस आध्यात्मिक मार्ग पर ही जाना था, तो मेरी शादी क्यों हुई, मुझे बच्चे क्यों हुए, मेरी गृहस्थी क्यों हुई? लेकिन, दूसरा यह भी देख रहा था कि मेरा गृहस्थी में कोई आधार नहीं है, मेरा पत्नी को कोई आधार नहीं है; पत्नी का ही मेरे कार्य में आधार है। यानी इस गुरुकार्य में उसका भी कोई कार्यभाग है। ऐसा क्यों हुआ, यह समय आने पर ही स्पष्ट होगा। मेरे लिए तो पत्नी शक्तिस्वरूपा थी क्योंकि मेरी साधना की तो वह शक्ति थी और वह सदैव मुझे, "इसी मार्ग पर चलो" कहकर प्रेरित भी करती थी। उसका दृढ़ विश्वास था, "परमात्मा आत्मा के

रूप में हमारे ही भीतर बैठा है और एक पवित्र व्यक्ति को उसकी आत्मा सदैव मार्गदर्शन करती रहती है। पवित्र व्यक्ति सदैव आत्मा के अधीन होता है। इसीलिए आत्मा के संदेश उसे आसानी से प्राप्त होते रहते हैं। वह जो मार्गदर्शन आत्मा कर रही है, वही मार्ग उचित है और मनुष्य को अपनी आसपास की परिस्थितियों की ओर ध्यान न देते हुए अपनी आत्मा के मार्गदर्शन पर चलना चाहिए।"

मेरे घर आने पर मुझे मेरे माता-पिता, सारे रिश्तेदार "नौकरी करो" कहकर दबाव देने लग जाते थे। पहले प्रेम से समझाते थे, फिर गालियाँ देने लग जाते थे। "नौकरी नहीं करता, तो कोई व्यवसाय करो। कुछ एजेन्सी का कार्य करो, कुछ क्लासेस (शिक्षण व्यवसाय) चलाओ, कुछ करो!" मेरे पिताजी का उद्देश था कि मैं कुछ कमाऊँ और किसी कार्य में लगा रहूँ तो यह आध्यात्मिक मार्ग का पागलपन कम हो सके। पत्नी को कहता था कि वे ऐसा चाहते हैं, तो पत्नी बोलती, "आपका जीवन है। आपकी आत्मा के साथ जीवन चलाना है, पिताजी के साथ नहीं। वे थोड़े ही जन्मभर आपके साथ रहेंगे। आपकी आत्मा सदैव आपके साथ रहेगी। क्या आपको आपकी आत्मा कभी कहती है, 'नौकरी करो'? नहीं, तो फिर मत करो। आत्मा परमात्मा का अंश है। वह आगे का सारा भविष्य जानती है। क्या करना उचित है और क्या करना उचित नहीं है—यह आपकी आत्मा जानती है। तो फिर पिताजी की क्यों सुनते हो। वे तो बेचारे परिस्थितिवश आपको ऐसा कह रहे हैं क्योंकि बाकी सारा समाज उन पर यह दबाव डाल रहा होगा। आप पिताजी की भी मत सुनो, मेरी भी मत सुनो। आप वह सुनो जो आपकी आत्मा आपको करने के लिए कह रही है। वही सत्य है।"

पत्नी कहती थी, "आप नौकरी नहीं करते हो, यह विषय सब रिश्तेदारों का हो गया है। इसीलिए सब इसी विषय पर बोलते हैं। आप तो समाज में कम समय रहते हो, मैं तो सदैव समाज में रहती हूँ। मुझे तो आपसे अधिक यह सहना पड़ता है। तो मुझे कितना सहना पड़ता होगा, सोचो ना! पर मैंने लोगों से कह दिया है कि यह विषय छोड़कर ही मुझसे बात करो। इस विषय पर मुझसे बात मत करो और तुम्हें जो सोचना है, वह तुम सोचो। वह तुम्हारा क्षेत्र है,

तुम सोच सकते हो। मेरे आपके पिताजी से भी बड़े मधुर संबंध हैं, पर उन्होंने आपका विषय निकाला तो एक दिन मैंने उन्हें कह दिया कि उनके बारे में बोलने की आपकी हैसियत नहीं है, आप उनके बारे में न बोलें। तबसे वे मुझसे आपके बारे में नहीं बोलते हैं। आप इन बातों पर ध्यान मत दो। कल्पना करो कि आप एक अच्छे आम के वृक्ष पर आम तोड़ने के लिए चढ़ रहे हो और आपकी यह इच्छा है कि ये अच्छे आम तोड़कर मैं सबको बाँटूँ। तो भी समाज आपकी इच्छा को नहीं जानेगा। आप आम तोड़ने पेड़ पर चढ़े तो आपके पैर खींचेंगे। वास्तव में, समाज का क्या जा रहा है? समाज डर के मारे पैर खींच रहा है कि ऊपर चढ़ोगे, गिरोगे और मरोगे। ऐसे नकारात्मक विचारों के कारण आज समाज आपके पैर खींच रहा है। पर आपके तो विचार सही हैं ना कि आप फल तोड़कर सबको बाँटोगे, तो आप अपना सकारात्मक भाव रखकर चढ़ो ना! जब आप आध्यात्मिक-स्थितिरूपी आम के पेड़ पर चढ़ोगे और वह मोक्षरूपी फल प्राप्त कर समाज को बाँटोगे, तब यही समाज वह मोक्षरूपी फल खाकर आपकी जय-जयकार करेगा। अभी समाज आज की परिस्थिति के तहत कह रहा है। अभी समाज की ओर मत ध्यान दो और रही बात पिताजी की भी, तो वे भी सारे समय लोगों के ताने सुनते रहते हैं, वे आपको नहीं सुनाएँगे तो किसे सुनाएँगे? उधर ध्यान मत दो। वास्तव में, आपके नौकरी न करने से जो तकलीफ होनी चाहिए, वह तो मुझे होती है। पर वह तकलीफ इतनी अधिक नहीं है, जितनी बड़ी है आपकी आध्यात्मिक यात्रा, जितना बड़ा है आपका आध्यात्मिक उद्देश। उस उद्देश के सामने यह तकलीफ क्षणिक है। इसलिए, मैं कभी आपसे इन बातों की चर्चा करती हूँ क्या? नहीं! वास्तव में, दूसरे घर और अपने घर में कोई विशेष अंतर नहीं है। दोनों घरों की आमदनी समान है। बस अंतर यह है कि दूसरे घर में पति कमाता है, अपने घर में पत्नी कमाती है। पर आमदनी तो समान है। कुछ अलग हो तो लोग उसकी आलोचना करते हैं। समाज से अलग कुछ भी किया तो समाज उसका विरोध करेगा ही। लेकिन सदैव याद रखो, जितने भी महापुरुष आज संत के रूप में जाने जाते हैं, वे अपने जीवन में समाज से अलग ही चले थे। उन संतों ने अलग किया, इसीलिए उस समय उन्होंने गालियाँ खाईं। पर उस 'अलग'

के कारण ही आज वे अपना अस्तित्व समाज से अलग बनाकर रख सके हैं। आज वह गाली देने वाला समाज तो चला गया, पर रह गए वे संत जो आज भी पूजे जाते हैं, आज भी आदर्श हैं। आप भी भविष्य में संत होने वाले हो, इसीलिए आज समाज से अलग राह पर चल रहे हो और अलग चल रहे हो, इसलिए लोगों की आलोचना का शिकार हो रहे हो। पर कल यह समाज आपके आसपास नहीं रहेगा, आपके आसपास आपके स्तर का समाज निर्मित होगा। वह समाज आपको जानेगा, आपको पहचानेगा। वह आपका गुणगान गाएगा। रही बात पिताजी की, तो जब आपका घर चलाने के लिए मैं उनसे पैसे माँगने जाऊँ, तब वे ठीक कर रहे हैं, ऐसा समझना। परमात्मा चाहते हैं कि आप अपने आध्यात्मिक मार्ग पर चलो, इसलिए मेरे माध्यम से अपने परिवार को आर्थिक सुरक्षा दे रहे हैं। उनके संकेत को समझते क्यों नहीं?"

मुझे उस समय पत्नी उस वटवृक्ष के समान लगती थी, जो एक घनी छाया के साथ मेरे पीछे खड़ा था और सारा-का-सारा समाज एक रेगिस्तान की तरह लगता था, जहाँ पर धूप ही धूप थी। सारे मरुस्थल में मेरी पत्नी ही मेरी आत्मा का एकमात्र सहारा थी और वह सहारा ही इतना शक्तिशाली था कि समाज मेरे बारे में क्या सोचता है, उसकी परवाह नहीं थी।

मैं सामान्यतः लोगों के बीच नहीं जाता था। किसी भी व्यक्ति को ज्यादा पास नहीं आने देता था क्योंकि थोड़ी-सी पहचान हो जाए तो पहला प्रश्न कोई आदमी मुझसे करता था, वह यह होता था कि कहाँ नौकरी करते हो? और इस प्रश्न का जवाब मेरे पास नहीं था। इसलिए प्रायः मैं मनुष्यों से दूर ही रहता था। सदैव लगता था कि यह प्रश्न कोई मुझे न पूछ। जिस मार्ग पर मैं था, उस मार्ग में किसी भी व्यक्ति को कोई रुचि नहीं थी। लोगों की दृष्टि में ये सब काम न करने के बहाने थे; मैं आलसी हूँ, काम करना ही नहीं चाहता। ऐसा विरोधाभास का वातावरण मैं समाज में अनुभव करता था। मेरी पत्नी, बच्चे व्यवस्थित रहते थे, मैं अपना पायजामा-कुरते में, सादा ही रहता था। मैं इस परिवार का हूँ, ऐसा भी नहीं लगता था। जैसे किसी शहरी परिवार में एखादा (कोई) गाँव वाला रिश्तेदार

आता है, रहता है, जाता है, ऐसा ही लगता होगा। मुझे ज्यादा कोई जानता भी नहीं था।

कहते हैं न कि परिस्थितियाँ मनुष्य को परिपक्व बना देती हैं। एक दिन मैं मेरे बड़े लड़के को लेकर ट्रेन से कहीं जा रहा था। तो बड़ा लड़का बोला, "बाबा, तुम्हारी जेब में पैसे हों तो... मुझे भूख लगी है।" मेरी आँखों में उस दिन आँसू आ गए कि चार आने के पोहे भी मैं इसे खिला नहीं सकता, ऐसी स्थिति नहीं है, पर मेरे पास चार आने भी होंगे कि नहीं, यह इसे विश्वास नहीं है। यानी मेरी स्थिति को मेरा बच्चा भी जानता था।

दूसरा, माँ-बाप का भी बोलना ठीक ही था। मैं माँ और बाप का इकलौता लड़का था, बड़ा था, पढ़ा-लिखा था और अच्छी पोस्ट (पद) पर नौकरी कर चुका था, अनुभवी था, स्वस्थ था, हट्टा-कट्टा था। "अब नौकरी नहीं करूँगा" कहूँगा तो वे नाराज तो होंगे ही। मैं किसी बड़ी बीमारी का शिकार हुआ होता, मैं अपंग हो गया होता, तो बात अलग थी। पर ऐसा कुछ भी कारण नहीं था। मेरी मृत्यु हो गई होती, तो भी एक विधवा के रूप में मेरी पत्नी को समाज की सहानुभूति मिलती। पर मैं अच्छा, स्वस्थ होकर भी कमाता नहीं था और वह मुझे कमाने के लिए नहीं कहती थी, यह देखकर पिताजी ज्यादा नाराज होते थे। वह उन्हें कहती थी, "उनका जन्म कमाने के लिए नहीं हुआ। वे जो कमाने वाले हैं, वह आप-मैं नहीं कमा सकते हैं। उनका तो विषय ही छोड़ दो।" पत्नी को तो उसके माँ-बाप, बहनों से भी सुनना पड़ता था। वह तो बेचारी सभी की बातें सुनती थी, फिर भी मैदान में डटी हुई थी। उसका वह निश्चय ही मुझे प्रोत्साहन देता था। मैं सोचता था—मैं पुरुष होकर थोड़े दिन नहीं सहन कर सकता, वह तो स्त्री होकर इतना सदैव, समाज में रहकर सहती है। मैं अपनी पत्नी से पहले से ही बहुत प्रेम करता था और अब जब वह मेरे गुरुकार्य में मदद करने लग गई, तो फिर उस प्रेम के साथ मेरे मन में उसके प्रति आदर भी निर्मित हो गया। जिस दृढ़ निश्चय के साथ वह मेरे साथ थी, वह देखकर तो मैं स्वयं भी आश्चर्यचकित हो जाता था। कितने विश्वास के साथ वह जी रही थी! मैंने उसे जीवन में कभी भी टूटते हुए नहीं देखा था। अपने पास जो न हो, वह दूसरे

के पास हो, तो मनुष्य स्वयं ही उस ओर आकर्षित हो जाता है। मैं भी इस कारण उसकी ओर आकर्षित हो जाता था। मैं सोचता था कि अगर यह नहीं होती, तो शायद मैं इस समाज में ही कभी नहीं आता। मेरे सारे रिश्तेदार मुझसे अधिक मेरी पत्नी को गालियाँ देते थे। वे कहते थे, "तू ही उसे इस मार्ग पर जाने के लिए प्रोत्साहित कर रही है। अगर वह ऐसा होता, तो शादी के पहले ही चला जाता। शादी होने के बाद वह ऐसा क्यों कर रहा है? तेरे ही कारण... तू ही इन सबकी जिम्मेदार है। तू है कि उसे इस मार्ग पर चलने से रोकने की जगह आर्थिक मदद करके उसे प्रोत्साहित कर रही है। आज नहीं लग रहा है, कल पछताएगी, कल रोएगी। फिर हमें रोते हुए मत कहना कि यह क्या हो गया? वह एक दिन जो जाएगा, वह आएगा ही नहीं! फिर रोएगी!"

इन सबमें मेरी माँ मौन थीं। भीतर से वह मुझे अच्छी तरह से जानती थीं। वह मौन इसलिए थीं क्योंकि वह मेरे ही पक्ष में थीं, पर पिताजी के सामने यह बात कहने की उसकी हिम्मत नहीं थी। मेरी माँ ने एक बार एकांत में मुझसे कहा था, "चिंता मत कर। सब समय एक जैसा नहीं होता है। यह भी समय है, चला जाएगा। इस सारे खराब माहौल में सबसे मुख्य बात है कि इस मार्ग में तेरी पत्नी वटवृक्ष की तरह तेरे साथ है। बस, फिर क्या चिंता करता है? समय आने पर सब ठीक होगा। हम जीवन में जो बोते हैं, उसके फल हमें इसी जीवन में मिलते हैं। तू जो बो रहा है, उसकी फसल भी कभी-न-कभी आएगी ही। अच्छे कर्मों का फल अच्छा ही होगा।"

ऐसे सारे माहौल में मेरा सामाजिक जीवन चल रहा था। कभी स्कूल की छुट्टियों में हम बच्चों सहित बाहर जाते थे ताकि इस माहौल से मुक्त रह सकें। ऐसे ही एक बार उदयपुर गए थे। वहाँ पर एक दिनभर के लिए दिलवाड़ा टेम्पल (मंदिर) गए थे। वहाँ पर ऐसे ही बातें करते हुए बैठे थे, तो पत्नी ने कहा, "मैं बचपन से गायत्रीमंत्र का जाप करती हूँ और मुझे उस मंत्र पर पूरा विश्वास है।

वह मुझे खराब से खराब समय में भी ऊर्जा देता रहता है और मेरे गुरु ने मुझे कहा था, "तेरी मुझे चिंता नहीं है। तेरी शादी सड़क के भिखारी से भी हो गई, तो भी तू उसे राजा बना देगी, ऐसी शक्ति

तेरे भीतर है।" मुझे मेरे गुरु पर विश्वास है। इसलिए आप भी एक दिन अवश्य राजा बनोगे और तब मेरी इस बात को याद करना। दूसरा, आप आपके गुरुदेव की बातों पर तो विश्वास रखो। उन्होंने आपको ले जाते समय क्या कहा था? "तू इसे मुझे सौंप दे। यह तेरा संसार चलाने के लिए नहीं आया है, इसका संसार सारा विश्व है। यह सारे विश्व का कल्याण करेगा। यह विश्वस्तर पर कार्य करेगा।" इस स्थिति में तो विश्वस्तर पर कार्य नहीं हो सकता है। यानी सदैव यही स्थिति नहीं रहेगी। मैंने भी आपको उन्हें पूर्ण सौंपकर कहा था, "जा तो रहे हो, पर गुरुदेव से पूरा ज्ञान ग्रहण करके आना या आना ही मत। मैं तो आपके नाम पर ऐसे ही जीवन व्यतीत कर लूँगी।" उस दिन मैंने केवल ऐसा कहा ही नहीं, सचमुच मैंने ऐसा ही किया भी है; मैंने आपको पूर्णत: आपके गुरुदेव को सौंपा है और मेरा पूर्ण विश्वास है, दुनिया इधर की उधर हो जाए, पर उनका शब्द इधर का उधर नहीं हो सकता! उन्होंने जो कहा है, वह होगा ही।" पत्नी ऐसे विश्वास के साथ बोल रही थी कि थोड़े समय तो मुझे पत्नी दिखनी ही बंद हो गई और मेरे गुरुदेव ही दिखने लग गए! फिर कभी पत्नी दिखती थी, पत्नी में से गुरुदेव की आभा नजर आ रही थी। मैं अपने-आपको एकदम सिकुड़ता हुआ महसूस कर रहा था; मैं गुरुदेव के साथ रहकर जितना नहीं जुड़ सका, पत्नी एक बात पर विश्वास करके जुड़ गई थी। पत्नी अचानक मुझे बड़ी-बड़ी लगने लग गई और मैं अपने-आपको छोटा और छोटा होता लग रहा था। जैसे सारे गुरु एक-दूसरे के साथ जुड़े हुए प्रतीत होते थे, वैसे पत्नी भी उन्हीं के साथ, उन्हीं के समकक्ष प्रतीत हो रही थी। बौना तो केवल मैं था जो इन सबको आश्चर्य से देख रहा था। मैं अपने-आपको उस सेनापति जैसा पा रहा था जिसका युद्ध में जाने का इतना मन नहीं होता है, पर पीछे के सैनिकों के उत्साह को देखकर उसे आगे होना ही पड़ता है। मेरी पत्नी में जबरदस्त उत्साह देख रहा था। कहते हैं न कि स्त्री क्षणभर की प्रेयसी व अनंतकाल की माता होती है। मुझे भी उस दिन ऐसा ही लगा। एक माँ जैसे अपने बच्चे को संभालती है, सही रास्ते पर रखती है, सुरक्षा प्रदान करती है। वे सब कार्य एक माँ की तरह पत्नी कर रही थी। मैं बस सब देख रहा था।

हम उदयपुर में एक धर्मशाला में रुके हुए थे। वहाँ पर काफी बंदर थे। एक सामान्य-सी धर्मशाला थी, पर हमें आपस में बात करने के लिए काफी समय आराम से मिल रहा था। एक दिन पत्नी ने विषय निकाला, "प्रत्येक मनुष्य इस धरती पर अपने जीवन का कोई एक निश्चित उद्देश लेकर जन्म लेता है। वह उस ओर धीरे-धीरे आगे बढ़ता है। ठीक उसी प्रकार, आपके भी जीवन का कोई निश्चित उद्देश होगा और उस ओर आप भी आगे बढ़ रहे होगे।" मैंने कहा, "हाँ, मेरे जीवन का उद्देश है। मुझे आज के परमात्मा के स्वरूप से मिलना है। मैंने पा भी लिया, ऐसा लगता है, पर सत्य है या आभास है, पता नहीं। परमात्मा अपने ही भीतर है। पर कभी-कभी अलग-अलग संवेदनाएँ होती हैं। जैसे अभी कल हम दिलवाड़ा टेम्पल गए थे तो लगा—जैन धर्म के साथ मेरा किसी पूर्वजीवन में संबंध रहा होगा और भविष्य में भी कहीं आने वाला है। क्या और कैसे, यह मालूम नहीं। दूसरा, सब गुरु एक ही बात कहते हैं—तेरा हण्डा बहुत बड़ा है, तेरे से लाखों आत्माएँ समाधान को प्राप्त होंगी। पर इतने बड़े स्तर पर कार्य होगा कैसे? आज तू और मैं दोनों ही समाज से अलग-थलग पड़े हैं।" पत्नी बोली, "लेकिन एक तो लाभ हुआ कि दोनों से रिश्तेदारों ने संबंध तोड़ दिया तो हम दोनों तो शरीर से, मन से, चित्त से, आत्मा से करीब आ गए। मैं आपको अपनी आत्मा के इतना करीब महसूस करती हूँ कि आप नहीं रहते हो तो भी मुझे कभी ऐसा नहीं लगता कि आप मेरे पास नहीं हो। हिमालय में आप अपने गुरु के सान्निध्य में रहते हैं, पर मुझे यहाँ घर रहकर भी वैसी ही अनुभूतियाँ होती हैं, जैसे मैं ही हिमालय में यात्रा कर रही हूँ। इस मार्ग पर चलने का अवसर आपको शादी के बाद ही क्यों मिला? यानी आपका वह मार्ग है और मेरा मार्ग आपके साथ होना है और इसीलिए मैं आपके साथ हूँ। मेरी आत्मा भी सदैव इस कार्य के लिए मुझे प्रेरित करती है। मुझे कभी नहीं लगा कि आप गलत मार्ग पर हो और इसीलिए नहीं कि मैं आपको खुश करूँ, अपनी आत्मा को प्रसन्नता मिलती है, इसलिए भी मैं आपके साथ हूँ। दूसरा यह देखो, रिश्तेदार कहते हैं—तुम्हारा बुरा होने वाला है, पर बुरा क्या होगा? उनके घर में एक मनुष्य कमाता है, अपने घर में एक मनुष्य कमाता है, तो दोनों ही घरों में स्थिति तो समान है। हाँ, अपने घर में

एक अच्छा होने की संभावना है कि अगर आपकी आध्यात्मिक प्रगति हो गई, तो पूरे घर की ही नहीं, सारे समाज की आध्यात्मिक प्रगति हो सकती है। क्योंकि मुझे नहीं लगता, आध्यात्मिक स्थिति को कोई अपने तक सीमित रख सकता है। वह उसे बाँटेगा ही। तो समाज का भी फायदा होगा। आज जो स्थिति है, उससे बुरा तो कुछ हो ही नहीं सकता है। यही कारण है कि मैं बिल्कुल निश्चिंत और शांत हूँ।"

हम दूसरे दिन उदयपुर में घूमने गए थे। 'सहेलियों की वाड़ी' देखी। दो दिन वहाँ पर, उदयपुर में रहे और बाद में वापस आ गए। घर में जीवन चल ही रहा था। मैं जब घर में रहता था, तब सुबह के भोजन की व्यवस्था करने का कार्य मैं ही स्वेच्छा से करता था। मुझे मेरी पत्नी के प्रति सहानुभूति थी कि बेचारी सब संभालती है। मैं जब रहता हूँ, कम-से-कम तब तो उसे कार्य में मदद करूँ, इसलिए मैं घर के काम में भी हाथ बँटाता था। हमारा जीवन चल रहा था। फिर अचानक ऐसा होने लग गया कि मैं सुबह 3:30-4 बजे उठकर बैठ जाता था और इतनी ऊर्जा आनी प्रारंभ हो जाती थी कि सुध-बुध खो बैठता था। मैं ध्यान करने का कोई प्रयास नहीं करता था, ध्यान ऐसे ही, अचानक लग जाता था। फिर ऐसा रोज ही सुबह होने लग गया। ऐसा क्यों हो रहा है, समझ में नहीं आ रहा था। पत्नी कहती थी, "आप समाधि की अवस्था में चले जाते हो और आसपास इतना प्रकाश होने लगता है कि देखा भी नहीं जाता और फिर धीरे-धीरे कम होने लगता है। फिर आप स्वयं ही समाधि से बाहर आ जाते हो। क्या होता है, पता नहीं, पर वातावरण बड़ा प्रसन्न हो जाता है।"

पता नहीं, ऐसा क्यों हो रहा था, पर हो रहा था। ऐसा लग रहा था मानो कोई अज्ञात शक्ति किसी अज्ञात स्थान की ओर बुला रही है। पर कौन-सी शक्ति है, कौन है, कौन-सा स्थान है, वह भी स्पष्ट नहीं था। पर मुझे इतना पता चल गया कि अब यहाँ से जाने का समय आ गया है। जब से मैं गुरुदेव के साथ निकला था, तब से मैं किसी आध्यात्मिक चक्र में चला गया था और वहाँ से जब तक बाहर नहीं निकलता, तब तक वह चक्र पूर्ण नहीं हो सकता था। मैंने दूसरे दिन मेरी पत्नी को समझाया कि एक निश्चित आध्यात्मिक स्थान तक पहुँचे बिना मेरे जीवन को स्थिरता नहीं है। मैं चाहूँ तो भी उस

मार्ग से मैं अलग नहीं हो सकता हूँ। मेरे जीवन का कोई निश्चित उद्देश है। उस उद्देश को पूर्ण करने की यात्रा आत्मा कर रही है और उसी यात्रा को सहायता देना तेरे जीवन का उद्देश है, अन्यथा तेरे मेरे जीवन में आने के बाद ही यह यात्रा क्यों प्रारंभ हुई? पत्नी बोली, "यह बात आप आज बोल रहे हो, पर यह मैं अपनी शादी हुई, तब से ही जान गई थी। एक अच्छा आध्यात्मिक महान कार्य करना और उस कार्य में संपूर्ण सहयोग करना, दोनों ही पवित्र कार्य हैं। आप निश्चिंत होकर अपना कार्य करें। मैं भी निश्चिंत ही हूँ और सहयोग करने का अपना कार्य कर रही हूँ। मुझे लगता है, यह किसी महान कार्य की शुरुआतमात्र है। अभी कार्यक्रम तो शुरू भी नहीं हुआ है। वास्तव में, हमारी दोनों की शादी तो दो ऊर्जाप्रभावों को एकत्र करने का निमित्त थी। पर यह संगम किसी बड़े सागर के लिए है, ऐसा मुझे सदैव लगता है। आने वाला कार्य इतना बड़ा है कि ये आज की तकलिफें उसके सामने कुछ भी नहीं हैं।"

मैंने कहा, "मैं तो यह अनुभव कर रहा हूँ कि मेरी नियति मुझे कुछ और ही मार्ग पर लेकर चल रही है। इस मार्ग पर प्रत्येक पल गुरुशक्ति साथ होती है। यह ठीक ऐसा ही है कि मानो एक ग्वाला गायों को सीधे रास्ते पर लेकर चल रहा है। उसकी गायें गलत रास्ते पर चलती हैं, तो वह डण्डा दिखाकर अपनी गायों को सही रास्ते पर ही रखता है। परमात्मारूपी ग्वाला है जो मुझे केवल आध्यात्मिक मार्ग पर ही चलने के लिए प्रेरित करता है और मैं भी उसी रास्ते पर ही आगे बढ़ पाता हूँ। अब देख ना, पिताजी चाहते हैं, मैं कोई नौकरी करूँ या बीमा एजेंट (प्रतिनिधि) का कार्य करूँ। वे उस हेतु प्रयत्न भी करते हैं। पर मैं कभी उधर चल नहीं पाता हूँ। मैं नहीं चल पाता हूँ, तो वे नाराज होते हैं। पर मैं कैसे बताऊँ कि मेरा मार्ग कोई और ही है? ऐसा लगता है, मानो प्रत्येक मनुष्य जब जन्म लेता है, तभी ही उसकी गाड़ी की पटरी निश्चित हो जाती है और वह उसी पटरी पर चला तो ही उसकी गाड़ी आगे बढ़ सकती है और नहीं चला, तो नहीं बढ़ेगी। अगर हम गलत डिब्बे में बैठे हैं, तो अपने टिकट का पैसा वसूल करने के लिए पूरे मार्ग का सफर कर, गलत मार्ग पर चलकर गलत स्थान पर पहुँचने से अच्छा है—आज ही यह गाड़ी बदल लो। अपनी गलती स्वीकार करो कि गलत गाड़ी पकड़ी

थी और उतरो और सही गाड़ी पकड़ो और आगे बढ़ो। पर जितनी जल्दी जीवन में यह करेंगे, अपने जीवन में उतनी ही जल्दी सही दिशा में जा सकेंगे। तो अब हम अपनी गलती सुधारेंगे और एक ही मार्ग पर चलेंगे और उस मार्ग से ही पूर्णत्व तक पहुँचेंगे। बहुत कम लोग होते हैं जिनको अपने जीवन में अपनी स्वयं की पटरी को चुनने का अवसर मिलता है और चलने का अवसर मिलता है। अन्यथा लोग तो गलत पटरियाँ पकड़कर चलते हैं और जीवन के अंतिम क्षणों में महसूस करते हैं कि हम गलत स्थान पर पहुँच गए हैं, पर अब कुछ नहीं किया जा सकता है क्योंकि अब तो जीवन ही समाप्त हो गया है। ऐसा होता भी है कि मनुष्य की इच्छा होती है चित्रकार बनने की और वह पिताजी के दबाव में डॉक्टर बन जाता है। फिर हसरत रह जाती है कि मैं चित्रकार नहीं बन सका! ऐसा हम हमारे साथ नहीं होने देंगे। हम अब एक सही मार्ग, आध्यात्मिक मार्ग पर ही चलेंगे। मुझे ध्यान करना बचपन से अच्छा लगता है। मैं बचपन में भी नानाजी के साथ हनुमानमंदिर में गया या नानी के साथ गोरक्ष में कृष्णमंदिर गया, मैं वहाँ ध्यान ही करता था।"

"एक ही उद्देश को लेकर चलना और जीवनभर चलना, अब यही मेरा लक्ष्य है। अगर इस मार्ग में कुछ सफलता मिली और आगे बढ़ा और कुछ अनुभूतियाँ हुईं, तो वे अनुभूतियाँ मैं जीवन के उत्तरार्ध में समाज को बाँटूँगा। अब यही मार्ग निश्चित कर आगे बढ़ना है। ऐसा करने से तो छोड़, केवल ऐसा सोचने से भी कितना आनंद आ रहा है! शरीर में एक नई ऊर्जा का संचार हो रहा है। शरीर की यह बढ़ती हुई सकारात्मक ऊर्जा मानो कह रही है—यही सही मार्ग है।" हम दोनों उस दिन बहुत खुश हुए।

"मैं रोज सुबह ध्यान में मेरे गुरुओं को याद करता था। रोज प्रार्थना करता था, मैं तो मूर्ख हूँ, अनपढ़ हूँ, मैं नहीं जानता कि क्या करना चाहिए, क्या नहीं करना चाहिए, क्या योग्य है, क्या अयोग्य है, पर मैं अपने-आपको संपूर्ण समर्पित कर रहा हूँ। आप मेरे जीवन का जो उपयोग करना चाहें, वह कर लीजिए।" यह प्रार्थना रोज करता था। रोज उनके सामने गिड़गिड़ाता था, "गुरुदेव, आगे का मार्ग बताइए, आगे का रास्ता दिखाइए। यह जो रोज सुबह लग

रहा है कि कोई शक्ति मुझे बुला रही है, यह वही मार्ग है। वे आगे का मार्ग अवश्य दिखाएँगे ही और अब मैं उनके अगले आदेश का इंतजार करूँगा।" ऐसा निर्णय करने के बाद लगा कि सारा जीवन प्रकाश से भर गया है। सभी ओर प्रकाश ही प्रकाश छा गया था। हम दोनों उस दिन बहुत प्रसन्न हो गए थे मानो हमें हमारे जीवन का रास्ता मिल गया।

एक दिन शाम बड़ी विचित्र घटना घटी। मैं शाम के समय ध्यान करने घर की छत पर बैठा था और कब अँधेरा हो गया, वह पता ही नहीं चला। पत्नी मुझे खोज रही थी। उसने बुलाने के लिए लड़के को भेजा। लड़का छत पर आया और मैं दिखा नहीं, तो वह चला गया। फिर पत्नी मुझे देखने छत पर आई तो उसने देखा कि मेरे चारों ओर संपूर्ण आभामण्डल बन गया था, जैसे चंद्रमा का प्रकाश हो। ऐसा प्रकाश सारे शरीर के आसपास था और उसी गहरे सफेद रंग की एक पट्टी उस ऑरा (आभामण्डल) के किनारे पर चारों ओर थी, जैसे साड़ी की किनार होती है वैसी। पत्नी ने देखा तो वह यह दृश्य देखती ही रह गई और पत्नी का भी ध्यान लग गया। बाद में लड़का आया। उसने पत्नी को उठाया और बाद में उस लड़के की आवाज सुनकर मैंने कहा, "मैं आता हूँ।" पर यह आवाज उन दोनों को सुनाई आ रही थी, पर मैं नहीं दिख रहा था। बाद में दूसरे दिन पत्नी ने यह अनुभव बताया था। वह बोली, "भगवान की फोटो (चित्र) में भगवान के आसपास ऐसा आभामण्डल देखा हुआ है, पर ऐसा आभामण्डल मैंने जीवन में प्रथम बार देखा है।" वह बोली, "यह आभामण्डल यह संकेत दे रहा है कि आप एक निश्चित मार्ग पर चल रहे हो और भविष्य में इसी मार्ग पर प्रगति करोगे। यह दृश्य मैं जीवन में कभी नहीं भूल सकती हूँ। केवल उस दृश्य को याद करना ही बड़े आत्मिक सुख का अनुभव देता है।" वह बता रही थी, "वह आभामण्डल इतना गहरा था कि आपका शरीर तो उसमें दिख ही नहीं रहा था। आपका अस्तित्व अलग लग ही नहीं रहा था। जैसे दीपावली में लुपझुप करने वाली लाईट (रोशनी) लगाते हैं, वैसे वह सिकुड़ रहा था, फैल रहा था। उस पर ध्यान दो, तो उसकी गति अपनी साँस के समान थी। साँस लेते थे तो सिकुड़ता था और साँस छोड़ते थे तो फैलता था। उसे देखे तो भी अपनी साँस की गति

उसके सिकुड़ने और फैलने के साथ अनायास ही हो जाती थी। साँस पर चित्त चले जाने से विचार बंद हो जाते थे और चित्त पर संपूर्ण नियंत्रण हो जाता था और बाद में ध्यान स्वयं ही लग जाता था। वह अनुभव मेरे जीवन का अविस्मरणीय अनुभव रहा है। वह दृश्य देखने का सौभाग्य मुझे मिला, मैं बहुत खुश हूँ।" ऐसा कहकर पत्नी ने अपना अनुभव बताया था। मैंने उससे कहा, "मैं ऐसा अनुभव कर रहा हूँ कि मेरे भीतर ही कोई शक्ति का स्रोत है जो अब धीरे-धीरे खुल रहा है। जितना ध्यान करता हूँ, वह और खुलता है। कभी सहस्रकमल खिलते हैं, ऐसा अनुभव होता है। बड़ा आनंद आता है। ऐसा लगता है, जीवनभर ध्यान ही करते रहो।"

हम पति-पत्नी दोनों ध्यान के इस एक ही विषय के लिए भीतर से जुड़े हुए थे। दोनों को इस विषय पर चर्चा करने में, अनुभव बताने में आनंद आता था। पर इस विषय के कारण हमारे रिश्तेदार, सगे-संबंधी हम दोनों से नाराज थे। वे हमारे बारे में "पागल हो गए हैं" ऐसा कहते थे। लेकिन हम दोनों समाज से समान रूप से बहिष्कृत थे, इसीलिए हम आपस में आत्मिक रूप से भी अधिक करीब आ गए थे। क्योंकि उसके अनुभव के लिए मैं और मेरे अनुभव के लिए वह, ऐसे दोनों ही रह गए थे। यानी इस ध्यान के पागलपन ने हमें समाज से दूर कर दिया था, पर आपस में बहुत करीब ला दिया था। इतना करीब कि दोनों एक आत्मा ही हो गए थे जिसके शरीर भले ही दो हों। हम दोनों के बड़े अंतरंग संबंध स्थापित हो गए थे। हम एक-दूसरे की आवश्यकता को, विचारों को बिना कहे, बिना बोले ही समझ लेते थे। दोनों का आपस में बहुत ही कम झगड़ा होता था। झगड़ा हुआ भी, तो वह रात तक ही रहता था। दूसरे दिन सबेरे, फिर वैसे के वैसे नया दिन, नई शुरुआत होती थी। कभी एक-दूसरे से रूठकर बातचीत बंद हुई हो, ऐसा अनुभव कभी याद नहीं आता है।

काल अपनी गति से चल ही रहा था। आर्थिक स्थिति बहुत अच्छी नहीं थी, पर सब ठीक चल रहा था। मेरी दृष्टि से आवश्यकताएँ ही कम थीं और कोई भविष्य की योजनाएँ नहीं थीं, कोई बचत-योजनाएँ नहीं थीं, कुछ नहीं था और इस ओर कोई ध्यान भी नहीं था। इसका जीवन में अधिक महत्त्व नहीं लग रहा था। सारा ध्यान

अपनी आध्यात्मिक स्थिति की ओर ही था। जब जीवन में कोई बड़ा लक्ष्य आ जाए तो फिर छोटे-छोटे लक्ष्य नहीं होते हैं। वैसा ही कुछ था। हम घण्टों इस विषय पर, इस विषय के अनुभवों पर बातें करते रहते थे। इस विषय पर लोग हमसे चिढ़ते थे, इसलिए हम इस विषय की चर्चा दूसरे के सामने नहीं करते थे। लोगों का मत था कि ध्यान के चक्कर में मैं पागल हो गया हूँ और अब पत्नी भी हो रही है। इस विषय को लेकर कई रिश्तेदारों ने हममें फूट डालने का प्रयास किया, पर वह कभी सफल नहीं हुआ। अधिकतर प्रयास पत्नी को ही इस कार्यक्षेत्र से दूर करने के होते थे क्योंकि वही उनको अनायास मिल जाती थी, मैं तो मिलता ही नहीं था।

पत्नी इस विषय में मेरी कट्टर समर्थक थी। उस समय मैंने महसूस किया कि अगर दुनिया में सबसे बड़ा कोई रिश्ता है तो पति-पत्नी का है जो जीवन में सबसे अधिक बड़ा व लंबा होता है, साथ होता है, सदा रहता है। इसलिए यह रिश्ता मजबूत हो, यह संबंध मजबूत हो, तो बाहरी लोगों के कितने भी संकट आएँ, वे सहन किए जा सकते हैं। बस, पति-पत्नी दोनों एक होने चाहिए। उनमें किसी भी प्रकार का अंतर नहीं होना चाहिए। मुझे लगा कि पति और पत्नी के शारीरिक संबंध के कारण भी होता होगा कि दोनों की मानसिकता भी एक ही स्तर की हो जाती है। पति और पत्नी की स्थिति तो सायन्स लॅब (प्रयोगशाला) की 'यू' ट्यूब ('U' के आकार की नली) जैसी है कि जिसके दोनों सिरे नीचे की ओर जुड़े हुए ही रहते हैं। यही कारण है कि एक सिरे में सौ ग्राम पानी डालो तो पचास ग्राम दूसरी ट्यूब में, नीचे से जुड़े होने के कारण, चला ही जाता है। ठीक इसी प्रकार से, पति-पत्नी के भी शारीरिक रूप से जुड़े होने के कारण उनकी मानसिकता भी धीरे-धीरे एक जैसी हो जाती है। या तो दोनों अच्छे स्तर के होते हैं या दोनों बुरे स्तर के होते हैं। अगर एक अच्छा और एक बुरा रहा, तो दोनों में झगड़ा तब तक चलता है, जब तक दोनों एक जैसे नहीं हो जाते हैं। ऐसी कुछ स्थिति मेरी और मेरी पत्नी की थी। मेरे मनुष्य-समाज का केंद्रीयकरण पत्नी पर ही हो गया था क्योंकि कोई मेरी बात सुनने के लिए तैयार ही नहीं था। समाज में कोई भी मुझे समझ नहीं पा रहा था सिवाय पत्नी के। इसीलिए प्रायः मैं किसी से बात करता ही नहीं था।

एक बार मैंने मेरे पिताजी को भी समझाने का प्रयास किया था कि मैंने मेरी नौकरी इसलिए छोड़ी कि मैं नौकरी करना ही नहीं चाहता। मैंने मेरे मालिक को आश्वासन दिया था कि अब नौकरी कभी बाहर नहीं करूँगा, इसलिए मैं नौकरी बाहर नहीं करूँगा और रही बात बीमा एजेंट या अन्य किसी व्यवसाय की, तो मुझे पैसे कमाने की इच्छा ही नहीं है और न आवश्यकता है। आपसे कभी मेरी पत्नी ने इस बाबत (बारे में) कोई शिकायत की है क्या? नहीं ना, फिर क्यों आप मुझ पर दबाव देते हो? आपने भी एजेन्सी वगैरह के प्रयत्न किए, पर मैं नहीं कर पाया। आपकी मेहनत बेकार गई, उसका मुझे अफसोस है, पर मेरा मन ही नहीं चाहता, क्या करूँ? पिताजी बोले, "तू भी पागल है और अपनी पत्नी को भी पागल कर दिया है। अरे, हमें समाज में रहना पड़ता है। लोग पूछते हैं कि तुम्हारा लड़का क्या करता है? क्या जवाब दें? तुम्हें नहीं, पर हमें तो समाज की परवाह है।" मैंने कहा—तुम कहो कि मेरा लड़का मर गया। वे बोले, "ऐसा क्यों कहूँ? और तू दिखता है लोगों को। अच्छा हट्टा-कट्टा होकर कुछ नहीं करता, अपनी पत्नी की रोटियाँ तोड़ता रहता है, ऐसा तू नामर्द है! अब क्या करूँ, मुझे समझ में नहीं आता है।" मैंने समझाया, "कुछ भी मत करो। मैं भी एक अलग आत्मा हूँ। किसी विशेष उद्देश से मेरा जन्म हुआ है और मेरी आत्मा उसी उद्देश की ओर मुझे लेकर चल रही है। मैं मेरे जीवन में सुखी हूँ और परमात्मा भी चाहते हैं कि मैं इसी मार्ग पर आगे चलूँ, इसीलिए पत्नी को भी इतनी अच्छी नौकरी दी है। मेरे जीवन में मुझे ऐसे-ऐसे महात्माओं का सान्निध्य मिला है जिनके बारे में कोई सोच नहीं सकता। मैं लोगों का भला करने के उद्देश से इस मार्ग पर हूँ। पृथ्वी गोल है। जो हम बोएँगे, वही काटेंगे। जो हम दे रहे हैं, वैसा ही, वही मिलेगा। मुझे विश्वास है, मैं लोगों का भला कर रहा हूँ, परमात्मा मेरा भी भला ही करेंगे।" यह सुनकर पिताजी काफी शांत हो गए। वे बोले, "तेरा भला हो, यही चाहते हैं। बस और क्या?" वे कितना समझे, कितना नहीं, वह पता नहीं, पर वे शांत हो गए थे। मैंने साथ में माँ को भी समझाया। वे वैसे भी शांत ही थीं। वास्तव में, मैं उनसे विदाई लेने आया था क्योंकि मैं शीघ्र ही हिमालय की यात्रा पर निकलने वाला था। पर यह बात मैंने उन्हें बताई नहीं थी।

सुबह उतरने वाली ऊर्जा घर से निकलने का संकेत दे रही थी। पर कहाँ जाना है, वह स्पष्ट नहीं हो रहा था। पर एक दिन ध्यान में आदेश आया कि कलकत्ते के लिए रवाना हो और मैं दूसरे ही दिन कलकत्ते के लिए रवाना हो गया। निकलते समय पत्नी को मालूम था कि जा रहे हैं, लेकिन कहाँ जा रहे हैं, वह पता नहीं था और कब आएँगे, वह भी पता नहीं था। पर मैं पत्नी से बोला कि लगता है कि इस यात्रा का कुछ विशेष प्रयोजन है। किसी निश्चित उद्देश के लिए मैं जा रहा हूँ। उसने सदैव के समान मुस्कराते हुए, हँसी-खुशी विदाई दी और कहा, "आप आपके उद्देश को प्राप्त करो। मुझे इसकी बेसब्री रहेगी और मैं आपका इंतजार करूँगी।" मैं कलकत्ते के लिए चल पड़ा।

कलकत्ते गया तो कुछ समय दक्षिणेश्वर काली के मंदिर के पास रहा था और वहाँ दो साधु मिल गए। उनके साथ सिक्किम की ओर चल दिया। फिर कुछ बौद्ध मठों को भेंट दी। बौद्ध धर्म को कुछ जानने का प्रयास किया। इस क्षेत्र में बौद्ध धर्म के काफी मठ थे, कई बुद्धविहार थे। यहाँ के आदिवासियों में बौद्ध धर्म काफी प्रचलित है। बाद में वे दोनों साधु भी वहीं अलग हो गए और मैं अपना अकेला ही चल पड़ा। बड़ी विचित्र स्थिति थी। रोज सुबह से शाम तक चलता था। सुबह कहाँ जाना है, वह निश्चित नहीं होता था, पर मैं दक्षिण दिशा की ओर रोज थोड़ा-थोड़ा चल रहा था। कितना चलना है, यह निश्चित नहीं था। कहीं पहुँचने की कोई जल्दी नहीं थी, कोई इंतजार नहीं कर रहा था। सुबह होती थी, शाम होती थी। मेरे साथ एक झोला भर (मात्र) था। वही मेरा सामान था। कहीं नहाने मिलता था तो नदी या तालाब या झरने में नहा लेता था। कुछ पत्तों की जानकारी थी, वे कच्चे ही खा लेता था। स्काश नामक फल या केले मिल जाते, तो वे खा लेता था।

ऐसे कई दिन निकल गए, पर कहीं भी पहुँचा नहीं था। मैं मन ही मन समझ गया—यह किसी निश्चित, बड़े स्थान पर पहुँचने की तैयारी मात्र है। मैं समाज से आया हूँ ना, इसीलिए गुरुदेव मुझे प्रकृति के बीच रखकर पवित्र कर रहे हैं। प्रकृति के बीच रहकर एक प्रकृतिमय स्थिति प्राप्त हो रही थी। सारे विचार बंद हो गए थे।

जीवन एक निश्चित दिशा की ओर चल रहा था। एक दिन सुबह सामने वाले पहाड़ पर जाने के लिए निकला और वहाँ पहुँचने में शाम हो गई। शाम को बड़ा तेज तूफान चालू हुआ और इतने जोर से हुआ कि मैं ठीक से खड़ा भी नहीं हो पा रहा था। इस पहाड़ पर चढ़ने के बाद अचानक ही यह मौसम बदल गया था और हवा भी मुझे मानो एक निश्चित दिशा की ओर ही धकेल रही थी। मुझे सामने दो बड़ी चट्टानें दिखीं जो एक-दूसरे पर टिककर खड़ी थीं। उनके बीच में काफी बड़ी जगह थी और मैंने फिर उस जगह का ही सहारा लिया और रात उन्हीं चट्टानों के बीच में निकाली। नींद आने का तो सवाल ही नहीं था। सुबह-सुबह ध्यान लग गया था। ध्यान में लगा, इन पत्थरों के पीछे से कोई बुला रहा है। जब मैं ध्यान में से उठा तो देखा कि वास्तव में, वे दो चट्टानें तो द्वार थीं; उन दोनों चट्टानों के बीच के सँकरे स्थान से भीतर जाया जा सकता था। अंदर एक बड़ी गुफा थी। उस गुफा में उस दरार के बाद बाएँ मुड़ने पर जाया जा सकता था। मैं भीतर गया। पहाड़ी की दरार के कारण कुछ दूर तक तो प्रकाश था, पर बाद में अँधेरा था और अंदर जाने पर एक बड़े शिलाखण्ड पर एक बहुत बड़ी ज्योति नजर आ रही थी जो हल्के पीले-सुनहरे रंग की थी और उसका हल्का-हल्का प्रकाश सारी गुफा में पड़ रहा था।

मैंने आगे बढ़कर उस शिलाखण्ड की ओर नमस्कार किया। मैं समझ गया, इस शिलाखण्ड पर बैठकर कोई मुनि ध्यान कर रहे हैं और वे अदृश्य रूप में हैं। वे दर्शन नहीं देना चाहते हैं। उस शिलाखण्ड के नीचे एक लोहे का चिमटा पड़ा हुआ था। वह दिख रहा था, पर कोई मनुष्य नहीं दिख रहा था। वह चिमटा भी ऐसे पड़ा था मानो उसे पड़े हुए सालों बीत गए हों। मुझे कुछ भी समझ में नहीं आ रहा था। पर वहाँ भय नहीं लग रहा था, अच्छा लग रहा था और मैं भीतर ध्यान करने बैठ गया। थोड़ी देर बाद, ध्यान में ही वहाँ के वातावरण से समरसता स्थापित हो गई। मेरे तालू पर स्पंदन होने लग गया था, मेरे सहस्रार चक्र पर भी स्पंदन होने लग गया और मुझे आवाज सुनाई दी, "गुरुदेव, मैं आपका ही इंतजार कर रहा हूँ और मेरी यही इच्छा थी कि मैं आपके कार्य में सहयोग करूँ, कार्य के बहाने आपसे जुड़ूँ। यह अवसर आपने यहाँ आकर दिया, मैं तो

धन्य हो गया! जीवन में खूब ध्यान किया, खूब तपस्या की, खूब तप किया, पर तप में पाई गई ऊर्जाशक्ति जब तक संभाले रखो, तब तक मुक्ति नहीं है। मैं यह तप करके भी मुक्त न हो सका। ध्यान करके यह जाना कि मुक्ति पाने में नहीं, देने में है। जब तक उस ऊर्जा को संभालकर रखोगे, तुम मुक्त नहीं हो सकते हो। मैं सालों से यहाँ बैठा हूँ और राह देख रहा हूँ कि कोई 'राम' आए और मुझे भी 'अहिल्या' की तरह इस स्थान से मुक्त कर दे। गुरुवर, आप अब मेरे पास राम बनकर आए हो। आपके माध्यम से ही मुझे मुक्ति संभव है।" मैंने उन्हें बताया, "कोई अज्ञात शक्ति मुझे खींचकर इस पहाड़ी पर लेकर आई और जैसे ही मैं इस पहाड़ी पर चढ़ा, तो बर्फ से भरा तूफान चालू हो गया और मैं शरण लेने के लिए कोई स्थान ढूँढ़ रहा था कि बाहर चट्टानें मिल गईं और मैंने उनकी शरण ली और बाद में आपने ही बुला लिया।" उन्होंने कहा, "गुरुवर, मेरी ही इच्छा के कारण आपका यहाँ आगमन हुआ है। आप इस स्थान पर निश्चिंत होकर रहें। मैं आपके सान्निध्य में अतिप्रसन्नता अनुभव कर रहा हूँ।"

बाद में उसी स्थान पर रहने लग गया। दिन में कभी उस गुफा के बाहर आता था, बाकी समय उस गुफा में ही रहता, ध्यान करता था। यहाँ पर कभी अकेलापन नहीं लगा, बड़ा अच्छा लग रहा था। ध्यान में कभी-कभी वहाँ मुनि से भी अच्छी चर्चा होती थी। एक दिन मुनिवर कहने लगे, "गुरुवर, मनुष्य के जीवन का उद्देश मोक्ष की प्राप्ति करना है। मनुष्य अपने जीवन में सब भोग-विलासों से मुक्त होकर, बड़े धीरे-धीरे इन सब सांसारिक क्रिया-कलापों से मुक्त होता है। यानी मनुष्य को मुक्ति एक क्रम से मिलती है; पहले जीवन की मूलभूत आवश्यकताओं से मुक्ति, फिर सामान्य जीवनयापन से मुक्ति, फिर भोग-विलास से मुक्ति। मुक्ति यानी उनमें से गुजरना है क्योंकि जब तक उनमें से गुजरेंगे नहीं, पता कैसे चलेगा कि यह वह स्थान नहीं है जिसे खोजने के लिए मैंने जन्म लिया था? गुरुवर, मनुष्य सत्य की तलाश में कितनी ही मिथ्या बातों से गुजरता है। उस शाश्वत की खोज में जीवन में बहुत-सा अशाश्वत पाना पड़ता है, लेना पड़ता है और हर स्थान से गुजरकर मुक्त होना पड़ता है। ठीक उसी प्रकार से, मोक्ष की भी एक स्थिति है, उस स्थिति में पहुँचकर

स्वयं को बाहर निकालना पड़ता है। मोक्ष की स्थिति पानी पड़ती है और पाने के बाद वही स्थिति वैसी की वैसी दूसरे को देनी पड़ती है। यानी वास्तव में, मोक्ष की स्थिति पाने में मोक्ष नहीं है, वह मोक्ष की स्थिति दूसरे को देने में मोक्ष है। यानी मोक्ष की स्थिति से मुक्त होना ही मोक्ष है। मोक्ष की स्थिति उस गर्भ के समान है जिस गर्भ को धारण करने के बाद स्त्री को गर्भ को संभालना पड़ता है और गर्भ को बड़ा करना होता है और बाद में जन्म देना होता है। ठीक इसी प्रकार से, मोक्ष की स्थिति पानी पड़ती है, ग्रहण कर वृद्धिगत करनी पड़ती है, संजोनी पड़ती है और अंत में किसी को देनी पड़ती है। जब तक नहीं देते, मोक्ष नहीं है। मोक्ष की स्थिति पाने में नहीं, मोक्ष की स्थिति देने में ही मोक्ष है। जब तक आप आपको प्राप्त मोक्ष की स्थिति दूसरों को नहीं देते, मोक्ष नहीं है। कई लोग अपने जीवन में गलती करते हैं; मोक्ष की स्थिति को प्राप्त करते हैं और उसी स्थिति को पकड़े रहते हैं और किसी को भी नहीं देते हैं और स्वयं भी उस स्थिति से मुक्त नहीं हो पाते हैं। वास्तव में, किसी को मोक्ष की स्थिति देना ही मोक्ष है। जीवन में पाना बड़ा आसान कार्य है, पर देना बड़ा कठिन कार्य है। यह ठीक वैसा ही है कि जैसे कुछ खाना आसान होता है, पर उस खाने को पचाना कठिन होता है।"

"गुरुवर, आपको यहाँ पाकर मैं तो धन्य हो गया! आपने जीवन में कितनी बड़ी चैतन्य की गंगा को धारण किया है! आपके माध्यम से यह चैतन्य की गंगा जब बहेगी तो लाखों आत्माएँ उस चैतन्य की गंगा में स्नान कर अपने-आपको धन्य समझेंगीं। इतने बड़े स्तर पर इस चैतन्यगंगा को धारण किया कैसे? यह सब बड़ा अद्‌भुत है। कहते हैं—प्यासा कुएँ के पास जाता है, पर आज तो कुआँ नहीं, गंगा नदी ही प्यासे के पास आ गई! मैं प्यासा यहाँ सालों से प्यासा बैठा हूँ। मैं इतने सालों से मोक्ष की स्थिति प्राप्त करके रह रहा था। पर आपको यहाँ पाकर मैंने जाना कि मोक्ष की स्थिति पाकर मोक्ष नहीं मिलता, मोक्ष तो मोक्ष की स्थिति देने पर ही मिलता है। यह ज्ञान मुझे आपके सान्निध्य में मिला, मैं तो धन्य हो गया! गुरुवर, मनुष्य का क्रमिक विकास होता है और विकास सदैव, वह क्या सोचता है, उसी के ऊपर निर्भर होता है। क्योंकि वह जो सोचता है, फिर उसका चित्त भी उसी-उसी दिशा में जाता है और वैसे ही उससे कर्म

होते हैं और वैसे ही अगला जन्म मिलता है। मानव-जन्म भी अनेक योनियों में बँटा हुआ है। पहले आत्मा निर्धन के यहाँ जन्म लेती है। अगले जन्म में उसका लक्ष्य सामान्य घर में जन्म लेना होता है। फिर धनवान के यहाँ जन्म लेना लक्ष्य होता है, इसलिए धनवान के यहाँ जन्म लेती है। फिर अतिधनवान के यहाँ जन्म लेना लक्ष्य होता है, तो अतिधनवान के यहाँ जन्म लेती है। बाद में पाने के लिए भौतिक जगत का कुछ भी बाकी नहीं रहता। फिर वह आत्मिक जगत की ओर मुड़ती है अर्थात सब भोग भोगने के बाद जानती है कि इन सबमें समाधान नहीं है और तब जाकर वह मोक्ष में अपना समाधान खोजती है और अगले जन्म में योगी बनती है और मोक्ष पाती है। योगी होना मनुष्य-योनि का अंतिम जन्म है। लेकिन योगी भी तब तक मोक्ष नहीं पा सकता, जब तक वह मोक्ष की स्थिति किसी दूसरे को नहीं दे देता है। यानी मोक्ष की स्थिति पाकर देनी होती है। यानी अपना सर्वस्व देना ही मोक्ष है।"

"अपना सर्वस्व देना बड़ा कठिन है क्योंकि अपना सर्वस्व देने में भी देने की स्थिति आवश्यक है, अन्यथा दिया नहीं जाएगा और इस स्थिति तक पहुँचने के लिए भी आप जैसे गुरुवर चाहिए। तब तक यह कार्य घटित नहीं हो सकता। यह सब मैं आपका सान्निध्य पाकर ही जाना हूँ। केवल देना ही जीवन का उद्देश हो सकता है, यह मैंने आपको पाकर ही जाना। आपका तो स्वभाव ही हो गया है देना और उसी के कारण दिया ही जाता रहा है। आज मुझे भी दिया जा रहा है। आप स्वयं दे नहीं रहे हैं, पर फिर भी आपके माध्यम से दिया जा रहा है। आप तो सूरज की तरह हैं। सूरज किसी को प्रकाश देता थोड़े ही है, प्रकाश सूरज से दिया जाता है। प्रकाश देना, प्रकाशित करना सूरज का स्वभाव होता है। वैसे ही आप भी ज्ञान दे थोड़े ही रहे हो, ज्ञान आपसे दिया जा रहा है। आपके इस सहजभाव से मैं अत्यंत प्रभावित हूँ। कितनी सहजता से आप दूसरे को अपना सर्वस्व दे देते हैं! यह सहजता पाने के लिए एक जन्म काफी नहीं है। आपके पीछे कई जन्मों की देने की सहजता रही होगी। आपके सान्निध्य में थोड़े दिनों में ही वह जान पाया जो मैं मेरे जीवनकाल में भी नहीं जान पाया था। कभी-कभी हम एक दिशा निर्धारित करते हैं और उसी दिशा की ओर जीवनभर चलते रहते हैं। पर हम सही

दिशा में चल रहे हैं या नहीं, इस तरफ ध्यान ही नहीं होता है और चलते ही रहते हैं और जीवन के अंत में पता चलता है कि हम चले तो जीवनभर, पर हमारी दिशा ही सही नहीं थी। तो जीवन में श्रम को महत्त्व है, कड़ी मेहनत को महत्त्व है, पर उससे भी अधिक, जीवन में ठहरने को महत्त्व है। ठहरने से मनुष्य को जीवन में अपने ऊपर नियंत्रण करते आता है।"

"जो मनुष्य अपने ऊपर नियंत्रण कर पाता है, वही मनुष्य किसी के सामने झुक सकता है, किसी से मार्गदर्शन ग्रहण कर सकता है, किसी को गुरु मान सकता है। मेरा जीवन ही शायद इस बात के सबक के लिए हो कि जीवन में अपने ऊपर नियंत्रण जरूरी है। शरीर पर नियंत्रण सदैव उसकी आत्मा का होता है। शरीर से मेहनत हो सकती है, शरीर से कड़ा परिश्रम हो सकता है, पर शरीर से शरीर पर नियंत्रण नहीं हो सकता। शरीर शरीर पर नियंत्रण कर ही नहीं सकता है। शरीर पर नियंत्रण के लिए कोई और उच्च होना चाहिए और वह 'उच्च' आत्मा है। प्रत्येक मनुष्य की आत्मा जितनी सशक्त होगी, नियंत्रण उतना ही अधिक हो पाएगा और शरीर जितना अधिक आत्मा के अधीन होगा, उतना ही नियंत्रण में होगा। एक स्वनियंत्रित शरीर सदैव सही मार्ग पर ही होगा। वह गलत मार्ग का चुनाव भी करे, तो भी वह गलत मार्ग पर चल ही नहीं सकता है। मनुष्य की आत्मा उसे सदैव सही मार्ग पर ही रखेगी और मनुष्य सदैव स्वनियंत्रित ही होगा। मनुष्य के शरीर पर उसकी आत्मा का नियंत्रण तभी हो सकता है, जब अपने शरीर पर नियंत्रण करने वाली आत्मा उसे गुरु के रूप में मिले। वह नहीं मिला, तो फिर शरीर ही जीवन है और जीवन ही शरीर। शरीर और जीवन दोनों नाशवान हैं तो उनके कर्म भी, प्रयत्न भी नाशवान ही होंगे।"

"मैं पड़ोस के राज्य का राजा था। शरीर के सारे भोग-विलास करके, जीवन के सारे ऐश्वर्य भोगकर, जीवन में (भौतिक रूप से) संपूर्ण तृप्त होकर देख लिया कि आत्मा का आनंद कहीं और है। आत्मा का सुख न राज्य-विस्तार में है, न धन-संपदा में है, न सत्ता में है, न सुरा में है, न सुंदरी में है। सब मन को भटकाने वाली दुनिया है। ये सब मनुष्य को गति देते हैं, ऊर्जा देते हैं, आगे भी बढ़ाते हैं,

पर स्वनियंत्रण नहीं सिखाते। मैं ये सब सुख भोगकर इच्छा कर रहा था कि आत्मसुख को भोगूँ और इसीलिए सालों से ध्यान कर रहा था। मैं सालों से इस एक ही स्थान पर था और अपने 'स्व' को खोज रहा था, मोक्ष का मार्ग खोज रहा था। मोक्ष की स्थिति भी ध्यान-साधना से मिल गई, पर मोक्ष का मार्ग नहीं मिल रहा था और इसीलिए अटका हुआ था।"

"आज आपके सान्निध्य में, गुरुवर, मुझे मोक्ष का मार्ग भी मिल गया है। अपने को प्राप्त मोक्ष की स्थिति दूसरे को देना, अपने माध्यम से दूसरे को मोक्ष देना, यही मोक्ष का सही मार्ग है। यह सब मैंने आप ही के सान्निध्य में जाना। पर आज मैं इस स्थिति में नहीं हूँ कि किसी को मोक्ष की स्थिति दे सकूँ। इसीलिए मेरी सारी ध्यान-साधना का फल आज मैं आपको गुरुदक्षिणा के रूप में अर्पित करता हूँ ताकि आपके माध्यम से लोगों को मोक्ष की स्थिति मिल सके और मुझे मोक्ष का मार्ग मिल सके। गुरुवर, पाना मोक्ष नहीं है, मोक्ष देना ही मोक्ष है।" जैसे ही उन्होंने ऐसा कहा, सारी गुफा में प्रकाश ही प्रकाश हो गया और मैं ध्यान में चला गया।

ध्यान में से उठा तो सुबह हो गई थी। बीच में कितने दिन चले गए थे, वे याद नहीं आ रहे थे, पर बाहर आँधी थम गई थी, सारा वातावरण सामान्य हो गया था और मैंने उनको नमस्कार करके उस स्थान से विदाई ली। सुबह सूरज उग ही रहा था। सूरज का सुनहरा प्रकाश सारे वातावरण को प्रकाशित कर रहा था। आसपास घना जंगल था। पहाड़ी के ऊपर से पिघलकर आ रही बर्फ नीचे छोटे-छोटे झरने बना रही थी। कई पहाड़ों पर तो बर्फ पिघल-पिघलकर एक नदी के आकार की ही बन गई थी।

मैं पहाड़ पर से उतर रहा था। अभी लक्ष्य कोई निश्चित नहीं था, इसलिए एक तो जल्दी नहीं थी और इसलिए मेरे चलने में कोई उत्साह नहीं था, बस चल रहा था। कभी कोई अच्छा स्थान मिलता, वहीं बैठ जाता, ठहर जाता। झरनों की आवाजें वातावरण की शांति को भंग कर रही थीं, अन्यथा मीलों तक शांत वातावरण था। उस शांत वातावरण का भी एक संगीत होता है। वह जंगल का संगीत सुनाई दे रहा था। अलग-अलग रंगों के फूल खिले हुए थे, अलग-

अलग प्रकार की वनस्पतियाँ उगी हुई थीं। कुछ पत्तों को मैं जानता था, वे दिख जाते तो मैं तोड़कर रख लेता था। वही मेरा भोजन था। क्योंकि वे पत्ते जो गुरुदेव ने मुझे खाने सिखाए थे, सब स्थानों पर नहीं मिलते थे, इसलिए जहाँ पर मिले, उन्हें रख लेता था। मैं अपने-आपको उस प्रकृति के समकक्ष बना रहा था। इसीलिए, शरीर से तो प्रकृति में था ही, मन से भी प्रकृतिमय हो गया था और प्रकृतिमय होने से प्रकृति के सान्निध्य में बड़ा अच्छा लग रहा था।

ऐसे एक-एक दिन कब निकल रहा था, उसका पता भी नहीं चल रहा था। कुछ दिन बीत जाने के बाद मैं ऐसे स्थान पर पहुँचा जो स्थान एक पहाड़ की तलहटी में था। वहाँ पर कुछ लोग टेण्ट (तंबू) लगाकर रह रहे थे। ऊपर से मुझे उनके लगे हुए टेंट दिख रहे थे। मैं वहाँ पर एक बहुत बड़े शिलाखण्ड की आड़ में रुका हुआ था। वे लोग दिनभर आसपास के भागों में घूमते और बाद में रात के समय अपने-अपने तंबुओं में चले जाते थे। वे शायद प्रकृतिप्रेमी होंगे, ऐसा मुझे लगा। वनस्पतिशास्त्र के जानकार लोग भी किसी विशेष स्थान का अध्ययन करने के लिए ऐसा करते थे। पर ये लोग कौन थे, वह मालूम नहीं था। कई बार वे मेरे पास से भी गुजरे, पर मैं ध्यान ही करता रहता था। वे देखते भी थे, पर बातचीत नहीं हुई थी। कुछ दिनों के बाद देखा तो एक दिन वे ऐसे ही अचानक मुझे घूमते देखकर मिलने आए थे। उनमें दो गोरे लोग थे; एक बूढ़ा था जो साठ साल का होगा, तो एक युवक था जो तीस साल का होगा। उन दोनों को लिए और पन्द्रह-बीस लोग थे जो आदिवासी थे। वे आदिवासी चायबागान में काम करने वाले लोग लग रहे थे। कुछ नहीं, वे पास आए, नमस्कार किया और बोले, "हम आपको ध्यान करते हुए रोज देखते हैं। सोचा कि आज भेंट की जाए, इसीलिए आज आपसे मिलने आए।" बाद में उन विदेशी, गोरे लोगों ने बताया, "पहले हमारे पूर्वजों की यहाँ पर बस्तियाँ थीं। उनके चायबागान थे। हमारे पूर्वज बाद में यहाँ से चले गए, पर वे यहाँ एक खजाना गाड़कर गए हैं। हम लोग वही खजाना ढूँढ़ने के लिए विदेश से आए हैं। हम ऐसे प्रयत्न कई सालों से कर रहे हैं। हमारे पास उस खजाने के दस्तावेज और नक्शे भी हैं और उनमें इस पहाड़ी की तलहटी के भाग का जिक्र है। यहीं-कहीं, आसपास वह खजाना होना चाहिए, ऐसा

हमारा अंदाजा है। इसीलिए हम यहाँ पर यह केम्प (तंबू) लगाकर खोज-कार्य कर रहे हैं। हमने सोचा, आप ध्यान-साधना कर रहे हैं, आप आपकी दिव्य दृष्टि से खजाना देखकर बता सकें कि खजाना कहाँ है, तो हम पर बड़े उपकार होंगे। यही एक बड़ी आशा लेकर हम आपके पास आए हैं।" ऐसी प्रार्थना करके वे लोग भी वहीं बैठ गए। मैंने उन्हें समझाने का प्रयास किया कि मैं ईश्वरप्राप्ति करने के उद्देश से घर से निकला हूँ और कई दिनों से इस भाग में रह रहा हूँ, पर इस प्रकार के अभियान का मुझे कोई अनुभव नहीं है। खजाना तो निर्जीव है और मैं तो सजीव आनंद की खोज में हूँ, इसलिए मैं शायद आपकी कोई मदद नहीं कर सकता हूँ। इसलिए मदद नहीं कर सकता क्योंकि मेरे चित्त को एक स्तर पर रहने की आदत-सी हो गई है और एक बार मनुष्य चित्त को आत्मिक स्तर पर रखने में सफल हो गया, तो फिर वह चाहे तो भी निर्जीव व भौतिक वस्तुओं में चित्त नहीं डाल सकता है। ये अलग-अलग स्तर होते हैं। यह धन भी भौतिक साधन है। यह हमें खुशी नहीं दे सकता है। यह पाकर हम चाहे अपने उद्देश को प्राप्त करने की खुशी प्राप्त कर लें, पर यह धन स्वयं खुशी नहीं दे सकता है। क्योंकि यह धन निर्जीव है और हम सजीव हैं। तो भला सोचो कि इस निर्जीव धन से सजीव खुशी कैसे प्राप्त हो सकती है? यह धन हमें शरीर की सुख-सुविधाएँ प्रदान कर सकता है, पर शरीर को सुख नहीं दे सकता है। चूँकि इस धन से हम शारीरिक सुख-सुविधाओं का क्षणिक सुख प्राप्त कर सकते हैं जो सुविधाएँ पाकर शरीर को क्षणिक आराम मिलेगा, पर सुख नहीं मिलेगा, इसलिए इस धन की खोज व्यर्थ ही कर रहे हो।

यह धन की खोज में आप लोग जीवन का कितना बहुमूल्य समय गवाँ रहे हो और कितने समयरूपी धन की बर्बादी कर रहे हो! वह भी यह खोज बंद कर दो, तो बच जाएगी। दूसरा, तुम्हारा एक और नुकसान हो रहा है। वह हो रहा है, पर दिख नहीं रहा है। वह है असंतोष, असमाधान। क्योंकि इस धन की खोज की और नहीं मिला तो असंतोष होगा और जब तक नहीं मिलेगा, असमाधान होगा और जीवन एक असंतोष से भर जाएगा। इसलिए, क्यों अपने जीवन को अशांत कर रहे हो? इस जीवन का एक-एक क्षण बड़ा बहुमूल्य है। क्यों उन क्षणों को बर्बाद कर रहे हो? इसी समय को किसी सृजन में

लगाओ तो आपका जीवन बन जाएगा। इतना ही धन जो इस कार्य पर खर्च कर रहे हो, किसी उद्योग में लगाओ तो कुछ नवनिर्मिति होगी और तुम्हें भी, कुछ निर्माण किया, इसका समाधान मिलेगा। पता नहीं, मैं इतना क्यों बोल गया, पर बोल गया और बाद में देखा कि उन लोगों ने किसी बात का विरोध नहीं किया। वे बड़े ध्यान से सब बातें सुनते रहे। वे बड़े ध्यान से सुन रहे थे, यह बात मैंने विशेष तौर पर देखी। यानी हम जब अपने विवेक से, अपनी आत्मा से कोई सत्य बात कहते हैं तो मनुष्य के ह्रदय तक पहुँच जाती है। ये लोग भी कुछ विदेशी थे, कुछ देशी लोग थे, पर सभी लोग बड़े ध्यान से सुन रहे थे और वे लोग सुनते-सुनते तंद्रा की दशा में ही चले गए थे।

फिर मैंने सोचा कि ये वास्तव में सुन रहे थे? क्योंकि हिंदी भाषा तो न विदेशियों को ठीक से समझ में आती है और न इन आदिवासियों को! तो जब भाषा ही ठीक से समझ में नहीं आ रही हो, तो ये उसे सुन कैसे सकते हैं? यानी ये अनुभव कर रहे थे उस सत्य का जो सत्य मेरे माध्यम से बोला जा रहा था। यानी आज यह जाना कि सत्य सदैव सत्य है। वह बोलने के लिए किसी भाषा का माध्यम आवश्यक नहीं होता है। सत्य को बोलने के लिए माध्यम की आवश्यकता नहीं होती, वह तो स्वयं ही किसी माध्यम से प्रकट हो ही जाता है और सत्य एक होगा, एक-सा होगा। उस सत्य पर देश का, भाषा का, स्थान का, रंग का, जाति का कोई अंतर नहीं होगा। सत्य सदैव सत्य ही होगा। यानी एक बार भीतर के सत्य के साथ संबंध स्थापित कर लो, तो जो बाहर बहेगा, वह सत्य ही होगा। वह सत्य एक ह्रदय से दूसरे ह्रदय तक पहुँचने में जगह तो स्वयं ही बना लेगा। मैंने उन्हें, जैसा समझाना था, समझाया। वे भी मुझे आदर से नमस्कार करके चले गए और मैं भी अपने ध्यान में लीन हो गया। मैं रोज ऊपर से देखता था, वे लोग अभी भी अपनी खोज जारी ही रखे हुए थे। पर मैं उन्हें इस कार्य में कुछ मदद करूँगा, यह आशा उन्होंने छोड़ दी थी।

ऐसे ही एक दिन सुबह वे लोग फिर मुझे मिलने आए। उनमें जो वृद्ध सज्जन था, वह थोड़ा अनुभवी लग रहा था। उसने बात करनी शुरु की, "बाबा, आप कहते हो—भौतिक वस्तुओं का आपको

कोई मोह नहीं है। यह भौतिक जगत छोड़कर आप आए हो और आपको नहीं चाहिए। पर हमें भौतिक जगत का अभी भी आकर्षण है और अभी हम आप जैसी ऊँचाई पर नहीं पहुँचे हैं। जैसे नीचे के स्तर पर बैठे लोग आने वाले तूफान का अंदाजा नहीं लगा सकते हैं, पर ऊँचाई पर बैठे लोग लगा सकते हैं और अपने नीचे के लोगों को तूफान की सूचना देकर आगाह कर सकते हैं, ठीक इसी प्रकार से, हम सब लोग उस खजाने की आशा से उसे यहाँ ढूँढ़ने आए हैं, पर आप हमसे अलग हैं। आपको न तो उस खजाने की जानकारी है और न ही आप उसे ढूँढ़ने यहाँ आए हैं, आप बच्चे जैसे अबोध हैं, पवित्र हैं। हमारे चित्त में धन की लालसा है, लालच है, इसलिए हमें वह धन का खजाना मिल नहीं रहा है। पर आपका चित्त शुद्ध है, पवित्र है। आपके चित्त में कोई लालसा नहीं है, पर अगर आप उस खजाने पर चित्त डालें, तो वह आपको अवश्य मिल सकता है। सुबह ही मुझे ऐसा लगा, इसीलिए मैं आपसे प्रार्थना करने के लिए आया। हमें कोई जल्दी नहीं है। आप आराम से, जब आपकी इच्छा हो, उस खजाने पर चित्त डालिए। वह खजाना आपको अवश्य मिलेगा, ऐसा मेरी आत्मा कह रही है। इसलिए मेरी प्रार्थना है कि आप एक बार इस ओर अवश्य प्रयास करें। आप ही के द्वारा वह हमें प्राप्त हो सकता है।” मैंने उन्हें कोई उत्तर नहीं दिया और बाद में वे लोग वापस अपने तंबुओं में चले गए।

फिर कुछ दिन और बीते। वे लोग अभी भी खजाना ढूँढ़ ही रहे थे। पर मुझे, क्या मालूम, ऐसा लगा, उनकी गतिविधियाँ पहले से कम हो गईं थीं। सुबह-सुबह थोड़ी खोज करते और बाकी समय वे अपने तंबुओं में ही गुजारते थे। एक दिन सुबह-सुबह वे लोग फिर मेरे पास आए। पहाड़ी पर से उतर ही रहा था। वह देखकर ही वे आए। वे बोले, “हम कभी भी आपकी ध्यान-साधना में बाधा नहीं डालना चाहते हैं। आप जब घूमते हुए दिखते हैं, हम तभी आपसे मिलने आते हैं।” फिर उस वृद्ध सज्जन ने बताना शुरु किया, “आप कहते हो कि खोज सदैव शाश्वत की करनी चाहिए। इन नाशवान चीजों में क्या रखा है? आपकी बात सही है।” मैं मन ही मन मुस्कराया कि चलो, कुछ तो बात इसे समझी। पर आगे वे वृद्ध सज्जन बोले, “गुरुजी, वह खजाना सोने के बहुत बड़े भंडार के रूप में है और वह

सोना जमीन में ऐसे ही पड़ा रहा तो वह व्यर्थ ही होगा। वही सोना अगर बाहर आ जाए तो वह मानव-जाति के उत्थान में मदद कर सकता है। वह इतनी बड़ी मात्रा में है कि उससे कई जीवन सुखमय हो सकते हैं। मुझे विश्वास है कि आप चाहें तो वह खजाना अवश्य खोज सकते हैं। अगर आपने वह खजाना खोज दिया, तो मैं आपको आश्वासन देता हूँ—एक बहुत बड़े, अच्छे आश्रम का निर्माण मैं आपके लिए करूँगा और ये सारे टी गार्डन (चाय बागान) मैं आपके आश्रम के नाम कर दूँगा ताकि भविष्य में आश्रम की जरूरतें पूर्ण हो सकें और उस आश्रम से कई आत्माएँ, जो आध्यात्मिक प्रगति करना चाहें, कर सकें। ऐसा करके आप उन आत्माओं पर भी एहसान करेंगे जो इस जीवन में आध्यात्मिक प्रगति चाहती हैं। वह खजाना इतनी बड़ी मात्रा में है कि यह सब हो सकता है। खजाना सोने की सिल्लियों के रूप में विद्यमान है। जो मैं कह रहा हूँ, वह सब पूर्ण करने का मैं आपको आश्वासन देता हूँ। मैं भी अपने देश वापस चला जाऊँगा, मेरा भी काम बन जाएगा और आपके हाथ से भी आध्यात्मिक प्रगति के लिए एक स्थान निर्मित होगा। ऐसा करके आप मानव-जाति पर उपकार ही करेंगे।" मैं मुस्करा दिया, कुछ नहीं बोला और वे लोग मुझे नमस्कार करके चले गए।

मैं सोच रहा था, जो खजाना मेरा नहीं है, इसका भी नहीं है, वह और किसी की अमानत है, वह हम क्यों प्राप्त करें? और यह दूसरे का धन प्राप्त करके हम जो पाप कर रहे हैं, पुण्य का काम कर, आश्रम बनाकर वह पाप धुलेगा क्या? यह मनुष्य मुझे भी आध्यात्मिक लालच ही देने आया था। उस पर थोड़ा तो असर हुआ कि उसने कल्पना में तो आश्रम बनाया। चलो, इतना तो सुधार उस व्यक्ति में आया। वह व्यक्ति अंग्रेज था और यहाँ के स्थानों की उसे बड़ी समझ थी। काफी छोटी से छोटी जानकारी थी। वह खजाने की बातें तो ऐसे कर रहा था मानो उसी ने उस खजाने को छुपाया है। उसे उस खजाने की संपूर्ण जानकारी थी जो वह थोड़ी-थोड़ी दे रहा था। पर उसे सारी जानकारी थी। मैं उसे कैसे समझाऊँ कि एक पुण्य करके एक पाप कम नहीं किया जा सकता है। एक पाप के पीछे हजार पुण्य के कार्य खर्च हो जाते हैं। पर यह आध्यात्मिक गणित उस अंग्रेज को समझ में नहीं आएगा। उसने व्यावहारिक गणित लगाया—एक

पाप और एक पुण्य। पर ऐसा हिसाब आध्यात्मिक क्षेत्र में नहीं होता, यह उसे कैसे समझाऊँ? और अगर मेरा आश्रम बनना ही होगा, तो बनेगा ही। आश्रम एक सामूहिक ध्यान-साधना का पवित्र स्थान है। वह पवित्र आत्माओं की सामूहिकता में ही बनना चाहिए और जब ऐसा बनना होगा, बनेगा। मैं क्यों सोचूँ? वह मेरा कार्यक्षेत्र नहीं है। आश्रम कोई मेरे सोचने से थोड़ी बनेगा? फिर मैं क्यों सोचूँ उस बारे में? मैंने अपने-आपको स्पष्ट किया।

फिर कुछ ऐसा ही चलता रहा। फिर एक दिन वे अंग्रेज सज्जन मुझे दो लोगों के साथ मिलने आए और बोले, "कुछ नहीं, आपसे मिलकर मुझे सदैव अच्छा लगता है, इसलिए मिलने चला आया।" वह मिलने के बहाने, आगे मेरे विचार क्या हैं, यह जानना चाहता था। वह आया, तब से उसकी हरी-हरी, बड़ी-बड़ी आँखें चश्मे से कुछ उत्तर तलाश कर रही थीं। वह मेरे मन की गहराई नाप रहा हो, ऐसा लगा। फिर हमारी इधर-उधर की बातें चलती रहीं। उसके पिताजी यहाँ पर रहे हुए थे। उसके पुरखों के चाय के बागान थे और उसे यह स्थान अच्छा लग रहा था। धीरे-धीरे मेरी उस वृद्ध अंग्रेज के साथ मित्रता हो गई थी। वैसे वह अंग्रेज सज्जन बहुत अच्छा इन्सान था और बड़े हँसमुख स्वभाव का भी था।

मैं हिमालय के और अंदर के भाग से परिचित था और ये सज्जन हिमालय के अंदर के भाग में कभी गए ही नहीं थे। इसलिए, हिमालय के भीतर की दुनिया क्या है, वहाँ का जगत कैसा है, यह जानने की उन्हें बड़ी उत्सुकता थी। मैं अकेला ही अंदर जाकर बाहर आ गया था, वह उनको और आश्चर्यकारी लग रहा था। उनको अंदर जाने की भी बहुत इच्छा थी, पर वे कभी अंदर नहीं जा पाए थे। मैंने उनको बताया, "भीतर के भाग में मीलों तक अब तक कोई भी मनुष्य-बस्ती मिली तक नहीं है। कई मीलों के बाद कभी कोई मुनि मिलते हैं और आवश्यक नहीं कि वे मुनि हमें दर्शन दें ही। वे ध्यानस्थ अवस्था में रहते हैं और उनके आसपास प्रकाश का एक वलय बना रहता है। मुझे भी मुनि कम ही दिखे, पर उनके वलय के आकार, रंग और तेज से मैं उनके आध्यात्मिक स्तर को जान जाता हूँ। कई साल ध्यान करते-करते वे प्रकृतिमय हो गए हैं।

वे उस स्थान के साथ इतने जुड़ गए हैं कि वे चाहें तो भी अपने ऑरा (आभामण्डल) के बाहर नहीं आ सकते हैं। उन्होंने एक स्थान पर सालों रहकर अपने आसपास एक बड़ा आभामण्डल खड़ा कर लिया है और उनकी इच्छा के बिना उनके एरिया (क्षेत्र) में भी प्रवेश नहीं कर सकते हैं। पर ऐसे मुनि उनके ध्यान-मार्ग पर चलने वाले लोगों को सदैव सहायता करते रहते हैं। उनके अलावा भीतर और बस्ती नहीं है और वे हैं कि वे बाहर आना ही नहीं चाहते और न किसी को अंदर आने देना चाहते हैं।" ऐसे ही बातें चलती रहीं। जब वे अपने खजाने की खोज के कार्य से ऊब जाते थे, तो वे बीच-बीच में मुझे मिलने आते थे।

एक दिन सुबह-सुबह दो लोग आए और मुझे उनके तंबू में चलने की विनती करने लग गए। वे बोले कि उनके एक वृद्ध साथी की तबियत एकदम खराब हो रही है और ऐसा लगता है कि अब वह नहीं बचेगा और वह साथी आपके दर्शन करना चाहता है। मैं जब वहाँ पर पहुँचा तो देखा, वह बड़बड़ा रहा था। उन्होंने कहा, "बाबा, यह आपसे मिलना चाहता था, इसलिए बुलाया है।" कुछ नहीं, मैं मिला तो देखा—उसे बड़ा तेज बुखार था। मैंने मेरे झोले से कुछ पत्तियाँ निकालीं, उन्हें पत्थर से पीसकर लाने के लिए कहा। उसे पानी में घोलकर परमात्मा से प्रार्थना की, "परमात्मा, अगर इसका जाने का समय न आया हो तो इसे ठीक कर दे।" उसके अच्छे स्वास्थ्य-लाभ के लिए प्रार्थना की और आधे घण्टे के बाद देखा, बुखार उतर गया था। फिर वे ही पत्तियाँ उन्हें और तीन दिन देने के लिए कहा। उन्होंने प्रार्थना की, "आज रात यहाँ पर ही रुक जाएँ। कल सुबह आप वापस चले जाना।" मैं 'हाँ' या 'ना' कुछ कहूँ, उस बीमार व्यक्ति ने मेरे पैर पकड़ लिए। उसे मेरा बड़ा सहारा लग रहा था। मैं वहीं रुक गया और एक स्थान पर उन्होंने मेरे लिए भी तंबू बनाकर गाड़ दिया। उस तंबू में मैं रातभर ठीक से सो नहीं पाया। सुबह ध्यान करने बैठा, तो क्या आश्चर्य! मैं उस खजाने के ठीक ऊपर ही बैठा हुआ था! सोने से भरे चार लोहे के बड़े संदुक मेरे ही तंबू के नीचे गाड़े हुए मुझे दिखे और मैं समझ गया, इसी कारण मैं ठीक से सो नहीं पाया था। उस सोने के खजाने के साथ यह रहस्य भी जान गया—वे इस व्यक्ति के लिए नहीं रखे गए थे। वह खजाना

किसी ने किसी और के लिए रखा था। इस अंग्रेज सज्जन को केवल उसकी पक्की जानकारी थी। पर वह खजाना तो सालों पहले का लग रहा था। हाँ, पर कोई पुराने दस्तावेज और नक्शे इस अंग्रेज़ सज्जन के हाथ लग गए थे। ये लोग खोजने के लिए बार-बार आते थे और इसी स्थान पर तंबू लगाते थे और जंगल की ओर खोज करते रहते थे, पर उन्होंने उस स्थान पर कभी नहीं खोजा जहाँ पर वे हर समय तंबू लगाते थे। मैं समझ गया, इस खजाने पर इनका कोई अधिकार नहीं है और यह इनके लिए नहीं है। इसलिए इन्हें इस खजाने की जानकारी देना उचित नहीं है। मैं सोचने लगा—परमात्मा भी इस खजाने के समान ही है। मनुष्य के भीतर ही परमात्मा है और वह भीतर के परमात्मा को छोड़कर दुनियाभर में परमात्मा को खोजता फिरता है। अनेक उपाय करता है, पर कभी भी अपने भीतर नहीं झाँकता है। जिस परमात्मा को वह खोजता फिर रहा है, वह उसी के भीतर है। दूसरे दिन सुबह मैंने उन सबसे विदाई ली और फिर पहाड़ पर आकर रहने लगा। कुछ दिन बाद, एक सुबह मैंने वहाँ से चल देने का निश्चय किया और चल पड़ा।

हिमालय में मनुष्य-बस्ती नहीं है और यही कारण है कि वहाँ पर मनुष्यजन्य प्रदूषण भी नहीं है। क्योंकि मनुष्य आया तो मनुष्य-बस्तियाँ आएँगी और मनुष्य-बस्तियाँ आईं तो जानवर व पालतू पशु और... और फिर जंगलों की कटाई आ गई। यानी हिमालय की तलहटी में जैसी मनुष्य-बस्तियाँ हैं, अलग कबीले हैं, आदिवासी लोग हैं, ऐसा भी हिमालय में नहीं है। कुछ मुनि हैं, पर वे भी ध्यान में ही रहते हैं और इसी कारण उनके विचार नहीं हैं और विचार नहीं हैं, तो वैचारिक प्रदूषण नहीं है। वे भी प्रायः अलग-अलग, दूर-दूर ही रहते हैं। एक मुनि मिल गए तो समझ लो कि दूसरे कोई भी मीलों तक नहीं मिलेंगे। इसी कारण एक नैसर्गिक वातावरण बना हुआ होता है। संपूर्ण निर्विचार स्थिति होती है। किसी भी वाहन से वहाँ नहीं जाया जा सकता है। इसलिए वाहनों से होने वाला प्रदूषण भी नहीं है। कोई हवाईअड्डा भी नहीं है। इसीलिए हवाईजहाज भी इतने ऊपर से उड़ते हैं कि कभी दिखते भी नहीं हैं। यानी एकदम प्रदूषणमुक्त क्षेत्र है और इसी प्राकृतिक स्थिति के कारण ऋषि व मुनियों ने ध्यान करने के लिए हिमालय की वादियों को चुना होगा।

मेरी दिनचर्या उन दिनों में कोई निश्चित नहीं होती थी। प्रायः सुबह ध्यान-धारणा करता था। सुबह का समय उसी में ही लगाता था, तो बाकी के समय एक भीतर की दिशा में ही रहता था। दिनभर भी चित्त अंदर की ओर ही रहता था। उसके कारण स्वयं को जानने का बड़ा अवसर मिला था—अपने शरीर की संरचना, अपना हृदय, अपना मन, अपने विचार, अपना चित्त, अपना शरीर, अपनी आत्मा, अपने कर्म, अपना भाव, अपना समर्पण, अपना प्रेमभाव, अपनी मनुष्यता, अपने चक्र, अपनी नाड़ियाँ, उन नाड़ियों का चक्रों के साथ संबंध व विचारों का चक्रों पर पड़ने वाला खराब प्रभाव। एक पानी का बुलबुला उठता है और क्षण में ही टूट जाता है। तो इस प्रकार की स्थिति विचार की होनी चाहिए। वह विचाररूपी बुलबुला उठा और क्षण में टूट गया। उस विचार की अवस्था क्षण में ही समाप्त हो गई। अगर ऐसा होता है, तो उस विचार को जगह बनाने के लिए समय ही नहीं होता है। पर विचार अगर अधिक समय तक रहा, तो उस विचार से संबंधित परिस्थिति, उस विचार से संबंधित मनुष्य व उनके चक्रों के प्रभाव, हमारा उनसे रिश्ता, ये सब बातें हमारे चक्रों पर खराब प्रभाव डालती हैं। साधारणतः, विचार भूतकाल में बिताए गए समय, भूतकाल में आए मनुष्यों के होते हैं। उन मनुष्यों को हम याद करते रहते हैं, पर आवश्यक नहीं कि वे भी आपको याद करें। वे शायद आपको भूल भी चुके हों और आप उन्हें मिलने जाओ, तो वे तुम्हें पहचानेंगे भी नहीं, पर तुम हो कि उन्हें याद किए जा रहे हो! ऐसा क्यों होता होगा कि एक बात हमें याद है, पर उस व्यक्ति को वही बात याद नहीं? तो वह इसलिए होता होगा कि उस समय हमारा चित्त उस घटना में संपूर्ण होता है और इसीलिए हमारी ग्रहण करने की क्षमता संपूर्ण होती है और इसीलिए उस घटना को, उस समय की बातों को हम संपूर्ण रूप से ग्रहण कर लेते हैं। संपूर्ण रूप से ग्रहण कर लेने के बाद वह घटना हमारी स्मृति बन जाती है। हम बार-बार याद करके उसे खाद और पानी देकर बढ़ाते रहते हैं। अच्छी घटना हो या बुरी, दोनों ही प्रकार की भूतकाल की घटनाएँ हमारे चित्त को नष्ट करती हैं। हाँ, यह बात अलग है कि अच्छी घटना हमें वर्तमान में दुःखी नहीं करती, पर चित्त को तो नष्ट करती ही है। बुरी घटना, बुरे व्यक्ति तो चित्त में उस जख्म के समान होते

हैं जो चित्त को तो नष्ट करते ही हैं और हमें भी दुःख पहुँचाते हैं। जिस प्रकार से कोई जख्म शरीर पर हो जाए, तो हम उस जख्म से छेड़-छाड़ नहीं करते, उसे कुरेदते नहीं हैं; उसे भरने देते हैं और समय के साथ-साथ वह भर जाता है। ठीक इसी प्रकार से, ये चित्त में भरकर रखी हुई घटनाएँ भी बार-बार याद नहीं करनी चाहिए क्योंकि बार-बार याद करके हम उन जख्मों को कुरेद रहे हैं और उन्हें भरने नहीं दे रहे हैं।

मनुष्य चलेगा, तो गिरेगा भी और गिरेगा, तो उठेगा भी। यह तो जीवन में चलता ही रहता है। यही जीवन है। पर मनुष्य ने जीवन की प्रत्येक घटना को साक्षीभाव से देखते हुए चलना चाहिए, उस घटना से सबक लेना चाहिए और वह घटना फिर से न हो, यह ध्यान रखना चाहिए। अपने भूतकाल के जख्मों को कुरेदते नहीं रहना चाहिए क्योंकि अगर कुरेदते रहे, तो फिर अपने जख्मों को कुरेदना ही स्वभाव बन जाएगा और जख्म कभी भी भर नहीं पाएँगे। कई लोग उन जख्मों को कुरेदते-कुरेदते इतने आदी हो गए हैं कि बिना जख्मों के जीवन की कल्पना ही नहीं कर सकते हैं। यानी चित्त मनुष्य जीवन में एक महत्त्वपूर्ण स्थान रखता है। उसमें अच्छा भरा हो या बुरा, वह उस चित्त में स्थान को घेरता है। वर्तमान में सफल जीवन व्यतीत करने के लिए चित्त का खाली होना अत्यंत आवश्यक है। चित्त खाली होगा, तो शुद्ध होगा, उसमें अच्छे या बुरे, कोई व्यक्ति नहीं होंगे और खाली होगा, तो ही पवित्र होगा और पवित्र होगा, तो ही सशक्त होगा और सशक्त होगा, तो ही वह परमात्मा की शक्तियों से जुड़ सकता है। परमात्मा सारे ब्रह्माण्ड में छोटे-छोटे प्राणकणों के रूप में फैला हुआ है। इसी प्राणशक्ति के कणों की सामूहिकता के साथ जुड़ जाते हैं तो परमात्मा के ये बाहरी कण और चित्त इतने एकरूप हो जाते हैं कि बाहरी कण और भीतरी कण समान हो जाते हैं और मनुष्य का शरीर होने पर भी दिखता नहीं है। यही कारण है कि यहाँ, हिमालय पर ध्यान कर रहे मुनि होते हैं, पर दिखते नहीं हैं। दिखता केवल इतना ही है कि वे जहाँ बैठे हैं, वहाँ प्राणशक्ति के कणों का इतना जमावड़ा हो जाता है और वे ही सामूहिक रूप से चमकते रहते हैं। इसी एक साथ चमकने से प्रकाश जैसा लगता है। वह प्रकाश चंद्रमा के प्रकाश जैसा ही होता है और उसी प्रकाश

की एक मोटी पट्टी से उस प्रकाश की एक गोल किनार बनती रहती है। जो भी यह दृश्य देखता है, वह भी देखता ही रहता है, वहाँ से ध्यान हटाने का भी ध्यान नहीं रहता है। यह सब इसीलिए संभव हो जाता है कि ये ऋषि-मुनि अपने चित्त को एकदम खाली कर देते हैं। उनके चित्त में कहीं भी, किसी कोने में भी कोई स्मृति नहीं होती है, कोई यादें नहीं होती हैं, कुछ नहीं होता है और इसी कारण उनका चित्त एकदम सशक्त होता है। हम कल्पना भी करें अपने ऐसे चित्त की जिसमें भूतकाल की कोई बात नहीं है; न अच्छी बात और न बुरी बात; कुछ भी नहीं है, तो भी क्षण में ही चित्त एक ऊँचाई को प्राप्त कर लेता है, वह शून्य की ऊँचाई, जिस ब्रह्माण्ड की ऊँचाई के बाद पाने के लिए कुछ बाकी नहीं रहता है। उन प्राणशक्ति के कणों से चित्त भरने लग जाता है और एक नाद हमारे ही भीतर सुनने मिलता है जिसे 'ब्रह्मनाद' कहते हैं। यह तब सुनाई आता है, जब शरीर का सारा भाव समाप्त हो जाए, सारे विचार समाप्त हो जाएँ, चित्त एकदम खाली हो जाए, पवित्र हो जाए। यह एक अतिपवित्र स्थिति है जिसमें हमारी आत्मा परमात्मा में पूर्ण रूप से लीन हो जाती है। ऐसी स्थिति में कोई भाव बाकी नहीं रहता है। न कोई गुरु है और न कोई शिष्य है क्योंकि यह भेद शरीर का भेद है, न कोई देने वाला है और न कोई पाने वाला है, न कोई बड़ा है और न कोई छोटा है। यह वह स्थिति है जिसमें हम गुरु में ही लीन हो जाते हैं। गुरु फिर अलग नहीं रहता है। गुरु अलग है यानी अभी हम अलग हैं, हम अपने-आपको अलग समझ रहे हैं। इसलिए हमें गुरु अलग दिख रहा है। वास्तव में, गुरु तो परमात्मा में लीन है। गुरु कोई शरीर नहीं है, संपूर्ण परमात्मामय है। वह अलग से है ही नहीं। अलग दिख रहा है यानी अभी हम पूर्णत्व तक पहुँचे नहीं हैं। अपने चित्त को खाली करने के लिए, निखालस करने के लिए हमें उस सामूहिकता की आवश्यकता होती है जो सामूहिकता हमें वह पवित्र स्थिति प्रदान कर दे जो सत्य स्थिति है। इसलिए हमें हमारा अस्तित्व खोने के लिए कोई बड़ा अस्तित्व चाहिए जिसमें हम अपना अस्तित्व खो सकें। वह बड़ा अस्तित्व ऐसा हो जो बड़ा होने पर भी उसका कोई अस्तित्व न हो। ऐसे ही बड़े अस्तित्व का नाम गुरु है जो है भी और नहीं भी। वास्तव में, अस्तित्वविहीन है। पर गुरु के दो

सिरे हैं, एक अस्तित्व वाला और दूसरा, अस्तित्वविहीन। हम अस्तित्व वाले सिरे को पकड़कर अस्तित्वविहीन सिरे तक की यात्रा करते हैं। इसी यात्रा का नाम गुरु है। गुरु कोई व्यक्ति नहीं है, वह हमारे और परमात्मा के बीच का पुल है। जिस प्रकार से पुल होता है कि नदी के दो किनारों से जुड़ा होता है पर उसका स्वयं का कोई धरातल ही नहीं होता है और स्वयं का कोई धरातल, कोई आधार न होने पर भी वह केवल दो किनारों के लिए कार्यरत रहता है, दो विभिन्न स्तर के किनारों को जोड़ने का कार्य करता है, ठीक ऐसी ही स्थिति गुरु की होती है। गुरु हमारी आत्मा और परमात्मा के बीच का पुल होता है। गुरु पुल है, हमें उससे उसके भी पार जाना है। पुल परमात्मा नहीं है। पुल अलग है और परमात्मा अलग है। पर बिना पुल के परमात्मा तक पहुँचा नहीं जा सकता है। हमें अगर परमात्मा तक पहुँचना है, तो हमें पुल का अवलंब करना ही होगा और परमात्मा तक पहुँचने के लिए पुल के ऊपर से जाना होगा, अपने-आपको पुल को समर्पित करना होगा, कुछ क्षण पुलमय होना होगा, थोड़े समय पुल पर रहना होगा। तभी परमात्मा तक पहुँचा जा सकता है। पुल किसी को बुला नहीं सकता और न पुल पर से जाने से किसी को रोक सकता है। वह इन सबसे मुक्त होता है। वह सबका स्वागत ही करता रहता है और वह प्रस्तुत होता है कि कोई उसका उपयोग करके परमात्मा तक पहुँचे। क्योंकि आप परमात्मा तक पहुँचें, यही गुरुरूपी पुल का उद्देश होता है। अपने चित्त को खाली करने के लिए हमें कोई दूसरा चाहिए जिसके सान्निध्य में हम हमारे चित्त को खाली कर सकें। हम पुल को देख रहे हैं, इसका अर्थ है, हम पुल के ऊपर नहीं हैं। क्योंकि अगर हम पुल के ऊपर होते तो हमें पुल अलग से दिख ही नहीं सकता था। पुल अलग दिख रहा है यानी हम पुल पर नहीं हैं। जब हम पुल पर चले जाएँगे, पुल का अस्तित्व अलग से नहीं होगा क्योंकि हम स्वयं भी पुल ही हो जाएँगे। ठीक इसी प्रकार से, गुरु को देख रहे हैं यानी अभी गुरुमय हुए नहीं हैं। गुरुमय होने के बाद गुरु दिखता नहीं, केवल अनुभव होता है और अनुभव होता है केवल चैतन्य, चैतन्य, चैतन्य! क्योंकि सद्‌गुरु का इससे अलग कोई अस्तित्व ही नहीं है। इसलिए हमें गुरुमय होना है।

मैं अपने गुरुओं की करुणा को याद कर रहा था कि जिनके रूप में मुझे पुल मिले और इसी कारण मैं प्रकृति में फैले इस चैतन्यकणरूपी परमात्मा को पा सका। क्योंकि जब तक गुरुरूपी पुल नहीं मिला, तब तक मैं इस पार था। इस पार तो चित्त बड़ा चंचल होता है। क्षण में यहाँ तो क्षण में वहाँ जाता ही रहता है। दिनभर में न जाने कितने लोगों में जाता ही रहता है और अनेक लोगों के दोषों से वह गंदा होता ही रहता है। जिस प्रकार से स्वच्छता की सीख एक बच्चा दूसरे बच्चों को देख-देखकर ही सीखता है। क्योंकि मनुष्य सामाजिक है, इसीलिए मनुष्य समाज से ही सीखता है। वह जिस समाज में रहता है, वह उसी समाज से अच्छा या बुरा ग्रहण करता है। ठीक इसी प्रकार से, अपने चित्त को सदैव शुद्ध रखना और पवित्र रखना और उसे दूसरे लोगों में न डालकर संभाले रखना भी मैं गुरुदेव की सामूहिकता में और हिमालयीन समाज में ही सीखा था क्योंकि यहाँ समाज इस बारे में अत्यधिक जोर देता था। वे शरीर की तकलिफें सहन कर लेते थे, पर चित्त को कभी भी तकलीफ नहीं देते थे। उनका कहना रहता, "शरीर की तकलीफ तो क्षणिक ही होती है और उस क्षणिक तकलीफ का शरीर पर कोई स्थाई बुरा प्रभाव नहीं पड़ता। पर चित्त की तकलीफ स्थाई होती है। अगर चित्त पर कोई बात क्षणिक भी आ जाए, तो वह सालों तक बनी रहती है। इसलिए शरीर मैला हुआ तो कोई बात नहीं, पर अपना चित्त मैला मत होने दो। क्योंकि शरीर मैला हुआ तो वह धोया जा सकता है और क्षण में शरीर स्वच्छ हो सकता है, पर चित्त मैला हो गया, तो उसे धोने के लिए हमें सामूहिकता की आवश्यकता होती है और यह सामूहिकता वाला गुरु जब तक ना मिले, चित्त मैला ही रहता है।"

गुरुदेव का कहना था, "चित्त मनुष्य-शरीर की एक अदृश्य इंद्रिय है जो कभी दिखता नहीं और देखा भी नहीं जा सकता, पर वह सूक्ष्म में होता है। इसका आकार बढ़ाया नहीं जा सकता। वह एक निश्चित आकार का ही होता है। पर इस निश्चित आकार में स्थान बहुत थोड़ा होता है। इस चित्त के स्थान में मनुष्य ने क्या भरकर रखा है, इसी के ऊपर मनुष्य का सारा जीवन निर्भर करता है। इसे सदैव खाली रखना चाहिए ताकि वह अधिक सशक्त व अधिक संवेदनशील हो जाए। अतिसंवेदनशील हो जाने पर इसकी गति भी

बढ़ जाती है, इसकी दृष्टि भी व्यापक हो जाती है। इसकी दृष्टि विश्वस्तर की हो जाती है। इसे ही आत्मा की शक्ति या अंतर्ज्ञान की शक्ति कहते हैं। एक मनुष्य अपने ही स्थान पर बैठे-बैठे ही विश्व के किसी भी भाग की संपूर्ण जानकारी, जो भी आवश्यक हो, प्राप्त कर सकता है। अपने चित्त की शक्ति के कारण कोई भी घटना घटित कर सकता है। उसे वहाँ पर कार्य करने के लिए किसी भी शरीर की आवश्यकता नहीं रहेगी। चित्तशक्ति ही प्रकृति में समरस होकर प्रकृति से ही वह कार्य करा लेगी। क्योंकि तब चित्त प्रकृति में संपूर्ण एकरूप हो जाता है और चित्त प्रकृति को एक दिशा देता है कार्य करने के लिए और चित्त की दिशा के अनुसार प्रकृति कार्य करती है। एक प्रभावशाली चित्त अपनी बात को संप्रेषित करने की भी कला जानता है। वह शरीर से क्या कह रहा है, उसका कोई अर्थ नहीं है, वह मनुष्य चित्त से क्या सोच रहा है, वही होगा। वह मुख से चाहे अलग ही कह रहा हो, पर शरीर से चित्तशक्ति अधिक शक्तिशाली होने के कारण वही होगा जो उसका चित्त चाहेगा। इसलिए चित्त जितना खाली होगा, उतना शुद्ध होगा और जितना शुद्ध होगा, उतना शक्तिशाली बनेगा। मनुष्य को कभी चित्त के बारे में जानकारी ही नहीं होती है और जानकारी तब तक नहीं मिल सकती, जब तक वह उस प्रकार के चित्त वाले लोगों के बीच न रहा हो। अन्यथा अगर जानकारी हो ही जाए तो अपनी इस अमूल्य शाश्वत शक्ति को शरीर की सुविधाओं, शरीर के आराम पर और दैनिक घटनाओं पर खर्च नहीं करेगा और न ही इन बेकार की, व्यर्थ बातों में अपना चित्त डालेगा। जब मनुष्य का चित्त इन छोटी-छोटी बातों पर खर्च ही नहीं होगा, तो वह समय के साथ-साथ सशक्त होता चला जाएगा। अगर चित्त कमजोर हो जाए, तो वह विचारों को भी कमजोर करता है और विचार कमजोर हो जाएँ तो शरीर भी कमजोर और भयभीत हो जाता है। यह सब मनुष्य के हाथ में है कि वह कैसे सामूहिकता में जीवनयापन करता है।”

प्रकरण 3

पहाड़ी मंदिर में निवास

सूर्यास्त हो गया था और मैंने रात के समय उसी स्थान पर रुकने का निर्णय लिया। थोड़े प्रयत्न से आग जलाई। कुछ कंद मिल गए, उन्हें भूना और फिर उन्हें छीलकर खा लिया और थोड़ी घास इकट्ठा कर उस पर सो गया क्योंकि कल फिर सामने वाली पहाड़ी चढ़नी थी। मैं प्रायः चढ़ाई की यात्रा सुबह-सुबह करना पसंद करता। उस सामने वाले पहाड़ पर क्यों चढ़ने वाला था, वह मालूम नहीं था, बस चढ़ने वाला था। मैं अनुभव कर रहा था कि मेरे शरीर पर मेरा नियंत्रण नहीं रह गया है, कोई अज्ञात शक्ति अपनी इच्छानुसार शरीर पर नियंत्रण कर रही है। वह जहाँ लेकर जाती है, वहाँ मेरा शरीर जाता है। वह जहाँ नहीं जाने देना चाहती, वहाँ नहीं जाने देती है। कई बार बड़े-बड़े तूफानों से, बड़ी-बड़ी दुर्घटनाओं से उस गुरुशक्ति ने मुझे बचाया है। इसीलिए वहाँ क्यों जाना और क्यों नहीं जाना, यह मैं कभी विचार नहीं करता था। विचार नहीं करता था, ऐसा नहीं, विचार आते ही नहीं थे। गुरुशक्तियाँ प्रत्येक क्षण मेरा ध्यान रख रही थीं। उनकी शायद कोई मंजिल थी, कोई निश्चित स्थान था जिस स्थान की ओर मैं दिन-प्रतिदिन आगे बढ़ रहा था। वह स्थान क्या था, पता नहीं था। यह अनुभव मैंने जीवन में कर लिया था कि इस प्रकार से घूमना अनजाने में मुझे प्रकृति में रखता था और चित्त को खाली और शुद्ध करता था। क्योंकि हम अगर अधिकांश समय निर्विचारिता की स्थिति में रहे, तो चित्त वैसे ही शुद्ध हो जाएगा। एकदम खाली रहना ही चित्त का मूल स्वरूप है। हम ही हैं कि दुनियाभर का कचरा उस चित्तरूपी अमृतकलश में भर लेते

हैं और फिर जब वह कमजोर हो जाता है तो जीवन में परेशान हो जाते हैं। क्योंकि चित्त दूषित हो जाने पर मनुष्य का जीवन ही दूषित हो जाता है। सारे जीवन में संकट, समस्या और भय व्याप्त हो जाता है। मुझे कब नींद लग गई, मुझे पता ही नहीं चला।

सुबह ठण्डी हवा के कारण नींद खुली। पक्षियों की आवाजें वातावरण को नया संगीत प्रदान कर रही थीं। एक उत्साह का वातावरण था। मैंने सुबह उठकर ध्यान किया और बाद में तैयारी करके पहाड़ी पर चलना प्रारंभ किया। ऐसे नीचे से देखने पर पहाड़ी काफी ऊँची थी, पर चढ़ने लगा तो चढ़ता ही चला गया। मनुष्य का भी ऐसा ही है। जीवन में किसी भी दिशा में जाना चाहेगा, तो उसे उस दिशा में बड़ी भीड़ लगेगी, बड़ी समस्याएँ दिखेंगी, पर जैसे-जैसे चलना प्रारंभ करेगा, भीड़ कम होती जाएगी, समस्याएँ दूर होती जाएँगी और वह एक समय अपने स्थान तक पहुँच ही जाएगा। इसलिए चलने के निर्णय में ही अधिक समय लगता है। पर वास्तव में जब चलते हैं, तो आसानी से पहुँच ही जाते हैं। कई समस्याओं के भय निरर्थक सिद्ध होते हैं और कई नई परिस्थितियों का भी चलने में सामना करना पड़ता है जो चलते समय ज्ञात नहीं थीं। ऐसा अनुभव मुझे भी यात्रा में आया था। कई भय, कई आशंकाएँ यहाँ हिमालय पर आने पर निर्मूल सिद्ध हुईं, पर कई नई कठिनाइयों का सामना भी यहीं पर आकर किया था। यहाँ पर सबसे बड़ी कठिनाई थी—यहाँ पर कठिन परिस्थिति में भी, आवश्यकता पड़ने पर भी किसी मनुष्य की मदद कभी भी नहीं मिल सकती थी क्योंकि आसपास, मीलों तक कोई भी मनुष्य ही नहीं था। इसलिए यात्रा का प्रत्येक कदम अपने स्वयं के आधार पर ही उठाना पड़ता था। कई बार ऐसे स्थान आए हैं जहाँ पर उठाया गया एक कदम भी मृत्यु की गोद में ले जा सकता था। कई बार पानी के ऊपर बर्फ की चादर-सी बिछी रहती थी और ऊपर से पता ही नहीं चलता था कि नीचे पानी भरा है और अगर ऐसे बर्फ पर पैर पड़ जाए तो उस पानी भरे गड्ढे में गिर सकता था। फिर वहाँ पर बाहर निकालने के लिए कोई नहीं था। इसलिए मैं एक मोटी लकड़ी को लेकर चलता था। उस लकड़ी के सहारे से ही चलता था और गुरुशक्तियाँ ऐसे स्थानों की सूचना मुझे बराबर, पहले दे ही देती थीं। कई बार ऐसे हादसे होने से बाल-बाल

बचा हूँ। पर, बच गया ना, बस ऐसा सोचकर मैं ऐसे हादसों को भूला देता था। शरीर का तापमान सदैव बनाए रखना पड़ता था। इसलिए रात के समय कुछ विशेष स्थान पर ही रुका जा सकता था, सब जगह रुका नहीं जा सकता था। यानी कहीं भी रात के समय रुक गए, ऐसा नहीं था। अगर ऐसा स्थान दोपहर को ही मिल गया, तो दोपहर को ही रुक जाता था क्योंकि रात को वह स्थान आगे मिलेगा ही, यह आवश्यक नहीं था। ये सब निर्णय स्थान और परिस्थिति के अनुसार लेने पड़ते थे। पर धीरे-धीरे, अनुभवों से मैं काफी सीख गया था। सामान्यतः, बर्फ की अधिकता के दिनों में यात्राएँ ही नहीं करता था। बर्फ भी काफी-काफी दिनों तक जमी ही रहती थी।

फिर दूसरे दिन पहाड़ की चढ़ाई पर चढ़ना प्रारंभ किया। आज सूर्योदय हुआ ही नहीं, सारे आकाश में बादल ही बादल थे। ऊपर चढ़ता ही गया। ऊपर जाकर देखा तो वहाँ पर कुछ भी नहीं था। वहाँ पर रुकने के लिए भी कोई स्थान नहीं था। केवल किसी देवता का लकड़े से बना हुआ एक मंदिर था। वह देवता कौन थे, वह भी नहीं मालूम था। वहाँ एक सभागृह था; छोटा-सा ही था, पर अच्छा बना था। वहाँ से आसपास का प्राकृतिक दृश्य बहुत अच्छा दिख रहा था। एकदम खुला था और ऊपर खूब हवा चल रही थी। वहाँ पर लकड़ों को ही तिरे टिकाकर एक जगह बना ली और वहीं रात को रुक गया। रात के समय इतनी हवा चल रही थी कि हवा का ही संगीत जोर-जोर से सुनाई आ रहा था। खूब जोर से हवा चल रही थी। काफी दिनों से यहाँ पर कोई नहीं आया हो, ऐसा लग रहा था। यानी यह मंदिर सुनसान ही पड़ा हुआ था। पहाड़ी के दूसरे भाग में दो-तीन बस्तियाँ दिख रही थीं। आदिवासी कबीले थे। उनके घरों से निकलने वाले धुएँ से मैंने वहाँ देखा तो अन्य भी काफी घर थे। नैसर्गिक दृष्टि से उन्होंने गाँव के लिए बड़े सही स्थान का चुनाव किया था।

वहीं पर पास में एक झरना भी बह रहा था। वहीं से पीने के पानी की व्यवस्था हो गई थी। बाँस को आधा काटकर पहाड़ के ऊपर से एक पाईप (जलवाहिका) जैसा बना दिया था। वह पहाड़ी से आया पानी नीचे एक गड्ढे में गिरता था और उस गड्ढे में नीचे

फिर एक आधा कटा बाँस का टुकड़ा लगा रखा था। वह पानी को नीचे की ओर बहाव देता था। यानी एक प्रकार का नल ही था। पर इस नल को बंद करने का तरीका नहीं था, वह पानी पूरे समय बहता ही रहता था। वहाँ की झाड़ी के कुछ पत्ते तोड़कर मैंने उस मंदिरनुमा स्थान की साफ-सफाई की तो देखा—मंदिर के पीछे किसी की समाधि भी बनी हुई थी। उस समाधि को भी लकड़ी का चबूतरा बनाकर रखा गया था। कुछ चिह्न बने हुए थे। वे चिह्न क्या थे, वह मालूम नहीं। आदिवासी भाषा में पशु-पक्षियों और वस्तुओं का चिह्नों के रूप में प्रयोग किया जाता था। पर ये आदिवासी नरभक्षी थे कि नहीं, वह मालूम नहीं पड़ रहा था। कई नरभक्षी आदिवासी पहले रहते थे, ऐसा सुना था। वे क्या थे, वह मालूम नहीं था। मैंने सोचा—जो भी है, वह पता चलेगा ही। मैंने तीन पत्थर रखकर चूल्हा बनाया। बाम्बू के टुकड़े में कुछ पत्तियाँ उबालकर खाता था। मैं फिर अधिकतर समय ध्यान में ही गुजारता था।

एक दिन ध्यान में से जब उठा तो देखा—मेरे सामने, थोड़ी दूरी पर, केले के पत्ते पर कुछ फूल बड़े सुंदर ढंग से सजाकर रखे गए थे। यानी वहाँ पर कोई आया था। कौन आया था, वह पता नहीं चल पाया था। फिर तीन दिनों बाद वही घटना घटी कि केले के पत्ते को दोने जैसा बनाकर बीच में लाल रंग का फूल, बाद में सभी ओर पीले रंग के फूल और चारों ओर सफेद रंग के फूलों से सजाए हुए छः दोने वहाँ रखकर कोई गया था। यानी इस बार कोई छः व्यक्ति आए थे, इसका मैंने अंदाजा लगाया था। यानी यहाँ कोई आता था। पर कौन लोग आते थे, वह पता नहीं चला था। फिर एक दिन देखा तो फूलों के साथ केलों का एक बड़ा गट्ठा कोई वहाँ रखकर गया था। मुझे सब एकदम रहस्यमय लगने लग गया क्योंकि कोई आता है तो दिखना चाहिए न! न कभी कोई आते दिखा और न कभी जाते देखा था। पर ये फूल और केले बता रहे थे कि कोई अवश्य आ रहा था।

एक दिन शाम के समय जब मैं ध्यान में से उठा तो देखा कि चार आदिवासी मेरे सामने बैठे थे। जैसे ही मैंने आँखें खोलीं और मैं कुछ समझ पाता, उसके पहले ही उन्होंने हाथ पूर्ण लंबे करके मुझे नमस्कार किया। वे ही लोग यहाँ पर रोज आते थे। वे गायें चराने

इस जंगल में आते थे। आज उन्होंने अपने दो साथियों को गायों और पशुओं को लेकर गाँव भेज दिया था और ये चार लोग यहाँ आ गए थे। उन्होंने बताया कि गायों का शाम तक घर पहुँचना आवश्यक होता है, इसलिए हम आपके पास अधिक नहीं रुक पाते थे। आज हम जानबूझकर रुक ही गए, तो आज आपके दर्शन पाकर हम धन्य हो गए हैं! यहाँ से दूर जो बस्तियाँ दिख रही हैं, वहीं हम रहते हैं।

उनकी भाषा कुछ और ही थी पर वे टूटी-फूटी भाषा में बातचीत कर लेते थे। मैंने उन्हें बताया, "मैं हिमालय के ऊपरी भाग से यहाँ आया हूँ। वहाँ ध्यान-साधना करता था। मैं यहाँ से जा रहा था तो पता नहीं, इस पहाड़ी की ओर मैं क्यों आकर्षित हो गया और जैसे मुझे यहाँ कोई खींच रहा है, ऐसा लगा और मैं खिंचा हुआ ही यहाँ पर चला आया। यहाँ पर आने की मेरी कोई योजना नहीं थी, बस पता नहीं क्या आकर्षण था कि मैं चला आया और यहाँ आकर मुझे बड़ा अच्छा लगा और मेरा यहाँ पर ध्यान भी बहुत अच्छा लग रहा है।" फिर उनमें से एक ने कहा, "यहाँ पर एक मुनि ध्यान करते थे। उनकी यहाँ पर एक गुफा भी है। मैं उसे आपको बाद में दिखाऊँगा। अभी अँधेरा होने वाला है, हम अब वापस लौटना चाहते हैं।" ऐसा कहकर उन्होंने नमस्कार किया। उनके नमस्कार का तरीका बड़ा प्यारा लगा। वे वज्रासन की मुद्रा में बैठते थे और दोनों हाथ सामने रखकर ऊपर की ओर खींचते थे और उन्हीं हाथों को आगे की ओर लंबा करके बिछा देते थे और उनकी कमर हाथों की लंबाई के साथ एकदम मुड़ जाती थी। उनका नमस्कार करने का तरीका मुझे बड़ा प्यारा लगा था।

फिर वे रोज ही आते थे। उनके साथ अलग-अलग लोग भी आने लग गए थे। उन्होंने उस मुनि की गुफा भी दिखाई। उस मंदिर की बाईं बाजू में ही थी, पर उस पर इतनी झाड़ियाँ हो गई थीं कि वह नजर ही नहीं आ रही थी। पर बाद में उन्हीं लोगों ने वे सब झाड़ियाँ साफ कीं तो देखा—अंदर करीब 20-30 फीट बड़ी गुफा थी। बाहर से तो वह दरार के समान ही लगती थी। मैंने मशाल बनाकर उनके साथ प्रवेश किया। कई सालों से अंदर कोई आया नहीं था। जाले भी लगे थे। कई लताएँ उग गई थीं। वह सब साफ किया। बाद

में मैंने अनुभव किया कि जैसे ही गुफा में प्रवेश करता था तो सिर पर, तालू भाग पर स्पंदन होने लग जाता था। यानी सहस्रार चक्र एकदम क्रियान्वित होता था। अंदर एक पत्थर था जिस पर बैठकर वे मुनि ध्यान करते थे। उस पत्थर में बहुत ही चैतन्य था। वह बाहर जो मंदिर-सा बना था, वह पहाड़देवता का मंदिर था। उस पहाड़ को वे आदिवासी बड़े श्रद्धाभाव से देखते थे। वहाँ पर एक बड़े पत्थर की मूर्ति-सी रखी थी। वह उसी पहाड़ी का एक पत्थर था। उस पहाड़ी के प्रतीक के रूप में उसे वे सम्मान देते थे, पूजते थे। ये मुनि बाद में वहाँ आए थे, यह मंदिर और भी पुराना था। यह पहाड़ी बड़ी पवित्र थी। इस पहाड़ी पर देवताओं का वास है, ऐसा उनका विश्वास था। इस पहाड़ी पर मैं चढ़ा और वहाँ रहा यानी मैं भी कोई देवपुरुष हूँ, ऐसा उनका भाव था। पहाड़देवता ने ही आपके रूप में हमें दर्शन दिए हैं, ऐसा वे कहते थे। मैं उन्हें समझाता था, “मैं पहाड़ीदेवता नहीं हूँ, मैं तुम्हारे जैसा ही मनुष्य हूँ। हिमालय में ध्यान-साधना करने के लिए निकला था और घूमते-घूमते यहाँ आ गया हूँ।” पर वे मानने के लिए तैयार ही नहीं थे। वे बोले, “मैं भगवान हूँ, मैं देवता हूँ, ऐसा आज तक कभी भगवान बोले हैं क्या? कभी नहीं। देवता को तो पहचाना जाता है। हमने आपको पहचान लिया है। आप यह रूप लेकर आए हो। देवता की गुफा में देवता के सिवा कोई जा ही नहीं सकता है। आप स्वयं गए हो यानी आप ही देवता हो। हमारी आत्मा हमें बता रही है कि आप ही पहाड़ीदेवता हो। पहाड़ीदेवता ने पहले यहाँ पर मुनि के रूप में दर्शन दिए थे, अब आपके रूप में यहाँ आए हैं।” वे लोग नमस्कार करके चले गए।

मैं मन ही मन सोच रहा था—वह हैं तो आदिवासी, पर जानकार हैं। फिर यह तो सच है कि आज तक किसी ने भी नहीं कहा है कि मैं भगवान हूँ या मैं देवता हूँ। क्योंकि वास्तव में भगवान कोई है ही नहीं, तो “मैं भगवान हूँ” ऐसा कौन कह सकता है? भगवान तो वास्तव में वह ब्रह्मचैतन्य है जो सारे ब्रह्माण्ड में फैला पड़ा है। वह तो सर्वत्र विद्यमान है, पर जो मनुष्य अपने अस्तित्व को उसमें समर्पित कर देता है, वह मनुष्य उस ब्रह्मचैतन्य का माध्यम बन जाता है और वह ब्रह्मचैतन्य उस मनुष्य के भीतर से प्रवाहित होना शुरु हो जाता है। शरीर से निकलने वाला वह प्रवाह इतना तेज होता है कि मनुष्य का

अस्तित्व ही नजर नहीं आता है। दूसरा, जो उस व्यक्ति को देखता है, उसे उसका शरीर दिखता ही नहीं है। दिखता है केवल चैतन्य, वह ब्रह्मचैतन्य जो दिखता कम है, पर अनुभव अधिक होता है। उसी अनुभव से सामने वाले मनुष्य की आत्मा शांति को प्राप्त करती है। उस व्यक्ति को प्राप्त हुई आत्मशांति ही उसे परमात्मा का आभास देती है। यह आभास जीवन में कभी हुआ नहीं होता है, इसीलिए फिर वह व्यक्ति ब्रह्मचैतन्य के उस माध्यम को ही परमात्मा मानने लग जाता है। सारे परमात्मा के माध्यम हैं, स्वयं परमात्मा कोई है ही नहीं, यही सत्य है। इसीलिए, इसी सत्य को सभी ने स्वीकार किया है और इसीलिए किसी ने भी नहीं कहा, "मैं भगवान हूँ।" क्योंकि भगवान कोई शरीर हो ही नहीं सकता है। इस सत्य को जानकर ही किसी ने कहा, "मैं संदेशवाहक हूँ", किसी ने कहा, "मैं उनका बेटा हूँ", किसी ने कहा, "मैं उनका सेवक हूँ", किसी ने कहा, "मैं माध्यम हूँ।" यह इसीलिए कहा क्योंकि परमात्मा ब्रह्मचैतन्यरूपी एक शक्ति है, वह व्यक्ति नहीं है। पर ब्रह्मचैतन्य में लीन व्यक्ति भी ब्रह्मचैतन्यस्वरूप लगता है। मैं समझ गया कि उन आदिवासियों को मैं कितना भी समझाऊँ कि मैं पहाड़ीदेवता नहीं हूँ, फिर भी वे नहीं मानेंगे। क्योंकि उन्होंने पहले ही मान लिया है कि मैं पहाड़ीदेवता हूँ। मानना आत्मा का शुद्ध भाव है। उसे कोई नहीं बदल सकता है। श्रद्धा प्रत्येक की निजी होती है। कोई किसी को मानता है, कोई किसी को मानता है। मेरा नया नामकरण 'पहाड़ीदेवता' हुआ था।

'पहाड़ीदेवता' नाम इसलिए भी रखा था क्योंकि मैंने ही उन्हें बताया था कि मैं पहाड़ों से आया हूँ। दूसरा, उस पहाड़ी को वे लोग पूजते थे। उस पहाड़ी के साथ उनकी आस्था जुड़ी हुई थी। उनका विश्वास था कि वह पहाड़ी ही उन्हें प्राकृतिक प्रकोप से बचाती थी। उस पहाड़ी को वे बहुत पवित्र मानते थे। उस पहाड़ी पर मैं जा सका और वहाँ रह सका यानी वहाँ रहना उस पहाड़ीदेवता की आज्ञा से ही हुआ होगा। फिर उस पहाड़ीदेवता की आज्ञा का सम्मान करने के लिए मेरा सम्मान करना तो आवश्यक था। उस पहाड़ी के प्रति आस्था के कारण ही क्यों न हो, सारा गाँव एक था, सारे गाँव की बड़ी अच्छी सामूहिकता थी। वहाँ के सब लोगों को मैं नाम से पहचानने लग गया था। कम या अधिक, करीब-करीब सभी

मुझे मिलते थे। बड़े शांत और समाधानी लोग थे। प्रकृति की गोद में रहने के कारण ही बड़े भोले व मासूम लोग थे। मुख्य व्यवसाय खेती ही था, पर पशुपालन भी एक व्यवसाय था। वे कपड़ा हाथ से ही बुन लेते थे। सूती और ऊनी, दोनों ही प्रकार के वस्त्र वे बुन लेते थे। जानवरों की खालें भी पहनते थे। वे विभिन्न प्रकार की मालाएँ पहनते थे। वे प्राय: अलग-अलग, रंगीन पत्थरों की होती थीं। वे अनेक आकार व प्रकार की होती थीं। उनमें कुछ बहुत कीमती भी होती थीं। वह माला ही उनकी अमीरी की परिचायक थी। औरतें अधिक मालाएँ पहनती थीं। औरतों की मालाएँ अलग थीं, आदमियों की अलग थीं। सब पुरुषों को हाथ में एक डण्डा रखने की आदत थी। छोटी तलवारनुमा एक हथियार उनकी कमर में होता था। उसे वे 'डाव' कहते थे। उस डाव को लोहे की एक ही पट्टी से बनाया जाता था। वह आगे नुकीला, बाद में चौड़ा और अंत में उसी पट्टे से उसकी मूठ भी पाईप के समान बनी होती थी। उसका उपयोग वे बार-बार करते थे। फल काटने, बाँस काटने, लकड़ी काटने, जगह को साफ करने के लिए, परोसने के लिए भी उसी का उपयोग आसानी से करते थे।

उनके त्यौहारों पर वे मुझे बड़े आदर के साथ उनके गाँवों में भी ले जाते थे। उस समय उनके कबीले का राजा स्वयं रानी के साथ बुलाने के लिए आता था। उनका राजा और रानी, दोनों ही बड़े शांत व मिलनसार थे। उनके घर लकड़ी और घास-फूस के बने थे। घरों के ऊपर छत एक विशिष्ट चारे से बनाई गई थी। एक बार राजा ने ही बताया था, "यह घास की छत सौ साल तक चलती है और पानी बिल्कुल नहीं चूता है। अब मेरे ही घर की छत मेरे दादाजी ने बनाई थी। सालों से मैं देख रहा हूँ, पर कभी बदली नहीं गई है।" यह छत बारीक घास की बनी थी, जैसे सामान्यत: मनुष्य गर्मी के दिनों में खस की ताटी बनाते हैं, ऐसी ही पर और बारीक घास की बनी लगती थी। उनके नमस्कार का तरीका भी बड़ा सुंदर था। एक नारियल के छिलके को कटोरी जैसे रखकर उसके सभी ओर पत्ते रखकर बीच में फूल सजाते थे और मैं जहाँ बैठा रहता, उससे दस फीट दूर रखकर हाथ लंबे करके नमस्कार करते थे। वे जब नमस्कार करते थे तो मैंने महसूस किया था कि वे मुझसे कुछ

ऊर्जा खींच रहे हैं। यानी संपूर्ण भाव से नमस्कार करते थे। जब वे नमस्कार करते थे तो मैं स्वयं ही एक उच्च ध्यान की स्थिति में चला जाता था। उनकी कमर इतनी झुकती थी कि सिर के समांतर हो जाती थी। उनके हाथ और सिर माध्यम बनते थे ऊर्जा ग्रहण करने के और उनके नमस्कार करने के बाद मुझे भी बहुत अच्छा लगता था। वे मुझे नमस्कार करते थे तो मुझे क्यों अच्छा लगता था, यह मुझे एकदम से नहीं समझा, पर धीरे-धीरे, कई दिनों के बाद जाना कि पहाड़ की भी अपनी एक ऊर्जाशक्ति थी और उस पहाड़ी पर जो वे मुनि साधनारत थे, उनके कारण भी पहाड़ में काफी ऊर्जा इकट्ठा हो गई थी और प्रकृति के सान्निध्य में सालों तक रहने के कारण वह वृद्धिगत हो गई थी। वह सारी ऊर्जा वे मेरे माध्यम से ग्रहण करते थे तो उनको ग्रहण करने के लिए जीवंत (सजीव) व पास का माध्यम मिल जाता था और उस कारण मुझे माध्यम बनने का अवसर मिलता था और उस पहाड़ीदेवता के चैतन्य का अनुभव मुझे भी उस समय हो जाता था और इसी कारण मुझे अच्छा लगता था।

यूँ कहूँ कि अच्छे, तैयार साधकों-सा गाँव था। सारे गाँव के लोग ही साधनारत थे। सभी उस पहाड़ीदेवता के प्रति बड़ी आस्था रखते थे। वे पहले विशिष्ट त्यौहारों पर ही इस पहाड़ी पर आते थे, पर उन दिनों तो रोज ही किसी-न-किसी का आना होता ही रहता था। वे मंदिर की चौपाल के सामने पेड़ के नीचे बैठ जाते थे। मैं अगर साधनारत रहा तो वे आते, फूल रखते, नमस्कार करते, प्रार्थना करते और बाद में शांति से चले जाते। उनके आने और जाने का व्यवधान मुझे कभी हुआ हो, यह मुझे याद नहीं, इतने अनुशासित थे! ये सारे ही इतने, एक जैसे अनुशासित कैसे हैं, इसका मुझे आश्चर्य लगता था। मैं सोचता था—इतने अनुशासन में रहना, इतने तरीके से बात करना इन्हें किसने सिखाया होगा? लेकिन बाद में मैंने जाना—वह उनकी संस्कृति का ही एक भाग था। वे संस्कार एक पीढ़ी से दूसरी पीढ़ी को दिए जा रहे थे। वे सालों में निर्मित होते थे। वे कुछ दिनों में लाए हुए बदलाव नहीं थे, वे सालों के नियमित संस्कार थे। या यह कहा जा सकता है कि ये संस्कार उन लोगों के खून में ही थे। बाहरी बदलाव से दूर थे, इसीलिए उनकी जो संस्कृति थी, वही वे आराम से संभाले हुए थे। उस संस्कृति को आसपास का वातावरण

अनुकूलता ही प्रदान कर रहा था। संपूर्ण समर्पण के कारण संपूर्ण समाधान उन्हें प्राप्त हो गया था। कुछ मिला, तो भी ठीक है और नहीं मिला, तो भी ठीक है। जीवन में कुछ मिलना ही चाहिए, ऐसी जिद नहीं थी, पर अपने कार्य को संपूर्ण परिश्रम के साथ, मेहनत के साथ करते थे। इसी कारण वे सफलता चाहें या न चाहें, सफलता उन्हें मिलती ही थी।

वे लोग नृत्य के बड़े शौकीन थे। रात को फिर नृत्य का कार्यक्रम हुआ जिसमें बच्चों से लेकर बूढ़ों तक सब शामिल हो गए थे। सब अपने-अपने तरीके से नृत्य में योगदान दे रहे थे। उनके वाद्य बज रहे थे। सभी लोग बड़े सज-धजकर नृत्य में शामिल हुए। वे राजा और रानी भी स्वयं अपने बच्चों के साथ नृत्य में शामिल हुए।

वह नृत्य का माहौल देखकर मैंने सोचा—नृत्य भी मनोरंजन का बड़ा अच्छा, प्रभावशाली साधन होता है। एक ओर मुख से सबके साथ गाना गाना और एक सुर में गाना, तो स्वाभाविक ही है कि सबके साथ गाने के लिए उस गाने पर ध्यान देना ही होगा। तो सबका ध्यान एक ही गाने पर केंद्रित होगा और गाने को स्वाभाविक ही सामूहिकता प्राप्त हो जाएगी। कोई भी गाना सामूहिकता में गाया जाएगा, उसमें सामूहिकता का चैतन्य निर्मित हो जाएगा। फिर लोगों को ताल में ताल मिलाते हुए नाचना होता है, नृत्य करना होता है। इसमें शरीर को भी एक लय प्राप्त हो जाती है और 'मैं' का भाव कम होकर स्वयं का अस्तित्व शून्य हो जाता है। यह सब अनायास ही हो जाता है। उन लोगों के प्रसन्न रहने का रहस्य वह नृत्य करना था। उससे उनका मन प्रसन्न हो जाता था और चित्त भी शुद्ध हो जाता था क्योंकि वे सब यह नृत्य उस पहाड़ीदेवता के लिए कर रहे थे। यानी समर्पण का शुद्ध भाव तो साथ में रहता ही था। ऐसा लगा कि परमात्मा एक विश्वव्यापी शक्ति है और सर्वत्र है। आप किसी को भी माध्यम मानकर उसे प्राप्त कर सकते हैं। बस, आपका भाव उस माध्यम के प्रति जितना होगा, उतनी ही आपकी ग्रहण करने की शक्ति बढ़ जाएगी। दूसरा, वे नृत्य के बीचो-बीच बड़ी आग जलाकर रखते थे और उस आग के कारण उन लोगों को नृत्य करते समय विचार नहीं आते थे और एक निर्विचारिता की स्थिति प्राप्त हो जाती

थी। वे एक प्राकृतिक वातावरण में रहते थे। प्राकृतिक वातावरण में निर्विचारिता की स्थिति प्राकृतिक रूप से ही रहती है। उनके नृत्य को देखकर मुझे बहुत अच्छा लगा।

उन लोगों का एक विशिष्ट त्यौहार होता था। उस दिन एक विशिष्ट कबीले के लोग अपना नया घर बनाते थे, सब सामान नया इकट्ठा करते थे और उस विशेष त्यौहार के समय अपने पुराने घर को सामानसहित आग में जला देते थे। अपने कपड़े तक जला देते थे। फिर अपने नए कपड़ोंसहित अपने नए घर में प्रवेश करते थे। ऐसा वे लोग हर साल उस त्यौहार पर करते ही थे। इसके पीछे उनका उद्देश यह था कि सारी भौतिक वस्तुएँ नाशवान हैं। हम उपयोग करते-करते उनके आदी हो जाते हैं और जाने-अनजाने में हमारा लगाव उन सब वस्तुओं के साथ हो जाता है। उन वस्तुओं के मोह से छूटने के लिए ही उनका त्याग कर देते थे। त्याग भी परमात्मा के नाम पर करते थे—अग्नि को समर्पित किया यानी परमात्मा को समर्पित किया। दूसरा, फिर नई वस्तुएँ, नया घर मन को भी प्रसन्न करते थे और जीवन में नयापन लाते थे। नयापन, बदलाव भी मनुष्य के मन को प्रसन्न करता है। तो एक प्रकार का बदलाव भी मिल जाता था। इस प्रकार से उस कबीले के सारे ही लोग एक दिन, एक साथ नए गृह में प्रवेश करते थे। इस त्यौहार को वे सामूहिकता में मनाते थे। अगर किसी का घर तैयार नहीं हो रहा है तो बाकी सारे लोग उसका घर उस दिन के पूर्व तैयार करने में मदद भी करते थे। यानी इस बहाने वे एक-दूसरे के साथ जुड़े हुए थे।

उन लोगों में एक मनुष्य की एक से अधिक पत्नियाँ भी होती थीं और इन सब पत्नियों को साथ में रखकर वह एक ही घर में रहता था। पत्नियों के भी कार्य बँटे हुए रहते थे। एक पत्नी रसोई का काम देखती थी, एक पत्नी घर का कामकाज देखती थी, तो एक पत्नी खेती व पशुपालन का कार्य करती थी। बूढ़े लोगों की भी जवान पत्नियाँ थीं। उनका कहना था कि बूढ़े मनुष्य का जवान लड़की के साथ संबंध होना उसे अधिक क्रियाशील बनाता है और उससे उसकी उम्र बढ़ती है और वह अधिक समय तक जवान बना रहता है। इसलिए वे साधारणत: पंद्रह-बीस वर्षों के अंतर से शादियाँ करते

रहते थे। यानी एक पुरुष की, जब वह पंद्रह साल का होता, तब एक शादी, तीस-एक साल का होता, तब एक शादी, पचास-एक साल का होने पर एक शादी होती थी। कौन कितनी शादी करे, इसका कोई नियम नहीं था। और पति-पत्नी में भी उम्र का काफी अंतर देखा जाता था। जो जितनी पत्नियाँ रख सकता था, वह उतनी पत्नियाँ रखता था। किस पत्नी का कौन-सा बच्चा है, यह पहचानना कठिन होता था, इतने हिल-मिलकर वे रहते थे! छोटा बच्चा तो अपनी माँ से अधिक अपनी दूसरी माँओं के पास ही रहता था और दूसरी माँ कहती थी—मेरा ही बच्चा है! मैं तो कई बार गड़बड़ा जाता था कि इस बच्चे की माँ कौन-सी है और मेरी गड़बड़ देखकर वे माँएँ हँसती थीं। उन माँओं से मैं कहता भी था, "स्त्री का पूर्ण स्वरूप माँ का ही है। वह सदैव माँ ही होती है और माँ होने के लिए आवश्यक नहीं कि उसे बच्चा हो ही। माँ होना स्त्री का मूल स्वभाव है और जब वह उस स्वभाव के अनुरूप होती है तो उसके भीतर से ऊर्जा का एक प्रभाव निकलता है। वह ऊर्जा उसके मूल स्वरूप के कारण ही निर्मित होती है। बच्चे को जन्म देना तो एक शारीरिक क्रिया है और माँ होना तो स्त्री का मूल स्वभाव है। इसलिए बच्चा हो या न हो, स्त्री तो माँ ही होती है। इसलिए प्रत्येक स्त्री माँ हो या न हो, पर उसे स्वभाव से माँ ही होना चाहिए, तभी वह अपने प्राकृतिक रूप में, प्राकृतिक स्वभाव में होगी। स्त्री जितनी प्राकृतिक स्वभाव में होगी, उतनी ही परमात्मा के करीब होगी और परमात्मा के जितनी करीब होगी, उतनी ही शुद्ध व पवित्र होगी।"

मैं उन सब स्त्रियों को माँ ही कहता था, चाहे वे उम्र में मुझसे छोटी क्यों न हों। उनके चूल्हे तक जाने की मुझे अनुमति थी और मेरे भी संबंध उनसे काफी आत्मीय हो गए थे। वे मुझसे आदरयुक्त अपनापन रखती थीं। स्त्री की विशेषता है—उसे पाने में नहीं, देने में ही आनंद आता है। स्त्री खाना बनाकर खिलाने में जो आनंद प्राप्त करती है, वह आनंद उसे स्वयं खाना खाने में भी नहीं आता है क्योंकि देना उसका स्वभाव है, पाना उसका स्वभाव नहीं है और जब वह देती है, तो वह अपने मूल स्वभाव में होती है, प्रकृति के करीब होती है, प्राकृत रूप के पास होती है। इसीलिए वह उस स्वरूप में आनंदित भी होती है।

उस गाँव की स्त्रियाँ बड़ी परिश्रमी थीं। सदैव कोई-न-कोई कामकाज करती थीं। जो गर्भवती स्त्रियाँ होती थीं, वे भी अपने प्रसवसमय तक कार्यरत रहती थीं। कोई स्त्री खेत पर कार्य करने जाती, वहीं उसे बच्चा हो जाता और उस बच्चे को लेकर वह घर आती। कोई स्त्री कुएँ पर पानी भरने जाती, वहाँ पर ही बच्चा हो जाता। कोई स्त्री नदी पर पानी भरने जाती, वहाँ पर ही बच्चा हो जाता। तो वह स्थान भी उस बच्चे के साथ जुड़ा रहता था। यह कुएँ वाला बच्चा, यह खेत वाला बच्चा, यह नदी वाला बच्चा इत्यादि। उस बच्चे का नाम भी ऐसा ही कुछ रहता था। यानी वह स्थान जहाँ वह पैदा हुआ, उस बच्चे से सदैव जुड़ा ही रहता था। कहने का अर्थ यह है कि औरतें अपनी गर्भावस्था में भी पूर्णतः कार्यरत रहती थीं। पर सामान्यतः, गर्भावस्था वाली स्त्री के आसपास कोई स्त्री सदैव रहती ही थी, उसे अकेला कभी नहीं छोड़ा जाता था। बाकी सब पत्नियाँ उस स्त्री का ध्यान रखती थीं। सब पत्नियाँ बड़ी मिल-जुलकर रहती थीं। ऐसे कई आदिवासी गर्व से अपने जन्म के संदर्भ में बताते थे, "स्वामीजी, मैं इस कुएँ पर ही पैदा हुआ था।" "स्वामीजी, मैं नदी पर ही पैदा हुआ। मेरा जन्म, इस नदी में मेरी माँ नहा रही थी, तभी हुआ था।" वह उस नदी का भी सम्मान करता होगा। यानी उस स्थान के प्रति भी उसका लगाव हो जाता था जहाँ वह पैदा हुआ था। छोटे बच्चे अधिकतर नंगे ही घूमते रहते थे और बड़े ताकतवर होते थे; छोटे बच्चे भी दो हाथों में दो बड़े-बड़े नारियल लेकर मुझे देने आते थे।

वे लोग माँसाहारी थे, पर माँस रोज खाने के लिए मिले, यह संभव नहीं रहता था। फिर वे क्या करते कि माँस का एक टुकड़ा अपने भोजन में सामने रखते थे और उसे देख-देखकर ही खाना खाते थे और खाना खा लेने के बाद, अंत में वह माँस का टुकड़ा खा लेते थे। यानी, 'मैंने माँस के साथ खाना खाया', यह समाधान उन्हें मिलता ही था।

एक बार ऊपरी पहाड़ी के ऊपर मैं कुछ गाँव वालों के साथ गया था। वहाँ पर बहुत ही बर्फ अभी भी जमी हुई थी। और उन्होंने एक हिरण को मारकर उसे बर्फ में गाड़ रखा था और रोज थोड़ा

काटकर खाते थे। जब मैं गया तो उन्होंने उस हिरण के माँस का एक टुकड़ा मुझे भी दे दिया। मैंने उसे स्वीकार किया और यह कहकर वापस किया कि आज मेरा उपवास है। उन दोनों दिन मैंने उपवास ही किया था। वास्तव में, उनके घर में खाने के लिए और कुछ था ही नहीं, तो वे बेचारे जो खा रहे थे, वही उन्होंने मुझे दिया। तो वे और कर ही क्या सकते थे? रही बात माँसाहार की, तो माँसाहार और शाकाहार, ये सब बातें उनके समाज में नहीं हैं। इसलिए इस विषय पर मैं कभी कोई बात नहीं करता था और न ही उनके किसी खाने से घृणा करता था। मेरा इस बारे में मत था कि वह माँस उनका भोजन है। किसी के भोजन से कैसे घृणा की जा सकती है? मैंने माँसाहार करने वाले व्यक्तियों के साथ बैठकर भोजन किया है और ऐसी परिस्थितियों में मेरा ध्यान मेरे ही पात्र पर रहता था। वे क्या खा रहे हैं, उनके पात्र में क्या है, उधर मेरा ध्यान कभी नहीं रहता था। कई स्थानों पर माँसाहार के अलावा कोई दूसरा मार्ग ही नहीं है। ऐसा ही यह पहाड़ी क्षेत्र था। बर्फ की अधिकता से यहाँ पर कोई खेती भी नहीं हो सकती थी। माँसाहार ही उस समाज का भोजन था। दो दिनों के बाद मैं वापस मेरी पहाड़ी पर आ गया। धीरे-धीरे मैं यहाँ के आसपास के भागों से भी परिचित हो रहा था।

एक दिन सुबह मैं ध्यान में साधनारत था। तब मुझे मेरी रीढ़ की हड्डी की शुरुआत के स्थान पर, दोनों नितंब के बीच कुछ स्पंदन-सा महसूस हो रहा था। एकाग्रता करने पर जाना कि यह स्पंदन मलद्वार और मूत्रद्वार के बीच की जगह से क्रियान्वित हो रहा है। यह एक छोटा-सा स्थान था। वह स्थान जमीन से पूर्ण रूप से जुड़ा हुआ था। यह स्थान जमीन पर जिस जगह से जुड़ा था, उसी स्थान पर स्पंदन हो रहा था और उस स्पंदन में से निकलने वाली ऊर्जाशक्ति धीरे-धीरे ऊपर की ओर बढ़ रही थी और वह स्थान गर्म लग रहा था। उस ऊर्जा का प्रभाव धीरे-धीरे रीढ़ की हड्डी से होकर सहस्रार तक, तालू भाग तक जा रहा था। वह प्रवाह थोड़ा ऊपर जाता, तो थोड़ा नीचे जाता, पर बाद में ऊपर ही जा रहा था। उसकी गति कम थी, पर गति उर्ध्वगामी ही थी। अब सारा चित्त ही इस प्रवाह पर केंद्रित हो गया और प्रवाह के साथ-साथ चित्त भी भीतर चल ही रहा था। काफी समय तक यह चलता रहा। बाद में धीरे-धीरे वह सब तालू

भाग पर केंद्रित होने लग गया और धीरे-धीरे एक संथ (मंद) प्रवाह निर्मित होने लग गया। उस ऊर्जाप्रवाह की क्रियाशीलता कम-कम हो रही थी, उसकी गति भी कम-कम हो रही थी। धीरे-धीरे, नीचे अनुभव हो रहे स्पंदन भी कम-कम होने लग गए थे और वे भी उस प्रवाह में ही समाहित हो रहे थे। लग रहा था कि नीचे के स्थान पर एक बड़ा झरना फूट पड़ा हो और उसने ऊपर पहुँचते-पहुँचते संथ गति को पा लिया हो। बाद में सब शांत हो गया और नीचे से ऊपर एक शांत प्रवाह बन गया। सब शांत हो गया और कब ध्यान लग गया, उसका मुझे पता ही नहीं चला था और जब उठा तो शाम हो गई थी। समय का पता भी नहीं चला था। मैंने देखा तो फूलों के कुछ दोने सामने दूर रखे हुए थे। यानी कुछ गाँव वाले मुझे मिलने आए थे और मुझे ध्यान में देखकर वे दर्शन करके वापस चले गए थे। उन सबका एक अच्छा स्वभाव था—कितना भी काम हो, कितने भी दूर से वे आए हों, वे कभी भी मेरे ध्यान में विघ्न नहीं डालते थे। वे मेरा बहुत डरयुक्त आदर करते थे।

वे लोग पूर्वजों की आत्माओं को मानते थे, उन्हें आमंत्रित करते थे, उनसे सहायता लेते थे, उनकी पूजा भी करते थे। गाँव के बाहर एक बड़ा पेड़ था। वह किस जाति का था, पता नहीं, पर वड़ (बरगद) के पेड़ जैसे उसके पत्ते थे और उसका तना बहुत ही बड़ा था। यानी उस तने में तीन-चार मनुष्य जाकर बैठ जाएँ, इतना मोटा था। उस पेड़ के सामने एक पत्थर और मिट्टी से बना ओटला (चौपाल) था और उस ओटले पर यह सब कार्यक्रम चलते रहते थे। वह ओटला गाँव के पीछे की ओर था। मैं गाँव के पूर्व की ओर था और वह ओटला पश्चिम की ओर था, बीच में गाँव था।

एक दिन ऐसे ही देखा—खूब सारे लोग मुझे मिलने के लिए आए थे और वे किसी त्यौहार पर आमंत्रित करने आए थे। उनका कोई त्यौहार था जिस त्यौहार पर उनके पूर्वजदेवता आते थे। उस ओटले के पास, जहाँ वह बड़े तने वाला पेड़ था, वहाँ बड़ी जत्रा(मेला)-सी लगने वाली थी। सारे गाँव के व आसपास के गाँव के लोग वहाँ इकट्ठा होने वाले थे और आत्माओं को आमंत्रित किया जाने वाला था। वहाँ पर पत्तों से व फूलों से खूब अच्छा सजाया

गया था। बाँस की कमानें लगाई गई थीं। केले के वृक्ष काटकर बाँधे गए थे। वहाँ हवन भी चल रहा था। भोजन की भी तैयारी की गई थी। ये लोग उस कार्यक्रम में बुलाने आए थे। मैं उस सारे वातावरण को जान गया और मैंने वहाँ जाने से मना कर दिया। तो वे पीछे ही लग गए, "स्वामीजी, आप नहीं आए, तो जत्रा नहीं होगी।" मैंने उन्हें कहा, "मैं वहाँ गया, तो जत्रा नहीं होगी! तुम्हारी जत्रा तुम करना चाहते हो, करो, पर मुझे मत बुलाओ। मुझे बुलाया तो वह कार्यक्रम न हो सकेगा।" मैं उन्हें समझा रहा था, "मैं तुम्हारे रीति-रिवाजों के बीच में कभी नहीं आऊँगा। मैं आपके यहाँ मेहमान जैसा आया हूँ और मैं वैसे ही यहाँ रहूँगा।" उनका राजा चिमा मेरे पीछे ही पड़ गया। "सब आपके लोग आए हैं। मैंने उन्हें बताया है—हमारे गाँव में पहाड़ीदेवता आए हैं और वे आशीर्वाद देने इस मेले में भी आने वाले हैं और इसीलिए इतनी भीड़ हो रही है। आप नहीं गए, तो मेरी नाक कट जाएगी!" मैंने कहा, "मैं गया तो भी तेरी नाक तो कटने ही वाली है।" उसके कुछ भी समझ में नहीं आ रहा था। वह तो धरना ही देकर बैठ गया। अब मैं समझ गया कि मेरे गुरुदेव ही चाहते हैं कि मैं वहाँ जाऊँ और वहाँ जाने पर क्या होने वाला है, वह भी मुझे पता था। फिर मैं उनके साथ चल दिया। वे सब बड़े खुश हो गए थे। वहाँ पर मैं पहुँचा, तब तक सारा गाँव वहाँ पर इकट्ठा हो गया था। मुझे भी उसी ओटले पर बिठाया गया और जैसे वे लोग फूल भेंट करते थे, वे किए; उनकी पत्ते और फूल सजाने की कला बहुत ही सुंदर थी; और फिर उन्होंने नमस्कार किया और सब अपनी-अपनी जगह पर बैठ गए। बाद में गाँव के प्रमुख दोंडाई (ओझा) आए। उनको सबने नमस्कार किया और वे बाल वगैरह खोलकर, आँखें लाल-लाल करके उस ओटले के पास के वृक्ष के सामने खड़े हो गए। शायद उन्होंने शराब पी रखी थी। ये लोग चावल से, फलों से शराब बनाते थे। चावल से बनी शराब तो सामान्य बात थी। कार्यक्रम प्रारंभ हुआ। उन्होंने पेड़ के पत्ते लेकर एक झाड़ू जैसा बना लिया और सामने रखे एक पत्थर पर पहले पानी डाला और बाद में कुछ मंत्र बोलकर मृत (शरीरविहीन) आत्माओं का आह्वान करने लग गए। वे बुला-बुलाकर थक गए पर कोई भी मृत आत्मा वहाँ पर नहीं आई। सामान्यत: अलग-अलग मृत आत्माएँ उनके शरीर में प्रवेश करती थीं

और लोग जो प्रश्न पूछते थे, उनके जवाब देती थीं, पर उस दिन एक भी मृत आत्मा नहीं आई। वे ओझा पसीने से तर हो गए और थककर बैठ गए और फिर थोड़ी देर आराम करके फिर बुलाने का प्रयास करने लगे। पर अंत तक कोई आत्मा नहीं आई। बाद में लोग उस ओझा को ही गालियाँ देने लग गए। वह बोला, "मैं बुला तो रहा हूँ आत्माओं को, पर कोई आ ही नहीं रही तो मैं क्या करूँ?" मैं यह सब शांत चित्त से देख रहा था। मैंने उस ओझा पर चित्त रखा था कि अगर इसके अंदर कोई मृत आत्मा हो तो वह बाहर ही न निकल सके और अगर यह किसी को बुलाए तो वह इसमें न आ सके। मेरे चित्त के कारण सकारात्मक ऊर्जा का एक घेरा उस ओझा के चारों ओर एकत्र हो गया था और कोई भी मृत आत्मा उस सकारात्मक, अच्छे आभामण्डल को तोड़कर उस तक नहीं पहुँच पाई थी। बाद में वह हार गया और उसने कहा, "आज की जत्रा बेकार हो गई। आज कोई भी मृत आत्मा नहीं आ सकी।"

फिर चिमा राजा ने मेरा परिचय सबसे कराया और कहा कि स्वामीजी ने पहले ही कहा था, "अगर मुझे लेकर गए तो जत्रा खराब हो जाएगी।" मैंने नहीं माना और यह जत्रा मेरे ही कारण खराब हुई है। न मैं जिद करता और न स्वामीजी का यहाँ आगमन होता और न यह जत्रा खराब होती। वह आत्मग्लानि से भर गया। फिर मैंने सब गाँव वालों के समक्ष सबको समझाया, "यह घटना तो होने ही वाली थी। हमारे राजा तो केवल निमित्त बने हैं। हर साल क्या होता था, वह भी बताता हूँ और इस बार क्या हुआ, वह भी बताता हूँ।" और फिर मैंने इस प्रकार से कहना प्रारंभ किया, "एक अच्छा आदमी होता है और एक बुरा आदमी होता है। या यूँ समझो कि जंगल में देखते हैं कि एक शक्तिशाली हाथी के सामने अन्य कोई, कमजोर हाथी, नहीं आते। ठीक इसी प्रकार से, मुझे पता था कि मैं अगर यहाँ पर आया, तो कोई भी मृत आत्मा यहाँ नहीं आ सकेगी क्योंकि मृत आत्मा भूतकाल की है, कल की है और आज अगर उसके सामने वर्तमान समय की कोई पवित्र आत्मा बैठी हो, तो वह उसके सामने आ ही नहीं सकती है। मैं दिखने में एक सामान्य मनुष्य हूँ, पर मेरे कई गुरुओं ने अपनी शक्तियाँ मुझमें डाली हैं। यानी मैं अकेला नहीं हूँ, उन सब गुरुओं द्वारा डाली गई शक्तियाँ मेरे साथ में विद्यमान हैं।

इसलिए मेरे गुरुओं की शक्तियों के आगे यह कभी नहीं आ सकती। यही बात मैं जानता था, इसीलिए मैं आपके कार्यक्रम में आना ही नहीं चाहता था, पर राजा ने जबरदस्ती की और मुझे आना पड़ा। अगर आने के बाद भी मुझे जाने दिया जाता, तो भी कुछ नहीं होता। आपने मुझे यहाँ बिठाकर रखा, इसीलिए वे मृत आत्माएँ नहीं आईं।"

फिर एक बूढ़े व्यक्ति ने पूछा, "हमारे पूर्वजों की आत्माएँ आ नहीं पाईं तो फिर वे प्राकृतिक प्रकोप करेंगी क्या?" मैंने उन्हीं को बताया, "तुम्हारे सब पूर्वज पुण्यवान थे। वे सब अगला जन्म ले चुके हैं। वे कोई अतृप्त थोड़े ही थे जो मृत आत्मा बन जाएँ? उनका नाम लेकर ये अतृप्त आत्माएँ आती हैं। वे सत्य कहेंगी कि हम मृत आत्मा हैं, तो आप उन्हें आदर दोगे क्या? नहीं। इसीलिए वे आपके पूर्वजों के नाम लेकर आती हैं क्योंकि तुम तुम्हारे पूर्वजों का आदर करते हो। ये मृत आत्माएँ अतृप्त हैं। इन्हें जीवन में सम्मान नहीं मिला, इसीलिए भूत बनकर भटक रही हैं। अब ये मृत आत्माएँ कभी नहीं आएँगी क्योंकि उनका और इस ओझा का संबंध ही टूट गया है। अब यह उन्हें कभी भी नहीं बुला सकता है और रही बात प्राकृतिक विपदा की, तो मैं आपके साथ हूँ। विश्वास करो—मैं तुम्हारे साथ हूँ, तो सारे गुरुओं की शक्तियाँ तुम्हारे साथ हैं। कभी तुम्हारे पर कोई विपदा नहीं आएगी। बस, मेरी इस बात का विश्वास करो। यह विश्वास ही तुम्हारा संबंध मेरे गुरुओं की शक्तियों से जोड़े रखेगा। यह ओझा भी भला आदमी है। इसमें कोई भूत नहीं है, पर यह भूतों से संबंध स्थापित करता था। अब तो वह चाहे तो भी नहीं कर सकेगा, क्योंकि गुरुशक्तियों की उस पर कृपा हो गई है। यह सब होना आज के दिन निश्चित ही था। इसीलिए यह सब घटित हो गया। चलो, हम सब मिलकर अपने पूर्वजों के लिए प्रार्थना करें कि हे हमारे पूर्वज, हम हमारे जीवन में सुखी हैं, समाधानी हैं। आप हमारी चिंता न करें, आप आपकी अगली गति की ओर प्रस्थान करें। आप सबकी आत्माएँ शांति और अगली गति को प्राप्त हों, यही हमारी सबकी परमात्मा से प्रार्थना है।" फिर उन्हें समझाया कि ऐसी प्रार्थना करके उनको आगे की गति प्राप्त हो गई। "वे हमारे माँ और बाप थे, पर वे अब नहीं हैं न! अब वे और किसी के माँ-बाप हो गए होंगे या नया जन्म लेकर अभी अपनी माँ का दूध पी रहे होंगे। हमारी जीवन की समस्याओं

के लिए हम अब उन्हें क्यों परेशान करें? हमारी समस्याएँ हम खुद ही हल करेंगे।" उन्हें कितना समझा, कितना नहीं, पर उन्होंने मुझे बड़ा दोंडाई या बड़ा ओझा कहना प्रारंभ कर दिया यानी ओझाओं से भी बड़ा ओझा! वे जो भी समझे, फिर सबने साथ में नाच-गाने का कार्यक्रम किया और बाद में भोजन का कार्यक्रम भी हुआ और सब हँसी-खुशी से अपने-अपने घर चले गए। इस घटना से मेरी चर्चा आसपास के गाँवों में भी बहुत होने लगी थी।

मेरी साधना भी साथ-साथ चल ही रही थी। मैं समझ गया था कि एक निश्चित कार्यकाल यहाँ पर निकालना ही है। जीवन में सदैव यह अनुभव आया है कि ऊँचाई प्राप्त होने के पूर्व काफी स्थिरता प्राप्त होती ही है। वैसा ही कुछ यहाँ पर भी हो रहा था। मैं मेरा सारा ध्यान शरीर में होने वाली अनुभूतियों पर ही रख रहा था। रोज कुछ न कुछ नया ही अनुभव आ रहा था। अब ध्यान बड़ी जल्दी से लग जाता था। आसपास की आवाज या अन्य कोई व्यवधान महसूस नहीं होता था। ध्यान में ही बड़ा आनंद आता था। मैं ध्यान करने के लिए अलग-अलग स्थानों पर जाकर बैठता था, कहीं भी चला जाता था। मेरी दक्षिण दिशा में पहाड़ थे, कभी उनके ऊपर चला जाता था, तो कभी उत्तर दिशा में नदी के किनारे पर चला जाता था। ऐसे ही एक बार नदी के किनारे पर गया तो उस नदी का एक किनारा तो उस राजा के गाँव को लगता था, पर दूसरा किनारा सामने था। वहाँ क्या है, देखने के लिए मैंने एक लड़के को नाव लेकर गाँव के किनारे से उस किनारे चलने के लिए कहा। तो वह छोटा लड़का बोला, "मैं चलता हूँ, पर मैं वहाँ रुकूँगा नहीं। मैं आपको छोड़कर वापस आ जाऊँगा। फिर आप जब बुलाएँगे, तब आपको लेने आ जाऊँगा। उधर डाकू रहते हैं।" मैंने कहा, "ठीक है, चल तो।" वह मेरे साथ चला। थोड़ी ही देर में वह किनारा आ गया। मैंने कहा, "मैं अब चला जाऊँगा। तू अब वापस जा। आगे पानी कम है, तेरी नाव अटक जाएगी।" और वह लड़का चला गया। मैं किनारे के पास एक पेड़ के नीचे ध्यान करता बैठा रहा। काफी समय के बाद मेरा ध्यान

फूलों की सुगंध के कारण खुला, तो देखा, एक बड़ा बलशाली व्यक्ति खड़ा था। उसकी बड़ी-बड़ी मूँछें थीं, बड़ी-बड़ी दाढ़ी थी और उसके शरीर के आभूषण बता रहे थे कि वह राजा ही था। वह साथ में कुछ लोगों को भी लाया था। वह बोला, "आपके बारे में मैं सुनता था, पर आज आपके दर्शन पाकर मेरा राज्य धन्य हो गया! आज यह दास आपके चरणों में सेवा के लिए तैयार है।" मैं समझ गया था कि यह दूसरा राज्य है और यह दूसरा ही राजा है। दूसरे लोगों ने उसका परिचय कराया, "यह राजा भालू है और यह इसी राजा का राज्य है।" फिर लोगों ने ही बताया कि हमारी और नदी के उस पार के राज्य की सदियों से दुश्मनी है। हमें भी आपके दर्शन करने की इच्छा थी, पर आपकी पहाड़ी पर जाने का रास्ता उनके राज्य के पास से जाता है, इसलिए हम चाहकर भी आपके दर्शन करने पहाड़ी पर नहीं आ सके थे। पर आपके दर्शन करने की हमारी बड़ी इच्छा थी।

बाद में ऐसी ही थोड़ी बातचीत हुई। मैंने कहा, "पता नहीं, मुझे, इस ओर जाना चाहिए, ऐसा लगता था और आज मैं इस ओर आ ही गया।" उन्होंने मुझे विनती की, "आप जब चाहें, यहाँ आ सकते हैं।" मैंने कहा, "मैं आऊँगा, पर मुझे छोड़ने तुम्हें उस पार नाव से जाना होगा।" वे उसके लिए तैयार हो गए। फिर मैंने पूछा, "तुम्हारा उनसे कबसे झगड़ा हुआ है?" वह राजा बोला, "वह पता नहीं, पर मेरे दादाजी कहा करते थे कि उनके दादाजी ने उनको बताया था कि उनसे अपना पहले झगड़ा हुआ था और बहुत बड़ा युद्ध हुआ था।" यानी यह पता लगा कि कब से उस गाँव से दुश्मनी है, वह किसी को भी पता नहीं था। यह राज्य उस पार के राज्य से अधिक संपन्न व प्राकृतिक दृष्टि से भी अधिक संपन्न था। यहाँ लोग कम थे, इसीलिए ये लोग उस पार से दूरी बनाकर ही रहते थे। पर मेरे बारे में इन लोगों ने भी दूसरे गाँवों से जानकारी ली थी। मैंने उस राजा को बताया कि ईश्वरप्राप्ति के अनेक मार्ग हैं। उनमें ही एक मार्ग 'समर्पण ध्यानयोग' है। इस मार्ग के ऊपर जो लोग चलते हैं, उन्हें इस मार्ग पर चलने वाली शक्तियाँ सामूहिक शक्तियाँ प्रदान करती हैं और इस मार्ग पर चलने वालों का जीवन सुख और शांति से व्यतीत होता है। इस मार्ग के कुछ सिद्धांत हैं और इन्हीं सिद्धांतों पर यह पद्धति आधारित है। पहला सिद्धांत—परमात्मा सर्वत्र व्याप्त

विश्वव्यापी शक्ति है, दूसरा—सद्‌गुरु इस विश्वव्यापी शक्ति का माध्यम है, तीसरा—विश्व में एक ही धर्म है—मानव धर्म और चौथा—अहिंसा ही सत्य धर्म है और पाँचवा—परमात्मा के प्रति अपना पूर्ण समर्पण ही मोक्ष है। इन्हीं सिद्धांतों पर यह पद्धति आधारित है और इस पद्धति पर जो ऋषि-मुनि चले हैं, उनकी शक्तियाँ आज भी इस ब्रह्माण्ड में विद्यमान हैं और इस मार्ग पर चलने वालों की वे सहायता करती हैं। पर अभी तक इस मार्ग पर केवल ऋषि-मुनि ही चले हैं और इस मार्ग पर चलकर ज्ञान-प्राप्ति की है। पर अब गुरुतत्त्व की ही इच्छा है कि यह ज्ञान सामान्य मनुष्य तक पहुँचे। पिछले आठ सौ सालों से यह ज्ञान इन हिमालय की गुफाओं तक ही सीमित था। पर इस मार्ग को सामान्य मनुष्य तक कैसे पहुँचाएँ, इसी पर अभी कार्य हो रहा है और मेरे गुरुदेव की आज्ञा से मैं इस मार्ग पर कार्यरत हूँ। मेरे जीवन में यह मार्ग सामान्य मनुष्य तक पहुँच पाएगा कि नहीं, पता नहीं, पर अगर पहुँच गया, तो फिर मेरे जीवन का उद्देश पूर्ण हो जाएगा। यह ज्ञान मुझे मेरे गुरुदेव से प्राप्त हुआ है, पर अभी तक इसे देने के लिए मुझे अधिकृत नहीं किया है और जब तक अधिकृत न किया हो, तब तक वह दिया नहीं जा सकता है। तो जब गुरुदेव उसके लिए आज्ञा देंगे, वह ज्ञान मैं मनुष्यजाति को दूँगा, पर अभी मैं ही विद्यार्थी हूँ। उसे सब समझा, ऐसा भाव दिखाया। उसे क्या समझा, क्या नहीं, वह पता नहीं, पर उसे मैं बड़ी तीव्रता के इंतजार के बाद मिला, इसलिए वह ज्यादा ही भावुक लग रहा था।

मुझे वापस छोड़ने राजा स्वयं दो लोगों को लेकर आया और किनारे के पूर्व ही मैं नाव से उतर गया। वहाँ पर, किनारे पर तो सब लोग हथियार लेकर जमा थे। वे किसी आशंका से वहाँ एकत्र हुए थे। पर उस राजा ने मुझे जिस विनम्रता से नमस्कार किया, उसे देखकर इस पार वाले थोड़े शांत हो गए। फिर मैंने कहा, “वह राजा था, मुझे इस पार छोड़ने आया था।” इस पार के राजा ने कहा, “स्वामीजी, वह नाववाले लड़के ने बताया कि आप उस पार गए हैं। तब से, वे लोग आपको पकड़ें नहीं, इसीलिए, हम लोग हमला करने की तैयारी कर रहे थे।” मैंने उसे समझाया, “अरे, सूरज उगता है ना, वह इस गाँव को भी प्रकाश देता है, उस गाँव को भी प्रकाश देता है और दोनों गाँवो में समान पूजा जाता है। वैसा ही कुछ है। उन लोगों ने

भी मेरा वैसा ही सम्मान किया, जैसा आप लोग करते हो। मेरे लिए सब समान ही हैं। सब एक ही परमात्मा की संतान हैं।" बाद में मैं फिर मेरी पहाड़ी पर चला गया।

समय बीतता जा रहा था। मेरा आना-जाना उस पार भी बढ़ गया था। वे लोग भी इस पार, पहाड़ी तक मुझे छोड़ने आते थे। इस पार के लोग उनका निरीक्षण करते थे। इस पार के लोगों ने उस पार के लोगों के बारे में कुछ विचित्र ही कल्पनाएँ कर रखी थीं मानो उस पार वाले लोग राक्षस हैं। लेकिन जैसे-जैसे संपर्क में आते गए, तो जाना कि उस पार के लोग भी अपने ही समान हैं, स्वामीजी को भी अपने समान ही आदर देते हैं। काफी मतभेद दूर हो रहे थे। मैं भी एक-दूसरे को एक-दूसरे के बारे में अच्छा ही बताता था। धीरे-धीरे उनके संबंध सुधर रहे थे। दोनों के बीच एक ही मजबूत समानता थी। वह थी कि दोनों मुझे एक-सा सम्मान करते थे। पहले इस पार वालों को लगा कि ये उस पार वाले हमसे स्वामीजी छीन लेंगे, लेकिन जब उन्होंने देखा कि वे भी पहाड़ी के मंदिर तक मुझे छोड़ने आते हैं, तो उन्हें अच्छा लगा। उस पार के लोगों ने मुझे कुछ बहुमूल्य उपहार देने चाहे तो मैंने कहा, "मुझे कोई उपहार नहीं चाहिए और अगर उपहार देने की इच्छा है, तो उस टूटे हुए मंदिर का नवनिर्माण कर दो और वहाँ एक बड़ा-सा स्थान बनाओ जहाँ सब लोग साथ बैठकर ईश्वर भक्ति कर सकें।" फिर क्या, उस पार के लोग रोज थोड़ा-थोड़ा सामान भेजते थे; कभी लकड़ियाँ, कभी पत्ते, कभी बड़े-बडे पत्थर। ऐसा सामान जब इस पार वालों ने देखा तो उन्हें लगा—वे उस पार वाले अपने इलाके में मंदिर का निर्माण कर रहे हैं और यह बात आज तक हमें क्यों नहीं सूझी? तो वे भी इस कार्य में सहयोग देने लग गए। यानी इस मंदिरनिर्माण के कार्य के कारण ही क्यों न हो, दोनों गाँव के लोग एकत्र हो गए थे और धीरे-धीरे मंदिर का निर्माण अच्छे, भव्य स्वरूप में हो गया था।

अब उस नवनिर्मित मंदिर के शुभारंभ का दिन निश्चित किया गया तो फिर प्रश्न आया कि उस मूर्ति की पूजा का सम्मान किस राजा को मिले? इस बात पर दोनों अड़ गए थे। मैंने रास्ता निकाला। शाम के समय दोनों राजाओं की बैठक ली और मैंने कहा, "तुम्हारी

आपस में क्या दुश्मनी थी, वह किसी को भी मालूम नहीं है और एक कोयले की लकीर है, उसे रोज घिस-घिसकर काला करने में क्या रखा है? उससे अच्छा, उसे मिटा ही दो। तुम दोनों आज अपनी आपस की दुश्मनी मिटा दो।" दोनों उस बात पर मान गए। फिर मैंने उनसे एक विधि कराई और दोनों को अपने-अपने हाथ में पानी लेने के लिए कहा और—जलदेवता की कसम खाकर हम अपनी दुश्मनी की भावना स्वामीजी को दान करते हैं—ऐसा तीन बार कहने के लिए कहा और फिर वह पानी उन्होंने मेरे हाथ में डाल दिया और दोनों गले लग गए। दोनों का मेरे प्रति संपूर्ण समर्पण था।

दूसरे दिन सुबह से वातावरण मंगलमय था। सुबह से ही उन गाँव वालों के मंगलवाद्य बज रहे थे। धीरे-धीरे गाँव के लोग और आसपास के गाँवों के लोग भी इकट्ठा होने लग गए। जब दूसरे गाँव वालों ने देखा कि दोनों ही गाँव आपस में मिल गए हैं, तो सबको बड़ा अच्छा लगा क्योंकि बाकी गाँव वालों के संबंध इन दोनों गाँवों के साथ थे ही और इनकी शत्रुता के कारण वे भी प्रसन्न नहीं थे, पर इन्हें समझाए कौन? और बाद में सब लोग तब खुश हो गए, जब दोनों ही राजाओं ने मिलकर पहाड़ देवता की पूजा की और दोनों को मैंने साथ-साथ रहने का आशीर्वाद दिया। फिर उन लोगों का नृत्य का कार्यक्रम हुआ और उस कार्यक्रम में बड़ों के साथ बच्चे भी शामिल हो गए थे। बड़ों का कार्यक्रम अलग स्थान पर हो रहा था और बच्चों का अलग स्थान पर, लेकिन बाद में सब बड़े लोग भी बच्चों के ही नृत्य में शामिल हो गए थे। पूरा दिन कैसे बीता, किसी को पता ही नहीं चला। गाँव के सभी लोग कहने लगे, "इतना बड़ा उत्सव हमारे गाँव में तो क्या, आसपास के गाँवों में भी कभी नहीं हुआ। बहुत आनंद सबने अनुभव किया।" मैंने उन्हें बताया कि यहाँ अधिक आनंद इसलिए आया क्योंकि मेरे गुरु इस कार्यक्रम में स्वयं विद्यमान थे।

बाद में सबका भोजन का कार्यक्रम था। उसमें भी सबने मिलकर भोजन बनाया और सबने मिलकर खाया। उस भोजन में मैंने घास के बने कुछ व्यंजन खाए। वे व्यंजन केवल वहीं खाने के लिए मिले थे। क्या खाया, उसको महत्त्व नहीं था, किनके साथ खाया, उसका

महत्त्व था। हमने गुरुदेव के सान्निध्य में (सूक्ष्म उपस्थिति में) भोजन किया, वही हमारे लिए सौभाग्य की बात थी। रात के समय सभी लोग चले गए, पर कुछ लोग दूर के गाँव के थे, वे ही रात के समय वहीं पर रुके थे। सुबह वे भी मिलकर चले गए।

एक के बाद एक दिन बीत रहे थे और मैं साधना में अनुभव कर रहा था कि भीतर ही कुछ हलचल हो रही है, मानो कुछ हिल रहा है जो बाहर आना चाहता हो। पर क्या है, वह पता नहीं चल रहा था। अब तो मूलाधार चक्र पर होने वाला स्पंदन प्रत्येक चक्र पर ठहरता था और अनुभव होता था, बाद में और ऊपर की ओर चलता था। एक दिन सुबह ध्यान करने के लिए बैठा तो ध्यान में औदुंबर का एक छोटा-सा पौधा नजर आया जिसे केवल सात ही पत्ते थे और उसका तना भी एकदम पतला-सा ही था। फिर उस तने में भी भीतर तक दिखने लग गया। वह तना भूमि से जल और ऊर्जा लेता था और उन सात पत्तों तक पहुँचाने का कार्य करता था। वह यही सतत कर रहा था। वह तना लगातार यही कार्य कर रहा था; अपनी जड़ों के माध्यम से लेता और पत्तों को देता। देखा तो धीरे-धीरे वह तना भी बड़ा होने लग गया और नए-नए पत्ते भी फूटने लग गए। उस पौधे में अनेक शाखाएँ भी फूटने लग गईं और उस पौधे की जड़ें भी बड़ी होने लग गईं। धीरे-धीरे तना भी बड़ा, और बड़ा होने लग गया। फिर देखा—वह तना बढ़ता ही गया और उसका कार्य भी उतनी ही गति से जारी था; जड़ों से लेना और पत्तों व डालियों को देना। बाद में देखा—वह तना इतना बड़ा हो गया कि वह पौधा भी एक बड़े वृक्ष में तब्दील हो गया था। उस तने में मुझे कुछ हलचल नजर आई और जब ध्यान से देखा तो कोई मुनि उस तने में बैठे हुए थे।

वे कह रहे थे, "यह जो प्रक्रिया देखी है, यही मानवजीवन की उत्क्रांति का रहस्य है। अपने गुरु से आत्मज्ञान के माध्यम से चैतन्य ग्रहण करना और उसी चैतन्य को बाँटना, यही आत्मा की उत्क्रांति है। इसके अलावा उसका कोई कार्य है ही नहीं। समान रूप से लेना

और समान रूप से बाँटना, बस यही एक कार्य माध्यम के रूप में करो, तो ही मोक्ष की प्राप्ति संभव है। यह तो पौधा था, तुम तो जन्म से ही वृक्ष हो। बहुत पत्ते हैं, बहुत डालियाँ हैं जिन तक पहुँचाने का कार्य तुमने चुना है। तुमने स्वयं ने तना बनना स्वीकार किया है, तो यही तने का कार्य है। तने को विकसित होने के लिए कुछ भी नहीं करना पड़ता है। ग्रहण करना व ग्रहण कराना, बस यही एकमात्र कार्य है। इस रहस्य को समझ जाओगे तो तुम्हारा जीवन आसान हो जाएगा। ना हम निर्माण करते हैं और ना हम पालन करते हैं। हम कुछ नहीं करते हैं, पर सब कुछ हो जाता है। अपने-आपको वृक्ष का तना समझ लो, तो फिर अपने-आपको विकसित करने का विचार भी नहीं आएगा और न अपने-आपको विकसित करने का प्रयास करोगे। यह प्रयास ही हमारा अस्तित्व छोटा कर देता है। प्रयास मत करो, केवल प्रवाह बनो! प्रयास तुम्हें परमात्मा से अलग करेगा, प्रवाह परमात्मा में लीन कर देगा। प्रवाह बनो प्रवाह! समझे?" मैंने उन मुनि को नमस्कार किया और देखा तो वे उस औदुंबर के वृक्ष में समा गए और फिर रह गया प्रकाश, केवल प्रकाश! मैं उस प्रकाश को ही देखता रहा।

मेरा ध्यान जब खुला, तब गाँव के कुछ लोग वहाँ पर बैठे थे। उन्होंने कहा, "स्वामीजी, पिछले तीन दिनों से आप ध्यान में थे। हम आपके ध्यान में से उठने का इंतजार कर रहे थे।" मेरी स्थिति ऐसी थी मानो कोई स्वप्न देखा हो। बाद में फिर ध्यान में मैंने प्रयत्न भी किए, तो भी वह स्थिति फिर नहीं प्राप्त हुई।

उस दिन लगा कि मेरे अंदर के 'मैं' को लगता है कि मैं वह उच्च स्थिति फिर से प्राप्त कर लूँगा, पर यह मेरा अहंकार है। वास्तव में, गुरुकृपा जब होती है तो केवल गुरु की करुणा में ही होती है और करुणा तो परमेश्वर की कृपा है, वह कोई अपनी इच्छा से थोड़े ही आमंत्रित कर सकता है, वह बुला थोड़े ही सकता है? केवल एक उपयुक्त स्थिति होने पर वह करुणा हो जाती है। उस दिन वह स्थिति रही होगी, इसीलिए वह करुणा हो गई थी। अब फिर अपने अहंकार से उस स्थिति को पाने का प्रयास कभी भी नहीं करूँगा। अब तो केवल वही करूँगा जो उस औदुंबर के वृक्ष के मुनि ने कहा

था। उन्होंने कहा था—तना बन जा। पर बनूँ कैसे? किसी ने मुझे तना बनाना चाहिए ना! फिर मैंने सोचा कि तना कोई बनाता थोड़े ही है? जो अपने को मिला है, वह दूसरों को जीवन में बाँटते जाने से ही तना बन जाते हैं। माध्यम कभी बनाए नहीं जा सकते हैं, माध्यम तो बन जाते हैं। जो बाँटने का कार्य करेगा, माध्यम बन जाएगा। यानी मिलना महत्त्वपूर्ण नहीं है और न ही मिलने पर अपना कोई अधिकार है, न ही मिलना अपनी इच्छा के अनुसार होता है और न ही मिलना प्रयत्न करने से होता है। यानी इस आध्यात्मिक जगत् में प्रयत्न का कोई स्थान नहीं है क्योंकि प्रयत्न तो सदैव शरीर से ही होगा और शारीरिक प्रयत्न का तो आध्यात्मिक जगत में कोई स्थान नहीं; न शारीरिक प्रयत्न का स्थान है और न मानसिक प्रयत्न का। यानी शरीर से कोई प्रयत्न करो तो भी कुछ नहीं हो सकता और मन से इच्छा करो, तब भी नहीं हो सकता है। जो कुछ हो सकता है, वह केवल पवित्रता से ही हो सकता है, अपने चित्त की पवित्रता से। यानी इस आध्यात्मिक क्षेत्र का आधार ही यह चित्त की पवित्रता है। मुझे केवल अपने चित्त को पवित्र रखना चाहिए। चित्त खाली होगा, निखालस होगा तो ही परमात्मा की करुणा उसमें बरसेगी। मुझे केवल अपना चित्त ही शुद्ध रखना होगा। दूसरा, मुझे जीवन में क्या मिला है, इधर ध्यान न देते हुए, मैं दूसरों की क्या मदद कर सकता हूँ, इधर ध्यान देना चाहिए। जितनी देने की स्थिति होगी और दिया जाएगा, उतना ही प्राप्त होगा और देते समय भले ही सारा खाली हो जाऊँ, परमात्मा पर पूर्ण विश्वास रखना होगा कि वह देगा ही। यही, जीवन का मार्गदर्शन मैंने औदुंबर वृक्ष के मुनि से ध्यान में पाया था जबकि यहाँ आसपास तो मीलों तक औदुंबर का कोई वृक्ष ही नहीं था। मैंने भी निर्णय लिया कि आज से ही, दूसरों की जो मदद कर सकता हूँ, वह करूँगा और सहायता करना मेरा कार्य नहीं, सहायता तो परमात्मा ही करेगा। मैं एक माध्यम हूँ, एक पेड़ का तना हूँ जो जड़ों से शक्ति लेकर पत्तों और डालियों को देता रहता है। यानी भीतर की जो शक्तियाँ हैं, वह उनका कितना उपयोग कर रहा है, उस पर ही निर्भर होगा कि कितनी वे प्राप्त होंगी। देना मेरा क्षेत्र है, पाना मेरा क्षेत्र नहीं है। मुझे अब मेरे ही क्षेत्र में रहकर कार्य करना है।

यहाँ पर मैं सदैव वर्तमान में ही रहता था। इन लोगों को भी बाहरी दुनिया का कोई पता नहीं था और मैं उन्हें किसी प्रकार का आभास भी नहीं कराता था कि बाहर भी कोई दुनिया है। वे अपने-आपको 'पहाड़ी लोग' कहते थे। मैदानी भाग में भी बस्ती होती है, वहाँ पर भी लोग रहते हैं, यही जानकारी थी, इससे अधिक उन्हें जानकारी नहीं थी। उनकी अपनी ही एक छोटी-सी दुनिया थी जो उस प्रदेश तक ही सीमित थी। उस प्रदेश में जो गाँव आते थे, कबीले आते थे, उनकी उन्हें जानकारी थी। उनकी आवश्यकताएँ भी बहुत सीमित थीं। ये लोग जानवरों के सींग, जानवरों की खालें, पक्षियों के पंख बड़ी शान से पहनते थे और रंग-बिरंगे पत्थरों की मालाएँ पहनते थे। माँसाहार ही जीवन का मुख्य भोजन था, पर जंगल से फल, पत्ते, सब्जियाँ भी प्राप्त करते थे। इनकी भाषा में कोई लिपि नहीं थी, आवाजों पर ही निर्भर थी। पशु-पक्षियों जैसी आवाजें भी निकालते थे। मेरे साथ भी टूटी-फूटी भाषा या सांकेतिक भाषा का ही अधिक उपयोग होता था। कई बार बात समझने में और समझाने में बहुत समय व्यर्थ होता था। कई प्रकार की जड़ी-बूटियाँ, एक से एक, इस भाग में थी। मुझे ऐसा लगता था कि मानव जहाँ रहते हैं, उसके आसपास अधिक जड़ी-बूटियाँ पाई ही नहीं जा सकती हैं क्योंकि प्राकृतिक जड़ी-बूटियों को प्रदूषणमुक्त वातावरण चाहिए। उसके बिना वे उग ही नहीं सकती हैं। अब यह स्थान भी काफी बड़ा व अच्छा हो गया था। गाँव के लोगों का आना-जाना भी काफी बढ़ गया था। पर अभी तक, मुझे व्यवधान न हो, इसका वे सब बराबर ध्यान रखते थे।

अब गाँव में नदी के ऊपर पुल बनाया जा रहा था। पेड़ों की लताओं से रस्सियाँ बनाकर, बीच में बाम्बुओं की पट्टियाँ बिछाकर, उस पर बाम्बू की मोटी-सी चटाई-सी लगाकर पुल के निर्माण का कार्य चल रहा था। और विशेष बात यह कि इसमें दोनों गाँवों के लोग मिलकर प्रयत्नशील थे। मैं नदी के किनारे पर गया तो वे बोले, "स्वामीजी, यह पुल आपके आने-जाने के लिए बना रहे हैं ताकि आप जब चाहें, जा सकें और जब चाहें, आ सकें।" पुल के बनाने में सारी कम वजन की वस्तुओं का सहारा लिया जा रहा था। वह भारी नहीं था, यह बात तो अच्छी थी, पर मजबूत कितना होगा, इस पर ही

मुझे शंका थी। पर उन लोगों को अपनी रस्सियों पर भरोसा था और एक श्रद्धा थी कि हम सब यह आपके लिए ही बना रहे हैं तो आप उसे टूटने थोड़े ही देंगे? मैंने मन ही मन परमात्मा से प्रार्थना की, "हे परमात्मा, ये मुझ पर नहीं, मेरे माध्यम से तुझ पर ही विश्वास कर रहे हैं। उनके विश्वास को टूटने मत देना। हे परमात्मा, कोई भी मनुष्य किसी भी अन्य मनुष्य पर विश्वास करता है, तो वास्तव में, उस मनुष्य की काया पर थोड़े ही विश्वास करता है? वह विश्वास करता है उसकी अच्छाइयों पर और मनुष्य की अच्छाइयाँ तेरी कृपा का प्रसाद हैं। कोई भी मनुष्य किसी पर भी विश्वास करता है, तो वह तेरे ऊपर ही विश्वास करता है। हे परमात्मा, इस जगत के, उन सबके विश्वास को बनाए रखना जो किसी पर भी विश्वास करते हों। हे परमात्मा, मनुष्य की यह औकात नहीं है कि वह किसी का विश्वास ग्रहण करे। विश्वास तो तेरी कृपा में ही कोई किसी के ऊपर करता है। हे परमात्मा, इस जगत में अच्छाइयाँ बढ़ने के लिए आवश्यक है कि इन अच्छाइयों पर रखा लोगों का विश्वास बना रहे, वह टूटे नहीं। इनका भी मेरे ऊपर जो विश्वास है, वह भी तेरी ही कृपा के कारण है। उसे टूटने मत देना।" मैंने मन ही मन परमात्मा से उनके पुल के न टूटने की प्रार्थना की थी।

आठ दिनों के प्रयास से उस पुल का निर्माण हुआ। फिर एक दिन, सर्वप्रथम मैं उसके ऊपर से उस पार जाऊँ, ऐसी सबकी इच्छा थी। मैंने कहा, "मैं सर्वप्रथम जाता हूँ, पर मेरी इच्छा है, बाद में सारा गाँव ही इस पार से उस पार जाए। हम सब मिलकर उस पार भोजन और नृत्य करेंगे, त्यौहार मनाएँगे।" सबने यह मान लिया। बाद में उस पुल के ऊपर से मैं उस पार पहुँचा तो वहाँ के लोगों ने नगाड़े और वाद्य बजाकर मेरा स्वागत किया। चलते समय वह पुल हिल रहा था और जब बीच में पहुँचा तो ज्यादा ही हिल रहा था। उसे मजबूती देने की आवश्यकता थी। बाद में सब लोग उस पुल के ऊपर से पार करके उस तरफ पहुँचे। फिर हम सबने मिलकर त्यौहार मनाया था। त्यौहारों पर ये लोग चावल से बनी शराब पीते थे। वह ज्यादा नशा नहीं करती थी। पर जैसे यह शराब यहाँ का शरबत ही थी, इतने सामान्य तरीके से बच्चे, बड़े, औरतें, सब थोड़ी-थोड़ी पीते ही थे। यह शराब इनकी आदिवासी संस्कृति का ही एक

हिस्सा थी। सारा कार्यक्रम रात तक चलता रहा और रात के समय मैं तो पुल के ऊपर से वापस आया, पर बाकी लोग नावों से आए क्योंकि एक व्यक्ति जब तक दूसरी ओर नहीं पहुँचता, दूसरा व्यक्ति उस पुल के ऊपर नहीं जा सकता था।

वहाँ पर कई लोग मुझे उपहार में वस्तुएँ और खाद्य पदार्थ देते थे। इस कार्यक्रम में काफी-कुछ भेंट मुझे मिली थी। इन सबमें मेरी रुचि नहीं थी, पर वे देते थे, मैं लेता था और स्वीकार भी इसीलिए करता था क्योंकि अस्वीकार मैं कुछ भी नहीं कर सकता था। कुछ अस्वीकार करने के लिए मेरा अस्तित्व अलग चाहिए न, जो कहे कि यह मुझे स्वीकार नहीं है। ऐसा 'मैं' ही अब बाकी नहीं रह गया था। कुछ अच्छा मिले तो स्वीकार और बुरा मिले तो वह भी स्वीकार। हे परमात्मा, तेरी सारी कृपा स्वीकार है। फिर उस कृपा का माध्यम कुछ भी हो, सब स्वीकार है। हाँ, मैं कभी कुछ माँगूँगा नहीं और न ही कुछ पाने की इच्छा करूँगा। मैंने तुझसे कभी नहीं माँगा हो और न मैंने कभी किसी वस्तु की इच्छा की हो और फिर वह मिल जाए, तो परमात्मा की कृपा का प्रसाद ही है, यह समझकर स्वीकार ही करूँगा। एक बार तुझे समर्पण कर देने के बाद अस्वीकार करने का 'मैं' का अधिकार ही नहीं रह जाता है। तेरी करुणा में, तेरी कृपा में सब स्वीकार है।

हे परमात्मा, यह तेरी करुणा जिन मनुष्यों के माध्यम से मिली, जिन्हें तूने देना सिखलाया, जिनमें 'देना' यह भाव जगाया, वह भाव जिन माध्यमों में जगाया, उन पर भी यह मेहरबानी करना कि वे भी जीवन में सब स्वीकार कर लें। उन्हें भी देते-देते अपना अस्तित्व भी देना आ जाए ताकि वे पूर्ण स्वरूप में तेरी कृपा के पात्र बनें और वे अपने जीवन में ही पूर्णत्व तक पहुँचें, यही प्रार्थना है। हे परमात्मा, वे मुझे नहीं, मेरे भीतर के तुझ परमात्मा को वह समर्पित कर रहे हैं। पानी की बूँद कहीं भी गिरे और कहीं भी पड़े, अंत में वह समुद्र तक ही पहुँचेगी। ठीक उसी प्रकार से इस भेंट का है, इस दान का है। यह सब भेंट, यह सब दान आखिर में तेरी ही कृपा में होता है और अंत में तेरी ही तरफ पहुँचता है। यह एक चक्र है। उस चक्र की शुरुआत भी तू ही है और ऐसे चक्र का अंत भी तू ही है। इस

चक्र में, देने का भाव जगाने वाली शक्ति भी तू ही है और स्वीकार करवाने वाली शक्ति भी तू ही है। ये देने वाले और ये पाने वाले सारे निमित्त हैं। उस गोलाकार चक्र के चक्र ही गोलाकार हैं। इसमें गोलाकार के अलावा अलग से कोई कोना नहीं हैं क्योंकि, वास्तव में, कोई कोना है ही नहीं। सब तू ही तू है। तू ही देने वाला है, तू ही पाने वाला है, मैं तो माध्यम हूँ। अंत में, तेरा तुझको ही समर्पित है।

हे परमात्मा, तेरी माया भी निराली है। तू यह माया का खेल खेलता रहता है। तेरी माया को अज्ञानी लोग समझ नहीं पाते हैं और वे बेकार में तेरी माया के चक्कर में आ जाते हैं और बेकार में ही अटक जाते हैं। एक अटकता है—'मैंने' दान दिया यानी इस अज्ञान के कारण अपने 'मैं' पर अटक गया और दूसरा, जो दान या भेंट प्राप्त करता है, वह अटक जाता है कि 'मैं' इतना अच्छा हूँ कि इसीलिए 'मुझे' ही दिया। यानी ये दोनों ही नाहक भटक जाते हैं। देने वाली शक्ति भी तू ही है और पाने वाली शक्ति भी तू ही है। लोग तुझे ही तेरा वापस करते हैं। मैं सब समझ गया हूँ, अब मैं तेरी सब माया जान गया हूँ कि तू ही तू है, यहाँ 'मैं' हूँ ही नहीं।

परमात्मा की कृपा में प्राप्त हुई वे वस्तुएँ व खाने की वस्तुएँ मैं सब उन लोगों में बाँट देता था जिन्हें उनकी आवश्यकता होती थी। तो वे लोग वे वस्तुएँ पाते थे जो वस्तुएँ उनको इस जीवन में नहीं मिल पाई थीं। जिसका चित्त जहाँ रहता था, मैं वह वस्तु उसे देकर उसका चित्त वहाँ से तो हटा ही देता था। मेरा विश्वास था—उस वस्तु पर से उस मनुष्य का ध्यान हटे, चित्त हटे और वह जीवन में आगे बढ़े, इसीलिए परमात्मा मेरे माध्यम से वह वस्तु बाँट रहा है जहाँ वह अटक रहा है और उस व्यक्ति को भी उस वस्तु से समाधान प्राप्त होता था। समाधान ही आध्यात्मिक मार्ग की पहली पादान है। जैसे भी हो, प्रत्येक को समाधान प्राप्त होना चाहिए। 'समाधान' जीवन में महत्त्वपूर्ण है। मेरी कुछ इच्छा नहीं है, मेरी कुछ आवश्यकता नहीं है और अगर परमात्मा मुझे उससे अधिक कुछ दे रहा है, तो निश्चित ही वह दूसरों को बाँटने के लिए ही दे रहा होगा।

'परमात्मा' से बस यही प्रार्थना है—तू जैसा मेहरबान मेरे ऊपर हुआ, तेरी कृपा, तेरी करुणा जैसी मेरे ऊपर बरसी है, वह मेरी इच्छा

से अधिक है, मेरी आवश्यकता से भी अधिक है, मेरी योग्यता से भी अधिक है, मेरी पात्रता से भी अधिक है। यह तेरी करुणा का प्रसाद मैं उन बदनसीब, अज्ञानी आत्माओं को भी बाँट सकूँ। क्योंकि सब मेरे जैसे भाग्यशाली नहीं हैं। सब तेरे करीब नहीं पहुँच सकते। सब तुझे नहीं जान सकते। सब तुझे नहीं मान सकते हैं। पर मेरे माध्यम से मान जाएँ, मेरे माध्यम से जान जाएँ, मेरे माध्यम से तुझ तक पहुँच जाएँ, वे सब पहुँचें और सब पर तेरी करुणा की वर्षा हो, यही मेरी तुझसे प्रार्थना है। अब जीवन में कुछ नहीं चाहिए। अब तेरे इस चक्र में मैं अपने-आपको समर्पित कर रहा हूँ। हे परमात्मा, अब तू मुझे अपना दास बना, अपना माध्यम बना। अब तू उन सब आत्माओं तक पहुँच जो अज्ञानता के अँधेरे में भटक रही हैं, खोज रही हैं, तुझे ढूँढ़ रही हैं, पर उन्हें रास्ता नहीं मिल रहा है। मेरा सारा जीवन तेरी इच्छा के अनुसार हो। मैं उनकी ग्रहण करने की स्थिति के अनुसार बनूँ। मेरा तो कोई अस्तित्व नहीं है। जो ग्रहण करने वाला है, उसकी आवश्यकतानुसार, उसकी सुविधानुसार, उसकी इच्छानुसार ही मेरा जीवन हो। जैसे भी वह ले सकता हो, जैसे भी वह ग्रहण कर सकता हो, मेरे माध्यम से तू उनके पास रहे। मैं उनका बनकर रहूँ ताकि वे मुझे अपना वाला, सगा वाला समझ सकें, सगा वाला मान सकें, अपना सखा समझ सकें, अपना मित्र समझ सकें, अपना गुरु समझ सकें। क्योंकि वे मुझे कुछ भी मानें, वे मान रहे हैं तुझे और वे पहुँच रहे हैं तेरे पास। चाहे वे मुझे बुरा-भला भी कहें, मुझे गालियाँ भी दें, मुझ पर थूँकें भी, तो भी मुझे स्वीकार होगा। क्योंकि गाली देकर वे तेरे ही पास पहुँच रहे हैं, मुझ पर थूँककर भी वे तेरे ही पास पहुँच रहे हैं, मुझे बुरा-भला कहकर भी वे तेरे ही पास पहुँच रहे हैं, यह मैं जान गया हूँ। मैं जानता हूँ, प्रत्येक को जीवन में जो मिला है, वह देगा तो वह उसी रूप में देगा। मैं तो तेरा निमित्त हूँ, कोई भी कैसे भी पहुँचे, क्या फर्क पड़ता है? कोई मुझे गालियाँ देकर भी अगर तुझ तक पहुँचता है, तो क्या बुरा है? तुझ तक पहुँचने के लिए ये गालियाँ तो बड़ा सस्ता सौदा है। मुझे वह भी स्वीकार है। मुझे तेरा सब स्वीकार है।

जो भी हो रहा है, वह केवल माध्यम होने के कारण हो रहा है, यह भाव स्थापित हो रहा था और जैसे-जैसे यह भाव स्थापित हो

रहा था, यह 'मैं' धीरे-धीरे मिट रहा था। जैसे शरीर में से कुछ जा रहा हो, ऐसा लग रहा था।

मैं मेरा ही अवलोकन कर रहा था। मुझे मेरा ही जीवन दो मार्गों पर नजर आ रहा था। एक यह मार्ग था जहाँ मुझे कोई जानता तक नहीं था, जहाँ मैं कभी गया भी नहीं था, मेरा कोई परिचय भी नहीं था। न मैं इनकी जाति का था, न इनके रिश्ते का था, न इनके धर्म का था और न इनकी भाषा का था। ये कबीले वाले कौन लोग थे, मुझे भी पता नहीं था। पर मेरा इनके साथ आत्मीय संबंध निर्मित हो गया था। ये मेरे ऊपर विश्वास करते थे, मुझसे प्रेम करते थे, मेरा आदर करते थे। मेरे ऊपर इनकी श्रद्धा थी। तो क्या यह वास्तव में था, सच था? नहीं। इनका परमात्मा पर विश्वास था, परमेश्वर पर श्रद्धा थी, परमेश्वर से प्रेम था, वे केवल मेरे माध्यम से करते थे। मैं एक माध्यम था। ये जैसे भी थे; अनपढ़ थे, गँवार थे, जंगली थे; पर ये मेरे थे। परमात्मा ने इनको मिलने के लिए मुझे माध्यम बनाया था, एक पास का माध्यम, अपना-सा माध्यम। वे मुझे भी अपने जैसा ही समझते थे और मैं भी उनके जैसा ही बर्ताव करता था ताकि हमारी नजदीकियाँ बनी रहें। वे बस साथ होने चाहिए, वे कभी-ना-कभी जरूर समझेंगे, जागेंगे, सीखेंगे।

बड़े आनंद के साथ दिन बीत रहे थे। सब कुछ ठीक-ठाक चल रहा था। एक दिन सुबह मैं ध्यान कर रहा था, तो शरीर में कुछ विशेष हलचल अनुभव हो रही थी। क्या हो रहा था, वह समझ में नहीं आ रहा था, पर शरीर पर से नियंत्रण पूर्णतः समाप्त हो रहा है, ऐसा लग रहा था। सारा शरीर एकदम ठण्डा होने लग गया था। सारे शरीर में एक विशेष कंपन की स्थिति लग रही थी। बाद में अनुभव किया कि मैं मेरे ही शरीर के बाहर निकल रहा हूँ और धीरे-धीरे मैं ऊपर जा रहा हूँ। जैसे गैस का बलून (गुब्बारा) ऊपर जाता है, ठीक वैसा ही लग रहा था। मैं ऊपर, और ऊपर जाने लग गया और ऊपर से देखा—मुझे मेरा ही शरीर दिखाई देने लग गया था। बिल्कुल स्पष्ट दिखाई दे रहा था। मेरे शरीर के आसपास निर्मित हुए वलय भी दिख रहे थे, शरीर का आभामण्डल भी दिख रहा था। बाद में देखा, कुछ गाँव के लोग कुछ केले व फूल लेकर

आए, मेरे सामने रखे और नमस्कार करके बैठ गए और बैठ गए तो बैठ ही गए! वे भी ध्यान में चले गए थे जबकि ठीक से ध्यान करना भी उन्हें नहीं आता था। पर उनका भी ध्यान लग गया तो मैं समझ गया कि माध्यम के प्रति एक क्षण भी संपूर्ण समर्पण करो तो ध्यान तो वैसे ही लग जाएगा और समर्पण के लिए केवल भाव चाहिए, ध्यान का ज्ञान नहीं। वे लोग भी ध्यान करने लग गए और काफी समय तक बैठे रहे। फिर शाम होने लगी तो भी वे लोग जा नहीं रहे थे, तो मुझे ही लगा, अब अँधेरा होने वाला है, इन्होंने अब अपने घर जाना चाहिए। पर उन्हें घर का विचार आने के लिए उन्हें ध्यान में से बाहर निकालना होगा और वे ध्यान में से तब तक नहीं निकलेंगे, जब तक मैं ध्यान में से बाहर नहीं निकलता! फिर मैंने ही धीरे-धीरे अपनी नीचे की यात्रा शुरू की। वापस अपने शरीर में गया और ध्यान में से बाहर आया। जैसे ही मैं बाहर आया, वे भी तुरंत ध्यान में से बाहर आए। वे बोले, "हमें नींद लग गई थी।" उन्हें लगा कि शायद उन्हें नींद लग गई थी। वास्तव में, वह नींद नहीं थी, समाधि-अवस्था का प्रभाव था जिस प्रभाव के कारण उन्हें ध्यान लग गया था। यह सब सान्निध्य का प्रभाव था। मेरे माध्यम से वे सीधे मेरे गुरुओं के सान्निध्य को अनुभव कर रहे थे। पर यह अनुभव उनके लिए नया था, इसलिए उन्हें लगा कि नींद लग गई थी।

ऐसे ही एक बार और ही अलग अनुभव आया। एक दिन सुबह चार बजे मैं ध्यान करने बैठा था और बहुत अच्छा ध्यान लग गया था। धीरे-धीरे शरीर में कंपन-सी हुई। जैसे कुछ ऊपर की ओर बह रहा हो, ऐसा लगा और बाद में मैं आकाश की ओर ही जा रहा हूँ, ऐसा अनुभव हो रहा था। आकाश से, ऊपर से, मैं मेरे शरीर को देख पा रहा था और शरीर नग्न था। केवल शरीर को व उसके आसपास के आभामण्डल को देख रहा था। आभामण्डल ही अधिक स्पष्ट था, शरीर तो कभी दिखता और कभी नहीं दिखता था। शरीर स्पष्ट नहीं था, पर शरीर के आसपास के आभामण्डल के कारण, यहाँ शरीर है, वह ज्ञान हो रहा था। शरीर को जब और देखने की कोशिश की तो केवल चक्र व उन पर होने वाले स्पंदन और उनको एक माला के धागे के समान जोड़ने वाली माँ कुण्डलिनी दिखी जो बड़ी प्रकाशमान थी, एक सुनहरी ज्वाला के समान वह दिख रही

थी। उसको देखने का प्रयास करता तो चक्र कम दिखने लगते थे क्योंकि चक्रों से अधिक वह प्रकाशमान थी। वह कुण्डलिनी आत्मा के प्रकाश के साथ थी और इसी कारण इन दोनों का संयुक्त प्रभाव शरीर के बाहर भी आभामण्डल के रूप में प्रतिबिम्बित हो रहा था। यह सब होता है, सुना था, पर देखा आज ही था! मेरे शरीर को दूर से देखो तो लगता था जैसे दीपमाला का स्तंभ ही हो, जैसा प्रायः दक्षिण भारत के मंदिर के सामने बना हुआ देखा था। आभामण्डल को देखना आसान था। वह दूर से ही दिख रहा था। वह भी कभी कम होता, तो कभी फैलता। यह बार-बार हो रहा था। उसकी गति पर ध्यान दिया, तो जाना साँस की गति के समान ही वह संचालित हो रहा था। शरीर में निकलने वाले प्रकाश में शरीर के ऊपर के वस्त्र दिख ही नहीं रहे थे। या शरीर के वस्त्रों के भीतर, चक्रों तक पहुँचने की सूक्ष्म दृष्टि प्राप्त हो गई थी। पता नहीं क्या था, पर जो देख रहा था, वह दृश्य अद्‌भुत था और ऐसा पहले कभी नहीं देखा था। बाद में देखा तो गाँव के चार लोग भी वहाँ पर आए थे। उनके हाथों में कुछ फूल थे और उनकी ओर देखा तो उनके भी न शरीर दिख रहे थे और न कपड़े। वे भी ऐसे दिख रहे थे जैसे चक्र एक के ऊपर एक रखकर कोई चल रहा हो। वे चारों आए, फूल अर्पण किए और नमस्कार किया और उस शरीर के आभामण्डल का प्रभाव उन पर भी पड़ने लग गया और थोड़ी ही देर में वे तन्द्रा की अवस्था में चले गए। फिर मैं धीरे-धीरे नीचे आया तो शरीर में फिर एक कंपन-सा हुआ और मैं शरीर में आ गया। थोड़ी देर बाद ध्यान में से बाहर आया। बाद में वे लोग भी अपनी तन्द्रा की अवस्था में से बाहर आए। इन्हें भी ऐसा ही लगा था कि नींद लग गई जबकि इतनी सुबह कभी किसी को नींद थोड़ी ही आती होगी? ये बोले, "आपके शरीर से इतनी शक्ति अनुभव हो रही थी कि हमारी आँखें वह सहन नहीं कर सकीं और बंद हो गईं।"

कोई नई बात बच्चा सीख ले तो उसे बार-बार दोहराना चाहता है। वैसे ही मेरा यह प्रयोग फिर रोज ही सुबह ध्यान में होने लग गया। यह कुछ दिन चलता रहा। फिर नया चालू हुआ कि कोई भी मनुष्य आता, मैं अपनी आँखें बंद रखते हुए ही उसके आभामण्डल का अध्ययन करता। कौनसे चक्र पकड़े हुए हैं, कौनसे चक्र ठीक हैं,

वह जानता। जो चक्र पकड़े हुए होते थे, वहाँ पर वह बाहर से मिलने वाली ऊर्जा ठीक से नहीं ले पाता था और जो चक्र क्रियान्वित रहते, उस चक्र पर वह ऊर्जा अच्छी तरह ले पाता था। फिर खूब दिनों तक उसका ही अभ्यास किया। कोई भी मनुष्य मेरे सामने आता, तो ही मेरा ध्यान उसकी ओर जाता था और मैं उसके आभामण्डल को आँखें बंद रखते हुए ही जान लेता था। यानी उस व्यक्ति का मेरे सामने आना आवश्यक था। यह सब अपने-आप ही होता चला जाता था। उसके लिए मैं कोई विशिष्ट प्रयत्न नहीं करता था। मनुष्य को देखने की एक दिव्य दृष्टि प्राप्त हो गई थी या तो मेरे ही भीतर की अंतर्दृष्टि जागृत हो गई थी, ऐसा लग रहा था। कभी तो लगता था कि शाश्वत और अशाश्वत का भेद निर्मित हो गया था; जो आध्यात्मिक जीवन में महत्त्वपूर्ण था, केवल वही दिखता था और जो महत्त्वपूर्ण नहीं था, वह नहीं दिखता था। यानी कि मनुष्य ने पहने हुए कपड़े, मनुष्य का शरीर, मनुष्य किस जाति का है, कौनसी भाषा बोलता है, किस धर्म को मानता है या किस लिंग का है; वह स्त्री है या पुरुष है; यह कुछ भी नहीं दिखता था। पर जो आध्यात्मिक जगत में आवश्यक है, वही दिखता था, दिखता था उसका आभामण्डल।

प्रत्येक जीवित व्यक्ति अपने एक निजी आभामण्डल का मालिक होता है। उसमें विभिन्न प्रकार के रंग होते हैं, जैसे सुनहरा, सफेद, लाल, हरा, नीला, पीला, बैंगनी, गुलाबी आदि। वह मनुष्य जैसे विचार करता रहता है, वैसे-वैसे उसके आभामण्डल के रंगों में बदलाव आता है। वे रंग भी निश्चित नहीं होते हैं। वे भी बदलते रहते हैं। अलग-अलग परिस्थितियों में अलग-अलग रंग होते हैं और इन्हीं रंगों से उस मनुष्य को संपूर्ण तरीके से जाना जा सकता है; वह मनुष्य कैसा है, उसका चरित्र कैसा है, उस मनुष्य का स्वास्थ्य कैसा है। उस मनुष्य के बारे में सब कुछ जाना जा सकता है। उस मनुष्य की वर्तमान की स्थिति जानी जा सकती है और इस वर्तमान स्थिति से उसके भूतकाल की भी कल्पना हो जाती है और उसके भविष्यकाल के बारे में भी जाना जा सकता है। जब मनुष्य की मृत्यु होती है तो उसके तीन दिन पूर्व से ही उसका आभामण्डल बुझना प्रारंभ हो जाता है।

तो मुझे मनुष्य के आभामण्डल की संपूर्ण जानकारी मिलती थी। मनुष्य के चक्रों की स्थिति संपूर्ण पता चल जाती थी। उसकी आत्मा को उसके आत्मा के प्रकाश से देखा जा सकता था और दिखती थी माँ कुण्डलिनी। वह मनुष्य के शरीर में छुपी हुई होती है। मनुष्य के मूलाधार चक्र के ऊपर स्थित एक छोटे-से स्थान में वह एकदम सूक्ष्म स्वरूप में होती है। पर संवेदनाओं के द्वारा उसका संबंध ऊपर तक के चक्रों तक होता है। यानी जिन पर आध्यात्मिक स्थिति निर्भर है, वे ही बातें दिखती थीं और जिस पर आध्यात्मिक स्थिति निर्भर नहीं है, वह दिखता ही नहीं था। बाद में यह अभ्यास इतना अधिक हो गया था कि मनुष्य का सामान्य स्वरूप तो दिखना ही बंद हो गया, दिखता था बस मनुष्य का आध्यात्मिक स्वरूप। अब तो मैं स्त्री व पुरुष में भी भेद नहीं कर पा रहा था। बड़ी विचित्र स्थिति हो गई थी और ऐसी ही दृष्टि से कई बार जीवन में बड़े विचित्र अनुभव आने लग गए थे। इस दृष्टि से मैं किसी को जानना चाहूँ, तो ही वह आध्यात्मिक स्वरूप दिखना चाहिए था, अन्यथा नहीं, पर ऐसा नहीं था। मुझे मनुष्य का केवल आध्यात्मिक स्वरूप ही दिख रहा था, बाकी कुछ भी नहीं। यानी अंतर्दृष्टि सूक्ष्म तो हो गई थी, पर नियंत्रण में नहीं थी। ऐसी दृष्टि लेकर मनुष्य-समाज में नहीं रहा जा सकता है।

मेरी ध्यान-साधना में फिर मैंने ठहराव लाया और मैं रुक गया और एक निश्चित स्थान तक रुककर ही ध्यान करने लग गया। फिर धीरे-धीरे ध्यान में स्थिरता आने लग गई थी। चित्त के सशक्तिकरण के साथ-साथ चित्त पर नियंत्रण भी अत्यंत आवश्यक है, अन्यथा जीवन में कठिन परिस्थितियाँ निर्मित हो सकती हैं। फिर कुछ दिन स्थिर ही रहा और वैसे रहना भी आवश्यक ही था। क्योंकि मनुष्य का शरीर मानो अश्वरथ हो और आत्मा सारथी हो, तो चित्त वह अश्व है। अपने अश्व पर सारथी का नियंत्रण सदैव होना ही चाहिए। अश्वरथ के संदर्भ में भी, गति प्राप्त होना बड़ी अच्छी बात है, पर गति के साथ रथ पर नियंत्रण होना भी आवश्यक है। मनुष्य को जीवन में जब भी थोड़ी गति मिले तो थोड़ा ठहर ही जाना चाहिए ताकि प्राप्त हुई गति को नियंत्रित किया जा सके। क्योंकि गति बढ़ जाने पर संतुलन बिगड़ने का पूरा-पूरा खतरा होता है और इसीलिए इस संतुलन को ही बनाए रखने के लिए मनुष्य को जीवन में ठहराव

की आवश्यकता होती है। अन्यथा अगर ठहराव न हो, तो संतुलन भी नहीं रहेगा। संतुलन नहीं रहेगा तो चित्त पर नियंत्रण भी नहीं रहेगा। चित्त पर नियंत्रण नहीं रहेगा तो वह इधर-उधर जाकर गंदा होगा और दुर्घटनाएँ करेगा। चित्त पर नियंत्रण चित्त की गति से भी अधिक आवश्यक होता है क्योंकि जितनी अधिक गति, असंतुलन का खतरा उतना ही अधिक होता है। कुछ दिन चित्त को प्राप्त हुई गति को आत्मसात किया। थोड़े समय एकांत में रहा। थोड़े समय भीतर ही रहा। थोड़े समय तक मनुष्यों से मिलना-जुलना कम किया। थोड़ा समय अपने-आपको जानने में लगाया था। थोड़े समय ध्यान करके चित्त को साधा, चित्त को नियंत्रित किया। चित्त नियंत्रित हो जाने के बाद, जब मैं आँखें खोलकर देखता था तो सामान्य मनुष्य या सामान्य स्त्री दिखती थी और जब मैं आँखें बंद करता था, तभी उस मनुष्य का आध्यात्मिक स्वरूप दिखता था। यानी मैं आँखें बंद करके जब उस व्यक्ति में चित्त डालता था, तभी उसका सही स्वरूप दिखता था। यानी अभ्यास से इस नई अंतर्दृष्टि पर भी नियंत्रण कर लिया था। सब धीरे-धीरे, ठहरकर, अभ्यास से ही संभव हो सका था।

इस अनुभव से यह जाना था कि प्राप्त हुई गति मनुष्य को असंतुलित करती है। मनुष्य को गति मिल जाने पर सदैव सतर्क हो जाने की आवश्यकता है। कहते हैं न कि प्रत्येक सिक्के के दो पहलू होते ही हैं। वैसे ही, गति एक अच्छा पहलू है, दूसरा, बुरा पहलू असंतुलन है। यानी गति के साथ असंतुलन सदैव जुड़ा ही हुआ है। गति मिली तो असंतुलन आएगा ही। असंतुलन के बिना गति हो ही नहीं सकती। पहले मैंने गति को जानने का प्रयास किया। गति यानी जीवन में जो चल रहा है और जिस दिशा में आत्मा उत्क्रांति चाहती है, वह उस दिशा में उसे ढकेलती रहती है। जब मनुष्य का जड़त्व समाप्त हो जाता है, तो आत्मा उसे उत्क्रांति की ओर ढकेलने में सफल हो जाती है। आत्मा मनुष्य को जो आगे की ओर ढकेलती है, यही गति है। यह ढकेलना एक प्रक्रिया है और ढकेले जाते समय स्थिरता नहीं होती यानी वह स्थिति जिसमें न तो अपने पूर्वस्थान से पकड़ है और न ही बाद में मिलने वाला स्थान प्राप्त है। यानी घर से भी निकले हैं और मंजिल भी नहीं मिली है। मुझे भी लगा, मेरा भी जीवन कुछ ऐसा ही व्यतीत हो रहा है। घर से भी निकल

गया और नए घर भी नहीं पहुँचा। रास्ते में ही हूँ और गति के साथ हूँ। मुझको मुझ पर नियंत्रण करने की आवश्यकता है। यह बीच की स्थिति मनुष्य को कहीं के कहीं जाकर फेंक सकती है। इसीलिए गति के साथ-साथ एक निश्चित दिशा भी होनी चाहिए और निश्चित दिशा तभी मिल सकेगी, जब स्थिरता हो।

जीवन में स्थिरता अति आवश्यक है। मैं सदैव निरंतर साधना से ही उस गति की स्थिति पर नियंत्रण पा सका था। आज तो ऐसा अनुभव हो रहा था कि यह गति ही शक्ति है और यह शक्ति ही माया है। आत्मा का स्वरूप एक शिव जैसा ही है और यह आत्मा और गति दोनों ही जीवन को चलाते हैं। इन दोनों के बीच का तालमेल, इन दोनों के बीच का समन्वय ही आत्मा को परमात्मा तक पहुँचाता है। इस आत्मा का इस शक्ति पर नियंत्रण होना आवश्यक है और उत्क्रांति इन दोनों के मिलन से ही निर्मित होती है। इन दोनों के मिलन से, इन दोनों के संयोग से कुछ नया सृजन, कुछ नया क्षेत्र, कुछ नया आयाम मनुष्य को प्राप्त हो सकता है। पर आवश्यक है, प्रत्येक क्षण शिव और शक्ति में आपस में समन्वय हो। तो ही नया सृजन हो सकता है। यह गति ही शक्ति है और इस शक्तिरूपी गति पर आत्मा का नियंत्रण होना आवश्यक है। बिना आत्मा के शक्ति खतरनाक है, ठीक वैसे ही जैसे बिना शिव के शक्ति घातक सिद्ध हो सकती है। जो शक्ति सृजन का, प्रगति का माध्यम है, वही गति, वही शक्ति अनियंत्रित होने पर बड़े विनाश का कारण भी बन सकती है। शिव और शक्ति आत्मा और चित्तशक्ति के रूप में मनुष्य के शरीर में ही विद्यमान हैं। इन दोनों के बीच का आपस का संबंध मनुष्य के जीवन में विकास के नए द्वार खोलता है और इन दोनों के बीच की दूरी अनियंत्रित स्थिति को जन्म देती है और मनुष्य-जीवन में विनाश का निर्माण करती है। यह गति ही शक्ति है। यह गति ही जीवन है और यह गति ही मृत्यु है। इसी के बीच जीवन है। मनुष्य को जीवन को संतुलित करने के लिए इस गति और नियंत्रण दोनों का मध्य संभालना होगा। जब जीवन में गति रहती है, तभी नियंत्रण की भी उतनी ही आवश्यकता पड़ती है। पर उस समय गति के प्रभाव में मनुष्य को नियंत्रण उतना महत्त्वपूर्ण नहीं लगता है। यानी नियंत्रण जब महत्त्वपूर्ण होता है, तभी वह महत्त्वपूर्ण नहीं लगता है। वास्तव में,

जब गति न हो, तब नियंत्रण आवश्यक नहीं होता है। मनुष्य गतिहीन होने पर ही नियंत्रण के महत्त्व को जान पाता है। पर तब तक बड़ी देर हो चुकी होती है। वास्तव में, चित्तशक्ति परमात्मा की ही शक्ति है, पर वह परमात्मा के नियंत्रण में होनी चाहिए। यह तभी संभव होगा, जब चित्त पवित्र हो और शुद्ध हो। तभी गति के साथ-साथ नियंत्रण हो सकता है।

अब दोनों ही गाँवों के लोगों ने और बाँस और लकड़ियाँ लगाकर पुल को और आधार देकर मजबूत कर लिया था। दोनों ही गाँवों के लोगों का एक-दूसरे के साथ उठना-बैठना होता था। उन्हें अचरज लगता था कि वे कैसे पास-पास रहकर भी एक-दूसरे से अनजान थे। एक-दूसरे को जानने का, समझने का वे प्रयास करते रहते थे। दोनों ही गाँवों में बड़ा अच्छा वातावरण था। यह सब देखने का मुझे अवसर मिला, यह देखकर मैं भी काफी प्रसन्न था। उनका वहाँ वस्तुविनिमय द्वारा लेन-देन होता था। रूपए-सिक्के की उन्हें जानकारी नहीं थी। वे प्रकृति की गोद में रह रहे बड़े ही सुंदर गाँव थे।

मेरी साधना रोज सुबह से चलती। रोज ध्यान में नए नए अनुभव आ रहे थे। ध्यान में अब तो प्रतिदिन का ही हो गया था कि मैं अपने शरीर में से निकलकर, ऊपर की ओर जाकर स्थित हो जाता था और अपने ही शरीर को, शरीर के आभामण्डल को, अपने ही चक्रों को देखता था। उस ऑरा (आभामण्डल) में होने वाले स्पंदन और स्पंदन से होने वाले प्रकाश का बदलाव, यह सब देखने में ही बड़ा आनंद आ रहा था। अब यह रोज के खेल जैसा ही हो गया था। अपने ही आभामण्डल का निरीक्षण घंटों करते रहना और उसमें होने वाले बदलावों को देखते रहना, यह अब नियम बन गया था। रोज बेचारे गाँव वाले, मैं ध्यान में रहता, तो बैठते थे, जो फूल या फल लाए रहते, वे रखकर चले जाते थे।

ऐसे ही एक दिन सुबह मैं ध्यान करने के लिए जा ही रहा था। मैं उस मंदिर से थोड़ा-सा हटकर, एक निश्चित स्थान पर जाकर ही ध्यान कर रहा था। तो देखा—उस स्थान की ओर एक जटाधारी मुनि आ रहे थे। उन्होंने अपने केश बाँध रखे थे। सफेद बाल थे,

सफेद ही दाढ़ी थी। उनकी उँचाई सामान्य मनुष्य से बहुत अधिक थी। उनके गले में रुद्राक्षों की एक माला थी और वल्कल वस्त्र धारण किए हुए थे। मैं उनके पास गया और उनको नमस्कार किया। वे एक पत्थर पर बैठ गए। वे बोले, "मैं तुम्हें लेने आया हूँ। मुझे तुम्हारे गुरु ने भेजा है। तुम रोज ध्यान-साधना करते थे, वह मुझे मालूम था कि तुम एक अवस्था तक पहुँचकर अटक गए हो। मैं जान गया था, तुम तुम्हारे ही सम्मोहन के वश हो गए हो। अगर ऐसा रहा तो यहीं तक अटककर रह जाओगे। तुम्हें जीवन में बहुत आगे जाना है। यह गाँव तुम्हारा कार्यक्षेत्र नहीं है। तुम तो इसी गाँव को पकड़कर बैठ गए! मैं हिमालय के उस उच्च शिखर पर ध्यानस्थ रहा हूँ। इस गाँव के बारे में मुझे भी जानकारी है, पर मैं यहाँ कभी नहीं आया। मैं तुम्हें यह बताऊँ या नहीं बताऊँ, इसी दुविधा में था, तो तुम्हारे ही गुरुदेव का आदेश आया कि वह चला था मुझ तक पहुँचने और वह अटक ही गया है, उसे बाहर निकालो। इसीलिए मैं तुम्हें लेने आया हूँ। तुम्हें जंगलों में जाना है। वे, तुम्हारे गुरु तुम्हारा इंतजार कर रहे हैं। चलो जल्दी, तुम्हें वहाँ भेजकर मुझे भी वापस जाना है।" मैंने कहा, "एक दिन रुक जाते हैं। उन गाँव वालों से मिलकर चलते हैं।" मैंने उन्हें एक दिन रुकने की विनती की। उन्होंने कहा, "बच्चे, यही मोह है। गाँव वालों से तुम्हारा लगाव हो गया है। उनको मिलोगे तो वे कभी भी तुम्हें जाने नहीं देंगे। वे तुम्हें बहुत चाहते हैं और उनका चित्त तुम्हारे गुरुकार्य में बाधा बनेगा। इसलिए यही समय है, अपने ऊपर नियंत्रण करने का। वे सब अब खुशहाल हैं, ठीक हैं। चलो जल्दी।"

मेरी तब उनके साथ जाने की इच्छा नहीं थी, पर मैं 'ना' भी नहीं कर पाया। मंदिर में गया, अपना झोला उठाया और उस पहाड़ी देवता को नमस्कार किया, उससे विदाई ली। फिर गुफा में गया। वहाँ मुनि के स्थान को नमस्कार किया और प्रार्थना की, "इस गाँव को मैं तुम्हारे हवाले करके जा रहा हूँ। इनका ख्याल रखना।" और सब गाँव वालों के लिए भेंट व फल सजाकर रख दिए और नम आँखों से, बड़े भारी मन से मैंने उस स्थान से विदाई ली। उस समय मुझे थोड़ी देर के लिए मृत्यु का आभास हो गया था। मनुष्य की मृत्यु भी जब आती है, तो शायद ऐसे ही आती होगी। बिल्कुल समय नहीं देती—किसी से मिलने का, किसी से बात करने का, किसी से कुछ

कहने का। इसीलिए नहीं देती होगी क्योंकि मृत्यु होती देख, जाने वाला तो चला जाएगा ही, वह थोड़े ही रुकने वाला है, पर जो बेचारे रुके हैं, वे अधिक दुःखी होंगे। उस मृत्यु को देखकर, वे तो रोज उसे याद कर करके मरेंगे। गुरुदेव सही कह रहे हैं कि मुझे जाता देखकर तो मेरे गाँव वाले बहुत ही दुःखी होंगे। अब चला ही गया तो क्या? बेचारे कुछ दिन दुःखी होंगे, फिर सब ठीक हो जाएगा। मैंने गुरुदेव के साथ चलने का निर्णय लिया और चल दिया। हम उस दिन दिनभर चलते रहे। शायद उन्हें भी कुछ जल्दी थी या गाँव वाले न आ जाएँ, ऐसा डर होगा। पता नहीं, पर हम दिनभर में सामने वाली पूरी पहाड़ी के पार पहुँच गए थे। फिर रात के समय, एक गड्ढेनुमा स्थान था, वहाँ पर रुके। वहाँ शायद कभी पानी भरा रहता होगा क्योंकि बीचो-बीच थोड़ा-सा पानी भी था। रात में वहीं सो गए थे।

दूसरे दिन सुबह से फिर चलना प्रारंभ किया और दोपहर तक चलते ही रहे। दोपहर के समय थोड़ा विश्राम किया, फिर रात तक चलते रहे। रात के समय एक पहाड़ी पर रात गुजारी, रात में वहीं सो गए। फिर दूसरे दिन सुबह उन्होंने बोलना प्रारंभ किया, "तुम्हारा कार्य बहुत बड़ा है और बहुत बड़ा कार्य करने के लिए बहुत ऊर्जाशक्ति की आवश्यकता होती है। वह ऊर्जाशक्ति तुम्हें अनेक स्थानों से, अनेक गुरुओं से एकत्र करनी है। इसलिए कहीं भी अटको मत, कहीं भी रुको मत। अभी ठहराव तुम्हारे जीवन में ही नहीं है और कहीं भी मत अटको क्योंकि तुम्हारे पीछे सारी गुरुशक्तियों की उम्मीदें हैं। उन लोगों ने तुम्हें तैयार करने के लिए काफी मेहनत की है। तुम अपना नहीं तो उनका तो ख्याल करो! जीवन में बहुत विशाल कार्य तुम्हें करना है। आने वाली मानव-जाति का भविष्य उस पर ही निर्भर है। कभी किसी के चक्रों पर अपना चित्त मत डालो क्योंकि ऐसा करने से तुम उन्हें जान तो लेते हो, पर अनजाने में ही उनके चक्रों के दोषों से तुम्हारा चित्त दूषित हो जाता है। तो दूसरों को जानकर क्या करोगे? तुम अपने-आपको जानो ना! तुम अगर अपने-आपको जानते तो तुम्हें पता चल जाता कि तुम एक स्थिति में जाकर अटक गए हो। क्यों दूसरों के चक्रों पर चित्त डालकर अपने चित्त का सत्यानाश कर रहे हो? जब वह स्थिति आएगी, तो जानने की आवश्यकता भी नहीं रहेगी। दूसरों के चक्रों की स्थिति तुम्हें ऐसे

ही पता चल जाएगी। पर अभी उसे 12 साल लगेंगे। तब तक अपने चित्त को संभालकर रखो। जब 12 सालों के बाद तुम्हारे सूक्ष्म शरीर का निर्माण हो जाएगा, तो जानने की भी आवश्यकता नहीं रहेगी, विश्व के किसी भी व्यक्ति के बारे में तुम्हें स्वयं ही जानकारी हो जाएगी क्योंकि तुम परमचैतन्य के साथ जुड़ गए, उसमें समरस हो गए तो विश्व में होने वाली घटनाएँ ऐसे ही मालूम हो जाएँगी क्योंकि तुम विश्व का एक अंश बन चुके रहोगे। पर उसे अभी बहुत देर है। जीवन में चित्त ही सबकुछ है, मनुष्य को उसे सदैव संभालकर रखना चाहिए।"

"अब चलो, हमें और आगे जाना है," कहकर वे फिर चल दिए और मैं भी उनके पीछे-पीछे चल दिया। फिर दो दिनों तक ऐसे ही चलते रहे। बाद में एक रात एक पहाड़ी पर बिताई और दूसरे दिन सुबह उन्होंने एक छोटी-सी बस्ती की तरफ इशारा किया और कहा, "अब तुम उस बस्ती में जाओ। वहाँ एक बुद्धविहार है, वहाँ जाओ। आगे का रास्ता तुम्हें वहीं से मिलेगा। अब मुझे वापस जाना है। कई साल पहले ही मैंने मनुष्य-समाज को ही त्याग दिया था। तब से मैं किसी मनुष्य से नहीं मिला। केवल तुम ही उसके अपवाद हो। अब मैं वापस जा रहा हूँ।" मैंने उनको नमस्कार किया और कहा, "आपके मार्गदर्शन के लिए मैं आपका हृदय से आभारी हूँ। ऐसी ही कृपादृष्टि मुझ पर बनाए रखिए।" फिर वे वापस चल दिए और मैं उस गाँव की ओर चल दिया। मैं जब उस गाँव में पहुँचा, तो शाम होने वाली थी। मैं शाम के समय बुद्धविहार पहुँचा और वहाँ पर देखा तो एक वृद्ध सज्जन वहाँ रहते थे। उन्होंने मेरा स्वागत किया। मैं कुछ बताने ही वाला था कि वे बोले, "मुझे सब मालूम है। तुम थके होगे, आराम करो। कल बातें करेंगे।" वे भी शायद कुछ जल्दी में ही थे। मैंने, उन्होंने जो भात का भोजन दिया, वह खाया और सो गया।

सुबह जब उठा, तब सभी ओर कोहरा-ही-कोहरा छाया हुआ था। बाहर तो कुछ दिख ही नहीं रहा था। बाद में काफी देर के बाद वे बूढ़े सज्जन आए। फिर बातचीत हुई तो उन्होंने बताया, "यह मनुष्य-बस्ती का अंतिम गाँव है। इसके बाद हिमालय की वादियाँ और जंगल प्रारंभ होते हैं। हम लोग भी उस ओर कभी नहीं जाते हैं

क्योंकि उस ओर कोई मनुष्य नहीं है और कभी किसी सहायता की आवश्यकता हो तो कोई भी नहीं है। आप कल उधर से आए थे। मैं समझ गया कि काफी बड़ी यात्रा करके आए होंगे। कल आपका सान्निध्य पाकर मैं धन्य हो गया। मैं यहीं, इसी गाँव में सालों से रह रहा हूँ। प्रकृति की गोद में बसा यह बड़ा सुंदर गाँव है।" उधर के पहाड़ी लोग सब सामान्यतः एक जैसे ही दिखते थे। थोड़ा चेहरे-मोहरे का अंतर होता था। उन्होंने बताया, "यह गाँव खामती जाति के लोगों का है। ये लोग बड़े शांतिप्रिय व परोपकारी लोग थे। मेरा नाम तान्यीया है। मैं बौद्ध धर्म का अनुयायी हूँ। यहाँ से कुछ दूरी पर तवांग नाम का एक बड़ा गाँव है। वहाँ एक बड़ा बुद्धमंदिर है। वहाँ पर मैं कई बार आता-जाता हूँ। उसके आगे मैं जीवन में कभी नहीं गया और उसके आगे जाने का कोई काम ही नहीं पड़ता है।"

हमारी धर्म पर, ध्यान पर चर्चा होती रहती थी। संवेदनाओं पर चर्चा होती थी, स्पंदन पर चर्चा होती थी, चैतन्यशक्ति पर चर्चा होती थी। वहाँ की खेती पर चर्चा होती थी। वे भी रोज उनके तरीके से ध्यान करते थे। मैंने उन्हें बताया, "मुझे मणिपुर जाना है। मेरे गुरु ने मुझे वहाँ बुलाया है।" तो वे बोले, "मुझे थोड़ा समय दो, फिर मैं उसकी व्यवस्था कर देता हूँ। मैं कभी तवांग के आगे गया ही नहीं हूँ, इसलिए मुझे आगे की कोई जानकारी नहीं है। पर मेरे यहाँ पर अच्छे संबंध हैं। मैं आपके आगे की यात्रा की व्यवस्था कर सकता हूँ, केवल आपको थोड़े समय यहाँ रुकना होगा।" मैंने उस व्यवस्था के लिए तान्यीया का आभार व्यक्त किया। उसके झुर्रियों भरे चेहरे की बारीक-बारीक आँखों से वह केवल मुस्करा ही दिया था। मेरे पास भी उससे अच्छा और कोई उपाय नहीं था।

तीन दिनों के विश्राम के बाद एक दिन सुबह तान्यीया और मैं तवांग जाने के लिए निकले। रास्ते में भी काफी कोहरा छाया हुआ था। मानो रात के अँधेरे में ही चल रहे हों, इतना घना था। वहाँ रास्ता भी नहीं था। जैसे वह चलता था, वैसे ही मैं भी चल रहा था। पर वह उस सारे मार्ग का जानकार था। बाद में हम किसी रास्ते पर थे। पर रास्ता चौड़ा नहीं था। खड़ी चढ़ाई थी, जिसे चढ़ने में काफी तकलीफ हो रही थी। छोटे-छोटे गाँव दिख रहे थे, पर अंदर

से आने वाला प्रकाश ही दिख रहा था, बाहर कोई नहीं था। फिर ऐसे ही, एक घर में हम लोग गए। यह घर पूरा लकड़ी का ही बना था। जमीन से करीब दस फीट ऊपर था। नीचे पशु वगैरह बँधे थे और ऊपर मनुष्य रहते थे। वह तान्यीया के किसी रिश्तेदार का ही घर था। उस रिश्तेदार ने बड़े आदरभाव से हमारा स्वागत किया। मुझे तो कोई जानता नहीं था। पर मैं यह जान गया कि तान्यीया इस जाति का वरिष्ठ, आदरणीय व्यक्ति है। फिर कुछ आसपास के गाँवों के लोग भी रात के समय एकत्र हो गए। अंदर एक बड़ा-सा हॉल (मुख्य कक्ष) था जिसके बीचो-बीच आग जल रही थी और सब लोग उस आग के आसपास इकट्ठा हो गए। फिर उनकी भाषा में ही उनकी बातचीत चलती रही। वे लोग प्रश्न करते थे, अपनी कुछ समस्याएँ बताते थे और तान्यीया उसका समाधान करता था। वे सब लोग उसका बहुत आदर करते थे। वे सभी बौद्ध धर्म को ही मानने वाले लोग थे। सभी अच्छे व भले लग रहे थे। रात में देर तक चर्चा ही चलती रही। फिर तान्यीया ने उन सबको जाने के लिए कहा और बाद में मैं और वह रात में उसी हॉल में सो गए थे।

दूसरे दिन सुबह भी बाहर काफी धुंध छाई हुई थी। फिर हमने चाय पी। मैंने काफी दिनों के बाद चाय पी थी। यहाँ की चाय का स्वाद कुछ अलग ही था या मैं चाय का स्वाद भूल गया था। क्या मालूम? बाद में उसने बताया, "थोड़ी देर बाद हम लोग जीप (गाड़ी) से तवांग जाने वाले हैं। मैंने तुम्हारी आगे की यात्रा की भी व्यवस्था की है।"

घर के सब लोगों से मिलकर हम जीप से तवांग जाने के लिए निकले। जीप चलती थी तो और ठण्डी हवा लगती थी। यहाँ पर फोरव्हिलर (चौपहिया वाहनों) में जीप ही चल सकती है, यह जानकारी उस ड्राईवर (चालक) ने दी। तान्यीया भी मेरे पास में बैठा हुआ था। उसे भी कुछ सामान खरीदने व अन्य कार्य से तवांग जाना ही था। रास्ते में मैंने तान्यीया से पूछा कि तवांग शब्द का क्या अर्थ है? तो तान्यीया ने बताया, "'ता' यानी घोड़ा। घोड़े को 'ता' कहते हैं और 'वांग' यानी चुना हुआ। यानी तवांग यानी घोड़े ने चुना हुआ पवित्र स्थान। हमारे मोंपासा जाति के लोग यहाँ पर सालों से रहते

आ रहे हैं। यहाँ पर भी एक पुरानी मान्यता है कि एक बार धर्मगुरुओं ने मरलामा नामक बौद्ध भिक्षु को बौद्ध मठ बनाने की आज्ञा दी। पर बौद्ध भिक्षु को मठ की कोई जानकारी नहीं थी और न ही कौन-से स्थान पर मठ बाँधना उचित होगा, यह उसे पता था। फिर उसने भी ध्यान-साधना की और ईश्वरीय शक्तियों को आमंत्रित किया। और ईश्वरीय शक्तियों ने उसे बताया कि तेरा घोड़ा तुझे बताएगा—मठ कहाँ बाँधना है। तो उसने अपने घोड़े को देखा तो वह कहीं चला गया था। बाद में ढूँढ़ा तो वह घोड़ा एक स्थान पर मिला और उसी स्थान पर बौद्ध मठ को बनाया गया है। इसलिए इसे घोड़े ने खोजा हुआ स्थान कहते हैं।" हम बातें करते-करते तवांग पहुँचे थे। यहाँ पर एक बड़ा बौद्ध मठ है। मठ में गौतम बुद्ध की तीस फीट ऊँची मूर्ति है। वहाँ ग्रंथालय, भोजनालय, म्युजियम (संग्रहालय) है। चार-पाँच सौ बौद्ध भिक्षु रह सकें, इतनी बड़ी व्यवस्था है। वहाँ पर छोटे-छोटे बच्चों से लेकर बड़े वृद्धों तक बौद्ध भिक्षु दिख रहे थे। तान्यीया ने बताया, "हमारे यहाँ पर अपने परिवार से एक बच्चा मठ को देने का नियम है। इसीलिए ये छोटे-छोटे बच्चे भी इस मठ में रहते हैं। वहाँ की स्त्रियाँ बड़ी मेहनती थीं। पुरुषों के साथ-साथ वे भी बराबर कार्य कर रही थीं।"

वहाँ से एक ट्रक डिब्रूगढ़ जाने वाला था। तान्यीया ने उस ट्रक में मेरी व्यवस्था कर दी थी। वह बाजार में खड़ा था, इसलिए हमें बाजार में जाना पड़ा। सारा बाजार ही बौद्ध कलावस्तुओं से भरा था। यहाँ पर चीनी वस्तुएँ अधिक देखी जा सकती थीं। वहाँ के गलीचे सर्वप्रसिद्ध थे। वहाँ पर स्त्रियाँ हाथों से ही काफी सामान बनाती थीं। वह गाँव ज्यादा बड़ा तो नहीं था, पर तान्यीया के लिए बड़ा ही था क्योंकि उसका गाँव तो बिल्कुल ही छोटा था। बाद में रात में सामान भरने के बाद हमारी यात्रा प्रारंभ हुई थी। रात में बड़े विनम्र भाव के साथ तान्यीया ने मुझे विदा किया। उसने कहा, "जितना मुझसे हो सकता था, उतना मैंने किया।" मुझे उसने रास्ते में खर्चे के लिए कुछ पैसे भी भेंट स्वरूप दिए और मैंने नम आँखों से उससे विदाई ली। मेरी व्यवस्था ट्रक ड्राईवर के पास में एक बेंच (बैठने के स्थान) पर की गई थी। वह बोला, "आप सो जाओ बाबा।

हम तो अब रातभर ट्रक चलाएँगे।" तान्यीया ने उस ड्राईवर को और आवश्यक निर्देश दिए और फिर मेरी यात्रा रातभर चलती रही।

दूसरे दिन भी सुबह कोहरा छाया हुआ ही था और खिड़कियों से आने वाली ठंडी हवा लग रही थी। गाड़ी की स्पीड (गति) कुछ अधिक नहीं थी क्योंकि रास्ते ही अच्छे नहीं थे। पत्थर तोड़कर रास्ते बनाने का कार्य चल ही रहा था। हम एक स्थान पर थोड़े समय विश्राम करने के लिए रुके। वहाँ पर कुछ खान-पान किया और आगे चल दिए और रात के समय असम के एक गाँव में पहुँचे। वहाँ पर रुके तो रात में वहाँ भोजन में चावल, चार सब्जियाँ, दाल ऐसा भोजन था। ऐसा भोजन मैंने बहुत दिनों के बाद खाया था। मैंने अपने आपको जगाया—यह मानव-भोजन है। अभी तक फल और पत्ते खाकर रह रहा था।

उस हॉटल पर जोर-जोर से बिहु नृत्य की कॅसेट बज रही थी और बड़ा हल्ला-गुल्ला था। फिर रात को हम चले तो दूसरे दिन डिब्रूगढ़ के पास पहुँचे। यह असम का एक बड़ा शहर था। यह शहर असम की राजधानी गुवाहाटी से काफी दूर था, पर काफी बड़ा शहर था। सुबह जब पहुँचे तो उस ट्रक ड्राईवर ने वहाँ के मैनेजर से कहकर मेरी रात में दिमापुर जाने की व्यवस्था कर दी और एक दूसरे ट्रक के साथ मैं रात में दिमापुर की ओर चल दिया। यह ट्रक ड्राईवर बंगाली था, रामकृष्णजी का परमभक्त था। उसके ट्रक में रामकृष्णजी की व शारदा माँ की तस्वीरें लगाई हुई थीं। हम रात में निकले और दूसरे दिन दिनभर चलते रहे और तीसरे दिन दिमापुर पहुँचे। यह दिमापुर भी बड़ा शहर था। यह नागालैंड में था। यहाँ पर पहुँचने के बाद उस ड्राईवर ने बताया, "अब आपको यहाँ से बस मिलेगी। वह मणिपुर लेकर जाएगी।" और उस ड्राईवर ने ही मुझे उस बस का टिकट भी निकालकर दिया। मैंने उस ड्राईवर को धन्यवाद दिया और बस में बैठा। बाद में देखा तो बसें काफिला बनाकर चल रही थीं। सारी बसें एक काफिले में चल रही थीं। उसके आगे और पीछे मिलिट्री (सेना) लगी हुई थी। इस सारे एरिया (क्षेत्र) में उग्रवादी काफी थे, इसलिए बसों का सफर मिलिट्री के साए में ही होता था। कहते थे कि एक आदिवासी एक पेड़ से दूसरे पेड़ पर

छलाँग मारकर बस से पहले दिमापुर से इम्फाल पहुँच सकता है। इतने घने जंगल थे।

इम्फाल पहुँचा तो वहाँ पर फुटबॉल की किसी टीम की जीत का सम्मान-समारोह चल रहा था। इस मणिपुर राज्य में खेल-कूद की गतिविधि बहुत लग रही थी। यहाँ पर स्त्रियाँ भी साईकल से घूमती थीं। नाक के सिरे तक चंदन का लंबा टीका लगाती थीं। यहाँ पर अलग व्यवस्था थी। यहाँ पर एक स्त्री अनेक पति रखती थी। सारा बाजार स्त्रियों के ही हाथ में था। सारी व्यवस्थाएँ वे ही देखती थीं। यहाँ के एक किसान के नाम तान्यीया ने एक पत्र दिया था। वह लेकर मैं उस किसान से मिला। उस किसान की खेती-बाड़ी थी, शहर में खाद बेचने की दुकान भी थी। उसने अपने खेत पर मेरी रहने की व्यवस्था की थी। वे बोले, "जब तक आप चाहो, यहाँ रह सकते हो।" खेत लाईपत्ते का था। अधिकतर, सब्जियाँ ही खेत में हो रही थी। शहर यहाँ से 12 किलोमीटर दूर था।

पहले उस किसान को अचरज हुआ और वह बोला, "हमारे यहाँ कोई सरकारी आदमी ही ट्रान्सफर (तबादला) होने पर आता है, वह भी मजबूरी में। हम खुद ही यह सब, दुकान बंद करके यहाँ से जाना चाहते हैं। आप खुद यहाँ पर क्यों आए? यहाँ पर कोई नहीं आता है। यहाँ की स्थिति बड़ी खराब है। रास्ते चलते बम-विस्फोट होते रहते हैं। हम सब व्यापारी भी एक निश्चित एरिया (क्षेत्र) में ही रहते हैं।" मैंने कहा, "मैं भी स्वयं इसलिए आया हूँ क्योंकि मुझे यहाँ पर कुछ अज्ञात शक्तियों ने बुलाया है। मेरा जीवन भी अब उन शक्तियों को समर्पित कर चुका हूँ। जीवन का जो होना हो, वह हो।" मैंने कहा, "मेरे जीवन का अंत यहाँ होना हो, तो होगा। मुझे मृत्यु का भय नहीं है। अगर इस कार्य में मृत्यु भी आई, तो मेरा सौभाग्य होगा कि गुरुकार्य करते-करते मृत्यु आई।"

मैं भयमुक्त होकर सब जगह घूमता था। वहाँ के समाज का अध्ययन करता था। ध्यान और साधना वाले साधु-संतों की संगत करता था। ऐसे ही एक बार मैं मोयरांग भी गया था। कुछ लोग मुझे वहाँ पर लेकर गए थे। कहते हैं कि नेताजी सुभाषचंद्र बोस ने आजाद हिन्द फौज को लेकर अंग्रेजी हुकुमत पर हमला बोला

था और वे भारत में यहाँ तक पहुँच गए थे। वहाँ आज भी उनका स्मारक बना हुआ है।

मैं सामान्यत: उस खेत पर ही रहता था। शाम के समय कुछ लोग आते थे। भजन व सत्संग का कार्यक्रम होता था। दिन में मैं जिनको मिलता था, उन्हें भी मिलता था। मैं इंतजार कर रहा था अगले मार्ग का। मुझे पता था, इस स्थान के लिए मैं नहीं आया हूँ। कई बार मनुष्य के जीवन में लगता है कि ठहराव आ गया है। पर वास्तव में, वह ठहराव नहीं होता है। वह समय स्थिरता का होता है, संतुलन का होता है। जीवन में अधिक गति भी मनुष्य को असंतुलित कर देती है। गति के साथ-साथ मनुष्य को ठहराव और संतुलन भी आवश्यक ही होता है। मेरे वे दिन ऐसे ही संतुलन के दिन थे। मैं तो मेरे ही जीवन को, क्या चल रहा है, वह एक मूकदर्शक बनकर देखता था। यहाँ पर यही अनुभव कर रहा था कि शिव और शक्ति इन दोनों के बीच ही जीवन है। शिव यानी मनुष्य के शरीर की आत्मा। उस आत्मा का प्रभुत्व शरीर पर कितना है, वह आत्मा शरीर के अधीन है या शरीर आत्मा के अधीन है, इसी बात पर सारा संतुलन निर्भर होता है। अगर मनुष्य का शरीर आत्मा के अधीन है, इसका अर्थ है कि आत्मा अपने मूलस्वरूप में है, पवित्र है और आत्मा पवित्र है, तो चित्त भी पवित्र होगा क्योंकि चित्त तो आत्मा का ही प्रकाश है। तो ऐसे मनुष्य का जीवन संतुलित होगा, सुरक्षित होगा और उसके जीवन में गति के साथ-साथ ठहराव भी होगा। यानी वह व्यक्ति एक निश्चित, नियंत्रित गति से ही जीवन में आगे बढ़ेगा और संतुलित होते हुए अपने जीवन में अपनी आत्मा द्वारा निर्धारित किए गए लक्ष्य तक पहुँचेगा और जीवन में आत्मसुख पाकर आत्मानंद पाएगा क्योंकि उसकी गति पर उसकी आत्मा का पूर्ण नियंत्रण होगा। दूसरा मनुष्य वह है, जिसके शरीर का प्रभुत्व उसकी आत्मा पर होता है। उसके भीतर उसकी आत्मा का अस्तित्व नगण्य-सा होता है। इसलिए उसका शरीर, उसका मन जैसा चाहता है, वह वैसा ही करता है। वह चाहे उतनी गति से भागता है और गति ही उसकी दुर्घटना का कारण बनती है। उसका गति पर कोई नियंत्रण नहीं होता क्योंकि वह गति को ही प्रगति समझता है। वास्तव में, गति यानी केवल आगे, और आगे बढ़ना है और प्रगति यानी संतुलित विकास की प्रक्रिया है।

मनुष्य के जीवन में गति घातक होती है, प्रगति नहीं, क्योंकि प्रगति में गति के साथ-साथ संतुलन भी जुड़ा होता है, ठहराव जुड़ा होता है।

अब मेरा जीवन भी आत्मा के प्रभुत्व में ही चल रहा था और जो गति थी, वही शक्ति थी, वही माया थी। उस पर शिव यानी आत्मा का नियंत्रण संपूर्ण था। इसलिए गति नियंत्रित थी और ऐसे ठहराव मेरे जीवन में आते रहे हैं। ऐसा ही ठहराव यह था। मैं इस खेत में आकर ही ठहर-सा गया था। यहाँ से आगे क्या मार्ग है, पता नहीं था और न ही मैं उसके बारे में कुछ सोच रहा था। मैं जहाँ था, मस्त था।

एक दिन बाजार में एक घटना घटी। मुझे नया कुर्ता सिलवाने के लिए वह किसान मुझे एक कपड़े की दुकान में ले गया। वह एक लड़की की दुकान थी। वह स्वयं आई और कपड़ा दिखाया। मैंने उस लड़की को, टेप (फीता) लेकर यह कपड़ा इतना नाप, ऐसा कहा। उस काउण्टर (मेज) के इस ओर मैं था और दूसरी ओर वह लड़की थी। वह लड़की कपड़ा नापने के लिए काउण्टर पर झुकी तो एक बंदूक की गोली उसकी दुकान में घुसी और वह जहाँ खड़ी थी, वहीं घुसी। वह लड़की बोली, "गुरुजी, आप ही के कारण आज मैं बची। न आप मुझे कपड़ा नापने के लिए कहते और न मैं झुकती। मैं झुकी, इसीलिए बच गई, अन्यथा आज इस गोली से मेरी मृत्यु निश्चित थी।" बाहर मिलिट्री की जीप पर किसी ने हैंड-ग्रेनेड (हथगोला) फेंका था तो मिलिट्री वालों ने गोलियाँ चलाईं। तो यह उन्हीं की बंदूक की गोली थी, जो इस लड़की के पीछे की अलमारी में लगी थी। मैंने उसे कहा, "मंगल के साथ जुड़े होने से अपने आसपास भी मंगल ही होता है, अमंगल नहीं! केवल मंगल से जुड़ा होना चाहिए।" उस लड़की से मेरा तबसे परिचय हो गया था। फिर धीरे-धीरे उसके पति, बच्चों, माँ-बाप सबसे उसने मुझे मिलाया कि इनके कारण मैं बच गई। मैंने कहा, "बचानेवाला तो ऊपरवाला है। मैं तो एक निमित्त था, तेरे समझने के लिए कि बचानेवाला भी कोई है।" उस लड़की का पति बोला, "गुरुजी, ऊपरवाला कोई है, उसे तो किसी ने नहीं देखा। हमारे जीवन में तो ऊपरवाला तुम्हारे ही रूप में हमें मिल गया है।" वह एक कुर्ता स्वयं ही सीकर मुझे भेंट देने आया था। यह लड़की बौद्ध थी। वह भी ध्यान-साधना करती थी। मुझे भी बौद्ध धर्म

में आस्था थी। बौद्ध धर्म की जानकारी प्राप्त करना मैं चाह रहा था। मेरी उस लड़की के परिवार के साथ कई बार चर्चाएँ चलती थीं।

हिंदू धर्म पूजा-पाठ पर आधारित था। बाद में बौद्ध धर्म आया और वह ध्यान के ऊपर आधारित था, तो इस कारण भी मेरी रुचि बौद्ध धर्म में थी। फिर बौद्ध साधुओं से मिलना होता रहता था, बौद्ध भिक्षुओं से चर्चा चलती ही रहती थी। हम सब यही मानते थे कि परमात्मा एक विश्वव्यापी शक्ति है। ये सब धर्म उस तक पहुँचने के विभिन्न मार्ग हैं और किसी भी मार्ग से परमेश्वर तक पहुँचा जा सकता है। कोई धर्म ऊँचा या कोई धर्म नीचा नहीं है। तुमको कौन-सा धर्म, तुमको कौन-सा मार्ग सहज व अच्छा लगता है, यह प्रत्येक का अपना निजी प्रश्न है। किसी भी मार्ग से परमेश्वर तक पहुँचा जा सकता है और एक बार वहाँ पहुँच गए, तो धर्म छूट जाते हैं क्योंकि धर्म को पार करके ही वहाँ पहुँचा जा सकता है।

मैं उस समय बौद्ध धर्म, बौद्ध संस्कृति का अध्ययन कर रहा था। मैं लोगों से कहता था, "मैं हिमालय से आया हूँ। वहाँ पर बहुत कम लोग हैं और जो हैं, वे परमात्मा में लीन हैं। पर धर्म के नाम पर आप जो करते हैं, वैसा वे नहीं करते। वहाँ पर मीलों तक कोई मंदिर नहीं है, कोई मूर्ति नहीं है, कोई माला नहीं, कोई ग्रंथ नहीं, कोई भी वस्तु ऐसी नहीं है जिसका आप उपयोग करते हो। फिर भी उनका संबंध ध्यान के कारण परमात्मा से है। इसका अर्थ है, परमात्मा से संबंध स्थापित करने के लिए इन सब कर्मकांडों की आवश्यकता नहीं है। पूजा-पाठ, मूर्ति, मंदिर, माला ये सब उस परमेश्वर को पाने में सहायता कर सकते हैं, पर ये आवश्यक भी नहीं हैं। आवश्यक है तुम्हारा भाव और उस भाव को जागृत करने के लिए ही ये सब होते हैं। सबसे महत्त्वपूर्ण है भाव। मैं भी अभी कहीं पहुँचा नहीं हूँ। मैं भी अभी मार्ग पर चल रहा हूँ, ढूँढ़ रहा हूँ, खोज रहा हूँ और जब तक परमेश्वर की आज्ञा नहीं होती, वह बात मैं आपको दे नहीं सकता हूँ। परमेश्वर की आज्ञा महत्त्वपूर्ण है।"

"अब कोई किसी मूर्ति में भगवान थोड़े ही होता है, पर मूर्ति के सामने जाते ही हमें भगवान का भाव आ जाता है। मूर्ति तो पत्थर की या धातु की बनी होती है, पर उसका आकार हमें भगवान की

याद दिलाता है। मेरा अभी मूर्तियों का भी अध्ययन चल रहा है। कुछ मूर्तियों से भाव लगता है, कुछ मूर्तियों से नहीं। अभी ऐसा क्यों होता है, पता नहीं। मूर्तियों के कारण या मेरी स्थिति के कारण, वह पता नहीं। मैं वही अध्ययन कर रहा हूँ। मूर्तियों के कारण हमारे हृदय में परमात्मा के प्रति भाव निर्मित हो जाता है। पर सभी मूर्तियों से होता ही है, ऐसा नहीं है। पर मूर्तियों से होता भी है, यह सही है। दोनों ही हैं। पर किसी मूर्ति से होता है, किसी से नहीं, ऐसा क्यों, वह पता नहीं।"

वहाँ पर कृष्ण भगवान का मंदिर, छोटा-सा ही सही, प्रत्येक बाजार में होता था। कुछ अलग पौराणिक कथाएँ वहाँ से जुड़ी थीं। कोई कहता था, "रुक्मिणी हमारे राज्य की थी, इसलिए श्रीकृष्ण हमारे दामाद हैं। वहाँ एक गाँव भी है जिस गाँव की रुक्मिणी थी, ऐसा वे मानते हैं। तथा अर्जुन ने भी चित्रगंधा नामक राजकन्या से शादी की थी। वह इसी राज्य की थी। यहाँ पर उसके लड़के, बभ्रुवाहन नामक राजा ने भी यहाँ राज्य किया था। वहाँ पर भगवान के रूप में श्रीकृष्ण को मानने वाले लोग थे और जैसे अलग-अलग स्थान की होती हैं, वैसे यहाँ की भी कथाएँ थीं। शाम के समय हम लोग आध्यात्मिक चर्चा करने के लिए एकत्र होकर बैठते थे। हम सभी धर्मों पर चर्चा करते थे। सब लोग खोजी थे, सब जानना चाहते थे कि सत्य क्या है? सब सत्यप्रेमी थे। सब सत्यखोजी थे।

एक बौद्ध गुरु भी हमारी चर्चा में शामिल होते थे। एक बार मैंने उनसे पूछा, तो उन्होंने कहा, "हिंदू धर्म प्राचीन है। वास्तव में, हिंदू धर्म ही नहीं है क्योंकि न उसकी कोई एक निश्चित मूर्ति है और न ही कोई निश्चित धर्मग्रंथ है। हिंदू धर्म तो खुली किताब की तरह है कि अभी उसके पन्ने खाली हैं। कोई भी सद्गुरु आए और अपनी चार अनुभूतियाँ उसमें जोड़ दे। वास्तव में, हिंदू धर्म नहीं, हिंदू संस्कृति है जो प्रकृति से जुड़ी हुई है और प्राचीन व विशाल संस्कृति है। इसी संस्कृति में से अनेक धर्म, पंथ निकले हैं। पर जो धर्म यहाँ चल पाए, वे यहाँ चले और जो नहीं चल पाए, वे बाहर जाकर बाहर की दुनिया में फैले हैं। जैसे जैन धर्म यहाँ भारत में ही अधिक है क्योंकि इस धर्म में समुद्र के पार जाना अच्छा नहीं माना गया है। भगवान महावीर ने

जो अपनी अनुभूतियाँ बताईं, जो संदेश बताए, उसके अनुसार जैन धर्म स्थापित हो गया। गौतम बुद्ध ने जो अनुभूतियाँ बताईं, जो संदेश दिए, उस पर बौद्ध धर्म स्थापित हो गया और ये दोनों ही महापुरुष समकालीन थे। एक बार तो बिल्कुल पास-पास के गाँवों में दोनों ही अपने-अपने प्रवचन कर रह थे, पर ये दोनों आपस में कभी मिले नहीं थे। दोनों धर्म समकालीन थे, समपरिस्थिति में थे। दोनों ही धर्म ध्यान पर आधारित हैं। यह समानता दोनों में है। प्रत्येक महापुरुष अपनी अनुभूतियों के आधार पर अपने संदेश देता रहता है। वास्तव में, वह स्वयं भी नहीं देता है, वह तो केवल अपना अस्तित्व परमात्मा में विलीन कर देता है। फिर परमात्मा ही उसके माध्यम से संदेश देता रहता है। सब संदेश प्राकृतिक होते हैं, ये किसी की बुद्धि से नहीं उपजते हैं।" एक बहुत अच्छी बात थी। हमारी मंडली में कट्टर धार्मिक व्यक्ति कोई भी नहीं था। सब खुले विचार व खुले दिल वाले व्यक्ति थे। सब सत्यशोधक थे।

यह खेत एक तरफ, एकांत में था। पास में नदी थी। मैं रोज सुबह नदी पर नहाने जाता था। इतनी ठण्ड रहती थी कि नदी से ही भाप निकलती हुई दिखती थी। यानी बाहर पानी से अधिक ठण्ड थी। नहा-धोकर फिर ध्यान-धारणा करते बैठता था।

इस गाँव से सड़क के रास्ते सब दूर जाया जा सकता था। यानी यह गाँव शहर से जुड़ा हुआ था और एकांत का भी स्थान था, दोनों ही था। इसीलिए मुझे समाज में जाने का, समाज को जानने का भी अवसर यहाँ मिलता था। यह झोंपड़ी भी काफी बड़ी थी; पाँच कमरों की थी। जमीन से दस फीट ऊपर थी। नीचे के भाग में घास-फूँस भरा था और खिड़कियों से दूर तक देखा जा सकता था। आसपास सारे खेत ही थे। ऐसी ही झोंपड़ियाँ आसपास के खेतों में भी बनी हुई थीं। साधारणतः फल और सब्जियों की ही खेती अधिक होती थी। यहाँ पर छत के लिए बारीक-सी घास का प्रयोग होता था जो सालों चलती थी।

एक दिन मैं मोयरांग गया तो वहाँ पर देखा कि एक पहाड़ी पर जापानी सैनिकों की कब्रगाहें बनी हुई हैं। युद्ध में काफी जापानी सैनिक और अधिकारी इस पहाड़ी पर मारे गए थे। उनकी याद में

कब्रगाहें बनाई गई हैं और आज भी कई जापानी लोग अपने पूर्वजों की कब्र पर फूल चढ़ाने के लिए आते हैं। कहते हैं, उस पहाड़ी की सारी देखभाल जापानी लोग ही करते हैं। नीचे एक स्थान पर मैंने ऐसी ही एक वाटिका देखी जो अंग्रेजों की स्मृति में बनाई गई थी। उनके नाम व उम्र, सब वहाँ पर पट्टियों पर लिखे हुए थे। सब सैनिक व अधिकारी 20 से 25 वर्ष की उम्र के ही थे। जो अंग्रेजों की तरफ से लड़ते हुए मारे गए थे। मैं ये दोनों ही स्थान देखकर दुःखी हो गया और मेरे मन में विचार आने लगे कि अंग्रेज मरा हो या जापानी मरा हो, पर अंततः मरा तो मनुष्य ही है। वास्तव में, मनुष्यता मरी है।

ये युद्ध कभी भी विश्व में शांति नहीं ला सकते हैं जबकि सारे युद्ध शांति के लिए ही लड़े जाते हैं। कभी बंदूक से शांति आ सकती है? क्योंकि बंदूक निर्जीव है, शांति सजीव है, निर्जीव से सजीव की निर्मिति हो ही नहीं सकती है। आज युद्ध के लिए मनुष्य विभिन्न प्रकार के हथियार बना रहा है और विभिन्न प्रकार के बम बना रहा है, विभिन्न प्रकार के अस्त्र बना रहा है और अपने ही पैर पर कुल्हाड़ी मार रहा है। क्योंकि इन हथियारों से बाद में ऐसा समय आएगा कि मनुष्य मनुष्यता के लिए ही खतरा हो जाएगा। विश्व के सारे देशों में यह हथियार बनाने की होड़ लगी है कि कौन कितने घातक हथियार बना सकता है। यानी कितना विचित्र है कि मनुष्य ही सोच रहा है, "मैं कितने अधिक मनुष्यों को मार सकता हूँ!" जब मनुष्य ही मनुष्य के बारे में ऐसा सोच रहा है, तो मनुष्य को बचाएगा कौन? मुझे तो मनुष्यता ही खतरे में मालूम पड़ रही थी। सारे मनुष्य ही मर गए, तो उस जीत का जश्न मनाएगा कौन? और फिर यह जीत है या मनुष्यता की हार है? क्योंकि यह सब बुद्धि का एकतरफा विकास है। जितने तुम्हारे पास घातक हथियार हैं, उतने ही घातक हथियार तुम्हारे दुश्मन के पास भी हैं। जब तुम घातक हथियार चलाओगे, तो वह भी घातक हथियार चलाएगा और मनुष्यता मरेगी। मुझे विश्वशांति की प्रेरणा इस मणिपुर राज्य के इन स्मारकों से मिली। मानो दोनों स्मारक बता रहे थे कि युद्ध का परिणाम क्या होता है। मानो वे कह रहे थे, "मैं मरा हूँ तेरे लिए, तू मत मरना मेरे लिए। और अगर तू मरा मेरे लिए, तो बाहर खड़े हैं तेरे लिए।" एक केंचुआ होता है, उसे लोग मछली को पकड़ने के लिए काँटे पर

लगाते हैं। वह केंचुआ मछली को यह कविता सुना रहा है, "मुझे मारा गया है तेरे लिए। अब तू मुझे खाने के लिए मत प्रयत्न कर। अगर खाया तो मेरे अंदर का काँटा तुझे फाँसेगा और तू फँसी तो तुझे खाने के लिए बाहर मनुष्य बैठा है। वह तुझे भी खाने वाला है।"

ऐसा लगा कि दोनों देशों के मरे हुए सैनिक पुकार-पुकार कर कह रहे हैं कि युद्ध का परिणाम क्या होता है। मणिपुर ऐसा राज्य है जहाँ पर दोनों ही देशों के सैनिकों के कब्रस्तान हैं। शायद यह विश्व का एकमात्र स्थान होगा जहाँ दोनों ओर के सैनिकों की स्मृतियाँ हैं।

आज विश्व में हथियारों की जो होड़ लगी है, वह कल मनुष्य का ही विनाश करने वाली है। प्रत्येक देश इन हथियारों पर इतना बड़ा खर्च करता है और किया गया सारा खर्च, सुरक्षा-व्यवस्था में किया है, ऐसा कहता है। क्या हथियारों से सुरक्षा संभव है? इन हथियारों से आज तक न कोई सुरक्षित हो पाया है और न हो पाएगा। अब कोई भी देश इस ओर कार्य नहीं कर रहा है। वास्तव में, शांति के लिए तो एक पैसा भी खर्च नहीं कर रहे हैं, तो शांति आएगी कैसे? हाँ, विश्वशांति के नाम पर विश्वयुद्ध अवश्य होते हैं। मनुष्यता को बचाने के लिए हथियार काम आ सकते हैं, यह एक मिथ्या धारणा है। मनुष्य सजीव है, श्रेष्ठ है और हथियार कनिष्ठ हैं। तो कनिष्ठ कैसे श्रेष्ठ को सुरक्षा दे सकता है? कभी दे ही नहीं सकता है। पर यह समझाएगा कौन? और कौन समझने के लिए तैयार है? कोई नहीं। अब अगर मनुष्य को कोई बचा सकता है, तो वह स्वयं ही अपने-आपका बचाव कर सकता है। इस वैश्विक अशांति के समय यही एकमात्र उपाय लग रहा है। क्योंकि सारे देश ही विनाश का उपाय ढूँढ़ रहे हैं तो किसी भी देश पर शांति के लिए निर्भर नहीं रहा जा सकता है। अब शांति बाहर नहीं, भीतर खोजनी पड़ेगी।

बाहर के जगत में अमन और शांति संभव ही नहीं है। अगर अमन चाहिए, शांति चाहिए, तो मनुष्य को भीतर खोजनी होगी। सुरक्षा चाहिए, तो मनुष्य को भीतर ही निर्माण करनी होगी। तभी सुरक्षा संभव है। विश्व के इन हथियारों से सुरक्षा पाने के लिए इन हथियारों से भी बड़ी सुरक्षा खोजनी होगी और यह खोज बाहर रहकर संभव नहीं है। अपनी सुरक्षितता हमें स्वयं सुनिश्चित करनी

होगी और इस सुरक्षा को पाने का उपाय है—ध्यान। ध्यान से शांति भी संभव है और ध्यान से सुरक्षितता भी संभव है। मनुष्य ने अगर ध्यान किया और नियमित किया तो कुछ समय के बाद उसका चित्त पर नियंत्रण हो जाएगा। चित्त भीतर ही स्थिर हो जाएगा और भीतर एक आत्मशांति स्थापित हो जाएगी और उस स्थापित आत्मशांति का प्रकाश मनुष्यशरीर के चारों ओर दिखने लगेगा और यह प्रकाश ही उस मनुष्य को सुरक्षा प्रदान करेगा। प्रत्येक मनुष्य ध्यान कर आत्मशांति को प्राप्त करेगा और अपने आसपास एक सुंदर-सा आभामण्डल बनाएगा जो सुंदर आभामण्डल उस मनुष्य को संपूर्ण सुरक्षा प्रदान करेगा। ऐसा करने में अगर विश्व के सभी लोग सफल हो जाते हैं, तो ऐसे छोटे, शांत विश्वों से हो सकता है, विश्व में संपूर्ण शांति आ जाए। विश्व में शांति अगर आ सकती है, तो कभी भी हथियारों से नहीं, युद्ध से नहीं, केवल ध्यान से ही संभव है। विश्वशांति का मार्ग तो आत्मशांति से ही संभव प्रतीत होता है। मुझे लगा कि अंग्रेज सैनिकों व जापानी सैनिकों की आत्माएँ वहाँ भटक रही थीं कि हम हमारे जीवन में शांति नहीं पा सके और युद्ध व हथियारों से कभी भी शांति नहीं आ सकती है। यह हम तो हमारे जीवन में नहीं समझ सके, पर यह गलती जो हमने हमारे जीवन में की; वह गलती आप आपके जीवन में मत करो, यह बताने के लिए ही ये स्मारक बने हैं।

उस स्थान पर मैंने निश्चय किया कि आत्मशांति का मार्ग, आत्मसुरक्षा का मार्ग सारी मनुष्यजाति को बताऊँगा। यह ध्यान का मार्ग सबके लिए खुला करूँगा। जो भी मनुष्य अपनी सुरक्षा चाहता होगा, वास्तव में शांति चाहता होगा, वह इस मार्ग को अपना सकेगा। फिर वह मनुष्य किसी भी जाति का हो, धर्म का हो, देश का हो, रंग का हो, यह सबके लिए खुला होगा। यही आश्वासन मैंने उन अंग्रेजों और जापानी सैनिकों की आत्माओं को दिया जो वहाँ अभी भी शांति के लिए भटक रही थीं।

आज इस जगत में निस्सीम प्रेम की कमी है। निस्सीम प्रेम से मेरा आशय उस प्रेम से है जो प्रेम आप किसी व्यक्ति से बिना किसी अपेक्षा के करते हो। वह तुमसे प्रेम करे, यह भी अपेक्षा नहीं

होती है। तुम्हें लगता है, इसलिए प्रेम करते हो। वास्तव में, प्रेम की शुरुआत पहले एक से होती है। अगर आपको एक से प्रेम करना आ गया, तो फिर वही प्रेम आप आपके परिवार से करते हो, समाज से करते हो, गाँव से करते हो, प्रदेश से करते हो, देश से करते हो, सारे संसार से भी करते हो। सभी के प्रति आपके मन में अच्छा भाव होना चाहिए, यह एक अच्छा भाव थोड़े-से समय के लिए भी किसी के प्रति हो जाए, तो उसका भला हो जाता है और सदैव ऐसा भाव रखने से आपका आत्मिक विकास होने लग जाता है। इस आत्मिक विकास का रहस्य प्रेम में है। आपको किसी पर भी प्रेम करते आना चाहिए, किसी पर भी, फिर वह व्यक्ति कोई भी हो। वह व्यक्ति कौन है, यह महत्त्वपूर्ण नहीं है। वह व्यक्ति कोई भी हो सकता है; आपकी माँ हो सकती है, आपकी बहन हो सकती है, आपका भाई हो सकता है, आपकी पत्नी हो सकती है, आपकी प्रेयसी हो सकती है। आपको जीवन में एक व्यक्ति ऐसा मिल जाए जिसे आप अपने से भी अधिक प्रेम करते हो, ऐसा कोई भी व्यक्ति जीवन में जब मिलता है, फिर सच्चे आत्मिक प्रेम की शुरुआत होती है।

यह पहले प्रेम की शुरुआत ही आत्मिक शांति देती है। पर यह आत्मिक शांति तभी मिलेगी, जब आप किसी को भी निःस्वार्थ प्रेम कर पाने में सफल होंगे। क्योंकि ऐसा किया गया प्रेम आपकी आत्मा को शुद्ध करेगा, सशक्त करेगा, विशाल करेगा, आत्मा की गतिविधि को वृद्धिगत करेगा। यह ठीक वैसा ही है जैसे हृदय के डॉक्टर मरीज से कहते हैं कि हृदय को श्रम करने का अभ्यास कराओ, तो ही वह कार्यरत रहेगा। यह प्रेम भी ठीक ऐसा ही है। आप जितना करोगे, वह उतना ही आत्मा को कार्यरत करेगा।

आत्मा कार्यरत होगी तो आपके प्रेम में सूक्ष्मता बढ़ेगी और सूक्ष्मता बढ़ेगी तो संवेदनशीलता भी बढ़ेगी। वह थोड़े समय में, क्षण में किसी को प्रेम से सराबोर कर सकता है। यह फिर तुम्हें करना नहीं होगा, यह करना तुम्हारा स्वभाव हो जाएगा। जब यह करना तुम्हारा स्वभाव हो जाए, तो आप अनुभव करोगे—एक आत्मिक शांति को आप भीतर ही भीतर महसूस करने लगे हो, वह शांति जो आज तक कभी जीवन में पाई नहीं थी। आज तक जिस शांति को आप

बाहर खोजते फिर रहे थे, वही शांति आपने आपके भीतर पाई है। अब प्रश्न आता है, ऐसा प्रेम हम किस व्यक्ति से करना प्रारंभ करें? तो प्रश्न आता है, कौन-सा ऐसा रिश्ता है जो सबसे बड़ा है, सबसे अधिक समय तक का है? तो वह है—पति और पत्नी का रिश्ता। यह रिश्ता विश्व के सब रिश्तों से सबसे लंबा और सबसे बड़ा है। क्योंकि माँ और बाप हमें जीवनभर साथ नहीं दे पाते हैं। बचपन में तो हम ही प्रेम पाते रहते हैं, तो प्रेम देंगे कहाँ से? जब प्रेम भीतर हो, तभी वह बाहर दिया जा सकता है। इसीलिए सबसे उपयुक्त व्यक्ति पति या पत्नी है क्योंकि यह रिश्ता विश्व का सबसे अधिक समय तक चलने वाला रिश्ता है। इस रिश्ते में अगर प्रेम देते हो, तो जाने-अनजाने में आप आपको ही प्रेम से सराबोर करते हो। यानी यह तो ऐसा होता है कि खाना खिलाने का आनंद भी लूट रहे हो और खुद का पेट भी भर रहा है। यानी अगर ऐसा प्रेम पति का अपनी पत्नी पर हो या पत्नी का अपने पति पर हो तो यह प्रेम अति वृद्धिगत करने वाला प्रेम होता है।

पर आवश्यक है, यह शारीरिक आकर्षण का प्रेम न हो, यह आत्मिक प्रेम हो। मान लो, पति अपनी पत्नी पर ऐसा प्रेम करता है जबकि पत्नी को उसकी भावनाएँ समझने के लिए समय ही नहीं हो। पर होगा, धीरे-धीरे यह प्रेम का अंकुर पत्नी में भी फूटेगा और कुछ समय के बाद आप देखोगे कि पत्नी में भी बदलाव आ गया है। तब पत्नी भी पति पर उतना ही प्रेम करेगी, जितना वह उस पर करेगा। ऐसी एक भी जोड़ी निर्मित हो गई तो उन पति-पत्नी से प्रेम का प्रवाह बह निकलेगा। फिर यह प्रवाह बहते ही जाएगा। पर बहना आवश्यक है। पति और पत्नी का संबंध 'यू ट्यूब' ('U' के आकार की नली) जैसा होता है। जैसे साइन्स लॅब (प्रयोगशाला) में यू ट्यूब होती है जिसके दो सिरे होते हैं, पर वे नीचे से आपस में जुड़े होते हैं। एक में जो डालो, वह नीचे से दूसरे सिरे में पहुँच ही जाता है। और जब बहते हैं तो दोनों एक-साथ बहते हैं। पति-पत्नी भी शारीरिक संबंधों के कारण भीतर से यू ट्यूब जैसे जुड़े हुए ही होते हैं और इसीलिए एक जो पाता है, उसका आधा दूसरे को स्वयं ही मिल जाता है और दोनों साथ-साथ बहते हैं। फिर इस प्रेम का बहाव उनके परिवार पर होगा, परिवार से समाज पर होगा, समाज से गाँव पर होगा, गाँव से

देश पर होगा, देश से समूचे विश्व पर होगा। पर पहले वह निर्मित होना चाहिए। इसके लिए पति-पत्नी का संबंध सबसे आदर्श संबंध होता है जो जीवनपर्यंत (जीवनभर) चलता है। ऐसा जीवनपर्यंत का संबंध जिनका प्रेमपूर्ण हो, उन्हें प्रेम का अभ्यास करने का अवसर अधिक मिलता है और ऐसे ही आत्मिक प्रेम से प्रभावित होकर ही पुण्यवान आत्माएँ ऐसे माँ-बाप से जन्म लेती हैं और उन आत्माओं से प्रेम का प्रवाह विश्वभर में पहुँचता है। यह एक बड़ी लंबी अदृश्य प्रक्रिया है जो बड़े सूक्ष्म रूप से होती ही रहती है। इसलिए यह प्रेम की शुरुआत पति-पत्नी आपस में करें।

अगर किसी के पास ऐसे रिश्ते का अवसर जीवन में न हो तो निराश होने की आवश्यकता नहीं। दूसरा एक और रिश्ता है जिसमें भी यह प्रेम वृद्धिगत हो सकता है। वह रिश्ता है गुरु और शिष्य का रिश्ता। यह रिश्ता आत्मिक रिश्ता होता है। शारीरिक रिश्ते से कोई भी गुरु नहीं होता। वह कोई शरीर से संबंधित रिश्ता नहीं होता है, आत्मा से माना हुआ रिश्ता होता है। यानी आत्मा का रिश्ता होने के कारण एकदम करीब का होता है, एकदम पास का होता है और इसी कारण गुरुसान्निध्य का एक क्षण भी आत्मा को आनंदित कर देता है। अपने गुरु की एक दृष्टि भी मनुष्य को चैतन्य से नहला देती है। यह रिश्ता आत्मा की इच्छा से निर्मित होता है, आत्मा के द्वारा बनाया गया होता है, इसलिए आत्मा के करीब का होता है। यह कम समय में ही वृद्धिगत हो सकता है। वह बात अलग है कि शारीरिक रूप से गुरु का सान्निध्य कुछ क्षण ही किसी शिष्य को मिले, पर वे क्षण ही जीवनभर का प्रेम उसे दे जाते हैं। क्योंकि गुरु के साथ लाखों प्रेमपूर्ण आत्माएँ जुड़ी होती हैं, इसलिए आत्मिक प्रेम की एक बड़ी सामूहिक शक्ति गुरु के साथ होती है। इसीलिए गुरुसान्निध्य का एक क्षण भी जन्मभर का प्रेम दे जाता है। इस विश्व में सबसे अधिक प्रभावशाली रिश्ता गुरु और शिष्य का होता है। गुरु उम्र में बड़ा होने के कारण वह शिष्य को जीवनभर साथ नहीं दे पाता है, पर गुरुसान्निध्य में बिताए गए क्षण शिष्य को जन्मभर आनंद देते ही रहते हैं। यानी गुरु वह गुलाब का फूल है जो थोड़े समय ही हाथ में पकड़ो तो भी, फूल हाथ में न होने पर भी, गुलाब की सुगंध के रूप में हाथ में होता ही है। प्रेम या यह गुरु-शिष्य का रिश्ता विश्व

का अतिशीघ्र फलीभूत होने वाला रिश्ता होता है। वास्तव में, यह पूर्वजन्म के संबंधों के कारण ही वृद्धिगत होता रहता है। यह दिखता है क्षण का, पर होता नहीं है क्षण का। कई अज्ञात क्षण उस क्षण के पीछे जुड़े हुए होतें हैं।

आपके जीवन में आप ऐसा कोई भी आत्मिक संबंध बना पाए तो फिर प्रेम का कमल खिलता है। फिर इस प्रेम के कमल से आपकी आत्मा को असीम शांति मिलती है। वह शांति जो शांति आप जीवनभर बाहर खोजते आ रहे हैं। जिस शांति को खोजने के लिए ही आपने यह मनुष्यजन्म लिया है, वह शांति आप आपके जीवन में पाते हैं। एक मनुष्य ने भी यह शांति अपने जीवन में प्राप्त की, तो उस शांतिप्राप्त आत्मा के सान्निध्य में लाखों आत्माएँ शांति को प्राप्त करती हैं और यह प्रेम की गंगा विश्वसागर में जाकर मिलती है और सारा विश्व उस शांति को प्राप्त करता है।

यह वह शांति है जो पैसों से खरीदी नहीं जा सकती, पुस्तकों को पढ़कर प्राप्त नहीं की जा सकती है, हथियारों से प्राप्त नहीं हो सकती है। यह तो परमेश्वर के सान्निध्य में ही प्राप्त होती है और परमेश्वर प्रेम में समाहित है। यह परमेश्वर का प्रेम विश्वभर में फैला हुआ है। यह असीमित है। कोई देश की सीमा में वह बँधा नहीं है। ये सब देश की सीमाएँ मनुष्य की उपज हैं। परमात्मा ने तो सबको एक जैसा पैदा किया है, एक समान सबको दिया है। परमात्मा प्रेम भी सबको एक जैसा ही करता है और शांति भी सबको एक जैसी ही देता है। परमेश्वर ने दी हुई शांति प्रत्येक मनुष्यमात्र तक पहुँचे और विश्व का प्रत्येक मनुष्य उस शांति को प्राप्त करे और उस शांतिपूर्ण, प्रेममय विश्व का निर्माण हो, यही प्रार्थना मैंने मणिपुर में की ताकि उस विश्वयुद्ध में मारे गए लोगों की आत्माओं को सच्ची आत्मिक शांति मिल सके कि वे तो जीवन में नहीं पा सके, पर उसके बाद शांति के नाम पर किया गया उनका बलिदान व्यर्थ न जाए। भले ही युद्ध हुआ हो, पर हुआ था तो शांति के नाम पर! उस घटना से मैं समझ गया, प्रेम बाँटने में ही मनुष्य शांति प्राप्त कर सकता है। शांति खोजने से मिल नहीं सकती। शांति खरीदी नहीं जा सकती। अपना निःस्वार्थ प्रेम ही हमें शांति प्रदान करता है। उस दिन प्रत्येक

मनुष्यमात्र के लिए मेरा हृदय प्रेम से भर गया और मनुष्यप्रेम के कारण मैंने जीवन में पहली बार एक असीम शांति का अनुभव किया था।

प्रकरण 4

बौद्ध साधुओं के साथ

एक दिन बर्मा से दो बौद्ध साधु मुझे मिलने आए थे। वे तीन दिनों तक साथ में भी रहे। दोनों ही बड़े अच्छे स्वभाव के थे। दोनों बौद्ध धर्म के अच्छे जानकार भी थे। एक थे, वे उम्र में बड़े थे, उनका नाम था—आनी। वे शांत व गंभीर स्वभाव के थे। शायद उम्र व बढ़ती साधना ने भी उन्हें गंभीर बना दिया था। उनकी आँखों में बड़ी गहराई थी। वे गोल फ्रेम (ढाँचे) का चश्मा पहनते थे और बार-बार चश्मा अपनी शाल से पोंछने की आदत-सी उन्हें लग गई थी या वह उनका सोचने का ढंग था। वे किसी विषय पर सोचते थे, तो देखा, वे चश्मा पोंछने लग जाते थे। क्योंकि आवश्यक नहीं था कि वह चश्मा गंदा हुआ ही हो, वह उनका तरीका था। उन्होंने कई ग्रंथों का अध्ययन किया था। उनके पास आने-जाने के मार्ग के नक्शे भी होते थे। कुछ यंत्र भी कागजों पर बने होते थे। वे साधना करते समय उनको देखा करते थे। वे क्या थे, वह मुझे उतना समझा नहीं था। वे जब भी बात करते थे, तो उनके शब्दों में से चैतन्य बहता था। वे शब्दों का कम, चैतन्य का ही ज्यादा उपयोग अपने बोलने में करते थे। ऐसा उनकी बातें सुनो तो लगता था। लासी उनसे उम्र में छोटे थे। वे थोड़े चंचल भी थे। अभी नए-नए साधु बने थे। सबकुछ जल्दी से जान लेने की इच्छा उनमें रहती थी, जैसी सामान्य युवा पीढ़ी में रहती है। यानी आनी शांत सागर थे, तो लासी खौलता हुआ सागर! दोनों एकदम दो रूप ही थे। पर लासी आनी का बहुत आदर करते थे और उनके रख-रखाव का, उनकी जरूरतों का बहुत ध्यान रखते थे। लासी पच्चीस एक साल के ही थे, गोरे-चिट्टे थे, गठीला बदन

था, ठिंगना कद था और उनकी आँखें सदैव कुछ-न-कुछ खोजती ही रहती थीं। वे दोनों मानो एक-दूसरे के लिए ही बने थे। क्योंकि एक के पास एक था, तो दूसरे के पास दूसरा। दोनों एक-दूसरे के पूरक थे। लासी कम समय में ही बहुत बातें कर देते थे। बड़ी जल्दी-जल्दी बोलने की उन्हें आदत थी। कभी-कभी वे क्या बोल गए, समझ में भी नहीं आता था। सदैव वे कुछ-न-कुछ जल्दी में ही रहते थे। उनके कार्य में अनुभव की कमी थी, पर कार्य करने की खूब इच्छा रहती थी। दूसरों को मदद करना उनका स्वभाव ही था। दोनों जन्म से ही बौद्ध थे और उनकी बौद्ध धर्म में आस्था थी। वे हिंदू धर्म को भी समझना चाहते थे और मैं बौद्ध धर्म को समझना चाहता था। मेरे उन दोनों से अच्छे संबंध हो गए थे। वे आते तो हमारी काफी चर्चाएँ होती थीं और हम अनुभूतियों पर ही अधिक बातें करते थे। वे कुछ दिनों बाद बर्मा के पास के जंगलों में चले जाते थे। वे कुछ दिन रहे और बाद में चले गए थे।

एक दिन हम काफी लोग एकत्र होकर चर्चा कर रहे थे कि क्या कोई संत किसी विशिष्ट धर्म का हो सकता है? क्योंकि धर्म तो एक सीढ़ी है और परमात्मा एक मकान है, तो मकान तक पहुँचा हुआ व्यक्ति उस सीढ़ी की बातें क्यों करेगा? वह तो मकान की बात करेगा क्योंकि वह तो मकान तक पहुँच चुका है। प्रत्येक मनुष्य को किसी-न-किसी धर्म में जन्म लेना पड़ता है। समाज में दो प्रकार के व्यक्ति जन्म लेते हैं। एक है कि उसने जिस धर्म में जन्म लिया, उस धर्म को ही पकड़ लिया और कट्टर धार्मिक व्यक्ति हो गया। दूसरा, वह व्यक्ति जिसने जिस धर्म में जन्म लिया, उस धर्म को सीढ़ी बनाकर परमात्मा तक पहुँचा और परमात्मा को पाया। पर जिसने परमात्मा को पाया, वह तो जानता है कि धर्म अलग है और परमात्मा अलग। इसलिए कोई भी पहुँचा हुआ व्यक्ति धार्मिक नहीं हो सकता है। लेकिन ऐसे पहुँचे हुए लोगों को बाद में उनके ही मानने वाले उस धर्म से बाँध देते हैं और उस पहुँचे हुए व्यक्ति के नाम पर अपने धर्म का प्रचार करते हैं जबकि उस व्यक्ति ने उस धर्म में जन्म लिया होता है, पर वह उस धर्म से ऊपर उठकर परमात्मा तक पहुँचा हुआ होता है।

पर बाद में उस व्यक्ति या संत के अनुयायी उसे धर्म के दायरे में बाँधकर छोटा करते हैं, यह बताकर कि यह संत है न, हमारे ही धर्म का है। वास्तव में, कोई भी संत किसी भी धर्मविशेष का होता ही नहीं है, पर वह संत यह बताने के लिए थोड़े ही जीवित होता है कि वह क्या कहना चाहता है। लोग उसके नाम पर कुछ भी कहते हैं। वास्तव में, ऐसा किसी भी संत के बारे में कहकर आप उसके कद को छोटा कर रहे हैं।

मनुष्य एक सामाजिक प्राणी है। वह समाज में रहना चाहता है और वह सामाजिक दृष्टि से ठीक से रहे, व्यवस्थित रहे, इसीलिए आचार संहिता बनाई गई। वे सब नियम, मनुष्य का जीवन सुखमय हो, आनंदमय हो, इसीलिए बनाए गए। जीवन में चरित्रनिर्माण हो सके, इस उद्देश को ध्यान में रखकर भी कई धार्मिक नियम बनाए हुए होते हैं। वास्तव में, धार्मिक नियमों का उद्देश मनुष्य के चरित्रनिर्माण के साथ-साथ मनुष्य का आध्यात्मिक उत्थान करना भी है और आध्यात्मिक उत्थान होकर मनुष्य परमात्मा की अनुभूति पा सके, यही एक बड़ा दीर्घकालीन उद्देश था। पर यह उद्देश बहुत ही दूर रह जाता है और मनुष्य सामाजिक व धार्मिक नियमों के ही जंजाल में फँसकर अपना जीवन ही समाप्त कर देता है। यह कार्य पुण्य का कार्य है, यह जीवन में करना चाहिए; यह कार्य पाप का कार्य है, यह जीवन में नहीं करना चाहिए; यह पुण्यकर्म है और यह पापकर्म है, इन्हीं के आसपास सब धर्मों के नियम होते हैं। पर यह सब बाहरी ही होता है क्योंकि कोई भी नियम मनुष्य को पाप करने से रोक नहीं सकते हैं और वे नियम जानकर भी मनुष्य पाप करता है। फिर उन नियमों का वास्तव में क्या उपयोग है? यानी वह नियम की जानकारी बाहर ही प्रभाव डालती है, पर भीतर पाप करने की प्रक्रिया को रोक नहीं पाती है। और यह जानकार मनुष्य भी जब पाप करता है, तो बाद में आत्मग्लानि में भी चला जाता है कि मैंने पाप किया और उस आत्मग्लानि में ही मरता है। फिर यह पाप और पुण्य का नियम, यह ज्ञान किस काम का रह गया है? कोई भी कानून व नियम मनुष्य को सुधारने में असमर्थ है, जब तक कि मनुष्य स्वयं सुधरना न चाहे। मनुष्य को स्वयं लगना चाहिए कि यह बात गलत

है, यह मैं नहीं करूँगा या मैं यह नहीं करूँगी। यह लगने का भाव तो आत्मा का ही है।

सारा खेल आत्मा का है और आत्मा का नियंत्रण शरीर के ऊपर कितना होता है, उसी पर सारा निर्भर है। शरीर और आत्मा दोनों समान हैं तो कौन किस पर नियंत्रण कर सकता है? शरीर को आस-पास की गलत गतिविधियों की सामूहिकता मिल जाती है और वह आत्मा पर ही नियंत्रण कर लेता है। मनुष्य की सोचने व समझने की शक्ति समाप्त हो जाती है और आत्मा का नियंत्रण ही समाप्त हो जाता है। फिर जैसी संगत मिलती है, वैसा कार्य शरीरों की सामूहिकता के कारण यह शरीर भी करने लग जाता है, फिर चाहे उसमें उसकी आत्मा सहमत हो या न हो। आत्मा का नियंत्रण ही शरीर पर नहीं रहता है क्योंकि वह मनुष्य शरीर के अधीन हो चुका रहता है या वासनाओं के अधीन हो चुका रहता है। इसी के विरुद्ध, अगर आत्मा को अच्छी आत्माओं की संगत मिले, तो आत्मा ही अधिक सशक्त हो जाएगी और आत्मा अधिक सशक्त हो जाएगी तो उसका ही नियंत्रण शरीर पर हो जाएगा और आत्माओं की सामूहिकता के कारण इस व्यक्ति की आत्मा का प्रभाव भी इस व्यक्ति के शरीर पर पड़ेगा। ऐसा होने पर शरीर कोई पापकर्म करना भी चाहे, उस मनुष्य की आत्मा ही उसे वह पापकर्म करने ही नहीं देगी, भले ही यह पापकर्म नहीं करना चाहिए—यह बाहरी ज्ञान उस व्यक्ति को हो या न हो। यानी सारा महत्त्व व्यक्ति की आत्मा का है।

मनुष्य की आत्मा अगर सशक्त है, जागृत है तो निश्चित ही मनुष्य के शरीर पर उसकी आत्मा का नियंत्रण होगा। यानी सारा मनुष्यजीवन ही इन दो बातों पर ही निर्भर होता है कि मनुष्य के शरीर पर किसका नियंत्रण है और आत्मा कितनी सशक्त है। यह नियंत्रण ही मनुष्य को सफल या असफल बनाता है। यानी आत्मा को सशक्त करने के पूर्व मनुष्य को यह जानना होगा कि मैं एक आत्मा हूँ, मैं शरीर नहीं हूँ। ऐसा पहला विचार ही मनुष्य के शरीर से आत्मा को अलग अस्तित्व प्रदान कर सकता है और फिर वह यह भाव निर्माण करने में सफल होगा कि मैं एक आत्मा हूँ। उतनी ही उसकी आत्मा सशक्त होना प्रारंभ हो जाएगी। धीरे-धीरे मनुष्य अपनी

आत्मा के करीब जाना प्रारंभ करेगा। यानी सारे आध्यात्मिक जीवन की शुरुआत, मैं एक पवित्र आत्मा हूँ, यह जानने से ही होती है। फिर वह यह भी जान जाता है कि मैं शरीर नहीं हूँ। फिर शरीर का मोह छूट जाता है। फिर शरीर से संबंधित बातों के ऊपर भी ध्यान नहीं जाता है और मनुष्य फिर अपने अहंकार से भी मुक्त हो जाता है। यह दो प्रकार से हो सकता है। पहला यह कि मनुष्य अपने शरीर के कण-कण को जगा ले। पर यह करना बड़ा कठिन है। सालों की तपस्या और साधना से ही संभव है और यह समाज के भीतर रहकर संभव ही नहीं है। साधु व मुनि यह मार्ग ही अपनाते हैं और जंगल में जाकर तपस्या करके अपना जागरण कर लेते हैं और उनका 'मैं' का अहंकार छूट जाता है। यह मार्ग सामान्य मनुष्य के लिए संभव नहीं है। सामान्य, सर्वसामान्य मनुष्य के लिए तो दूसरा मार्ग ही उपयुक्त प्रतीत होता है। इस दूसरे मार्ग में किसी जागृत पुरुष के प्रति अपना संपूर्ण समर्पण का भाव रखकर अपने-आपको उसके जागरण के साथ जोड़ लेना होता है। इसमें अपने भीतर इतना भाव लाया जाता है कि 'मैं' का अस्तित्व ही नहीं रहता है। सब 'तू ही तू' ही बन जाता है। 'तू' को ही इतना बड़ा कर दिया जाता है कि 'मैं' उस 'तू' में ही विलीन हो जाता है। यह मार्ग आसान है—अपने-आपको प्रकाशवान मनुष्य के साथ जोड़ना। पर जीवंत (सजीव) मनुष्य का शरीर अनदेखा करके केवल उसके पीछे के प्रकाश पर चित्त रखना एकदम कठिन है। पर धीरे-धीरे अभ्यास से यह संभव है।

इसमें ऐसा होता है कि जब प्रकाश पर चित्त रखने जाते हैं तो शरीर बीच में बाधा बन जाता है। वह प्रकाश पर चित्त केंद्रित होने ही नहीं देता है। यह केवल शरीर से संभव नहीं है; अपने भीतर के जागृत भाव से संभव है। अपने भीतर इतना भाव जागृत हो जाए कि जो दिख रहा है, उसके पीछे की शक्ति को देखना और उसे न देखना। यानी जो दिख रहा है, उसे न देखते हुए, जो नहीं दिख रहा है, उसे देखना। वास्तव में, जो पीछे है; प्रकाश; वह न दिख रहा है और न दिखेगा, उस प्रकाश को तो केवल अनुभव ही किया जा सकता है। यानी अपने शरीर की दृष्टि पर नहीं, अपने शरीर की संवेदनाओं पर ध्यान केंद्रित करना, यह तो अभ्यास से ही संभव हो पाता है। क्योंकि अपने शरीर की संवेदनाओं से ही हम जान पाते

हैं। तो जानने के बहाने हम हमारा चित्त अपनी संवेदनाओं पर रखते हैं और जैसे ही चित्त संवेदनाओं पर रखते हैं, संवेदनाएँ अधिक संवेदनशील हो जाती हैं और मनुष्य अधिक संवेदनशील और जागृत होने लग जाता है। जागृति की इस पूर्ण अवस्था पर ही उसका अहंकार छूट जाता है और अंत में वह अपने ऊपर नियंत्रण करने में सफल हो जाता है।

यह राज्य प्रकृति की गोद में ही बसा हुआ लगता है। बड़े सीधे व सरल लोग हैं, पर बड़े मेहनती लोग हैं। ये लोग गठीले बदन के होते हैं, पर ठिंगनी कद-काठी के होते हैं। आँखें पतली ही होती हैं। यहाँ पर स्त्रियाँ पुरुषों से भी अधिक सक्रिय हैं। अधिकतर व्यापार-व्यवसाय इन्हीं स्त्रियों के ही हाथ में होते हैं। यहाँ का मणिपुरी नृत्य भी बड़ा प्रसिब्द्ध है। यहाँ पर बहुसंख्यक लोग हिंदू धर्म को ही मानने वाले हैं।

एक बार दोनों बौद्ध भिक्षु आनी और लासी आए थे। दो दिन रहे और बाद में वे बर्मा के जंगलों की ओर जाने वाले थे और मुझे पूछा, "कुछ दिनों के लिए हमारे साथ चलते हो क्या? हम काफी लोग एक मठ में एकत्र होने वाले हैं।" तो मैं भी उनके साथ चल दिया था। हम लोग भिक्षा माँगकर ही उदरनिर्वाह करते थे और पैदल ही आगे चलते रहते थे। भिक्षा के लिए भी उन भिक्षुओं के प्रत्येक गाँव में कुछ निश्चित घर होते थे। उस जगह वे भिक्षा माँगते और फिर आगे बढ़ते थे। कई बार हम गाँव के आसपास के खेतों में विश्राम करते, वृक्षों के ऊपर रहते थे और आगे चलते थे। बाद में करीब आठ दिनों के बाद पहाड़ीभाग चालू हुआ। फिर तो गाँव की बस्तियाँ भी दिखनी बंद हो गई थीं। जंगल ही जंगल था, एकदम घना जंगल! उनको रास्ता कैसे पता था, क्या मालूम? मुझे तो सभी ओर एक-सा ही जंगल लग रहा था। मैं भी हिमालय के जंगलों में घूमा था, पर मेरी यात्रा कोई निश्चित स्थान की ओर नहीं होती थी, कहीं भी जाता था। कहाँ जाना है, वह कोई निश्चित नहीं होता था, मानो मुझे

उतना समय वहाँ बिताना ही हो। मेरा उद्देश वहाँ के वातावरण में फैले चैतन्य को ग्रहण करना होता था। इसलिए सदैव चैतन्य पर ही ध्यान होता था, किसी निश्चित स्थान पर नहीं। पर यहाँ ऐसा नहीं था। इन्हें एक निश्चित स्थान पर पहुँचना था और वह स्थान कहाँ है, उसका उन्हें पूरा पता था। यानी वे ही उधर जा रहे थे, मैं तो केवल उनके साथ चल रहा था।

वहाँ के जंगलों में कई स्थानों पर ऐसी गुफाएँ बनी हैं जहाँ पर गौतम बुद्ध की प्रतिमा होती है। वहाँ पर जो चट्टानें उपलब्ध होती थीं, उन्हीं पर खोदकर, उन्हें ही छिलकर बुद्ध की प्रतिमा बनाते थे और वह प्रक्रिया बहुत बड़ी होती थी। एखादा (कोई) साधु एखादी (किसी) गुफा में ध्यान करता और साथ-साथ एक पत्थर को तराशने का कार्य भी करता। पर पत्थर तराशने का कार्य बहुत धीमी गति से करता और बीस-पच्चीस सालों में वह उस प्रतिमा का निर्माण करता था। उस प्रतिमा में बहुत ही जबरदस्त चैतन्य निर्मित हो जाता था। वह साधु अपने जीवनकाल में केवल एक ही प्रतिमा का निर्माण कर पाता था।

वास्तव में, यह मूर्ति का निर्माण उनकी ध्यान-साधना का ही एक भाग था। वे साधु दिनभर में उस मूर्ति पर केवल एक छेनी चलाते थे और मन को एकाग्रचित्त करने का अभ्यास करते थे। धीरे-धीरे, जैसे-जैसे उनका मन एकाग्र होने लग जाता था, मूर्ति भी धीरे-धीरे निर्मित होने लग जाती थी और मूर्ति के निर्माण के बाद में, साधु प्राण-त्याग कर देते थे। यह उनकी साधना का ही भाग था। साधना पूर्ण हो गई तो जीवन का उद्देश ही समाप्त हो गया। इनके जीवन का उद्देश ही अपने-आपको जगाना था। संपूर्ण जागृत होने के बाद जीवन के प्रति कोई मोह नहीं होता था। देह के प्रति आसक्ति का भाव छोड़कर साधनारत रहते थे और जैसे ही साधना पूर्ण हुई, प्राणत्याग कर दिया या प्राणत्याग हो गया। वास्तव में, साधना के लिए ही प्राण को रोके रखते थे, बाद में तो जीवन का कोई उद्देश ही नहीं रह जाता था। ऐसी कई प्रतिमाएँ उन गुफाओं में बनी मिली थीं। पर वे वहाँ पर पड़ी ही हैं क्योंकि उन मूर्तियों की जानकारी भी समाज को नहीं है! उस भाग में काफी गुफाएँ हैं और कई गुफाओं

में अभी सैनिकों के सामान व औजार पड़े हैं। इन गुफाओं में द्वितीय विश्वयुद्ध के समय जापानी सैनिकों ने पनाह ली थी। उनका सामान आज तक उन गुफाओं में पड़ा हुआ पाया था। खूब घना जंगल है और घाटी है। इसी कारण बाद में वहाँ तक कोई गया ही नहीं था। आठ दिनों के प्रवास के बाद हम उस स्थान पर पहुँचे जो स्थान एक पहाड़ी की तलहटी में बनाया गया एक मठ था। वहाँ पर हमारे पहले से सात बौद्ध भिक्षु जमा थे। हम लोग उनमें जाकर मिल गए। बाद में और बीस-एक साधु अलग-अलग स्थानों से वहाँ पर एकत्र हुए थे। सब लोग साथ में मिलकर ध्यान करते थे। आनी का वे सब भी काफी आदर करते थे। आनी ने मुझे उन सबसे परिचित करवाया था। हमारी सारी चर्चाएँ ध्यान से संबंधित ही होती थीं और अनुभूतियों से संबंधित होती थीं, प्रचारकार्य से संबंधित होती थीं, समाज से संबंधित होती थीं।

एक बौद्ध भिक्षु गौतम बुद्ध की बातें इतने प्रभावशाली ढंग से बताते थे कि लगता था मानो वे स्वयं ही उनके साथ में रहे हों—इतनी जीवंत (सजीव) उनकी बातें लगती थीं! वास्तव में, इसलिए लगती थीं क्योंकि उनकी ध्यान की स्थिति बहुत अच्छी थी और उस अच्छी स्थिति का प्रभाव ही उनकी वाणी में बहते रहता था। तथा सामान्यतः वाणी में ही चैतन्य बहता था क्योंकि वे अधिकतर समय मौन ही रहते थे। उनके अनुसार, मौन रहने से उनकी ऊर्जा, जो बोलने में खर्च होती थी, वह बच जाती थी। कम समय बोलते थे। इसलिए जब बोलते, फिर वह ऊर्जा बहने लगती थी, बोलने में ऊर्जा का प्रभाव नजर आता था। दूसरा, मौन रहने से अनावश्यक बातों पर चित्त ही नहीं जाता है और गया भी तो अधिक समय नहीं रहता है। न अनावश्यक विचार ही आते हैं। दूसरा, जब हम मौन रहते हैं तो प्रकृति से हम अधिक जुड़ जाते हैं। प्रकृति का ही अपना एक नाद होता है, एक संगीत होता है जो बड़ा सूक्ष्म होता है। वह हमें जीवन में ऐसे सुनाई नहीं आता है। पर जब मौन होते हैं तो हमारे कानों में सुनाई आने लग जाता है। प्रायः जंगलों में जहाँ मनुष्य-बस्ती न हो, वहाँ पर मनुष्य के विचारों का प्रदूषण भी नहीं होता है और न मनुष्य-निर्मित आवाजें होती हैं। ऐसे शांत स्थान पर यह प्रकृति का संगीत स्पष्ट सुनाई देता है।

मुझे उनके सान्निध्य में श्री गौतम बुद्ध को समझने का अवसर मिला, उनके सिद्धांतों को समझने का अवसर मिला, उनके उपदेशों को समझने का अवसर मिला, बौद्ध धर्म को समझने का अवसर मिला। मैंने उन दिनों बौद्ध धर्म का अध्ययन किया। मुझे उस दिन लगा—मनुष्य ने खुली किताब के समान होना चाहिए और मनुष्य ने अपने धर्म का पालन करने के साथ-साथ दूसरे धर्मों का भी अध्ययन करना चाहिए, दूसरे धर्मों को भी समझना चाहिए। किसी भी धर्म को समझने के पूर्व तुम्हारे मन में सभी धर्मों के प्रति आदर होना चाहिए। अगर ऐसा भाव है, तो ही आप किसी भी धर्म को, किसी भी भाषा को समझ सकते हैं। यह आदर ही हमारी ग्रहण करने की क्षमता बढ़ा देता है और जब ग्रहण करने की क्षमता बढ़ जाए, तो फिर किसी भी अध्ययन में आसानी होती है। मेरी गहरी रुचि को देखकर ही वे सब मुझे बौद्ध धर्म की कथाएँ, उपदेश व सिद्धांत समझाते थे। उन सबको मालूम था कि मैं बौद्ध धर्म का अध्ययन कर रहा हूँ। उनमें से काफी लोग बर्मा से आए हुए थे। हमारा दिनभर का कार्यक्रम रहता था। कब सारा दिन चला जाता था, उसका पता भी नहीं चलता था। रोज के काम सामान्यत: युवा भिक्षु ही करते थे।

मेरे आठ दिन वहाँ कैसे चले गए, वह पता भी नहीं चला। काफी समय तो ध्यान करने में चला गया था। सामूहिकता में मैंने काफी दिनों के बाद ध्यान किया था। यह सामूहिकता तो बड़ी छोटी-सी थी, पर जो लोग थे, बहुत गहरा ध्यान करने के आदि थे। उनके साथ ध्यान करने में बड़ा आनंद आया था। उनकी ध्यान करने की पद्धति अलग थी, मेरी ध्यान करने की पद्धति अलग थी। उनकी दृष्टि से मेरी ध्यान करने की पद्धति नई थी, असामान्य थी। पर उनका कहना था कि इसमें सामूहिकता नहीं है और इसीलिए तुम अकेले ध्यान करते हो और ध्यान से जो ऊर्जा एकत्र होती है, वह तुम्हारा संतुलन बिगाड़ सकती है। क्योंकि इसमें ऊर्जा संग्रहित हो रही है, पर बँट नहीं रही है। तो बाद में इस ध्यान से अहंकार का निर्माण हो सकता है और तुम्हारी इस पद्धति की जानकारी हमें नहीं है। यह तुम्हारी पद्धति जो तुम्हें किसी ने दी है, बड़ी गुप्त अवस्था में ही थी, यह पद्धति समाज में प्रचलित नहीं है और न ही इसका प्रसार हुआ है।

मैंने उन्हें बताया कि यह आठ सौ साल पुरानी पद्धति है और अभी तक एक गुरु ने अपने एक शिष्य को ही अपने जीवन में दी है। इसी कारण इसका प्रचार नहीं हुआ है। पर मेरे गुरुओं की यह इच्छा है कि अब इसका प्रचार हो क्योंकि अभी तक इसके प्रचार का समय नहीं आया था, अब आने वाला ही है। इस पद्धति का ज्ञान मुझे है, पर यह पद्धति मैं दूसरों को सिखाऊँ, यह आज्ञा मुझे नहीं है। जब तक यह आज्ञा नहीं होगी, तब तक यह पद्धति मैं दूसरों को सीखा नहीं सकता हूँ और सिखाई तो भी सामने वाला सीख नहीं सकता है। जब तक यह अनुभूति का ज्ञान बाँटने का आदेश न हो, यह मैं बाँटूँगा नहीं। यह तो उनकी अमानत है, मैं इसे जीवनभर संभालकर रखूँगा। अगर उन्होंने बाँटने का आदेश दिया, तो ही बाँटूँगा। क्योंकि यह ध्यानपद्धति पवित्र आत्मा की एक अनुभूति पर आधारित है और इस मार्ग में 'अधिकृत' शब्द का बड़ा अर्थ है। गुरुदेव ने मुझे अधिकृत किया यानी उस बाँटने की क्रिया में जो भी दोष आएँगे, वे उन दोषों से मुझे सुरक्षा देने की जिम्मेदारी ले रहे हैं और मैं एक अच्छा माध्यम सिद्ध हो रहा हूँ, ऐसा उन्हें विश्वास हो गया है। मैं तो अभी केवल अपने-आपको उनका एक पवित्र माध्यम बनाने का प्रयास कर रहा हूँ। मैं अगर एक पवित्र माध्यम बन सका, तो ही वे मेरे माध्यम से अपनी शक्तियों का वितरण कर सकते हैं। यानी मेरा कार्य केवल एक पाईप जैसा ही है। पाईप जितना खाली हो, जितना स्वच्छ हो, जितना पवित्र हो, पानी का प्रवाह उतना ही सुचारु रूप से बहेगा और किसको उस प्रवाह का प्रसाद देना है, उसका भी निर्णय वे ही करेंगे। मैं तो एक माध्यम हूँ—न तो मैं किसी को कुछ दे सकता हूँ और न किसी को देने से रोक सकता हूँ। उन शक्तियों पर मेरा नियंत्रण नहीं है क्योंकि वे शक्तियाँ गुरुओं की हैं, मेरी नहीं हैं। मैं तो केवल एक माध्यम हूँ। मैं मेरे इस जीवन में शक्तियाँ बाँटने का अवसर पा सकूँगा कि नहीं, यह मुझे मालूम नहीं है। यह अवसर मुझे मिलेगा कि नहीं, यह भी मुझे मालूम नहीं है। पर अगर गुरु की करुणा से यह अवसर मुझे जीवन में मिला, तो उस समय मैं उस चैतन्य के प्रसाद को बाँटने के उपयुक्त रहूँ, मेरा बस अभी यही प्रयत्न है। जैसे मैं मेरी पेन्सिल छीलकर, नुकीली कर तैयार रहूँगा; जब भी लिखने का अवसर आए, मेरी पेन्सिल उस समय एकदम

तैयार होनी चाहिए। यह देहरूपी पेन्सिल भी मैं एकदम तैयार रख रहा हूँ। जब तक मुझे यह ज्ञान देने का आदेश नहीं आता, मैं स्वयं कुछ नहीं कर सकता। यह गुरु की धरोहर है, उनकी आज्ञा के बिना बाँटना तो असंभव है और इस बारे में मैं सोच भी नहीं सकता, बस इंतजार कर सकता हूँ। मैं बोल रहा था और वे सब बड़ी एकाग्रता से सुन रहे थे। उनकी जिज्ञासा इस ध्यानपद्धति के बारे में और बढ़ी। वे बोले, "तुम्हारा गुरुप्रेम देखकर हम खुश हो गए। वास्तव में, तुम्हारे हाथ से एक बड़ा महान कार्य होने वाला है। यह एक ज्ञान का सैलाब आने वाला है। तुम एक बाँध बनकर उस पानी को इकट्ठा कर रहे हो और तुम जब बोलते हो तो लगता है कि तुम्हारा तो कोई अस्तित्व ही नहीं रह गया है, शक्ति का एक बड़ा झरना बह रहा है। हमें लगता है कि तुम्हारा यह शांत जीवन भविष्य में आने वाले बड़े तूफान के पहले की शांति के समान है। तुम्हारे जीवन में ही तुम तुम्हारे ही माध्यम से एक बड़ा कार्य होता देखोगे। तुम नहीं जानते कि तुम्हारे पीछे कितनी शक्तियाँ हैं, पर हम जान गए हैं कि बड़ी महान शक्तियाँ तुम्हारे पीछे हैं। वह यह बताता है कि कितना महान कार्य तुम्हारे हाथ से होने वाला है। तुम महान हो, तुम्हें पाकर हम धन्य हो गए! इतने महान् होने पर भी तुम बड़ी नम्रता से अपने-आपको एक माध्यम कहते हो। अरे भाई, माध्यम तो वही बन सकता है जिसकी शक्तियों का माध्यम बनने की योग्यता हो। शक्तियाँ अयोग्य मनुष्य को कभी माध्यम नहीं बनाती हैं।"

उनमें एक सबसे वृध्द साधु थे, उन्होंने एक प्रयोग किया। उन्होंने कहा—मेरे पास आओ। मैं उनके पास गया। वे दोनों हथेलियाँ मेरे सामने फैलाकर बैठ गए। फिर मुझे बोले—अब तुम तुम्हारी दोनों हथेलियाँ मेरे हाथों पर रख दो। तो फिर मैंने रख दीं। बाद में मैंने अनुभव किया कि मेरे हाथ के स्पंदन बढ़ गए थे और बाद में देखा तो वे साधु एक गहरे ध्यान में चले गए थे। बहुत समय बाद वे ध्यान से बाहर आए। उनकी समाधि लग गई थी। वे बाहर आए और बोले, "तुम क्या हो, तुम्हें ही पता नहीं है। पर मैं तुम्हें जान गया हूँ। तुम संपूर्ण जागृत पुरुष हो। तुम वह कपूर हो जो जलने के लिए तैयार है, बस चिनगारी भर की आवश्यकता है। मैं तुम्हारा इतिहास जान गया हूँ। यह जन्म तुम्हारे पिछले सब जन्मों के फल के समान है। इस

जीवन में ही तुम पूर्णत्व को प्राप्त करने वाले हो। संपूर्ण प्राप्त तभी होगा, जब इस ज्ञान को बाँटने की तुम्हारी इच्छा पूर्ण होगी। वह कार्य होने ही वाला है। और इसीलिए यह पवित्र, शुद्ध इच्छा तुम्हारे भीतर निर्मित होने वाली है। इन शक्तियों को बाँटने का मार्ग... पता नहीं, कोई तो मार्ग होगा ही, कोई तो उद्देश होगा ही। बिना पवित्र उद्देश के कार्य नहीं हो सकता है। वह उद्देश जब तक प्राप्त नहीं होता, तब तक कार्य भी संपन्न नहीं होगा। किसी बड़े महान उद्देश की तैयारी है। पर उद्देश क्या है, वह समय आने पर ही पता चल पाएगा।"

उन्होंने बाद में मेरे दोनों साथियों आनी और लासी के प्रति आभार व्यक्त किया, "आप दोनों के कारण ही इस महान विभूति के दर्शन हमें हो सके।" ये दोनों भी आश्चर्यचकित हो गए थे। बाद में वे बोले कि आप हमें कुछ अलग ही लग रहे थे और आपके पास रहना हमें अच्छा लगता था, पर क्यों, वह हमको ही पता नहीं था। उन्होंने कहा, "इतना विस्तृत रूप से आपने कभी बताया ही नहीं था।" मैंने कहा, "वास्तव में, मैं सालों अकेला ही रहा हूँ। समाज में भी अकेला ही रहा हूँ। इसलिए किसी से ज्यादा बातें करना मुझे अच्छा नहीं लगता। मुझे अब अभ्यास नहीं रहा और यहाँ पर ज्यादा बातें अपने-आप ही निकल गईं। मुझे आज ऐसा अनुभव आया कि अगर सामने वाला ग्रहण करने की क्षमता रखता है, तो मेरे अंदर से सहज रूप से ही निकलने लग जाता है। कैसे निकलता है, वह मालूम नहीं। वैसे मैं मुखदुर्बल व्यक्ति हूँ यानी मुझे अच्छे से बात करना नहीं आता है। और बोलने में भी अटक-अटक कर बोलता हूँ। बोलना न आना मेरी कमजोरी है। मेरे कण्ठ में ही कुछ कमजोरी है कि मेरे मुँह से आवाज ठीक से निकलती ही नहीं है। क्या करूँ?" वे दोनों हँसने लग गए। बोले, "तब तो बड़े जोर-जोर से बोल रहे थे।" मैंने कहा, "नहीं, कोई बुलवा रहा था और कोई सुनना चाहता था।" लासी थोड़े जिज्ञासु प्रवृत्ति के थे। वे बोले, "कैसे हुआ होगा ना! उस समय तो ऐसे लग रहा था कि मानो एक बाँध पर पानी रोका गया है और बाद में बाँध के दरवाजे एक साथ खोल दिए हों और फिर पानी तेज बहाव के साथ बाहर निकल रहा हो।" फिर वे अपने बारे में बताने लग गए, "मैं भी बचपन से ऐसा ही हूँ। मुझे भी व्यवस्थित रूप से बोलना नहीं आता है। बचपन में स्कूल में सहपाठी

भी मुझे चिढ़ाते थे। मैं मस्ती खूब करता था, पर मुझे बोलना ठीक से नहीं आता था। मेरे घर के लोगों ने बाद में मुझे साधु बनाने का निर्णय लिया और मुझे बचपन से ऐसा ही वातावरण दिया और मैं भिक्षु बन गया। मेरी माँ की बहुत इच्छा थी कि मैं भिक्षु बनूँ, पर मैं तो इंजीनियर (अभियंता) बनना चाहता था। मनुष्य का क्या रहता है न, कि वह बनना क्या चाहता है और बन क्या जाता है! तो अपनी वह इच्छा फिर चली जाती होगी क्या? क्या होता होगा इच्छा का?" मैंने उत्तर दिया, "नहीं, वह भीतर रहती है। अगर उस इच्छा के अनुरूप जीवन में कभी भी अवसर मिले, तो वह इच्छा कार्यान्वित हो जाती है। हमारी आत्मा हमें सदैव क्या करना चाहिए, क्या नहीं करना चाहिए, इसका मार्गदर्शन करती रहती है। और वास्तव में, वही मार्ग सही रहता है। जैसे तुम्हें इंजीनियर बनना था और नहीं बन सके, तो यह इच्छा भीतर रही ही है ना कि इंजीनियर बनना है। प्रत्येक मनुष्य एक अलग आत्मा है। माँ-बाप अलग-अलग आत्माएँ हैं।

वास्तव में, माँ-बाप का अधिकार बच्चों के शरीर पर होता है, आत्मा पर नहीं। माँ-बाप के कारण मनुष्य को केवल शरीर प्राप्त होता है, आत्मा नहीं। मनुष्य जब जन्म लेता है तो माँ-बाप के शारीरिक संबंध के कारण मनुष्य को शरीर प्राप्त होता है। और गर्भ के चार माह तक के वातावरण व माँ के विचारों का प्रभाव भी गर्भ पर पड़ता है। और फिर गर्भ में ही बच्चे के शरीर पर चक्रों का निर्माण होता है। और उन चक्रों की स्थिति के अनुसार मनुष्य के शरीर में आत्मा का आगमन होता है। और आत्मा जब शरीर में प्रवेश करती है, तो उस आत्मा के साथ उसके पिछले जन्मों का रेकॉर्ड रहता है। उसके रेकॉर्ड में उसके कर्मों का लेखा-जोखा रहता है। वह रेकॉर्ड प्रत्येक का अलग-अलग होता है। उस रेकॉर्ड के अनुसार आत्मा के जन्म का कोई उद्देश होता है और आत्मा उसी उद्देश के लिए ही जन्म लेती है। लेकिन आवश्यक नहीं कि आसपास की परिस्थिति उसके अनुरूप ही हो। अगर अनुरूप रही, तब तो सब ठीक होता है और अगर अनुरूप नहीं रही, तो फिर आत्मा का वह उद्देश पूर्ण नहीं होता है। फिर वह दूसरा जन्म लेती है। और यह प्रक्रिया चलती ही रहती है। तुम्हें इंजीनियर बनना था और साधु बन गए। अब अगले जन्म में इंजीनियर बनोगे। मुझे भी माँ-बाप मार्केटिंग मैनेजर (विक्री प्रबंधक)

बनाना चाहते थे और मैं इस मार्ग पर आना चाहता था, तो मैं वह सब भी छोड़कर इधर ही आ गया।"

"मुझे बचपन से, पाँच साल की आयु से ही लगता था कि मेरे जन्म का कोई विशेष उद्देश है। पढ़ना-लिखना, बड़ा होना, नौकरी करना, खूब पैसा कमाना, शादी करना, गृहस्थी बसाना और बाद में बूढ़ा हो जाना और मर जाना, केवल यही मेरे जीवन का उद्देश नहीं है। मेरे जीवन का कोई निश्चित उद्देश है और वह उद्देश क्या है, मालूम नहीं। और मैं मरने के बाद भी कार्यरूप में जीवित रहूँगा ही। मेरा कोई कार्य है जिस कार्य को करने वालों के रूप में मैं सदा जीवित ही रहूँगा। अभी भी, आज तक वह कार्य क्या है, वह पता नहीं है। पर जीवन का उद्देश है—मोक्ष का मार्ग प्राप्त करना और जो आत्माएँ यह मार्ग पाने की इच्छुक हैं, जो इस मार्ग को ढूँढ़ रही हैं, उन आत्माओं को यह मार्ग बताना। मुझे मोक्ष अकेले नहीं पाना है, मैं लाखों लोगों को मोक्ष की प्राप्ति कराकर ही मोक्ष प्राप्त करूँगा। यानी मेरी मोक्षप्राप्ति का मार्ग बड़ा कठिन है। यह ठीक ऐसा ही है कि एक स्कूल का शिक्षक स्कूल छूट जाने पर घर जाना चाहता है, पर वह अपने दायित्व से बँधा है। वह तब तक घर नहीं जा सकता, जब तक वह अपनी कक्षा के सभी बच्चों को उनके घर नहीं पहुँचाता है। सब बच्चों को उनके घर तक पहुँचाने की जिम्मेदारी पूर्ण करने के बाद ही वह अपने घर जा सकता है। यानी मैं भी बँधा हूँ उन लाखों लोगों के साथ जिन्हें मोक्षप्राप्ति कराए बिना मैं मोक्ष प्राप्त नहीं कर सकता हूँ। मैं मोक्ष की स्थिति पाकर भी उसे प्राप्त नहीं कर सकता, क्योंकि मैं मोक्ष की स्थिति लाखों लोगों तक देने के लिए बँधा हूँ। यानी मेरा मार्ग बड़ा विकट है। मुझे मोक्ष इतनी आसानी से, यहाँ जंगल में बैठकर नहीं मिलने वाला है।"

"मुझे उसके लिए समाज में जाना ही होगा, क्योंकि इतने लोग तो इस जंगल में आ नहीं सकते। यानी प्यासा कुएँ के पास नहीं, कुआँ ही प्यासे के पास जाने वाला है। यह मुझे भी मालूम है, पर कैसे होगा, क्या मालूम? मुझे तो मनुष्य-समाज में रहना ही अच्छा नहीं लगता है। तो जब समाज में रहूँगा ही नहीं, तो यह सब कैसे संभव होगा? सब बड़ा कठिन लगता है। यह कार्य तो कितना विशाल है

और समय तो बहुत कम! यह एक ही जन्म में होगा या उसके लिए अगला एक और जन्म लेना पड़ेगा, मालूम नहीं। तुम इंजीनियर होने के लिए जन्म लेना और मैं मोक्ष का मार्ग लाखों लोगों को बताने के लिए जन्म लूँगा, ऐसा ही लगता है।" और हम दोनों मिलकर हँसने लग गए। लासी जब हँसता था तो बहुत ही प्यारा-सा, अबोध बच्चे जैसा हँसता था। उसकी सुंदर दाँतों की पंक्तियाँ साफ दिखती थीं। उसके दाँत भी बड़े सुंदर थे। वह भी बड़ा सुंदर था और मासूम था। मुझे उस पर दया आ रही थी—बेचारा बनना क्या चाहता था और बन क्या गया! मैंने मेरे निर्णय पर गर्व महसूस किया कि कम से कम मैंने तो वह निर्णय लिया जो मेरी आत्मा ने मुझे बताया था। और आज इस जंगल में भी मैं खुश हूँ, क्योंकि मैं वहीं हूँ जहाँ मैं होना चाहता हूँ। और लासी बेचारा चाहता कुछ था और है कुछ! इसीलिए वह स्वर्ग जैसा आनंद यहाँ नहीं ले पा रहा होगा। पता नहीं, ऐसा मुझे उस समय लगा।

हम दोनों करीब-करीब समान उम्र के ही थे। मैं थोड़ा बड़ा था, पर हमारी दोनों की बड़ी मित्रता हो गई थी। जब भी समय मिलता था, वह मेरे पास आकर बैठ जाता था और गप्पें मारता था। उस समूह में सारे लोग अधिक उम्र के थे, हम ही दोनों कम उम्र के थे। हम साथ में नहाने जाते थे। लासी अच्छा तैराक भी था, बहुत अच्छा तैरता था। मेरा नहाना तो बड़ी जल्दी से हो जाता था, पर वह काफी समय तैरता रहता था। मैं किनारे पर बैठकर उसे देखता रहता था। एक दिन वह तैर रहा था और मैं उसे देख रहा था। उसने पानी में डुबकी लगाई और फिर वह दिखा ही नहीं। मैं उसे बड़े ध्यान से देख रहा था। बाद में वह पानी के बाहर आ गया, पर उतने समय मेरा चित्त उसी पर एकाग्र था और फिर पता नहीं, मुझे आगे का दिखने लग गया। यह मोक्ष का ज्ञान प्राप्त तो इसी जन्म में कर लेगा, पर इसे मोक्ष अगले जन्म में मिलेगा। यह अगले जन्म में इंजीनियर बनेगा और इंजीनियर बनकर इसके हाथ से एक बहुत बड़े मंदिर का निर्माण होगा और उस मंदिर के निर्माण-कार्य के बाद ही इसे मोक्ष की प्राप्ति होगी। यानी इसके जीवन का उद्देश उस मंदिर का निर्माण-कार्य है। अब यह मंदिर जंगल में तो बन नहीं सकता यानी इसे भी अंत में समाज में जाना ही पड़ेगा। इसके भी मोक्ष का मार्ग

समाज में से ही गुजरता है। इसने भी इस कार्य का संकल्प किया है। यह मंदिर-निर्माण का कार्य जब तक नहीं होता, यह जीवन में भटकता ही रहेगा। इतने बड़े मंदिर का निर्माण कोई नया इंजीनियर तो कर नहीं सकता, एक अनुभवी इंजीनियर करेगा। और सालों वह कार्य चलेगा क्योंकि इतना भव्य मंदिर बनाने में भी सालों लगेंगे। और सालों बाद वह पूर्ण होगा और तब कहीं इसे मोक्ष की प्राप्ति होगी। मनुष्य भी क्या है! वह अपने जन्मों में आश्वासन देता है और वह आश्वासन पूर्ण करने के लिए फिर दूसरा जन्म भी लेता है। सब एकदम गंभीर वातावरण लग रहा था।

मैं अपने ही विचारों में था और कब लासी मेरे सामने आकर हँसने लग गया, मुझे पता ही नहीं चला। वह बोला, "आप कहाँ खो गए थे?" मैं उसे क्या बोलता? मैंने कहा, "लासी, इधर आ। मैं जिस पत्थर पर बैठा हूँ, उसके सामने आकर खड़ा रह ... अब दोनों हाथ मेरे सामने रख।" उसने दोनों हथेलियाँ मेरे सामने रख दीं और मैंने अपने दोनों हाथ उसकी हथेलियों पर रख दिए और परमात्मा से प्रार्थना की, "हे परमात्मा, इसे इस जन्म में मोक्ष का ज्ञान देना और इसके इंजीनियर के सपने को अगले जन्म में तो अवश्य पूरा करना ताकि यह अपने आश्वासन से मुक्त हो सके और मोक्ष प्राप्त कर सके।" ऐसी मैंने प्रार्थना की और देखा तो लासी तो बेहोश होकर जमीन पर ही गिरा पड़ा था। फिर मैंने नदी से पानी लाया, उस पर छिड़का, उसे पानी पिलाया और बाद में, थोड़ी देर बाद वह होश में आया तो बोला, "पता नहीं क्या हुआ, ऐसा प्रतीत हुआ कि तुम्हारे हाथों से तेज विद्युत-धारा बह रही थी और मेरी आँखों के सामने हजारों सुनहरे कमल खिल रहे थे। और मैं उन्हें देखता ही जा रहा था और देखता ही जा रहा था और बाद में क्या हुआ, मालूम नहीं।" मैंने कहा, "कुछ नहीं, मैंने तेरे लिए प्रार्थना की थी कि तेरा मार्ग तुझे जल्दी मिले।" वह बोला, "क्या इसी जन्म में मिलेगा?" मैंने कहा, "नहीं, पर अगले जन्म में अवश्य मिले, यही प्रार्थना की थी। लासी, मोक्षप्राप्ति एक जन्म में संभव नहीं है रे! बड़ी प्रक्रिया है। हम हमारे ही कर्मों के जंजाल में फँसे होते हैं और उन सबका हम ही निर्माण करते हैं और फिर ये ही कर्म हमारे मोक्ष की प्राप्ति में बाधक बनते हैं। अरे बाबा, मोक्ष यानी ही इन सब बातों से

मुक्ति! अगर अंदर कोई वासना है, अंदर कोई इच्छा है तो हम तो वासना के साथ बँध गए ना! हम तो इच्छा के साथ रुक गए! तो हम ही अपने आस-पास जालों का निर्माण कर लेते हैं और फिर उन्हीं में अटककर रह जाते हैं। ये इच्छाएँ, ये वासनाएँ क्षणिक वातावरण से निर्मित होती हैं, पर बँध तो हम जाते ही हैं न! अब सदैव ध्यान रखना—जब भी, मैं इंजीनियर नहीं बन सका, यह विचार मन में आए, तुम आज की घटना जो मेरे साथ हुई, वह याद करना। मैंने तुम्हारे लिए प्रार्थना की, यह याद करना। वह बात याद रखना। यह सदैव तुम्हें मोक्ष के मार्ग पर ले जाएगी, क्योंकि उस प्रार्थना से एक भाव तुम्हारे भीतर निर्माण हो गया है, उसे बनाए रखना।" फिर हम दोनों नहाकर वापस आ गए। आज नहाने में काफी समय लग गया था। यह हमें बाद में मालूम पड़ा था। वहाँ जाकर मेरी लासी के साथ बड़ी मित्रता हो गई थी। मैं आनी से भी कभी-कभी मिलता था। उन्होंने भूमि की प्रार्थना व ध्यान का कार्यक्रम रखा था। वे भूमिमाता से प्रार्थना करते थे। सामूहिक प्रार्थना या सामूहिक ध्यान, इन सबका एक अलग ही आनंद होता है। एक निश्चित स्थान पर एक निश्चित अंतर रखकर सब एक ही दिशा में मुँह करके बैठते थे और बाद में प्रार्थना व ध्यान करते थे, तो बड़ी आत्मिक शांति का अनुभव होता था। ध्यान बड़ा अच्छा लगता था और बड़ी जल्दी से लग जाता था और काफी समय तक टिका रहता था। इसका कारण यह था कि प्रत्येक मनुष्य का आभामण्डल किसी और मनुष्य के आभामण्डल से जुड़ा हुआ होता था। और सभी लोग शरीर के आभामण्डल से जुड़े होने के कारण उनमें एक प्रकार की आत्मीयता निर्मित हो जाती थी और इसी कारण चित्त की भी सामूहिकता हो जाती थी। सामूहिक चित्त तो बड़ा सशक्त चित्त हो जाता था। फिर ऐसे सशक्त चित्त से जब कभी कोई सामूहिकता में प्रार्थना करते थे तो उसका बहुत ही आनंद आता था। और हम सब एकत्र नहीं रहते थे, सब अलग-अलग रहते थे, इसलिए ऐसा सामूहिक ध्यान हमारे लिए विशेष था।

सामूहिकता में किए गए ध्यान का महत्त्व इसलिए भी अधिक है, क्योंकि चित्त की सामूहिकता के कारण बाहरी वातावरण का, बाहरी विचारों का प्रभाव ध्यान करने वालों पर नहीं होता है। या एक व्यक्ति के ध्यान करने बैठने से विचार आ सकते हैं, पर अनेक व्यक्ति ध्यान

करने के लिए बैठे हों, तो विचार बिल्कुल नहीं आएँगे। सामूहिक ध्यान में पाना व देना, ये दोनों ही क्रियाएँ अनायास ही होती रहती हैं। यानी जिस साधक की स्थिति अच्छी है, वह आध्यात्मिक शक्तियाँ प्राप्त करेगा और आसपास वालों को दे देगा। वह वे उनको दान करेगा जो ठीक से ध्यान नहीं कर पा रहे हैं। यानी वह जितना दान करेगा, उसकी स्थिति उतनी ही अच्छी होगी, क्योंकि वह जितनी शक्तियाँ दान करेगा, उतनी ही वे आएँगी ही। प्रकृति का नियम है न—जहाँ हवा ने जगह खाली की, तुरंत वहाँ पर आसपास की हवा आकर स्थान भर देती है। आसपास की हवा को बुलाना नहीं पड़ता है कि खाली स्थान पर आ जा, वह स्वयं ही आ जाती है। ठीक इसी प्रकार से, इस सामूहिक ध्यान में अच्छे ध्यानस्थ व्यक्ति लेते भी रहते हैं और देते भी रहते हैं और वे केवल माध्यम बन जाते हैं। पर जितना वे माध्यम बनते हैं, उतनी ही उनकी सफाई होती है। जैसे एक पाईप में से पानी का प्रवाह जितना अधिक बहेगा, वह पाईप उतना ही अधिक साफ होगा। इस प्रकार ध्यान की अच्छी स्थिति वाले मनुष्य को माध्यम बनकर लाभ होता है। वहीं दूसरी ओर, ध्यान की खराब स्थिति वाले को इस सामूहिक ध्यान में अनायास ही ध्यान की अच्छी स्थिति प्राप्त हो जाती है। उसका अकेले में इतना अच्छा ध्यान नहीं लगता, पर सामूहिकता में लग जाता है। इस प्रकार ध्यान की अच्छी स्थिति वाला मनुष्य हो या ध्यान की खराब स्थिति वाला मनुष्य हो, दोनों को ही लाभ होता है। और सामूहिक ध्यान में दोनों ही प्रकार के लोग शामिल होते हैं और दोनों को भी लाभ होने के कारण दोनों ही प्रसन्न हो जाते हैं। सारी आध्यात्मिक स्थिति का रहस्य प्रसन्नता में ही है। आप आपके जीवन में जितने प्रसन्न हैं, आप उतने ही खुश हैं। और सामूहिक रूप से ध्यान करके हम सभी बड़े प्रसन्न हो गए थे। प्रायः रोज सुबह-शाम सामूहिक ध्यान होता ही था। सब लोग अपनी शारीरिक स्थिति के अनुसार कार्य ले लेते थे। युवा लोग श्रम के कार्य करते थे और जो वृद्ध थे, वे दूसरे कार्य करते थे। मैं युवा लोगों में ही शामिल था, इसलिए श्रम का ही कार्य करता था। प्रत्येक के पास इस मार्ग में आने के अलग-अलग उद्देश थे, अलग-अलग परिस्थिति थी। पर मैं अपने-आपको अलग ही पा रहा था। मैं न तो जीवन की किसी परिस्थिति से इस मार्ग में आया

था और न किसी उद्देश से इस मार्ग में आया था। मेरा उद्देश पाना नहीं, देना था। जब देने का उद्देश था, तो उस विशाल उद्देश को देखकर ही कई महात्माओं ने मेरी झोली ध्यान-साधना की शक्तियों से भर दी जो शक्तियाँ उन्होंने जीवनभर ध्यान करके प्राप्त की थीं। वे वे शक्तियाँ देना ही चाहते थे, पर कोई उपयुक्त मनुष्य मिल नहीं रहा था। और जब मिला, तो उन्होंने दे दी। 'दे दी' कहने से अच्छा है कि हम कहें, 'दी गईं', क्योंकि वे तो देने की भी स्थिति में नहीं थे। वास्तव में, एक उच्च स्थिति मिलने के बाद, तो पाने की, देने की क्रियाएँ तो स्वयं ही बंद हो जाती हैं। फिर सारे कार्य होते हैं और करता कोई भी नहीं है। ये सहजभाव से हो जाते हैं। ये ठीक ऐसे ही होते हैं जैसे कि एक जलता हुआ दीपक जो स्थिर रहकर अपने ही स्थान पर जल रहा है, उसके पास में एक बुझा हुआ दीपक आता है और उसकी लौ के साथ इसकी लौ केवल छू भर जाती है और बुझा हुआ दीपक जल उठता है। वह भी जलते हुए दीपक की तरह प्रकाश देने लग जाता है। तो उस जलते हुए दीपक ने उस बुझे हुए दीपक को जलाया क्या? नहीं। वह तो अपने ही स्थान पर स्थित था। उसके सान्निध्य में वह दूसरा दीपक आया और जल गया। अगर इस बुझे हुए दीपक का पात्र बड़ा है और खूब तेल है, तो निश्चित ही जलता हुआ दीपक प्रसन्न होगा कि मेरे द्वारा वह दीपक जला है जिसका पात्र बड़ा है और जिसमें अधिक तेल भी है यानी यह अधिक-से-अधिक लोगों को प्रकाशित करेगा।

इन आध्यात्मिक शक्तियों का भी ठीक ऐसा ही है। वे स्वयं ही प्राप्त हो जाती हैं; इन्हें कोई दे नहीं सकता, कोई इन्हें ले नहीं सकता। ये तो केवल सान्निध्यमात्र से ही प्राप्त हो जाती हैं। ये बड़ी सूक्ष्म होती हैं। ये देखी नहीं जा सकती हैं, केवल अनुभव की जा सकती हैं। इनको देने वाला व इनको पाने वाला, दोनों ही इन्हें अनुभव करते हैं और इस अनुभव से वे ही दोनों प्रसन्न होते हैं। ऐसी ही प्रसन्नता का अनुभव हम सभी कर रहे थे। हम सब अति प्रसन्न थे और इसी कारण हमारे में एक अच्छा वातावरण बना हुआ था।

इन सब बातों में कब समय चला जाता था, वह पता भी नहीं चलता था। वहाँ एक सुंदर झरना था और वहाँ स्नान करना एक

अलग ही अनुभव था। ऊपरी पहाड़ी से झरना आकर नीचे पत्थरों पर गिरता था और उन पत्थरों पर बैठकर झरने की तरफ अगर पीठ की तो पीठ पर वह पानी झेला जा सकता था, पर छाती सामने करके पानी को झेला नहीं जा सकता था, क्योंकि पानी का बहाव बहुत तेज था। इसलिए हम सब प्रायः पीठ करके ही बैठते थे। बैठना ही पड़ता था, क्योंकि खड़े रहो तो वह पानी का बहाव गिरा देता था। मैं और लासी दोनों ही इस झरने में नहाने का आनंद लेते थे। यहाँ नहाना ही एक प्रकार का मनोरंजन था। मैं तो प्रायः उन पत्थरों पर ही बैठा रहता था, पर लासी नीचे, पानी में कूदकर भी नहाता था। वह एक अच्छा तैराक था। उस झरने के पास घण्टों बीत जाते थे, पर पता ही नहीं चलता था—कितना समय बीता! हम वहाँ धूप जलाते थे, प्रार्थनाएँ करते थे। जब चंदन की बारीक लकड़ियों की धूप करते थे तो सारा वातावरण प्रसन्न हो जाता था। और वह स्थान पहाड़ों के बीचो-बीच था तो वहाँ पर धूप का प्रभाव कई घण्टों तक बना रहता था।

एक दिन मैं और लासी नहाने गए। मेरा नहाना तो हो गया था और बाद में मैं बदन पोंछकर ध्यान करने बैठा था और लासी नीचे, उस पानी के झरने के भी नीचे एक पानी का कुण्ड था, उसमें नहा रहा था। और सुबह-सुबह का समय था, अधिक उजाला भी नहीं हुआ था। और जब मैं ध्यान में से उठा तो लासी ने मुझे बताया, "मैंने तुम्हारा आभामण्डल देखा। आज तुम्हारे आसपास आभामण्डल निर्मित हो गया था। वह आभामण्डल चंद्रमा के प्रकाश के समान दूधिया रंग का था जो कभी छोटा, तो कभी बड़ा हो रहा था और एक निश्चित लय थी, उस लय के अनुसार वह कम-अधिक हो रहा था। मैं दूर नहा रहा था। मेरा ध्यान अचानक तुम्हारी ओर गया तो यह दिखा। पहले मुझे लगा कि कोई बादल ही तुम्हारे आसपास निर्मित हो गया हो, पर बाद में देखा कि वह शरीर के आसपास ही स्थिर था और कम-ज्यादा हो रहा था। मैं पहले तो वह सब देखकर आश्चर्यचकित हो गया। फिर मैं ज्यादा देखने लग गया तो मुझे ही ध्यान लगने लग गया था। बाद में मैं पानी के बाहर आ गया, क्योंकि पानी में रहते हुए ध्यान करना ठीक नहीं है। लेकिन बाहर आकर भी तुम्हारे पास में आने की हिम्मत नहीं हो रही थी। इसलिए

मैं फिर यहीं बैठा रहा, तो मेरा भी ध्यान लग गया। इतना अच्छा ध्यान मुझे कभी नहीं लगा था।" मैंने उसे समझाया, "एक मनुष्य का शरीर होता है जिस शरीर को छूकर देखा जा सकता है। इस शरीर को स्थूल शरीर कहते हैं। और इस शरीर के जो विचार हैं, उन विचारों का प्रभाव उस शरीर के आसपास पड़ता रहता है और इस प्रभाव को ही आभामण्डल कहते हैं। यह अलग-अलग विचारों के अनुसार अलग-अलग प्रकार के रंग का हो सकता है और इस आभामण्डल के रंगों को देखकर ही मनुष्य के विचारों को जाना जा सकता है कि मनुष्य मूलतः कैसा है? क्योंकि मनुष्य भीतर से जैसा होगा, वैसे ही उसके विचार होंगे और जैसे विचार होंगे, वैसे ही इस आभामण्डल के रंग होंगे। अभी तक समाज में भी इतने सूक्ष्म कैमरे नहीं बने हैं कि मनुष्य विचारों से बने इस शरीर की फोटो निकाल सके। मनुष्य की साँस लेने की प्रक्रिया के कारण यह स्पंदित होता रहता है। कभी जब साँस ली, तो छोटा हो गया और साँस छोड़ी, तो बड़ा हो गया। उसका आकार ऐसे कम या ज्यादा होता रहता है। यह प्रत्येक मनुष्य का होता ही है। और अँधेरे में मनुष्य की छाया मनुष्य का साथ छोड़ भी दे, पर यह अँधेरे में भी मनुष्य के साथ बना हुआ रहता है। इस आभामण्डल के रंगों को देखकर किसी भी मनुष्य को जाना जा सकता है।"

"एक मनुष्य जब ध्यान करते-करते अपना अस्तित्व वातावरण में खोने लग जाता है, तो इस वायुमण्डल में विद्यमान प्राणशक्ति या ऊर्जाशक्ति के छोटे-छोटे कण उसके आसपास बड़ी मात्रा में एकत्र होने लग जाते हैं और इन ऊर्जाशक्ति के कणों पर जब उस मनुष्य की व्यक्तिगत ऊर्जा का प्रभाव पड़ता है, तो वे रंगों में परिवर्तित हो जाते हैं। उस मनुष्य के विचारों के प्रभाव से रंग निर्मित होते हैं, इसीलिए उन रंगों के कारण ही उसके विचारों को समझा जा सकता है।" फिर लासी ने पूछा, "ये हथेलियों पर होने वाले स्पंदन भी उसी से महसूस होते हैं?" मैंने कहा, "हाँ, लेकिन केवल हथेलियों पर ही इसलिए महसूस होते हैं, क्योंकि शरीर के अन्य भागों की अपेक्षा हमारी हथेलियों पर और तलवों पर सूक्ष्म छिद्र अधिक मात्रा में होते हैं। इसलिए हथेलियाँ और तलवे हमारे शरीर के अन्य भागों की अपेक्षा अधिक संवेदनशील होते हैं। इसीलिए इन स्थानों पर

स्पंदन जल्दी महसूस होते हैं। और इसीलिए हमारी हथेलियों पर और तलवों पर स्पंदनों को जानकर हम हमारी स्थिति के संतुलन को समझ सकते हैं। वास्तव में, आध्यात्मिक स्थिति यानी क्या अपने-आपको जानना है? पहले आप अपने-आपको एक आत्मा समझो और 'मैं एक पवित्र, शुद्ध आत्मा हूँ,' इस भाव का निर्माण करो और फिर उसी भाव को जागृत करते जाओ। और वह भाव ही इतना अधिक हो कि बाकी सबकुछ उसी में समा जाए। पहली बात तो जब हम अपने-आपको एक आत्मा समझते हैं तो जाति, धर्म, लिंग, रंग, देश, भाषा आदि से संबंधित प्रश्न समाप्त हो जाते हैं। और सब धीरे-धीरे होता है। स्वयं का 'मैं' का अहंकार गिर जाता है। जब 'मैं' जो एक अस्तित्व का भाव है, वह बड़े सूक्ष्म रूप से गिर जाता है, तो फिर देह के सब विकार भी समाप्त हो जाते हैं। फिर मनुष्य अपने-आपको केवल एक मनुष्य समझता है और फिर एक आत्मिक शांति का अनुभव करता है। वास्तव में, आत्मशांति अपने भीतर है और आत्मशांति मनुष्य का मूल स्वभाव है।"

"अपने भीतर बड़ी शांति होती है। प्रत्येक के भीतर वह होती है और मनुष्य वह पाने के लिए जन्मभर प्रयत्नशील रहता है। पर मनुष्य के सारे प्रयास बाहर की ओर होते हैं। बाहर की भौतिक वस्तुओं में, बाहरी बातों में उस आत्मशांति की खोज करता रहता है। भौतिक साधनों से हमें प्राप्त होती है—सुविधा या शारीरिक सुख, पर वह क्षणिक होता है, क्योंकि कुछ देर बाद वह समाप्त ही हो जाता है और फिर मनुष्य आत्मशांति खोजने दूसरे स्थान पर जाता है। यानी मनुष्य का यह आत्मशांति खोजने का कार्य जन्मभर चलता ही रहता है। और फिर कभी उस मनुष्य के जीवन में ऐसा कोई सद्‌गुरु आए जिनके सान्निध्य में वह मनुष्य अगर भीतर की ओर प्रवृत्त हो, तो ही उसे अंदर की दिशा की ओर मोड़ा जा सकता है। मनुष्य स्वयं होकर कभी भीतर की ओर नहीं मुड़ सकता है। पर हाँ, अगर कोई बुद्ध मनुष्य उसके जीवन में आए, तो यह घटना घटित हो सकती है और फिर मनुष्य अपनी भीतर की यात्रा पर चल देता है। फिर वह अनुभव करता है—जो आत्मशांति मैं बाहर खोज रहा था, वह तो भीतर ही है। उसे आत्म-बोध हो जाता है और वह अपनी आत्मा

ब्रह्मपुत्र नदी में सूर्यास्त के समय ॐ की
आकृति में गुरुदेव के दर्शन
(संबंधित घटना का जिक्र पृष्ठ: 8 पर)

मछुहारों को शरीर के चारों ओर चंद्रमा के तेज प्रकाश का दर्शन

(संबंधित घटना का जिक्र पृष्ठ: 12 पर)

ब्रह्मपुत्र नदी में मछुहारे पिता-पुत्र संग वापसी का प्रवास

(संबंधित घटना का जिक्र पृष्ठ: 14 पर)

परशुराम कुण्ड पर श्री हरि महाराज के दर्शन
(संबंधित घटना का जिक्र पृष्ठ: 19 पर)

अवैध रूप से कटाई के कारण उजड़ते हुए जंगल

(संबंधित घटना का जिक्र पृष्ठ: 20 पर)

चार दिनों की यात्रा के बाद एक बड़ी विशाल गुफा तक पहुँचना
(संबंधित घटना का जिक्र पृष्ठ: 21 पर)

चित्त से सांगली के दर्शन

(संबंधित घटना का जिक्र पृष्ठ: 34 पर)

ध्यान में स्वयं से प्रश्न – "मैं कौन हूँ?"
(संबंधित घटना का जिक्र पृष्ठ: 36 पर)

बर्फ पिघलने के बाद आगे की यात्रा
(संबंधित घटना का जिक्र पृष्ठ: 52 पर)

आभामण्डल के दर्शन से पत्नी का ध्यान लगना
(संबंधित घटना का जिक्र पृष्ठ: 72 पर)

गुफा में प्रवेश करने से पहले तूफान का सामना
(संबंधित घटना का जिक्र पृष्ठः 77 पर)

एक बड़े शिलाखण्ड पर बहुत बड़े ज्योति के रूप में ध्यानस्थ मुनि के दर्शन
(संबंधित घटना का जिक्र पृष्ठः 77 पर)

दो विदेशियों का खजाने की खोज के लिए सहयोग की आशा से मिलने आना

(संबंधित घटना का जिक्र पृष्ठ: 83 पर)

ध्यान में खजाने का पता चलना
(संबंधित घटना का जिक्र पृष्ठ: 89 पर)

आदिवासियों का विशिष्ट पद्धति से नमस्कार
(संबंधित घटना का जिक्र पृष्ठ: 100 पर)

दोंडाई द्वारा मृतात्माओं को आह्वान करने का प्रयास

(संबंधित घटना का जिक्र पृष्ठ: 112 पर)

किनारे के पास आदिवासी राजा से भेंट
(संबंधित घटना का जिक्र पृष्ठ: 116 पर)

बौद्ध भिक्षु द्वारा अपने जीवन के उद्देश को जानना
(संबंधित घटना का जिक्र पृष्ठः 167 पर)

सूक्ष्म शरीर के निर्माण द्वारा भविष्य के गुरुकार्य की व्यवस्था

(संबंधित घटना का जिक्र पृष्ठ: 222 पर)

पति-पत्नी को विवाह के पवित्र बंधन के विषय में समझाना

(संबंधित घटना का जिक्र पृष्ठ: 269 पर)

गुरुवार के पवित्र दिन तीसरे पुत्र का जन्म
(संबंधित घटना का जिक्र पृष्ठ: 278 पर)

गुरुदेव का दीदी को समझाना
(संबंधित घटना का जिक्र पृष्ठ: 280 पर)

सदगुरुरूपी परमात्मा की खोज की बेचैनी में घण्टों बिताना
(संबंधित घटना का जिक्र पृष्ठ: 320 पर)

शिवबाबा द्वारा शक्तियों का संक्रमण
(संबंधित घटना का जिक्र पृष्ठः 338 पर)

को पा लेता है। आत्मा को पाने के बाद परमात्मा को खोजने की जरूरत ही नहीं रहती है और एक आत्मसमाधान प्राप्त हो जाता है।"

"सब धर्मों का एकमात्र उद्देश है कि मनुष्य भीतर की ओर जाए और वह जाने कि वह एक मनुष्य है और मनुष्य के लिए ही ये धर्म बने हैं। जब वह जान जाता है—"मैं एक आत्मा हूँ", तो फिर किसी बाहरी धर्म की आवश्यकता ही नहीं रह जाती है और मनुष्य को सारे दुःखों से मुक्ति मिल जाती है। और यह दुःखों से मुक्त हो जाना ही मोक्ष है और यह मोक्ष यानी मर जाना नहीं है। मोक्ष यानी वह स्थिति जिस स्थिति में जाकर मनुष्य आत्मसमाधान को पाता है। और यह आत्मसमाधान प्राप्त करने के बाद बाहरी वातावरण का अंतर नहीं रह जाता है। फिर मनुष्य बाहर रहता ही नहीं है। फिर ऐसे मनुष्य को शरीर की सुविधाएँ मिलीं तो क्या और न मिली तो क्या, दोनों ही एक जैसा होता है, क्योंकि उसका चित्त इन सुख-सुविधाओं में नहीं होता है। वह उनमें सुख पाता ही नहीं है, वह पाता है अपने ही भीतर! इसलिए फिर सुख-सुविधाएँ उसके लिए होती हैं, पर वह सुख-सुविधाओं के लिए नहीं होता है। ऐसा मनुष्य सबमें रहते हुए भी सबमें नहीं रहता है। यही मोक्ष की स्थिति है। और इसी स्थिति को प्राप्त करना प्रत्येक मनुष्य के जीवन का उद्देश होता है। पर वह इस उद्देश की खोज अलग-अलग दिशाओं में करता है। पर जब उसे सही दिशा मिल जाती है, तो उसके जीवन की खोज समाप्त हो जाती है, सारी भटकन समाप्त हो जाती है।"

लासी ने उत्सुकता से पूछा, "क्या मैं इस जीवन में इस आध्यात्मिक स्थिति तक पहुँच पाऊँगा या नहीं? कृपया बताइए।" मैंने कहा, "इस जीवन में इस स्थिति तक पहुँच पाएगा, पर इस स्थिति में रहेगा नहीं। तू इस स्थिति में जब रहेगा तो मोक्ष-प्राप्ति होगी और तू इस स्थिति में अगले जन्म में रहेगा। अगले जन्म में तू इंजीनियर बनेगा और फिर तेरे हाथों से एक भव्य मंदिर का निर्माण होगा और फिर ही तुझे मोक्ष प्राप्त होगा।" पता नहीं क्यों, यह सच मेरे मुँह से ऐसे ही निकल गया। मैंने लासी को बताया, "तू इस मार्ग में आया नहीं है, तुझे लाया गया है। तुझे तो बनना था इंजीनियर और अंदर से आत्मा तो सही मार्ग बता रही थी, पर चुना गया गलत मार्ग! तेरी

और मेरी स्थिति एक-सी ही है—हम दोनों को भी मोक्ष इस जंगल में नहीं मिलेगा। दोनों को मोक्ष पाने के लिए मनुष्य-समाज में जाना पड़ेगा; तुझे मंदिर का निर्माणकार्य करने के लिए और मुझे लाखों लोगों को मोक्ष का मार्ग बताने के लिए। पर जाना हम दोनों को भी पड़ेगा ही! और अब इस जीवन में यह होगा, ऐसा तो प्रतीत नहीं होता। इसलिए प्रतीत नहीं होता, क्योंकि इंजीनियर का ज्ञान प्राप्त करने की अब तेरी उम्र नहीं रही है और इसलिए तू इस जन्म में इंजीनियर नहीं बन सकता और इंजीनियर नहीं बन सकता, तो मोक्ष की स्थिति नहीं मिल सकती। हाँ, पर इस मोक्ष की स्थिति का ज्ञान तुझे इस जन्म में अवश्य हो जाएगा। उस ज्ञान के साथ ही जीवनभर जुड़े रहना, तो उसके साथ जुड़ने का अभ्यास तुझे इस जीवन में हो जाएगा। और मैं भी तो जीवन में यही करने वाला हूँ, क्योंकि इसी जीवन में मैं लाखों लोगों तक पहुँचूँ, यह मुझे भी संभव नहीं लगता। मनुष्य-समाज में तो मैं रह ही नहीं पाता हूँ। मेरे इस शरीर को मनुष्यों की अब आदत ही नहीं रह गई है, तो यह शरीर लेकर मैं किसी मनुष्य-समाज में जाऊँगा, यह सत्य प्रतीत नहीं होता है। इसलिए मुझे भी मोक्ष इस जन्म में मिलेगा, ऐसा अभी तो प्रतीत नहीं होता है। लासी, जिन वस्तुओं से, जिस समाज से डरकर लोग यहाँ भागकर आए हैं, मुझे नहीं लगता, उनमें से कोई भी इस जन्म में मोक्ष की स्थिति प्राप्त कर सकता है। क्यों? ये लोग यहाँ उन बातों से भागकर आए हैं, डरकर आए हैं, पर अभी भी क्या ये उन बातों से मुक्त हो गए होंगे? जैसे, स्त्रियों में चित्त जाने से चित्त नष्ट होता है, इसलिए ऐसा कहा जाता है कि स्त्रियों से दूर रहना चाहिए और सदैव दूर रहने का प्रयास करना चाहिए और प्रयत्न करना चाहिए कि इनकी छाया से भी बचें। पर क्या यह नहीं लगता, इन सब बंधनों का ध्यान रखते हुए भी स्त्री पर ध्यान जाएगा ही! ये वासनाओं का दमन कर रहे हैं और वासनाओं में चित्त नहीं जाए, इसलिए डरकर जंगल में भाग आए हैं। अब यहाँ पर स्त्री है ही नहीं, तो स्त्री में चित्त जाने का प्रश्न ही नहीं है। पर अगर ये लोग स्त्री के पास गए तो स्त्री में चित्त नहीं जाए, इसके लिए भी इन्हें सदैव ध्यान रखना पड़ता होगा कि कहीं आसपास स्त्री तो नहीं है? यानी चित्त फिर स्त्री पर! और ये लोग स्त्री और पुरुष का भेद कर रहे हैं तो ये तो शरीर पर

ही अटके हैं, तो ये आत्मा तक कैसे पहुँचेंगे? स्त्रियों के प्रति डर के कारण भी इनका चित्त स्त्रियों पर जाता तो है ही। तो इसमें से भी बाहर निकलना होगा। ये भी मोक्ष की स्थिति प्राप्त करेंगे, पर मोक्ष नहीं। यह तो ठीक वैसी ही स्थिति है – अँधेरे का डर लग रहा हो, इसलिए अँधेरे रास्ते को बदलकर उजाले वाले रास्ते से आए। पहुँच तो गए, पर अभी भी अँधेरे का डर बना ही हुआ है। और अँधेरे का अनुभव नहीं है। अँधेरा भी प्रकृतिप्रदत्त है। अँधेरे का भी अनुभव आवश्यक है। और अँधेरे से जब वे गुजरेंगे, तो फिर भी वे पहुँचेंगे, पर फिर जीवन में अँधेरे का डर नहीं रहेगा। हाँ, अँधेरा अँधेरा है, यह जानेंगे और अनुभव प्राप्त करेंगे। और यह अनुभव जीवन में हृदय में बसे अँधेरे को भी निकाल देगा। यहाँ पर लोग अँधेरे को दूर रखकर, अपने-आपको अँधेरे से बचाकर यहाँ पहुँचे हैं। और मैं यहाँ अँधेरे में से गुजर कर पहुँचा हूँ, इसीलिए मुझे स्त्रियों का डर नहीं लगता है। शारीरिक सुख में चित्त चला न जाए, यह भी डर नहीं लगता। पर शारीरिक सुख में आत्मिक सुख नहीं, यह शारीरिक सुख प्राप्त करके जाना, क्योंकि शारीरिक सुख पाकर भी खोज समाप्त नहीं हुई थी। इनके मन में स्त्रियों का आकर्षण है, इसीलिए स्त्रियों से डर है। मैं इन सब सुखों का अनुभव लेकर यहाँ आया हूँ। मेरे में और इनमें बड़ा अंतर है।"

"अरे बाबा लासी, वह एक स्थिति है जहाँ जाकर यह लिंग का भेद भी समाप्त हो जाता है। फिर सामने वाला व्यक्ति स्त्री है या पुरुष, यह भी भेद नहीं रहता है। सामने वाला केवल एक आत्मा है, यही बात समझ में आती है। इस स्थिति तक पहुँचे बिना मोक्ष संभव नहीं है। प्रत्येक व्यक्ति की समस्या अलग-अलग रहती है। मैं इन सबमें अटका नहीं हूँ, क्योंकि जीवन में सब सुख-सुविधाएँ भोग लीं, स्त्री-सुख भोग लिया, पर कहीं अटका नहीं, आगे बढ़ता ही चला गया। पर मैं अटका मेरे पूर्वजन्म के आश्वासनों में। जब तक लाखों आत्माओं को मार्ग नहीं बताता, तब तक मैं उस स्थिति में संपूर्णतः नहीं रह सकता हूँ। यह मेरी समस्या है। अब देखते हैं, यह इस जीवन में होता है या नहीं, क्योंकि जीवन छोटा है और कार्य बहुत बड़ा है। हमें केवल आगे बढ़ना है। आगे क्या होगा, वह तो अब समय ही बताएगा। चलो, चलें, मठ की ओर चलें, बहुत देर हो गई है।" हम

सब लोग कुछ दिन उस मठ में साथ में रहे और बाद में एक दिन सुबह हम सबने वापसी का निर्णय लिया। लासी और आनी के साथ मैंने भी वापसी की यात्रा प्रारंभ की। मैंने भी सब साथियों से विदाई ली और शीघ्र ही वापस मिलने का आश्वासन दिया। और एक-दूसरे से हमने विदाई ली।

हम तीनों फिर अपने प्रवास (यात्रा) पर चलते रहे। अब तक लासी मेरे काफी करीब आ गया था। हमारे आपस में बड़े मधुर संबंध हो गए थे। पर हम सदैव ध्यान रखते कि हमारी बातों में हम अलग ही न रहें; सदैव हम आनी को साथ लेकर ही चलते थे। सामान्यत: दिनभर प्रवास (यात्रा) करते थे और रात के समय विश्राम करते थे। घना जंगल था। इतना घना जंगल था कि दिन में भी सूर्य-दर्शन कुछ-कुछ स्थानों पर ही हो पाता था, बड़े-बड़े वृक्षों की छाया ही जमीन पर बनी रहती थी। हम दोनों से आनी अधिक अनुभवी था। वह जैसे निर्देश देता था, वैसे हम चलते थे। हमें आनी ने निर्देश दिया था कि एक-दूसरे के पैरों की तरफ देखकर चलो, क्योंकि यहाँ पर जोंक नामक एक कीड़ी होती है, वह पैर को चिपक जाती है और खून पीती है। जिसको चिपक जाती है, उसको पता भी नहीं चलता है, इसलिए एक-दूसरे के पैरों का ध्यान रखें। इसलिए इस बात का ध्यान रखकर हम चल रहे थे। फिर दिनभर चलते रहे और बाद में रात के समय एक पहाड़ की आड़ में रुक गए। रात में आग जलाई और बैठे रहे। आग के दो फायदे होते थे। आग के कारण एक तो जंगली जानवर पास में नहीं आते थे और दूसरा, ठण्ड भी नहीं लगती थी। रात में फिर बैठे गप्पें मार रहे थे तो फिर लासी ने पिछले दिन का ही विषय निकाला और बोलने लग गया। उस दिन हमारी चर्चा में आनी भी शामिल हो गया। वह बोला, “किसी भी बात को डरकर नहीं जाना जा सकता है और जागृत रहकर सबकुछ जाना जा सकता है। प्रत्येक बात को जानने के लिए उसमें से गुजरना आवश्यक नहीं होता है। अँधेरे को जानकर पार करना चाहिए, तो भविष्य में अँधेरे का डर मन में नहीं रहेगा। जैसे अँधेरे में रस्सी पड़ी है तो, यह साँप ही पड़ा है, ऐसा सोचकर डरकर भागना ठीक नहीं है, क्योंकि तब साँप का डर सदैव मन में रहेगा ही, क्योंकि कल्पना में साँप है। इसलिए रस्सी के पास जाकर उसे देखना चाहिए कि वह

साँप है या रस्सी। इस प्रकार, वह साँप नहीं है, रस्सी है, यह जानकर, बिना डर के आगे चल देना ही ठीक है। और रस्सी है, यह दिख तो रही है, फिर उस रस्सी को उठाकर देखने की क्या आवश्यकता है? उसे बिना उठाए भी जाना जा सकता है। ठीक इसी प्रकार से, शारीरिक सुख में आत्मिक सुख नहीं है, यह शारीरिक सुख को जाने बिना भी जाना जा सकता है। इसके लिए शारीरिक सुख को भोगने की आवश्यकता नहीं है। हाँ, पर अगर तुम स्त्रियों से डरते हो यानी अभी तुमने जानकर पार नहीं किया है, डरकर पार किया है। जिसने जानकर पार किया, उसके मन में स्त्री और पुरुष का भेद नहीं रह जाता है। पर जानकर बहुत कम ही पार कर पाते हैं। यह कठिन भी है। इसलिए, डर के पार करना व डरकर दूर रहना आसान है। सब आसान मार्ग अपनाते हैं।" फिर आनी ने मेरी ओर देखते हुए कहा, "तुम एक गृहस्थ हो, यह मैं जानता हूँ।" और आग की लकड़ियाँ ठीक करते हुए कहा, "तुम गृहस्थ होने के पूर्व से ही कुछ हो। यह गृहस्थी तो तुम्हारे इस आत्मा के मार्ग की एक सहायिका है। इसीलिए यह तुम्हें अवरोध नहीं लगेगी। यह तुम्हारे मार्ग में सहायक सिद्ध होगी। तुम एक जागृत पुरुष हो और गृहस्थी भी उसी मार्ग की है। आगे तुम्हारी पत्नी का भी तुम्हारे कार्य में योगदान होने वाला है। वास्तव में, वह एक शक्ति है जो तुम्हारे साथ रहने आई है। गृहस्थी तो एक निमित्त है, पास रहने का। वास्तव में, महान कार्य में उसका सहभाग महत्त्वपूर्ण है, इसीलिए उसके तुम्हारे जीवन में आने के बाद तुम इस मार्ग में आए। हो सकता है, तुम्हें इस मार्ग में लाने के लिए ही वह आई हो। आगे इस कार्य में तुम्हें वह क्या मदद करेगी, वह मुझे मालूम नहीं है, पर मदद अवश्य करने वाली है। या यूँ समझ लो कि करने वाली शक्ति वह है, इसीलिए तुम कर रहे हो। तुम दिख रहे हो, वह पीछे है, वह दिख नहीं रही है। वह शक्ति है, इसीलिए वह तुम्हारी जीवनयात्रा में बाधक नहीं, साधक सिद्ध हुई है। तुम पति होकर भी नहीं जानते कि वह क्या है, पर मैं जानता हूँ।" मुझे तो ध्यान ही लग गया था और आनी आँखे बंद करके बोले ही जा रहा था, "प्रत्येक कार्य में कार्यशक्ति की आवश्यकता होती है। कार्य की शक्ति के बिना कार्य संभव ही नहीं है। पर यह कार्यशक्ति अदृश्य रूप में होती है, क्योंकि वह स्वयं कुछ नहीं करती, वह करवाती

रहती है। वह भी कहीं समर्पित होकर ही कार्य करवाती है, इसलिए इस शक्ति को जाना नहीं जा सकता है। मनुष्य में दो शक्तियाँ होती हैं—एक इच्छाशक्ति और एक कार्यशक्ति। बिना कार्यशक्ति के कोई भी इच्छा कभी भी पूर्ण नहीं हो सकती है। किसी भी इच्छा को पूर्ण करने के लिए कार्यशक्ति आवश्यक है और दोनों के संगम से ही पूर्णत्व प्राप्त होता है। जब इच्छाशक्ति से कार्यशक्ति आकर मिलती है, तभी आत्मकल्याण संभव है। दो नदियों के आकर मिलने के बाद में ही पवित्र संगम का निर्माण होता है। वैसा ही है। तुम्हारे महान कार्य में तुम कार्यरत हो। सालों से जो इच्छाएँ संग्रहीत करके रखी थीं, उनके फलीभूत होने का समय आ रहा है। पर बिना कार्यशक्ति के फलीभूत नहीं हो सकती हैं, इसीलिए कार्यशक्ति तुम्हारे जीवन में तुम्हारी पत्नी बनकर आई है। इसलिए, वह तुम्हें तुम्हारे कार्य की ओर अग्रसर कर रही है, आगे बढ़ा रही है और आगे बढ़ने के लिए आवश्यक सहारा भी दे रही है, क्योंकि वही कार्य की शक्ति है। केवल इच्छाशक्ति से कार्य संपूर्ण नहीं हो सकता, इसलिए वह तुम्हारे जीवन में आई है। उसके बिना तुम अधूरे हो। तुम्हारे जीवन में, तुम्हारे कार्य में उसकी भी एक महत्त्वपूर्ण भूमिका होगी। तुम अकेले ही हो, पर तुम्हारा कार्य बहुत बड़ा है।"

"जीवन में कार्यशक्ति का योगदान अतिसूक्ष्म स्वरूप का होता है। वह कभी देखा नहीं जा सकता। पर उसमें कुछ समय बाद परिणाम सामने आएँगे। तुम्हारे हाथ से भविष्य में दान व पुण्य के कार्य होंगे। अभी यह असंभव प्रतीत होता है, क्योंकि अभी तुम ही कहोगे कि अभी तो मेरी ऐसी स्थिति नहीं कि दान दे सकूँ। पर तुम्हारी देने की वृत्ति है। जहाँ वृत्ति है, प्रकृति वहाँ होती ही है। तो उस वृत्ति को देखकर मैं कह रहा हूँ। ध्यान के साथ-साथ वह वृत्ति भी वृद्धिगत होगी और देने का कार्य होगा। यह ठीक उस बवण्डर जैसा है। पहले एक स्थान ने अपने पास की हवा वायुमण्डल में दी और वहाँ एक जगह खाली हुई और उस खाली जगह को भरने के लिए आसपास की हवा एकदम तेजी से आ गई। आसपास की हवा को उस स्थान ने बुलाया क्या? नहीं। बस अपने-आपको खाली किया तो जगह बन गई और आसपास की हवा आ गई। ठीक वैसे ही, ध्यान से तुम खाली होने वाले हो और जैसे ही जगह खाली हुई कि आसपास

की समृद्धि वहाँ जगह ले लेगी। और तुम्हारी देने की वृत्ति है, तुम अपने पास कुछ रख ही नहीं सकते हो, इसी कारण अधिक मात्रा में मिलेगा और अधिक मात्रा में दिया जाएगा। धन भी अधिक मात्रा में आएगा और अधिक मात्रा में दिया जाएगा। पर जब दिया जाएगा, तब वह केवल धन नहीं होगा, धन के साथ उस व्यक्ति के समाधान के लिए प्रार्थना होगी और प्रार्थना से ही उस व्यक्ति का कल्याण होगा। धन तो माध्यम रहेगा। तो इतना बड़ा, विश्वस्तरीय कार्य कार्य करने की शक्ति के बिना तो संभव ही नहीं है। वह, तुम्हारी पत्नी ही इस सारे कार्य की शक्ति है। यह आत्मज्ञान पाने की और बाँटने की तुम्हारी इच्छा तो पिछले जन्मों की है, पर अभी तक हुआ क्या? नहीं हुआ, क्योंकि केवल इच्छाशक्ति ही थी। उस इच्छाशक्ति को देखकर ही इस जन्म में कार्यशक्ति का जुड़ाव हुआ है। इसलिए इस जन्म में ही कार्य होने वाला है, क्योंकि कार्यशक्ति इसी जन्म में जुड़ी है। इस जन्म में कार्य न होने वाला होता, तो वह इस जन्म में नहीं जुड़ती। सरल तो बात है! चलो, अब सो जाते हैं।" ऐसा कहकर आग में कुछ और लकड़ियाँ डालीं और बाद में हम सो गए।

सुबह अधिक ठण्डी के कारण नींद ऐसे ही जल्दी खुल गई थी। प्रातर्विधि की, ध्यान किया और बाद में उस स्थान से चल दिए। लासी की मेरे प्रति उत्सुकता और बढ़ गई थी। उसने चलते-चलते कहा, "तुम ध्यान करते हो यानी क्या करते हो?" मैंने उसे समझाते हुए कहा कि मेरे गुरु की कृपा में कुछ शक्तियाँ प्राप्त हुई हैं और उन्हीं की कृपा के कारण मैं अपने-आप में संतुलन बनाने का प्रयास कर रहा हूँ। मनुष्य शरीर, बुद्धि, मन, आत्मा ऐसे चार स्तरों पर जीता है। और जीवन एक रहता है, पर इन चार धाराओं में ही बँटा हुआ होता है। चार धाराओं को मिलाकर एक धारा करने का प्रयास कर रहा हूँ। और एक ही धारा हो जाने पर फिर अंदर और बाहर अलग-अलग व्यक्तित्व नहीं होता है। जो भीतर है, वही बाहर है। यानी अंदर एक विचार है और बता एक विचार रहा है, ऐसा नहीं है। और अपनी ही मस्ती में जीता है। लोग क्या कहेंगे, लोग क्या सोचेंगे, उधर मेरा ध्यान नहीं रहता। सदैव अपनी आत्मा के सान्निध्य में रहता हूँ। तो वह जो बोलती है, वह करता हूँ। उससे संपर्क में रहता हूँ। और जो करता हूँ, आवश्यक नहीं कि उस समय मैं उससे सहमत रहूँ। पर

मैं करता वही हूँ जो आत्मा कहती है। आत्मा कहती है—बाहरी भेद-भाव मनुष्य ने निर्माण करके रखे हैं। ये सब भेद-भाव न मानते हुए सबसे प्रेम करो और सभी के कल्याण के बारे में सदैव प्रार्थनारत रहो कि सारे मनुष्य-समाज का कल्याण हो। यह विश्वकल्याण का भाव देखकर ही हिमालय पर स्थित कई गुरुओं ने भी अपनी साधना से प्राप्त शक्तियाँ मुझे सौंप दी हैं और इसी के कारण मुझे जीवन में सही मार्ग पर चलने की प्रेरणा मिलती रहती है।”

हम लोग लगातार तीन दिनों से चल ही रहे थे। रोज दिनभर चलते और रात के समय विश्राम करते। ऐसा क्रम चल ही रहा था। एक शाम के समय आनी ने ऐसे ही अपने नक्शे निकाले और कहने लगा, “हम शायद अपना मार्ग भटक गए हैं। पहाड़ी के उस ओर से जाना था, हम इस ओर से जा रहे हैं। इसलिए आज यहीं कहीं विश्राम कर लेते हैं और अपने मार्ग का पता लगा लेते हैं और बाद में ही यहाँ से चलेंगे। किसी अच्छे स्थान का चुनाव करते हैं।” पर वहाँ इतनी घनी झाड़ियाँ थीं कि स्थान खोजना ही कठिन था। थोड़ा कहीं खुला स्थान मिलता, तो हम देखते थे कि किसी पहाड़ी पर कोई स्थान है क्या? ऐसे ही एक स्थान मुझे दिखाई दिया जो एक गुफा-सी लग रही थी। और जैसे ही उस गुफा की ओर चित्त गया तो बड़ा अच्छा लगा, प्रसन्नता लगी। और जब देखा तो लगा कि वहाँ से ठण्डा-ठण्डा चैतन्य आ रहा है। मैंने आनी को बताया। उन्होंने कहा कि कोई पवित्र स्थान लगता है। हम तीनों ही एक निर्णय करके उस गुफा की ओर चल दिए। वह दूर से पास में ही लग रही थी, पर पास में थी नहीं। हम उस पहाड़ी पर चढ़ते गए, चढ़ते गए, पर उस गुफा तक पहुँच ही नहीं पा रहे थे। शाम ढलने आई थी। बड़ी कठिनाई से उस गुफा तक पहुँचे। पर तब तक सूर्यास्त हो गया था, अँधेरा भी हो गया था। हमने थोड़ा-सा ही अंदर जाकर वहाँ पर आग जलाई और गुफा में प्रवेश किया। जैसे मोमबत्ती रहती है, वैसी ही एक प्रकार की जड़ी-बूटी हमारे पास थी। उन्हें मशाल जैसा जलाकर चलते रहे। थोड़ा अंदर जाकर वहाँ पर आग जलाई। आग से प्रकाश का भी काम

होता था और गर्मी भी मिलती थी। रात के समय वहीं सो गए। इतने थके हुए थे कि कब नींद लग गई उसका पता भी नहीं चला था।

सुबह हम जब जागे तो देखा—वह गुफा काफी बड़ी थी और दो भागों में थी। उस गुफा से और दो गुफाएँ निकल रही थीं। पहाड़ में कहीं पर दरारें नहीं थीं और इसी कारण गुफा में इतना अँधेरा था कि अभी दिन है या रात है, यह भी पता नहीं चल रहा था। वह तो गुफा के बाहर प्रकाश दिख रहा था, इसलिए, सुबह हुई है, यह लग रहा था। मैंने फिर वहाँ पर ध्यान किया तो बहुत अच्छा ध्यान लगा। चित्त स्वयं ही, बड़ी सहजता के साथ तालू भाग पर स्थिर हो गया और तालू भाग पर स्पंदन होने लग गए और स्पंदन इतने थे कि मेरा सारा ध्यान उन स्पंदनों पर ही केंद्रित हो गया था। फिर थोड़े और समय उन स्पंदनों का अनुभव होता रहा। और फिर लगा—यह कोई विशिष्ट स्थान है, यह कोई पवित्र स्थान है। मुझे ऐसा लगने लग गया कि मानो किसी सिद्ध-महात्मा का यह साधनास्थान है, यहाँ पर किसी ने साधना की है। वहाँ जाकर परमसुख की अनुभूति हुई। ऐसा लगा कि बस जीवनभर वहीं बैठा रहूँ! जैसा अनुभव मुझे शिवबाबा की गुफा में हुआ था, वैसा ही अनुभव यहाँ होने लग गया था। सारे वातावरण में बड़ी सुंदर खुशबू फैली थी और मैं उस खुशबू में ही मग्न हो गया। मेरा ध्यान तब खुला, जब लासी मुझे पुकारते हुए मेरे पास आया और उसने मुझे हिलाया। वह बोला, "हम ध्यान करके उठ गए और बाद में तुझे खोज रहे थे। हम सारी गुफा में तुझे ढूँढ़ रहे हैं, खोज रहे हैं, तू गुफा के इस कौन-से भाग में आकर बैठा है?" मैंने जब आँखें खोलीं तो सामने जो दृश्य देखा, वह दृश्य मैं जीवनभर नहीं भूल सकता। मेरी बाईं ओर लासी कन्धा पकड़कर हिला रहा था और मैं था कि सामने का दृश्य देखकर सबकुछ भूल गया था। सामने देखा—दो बीस-बाईस साल के युवक ध्यानमुद्रा में ध्यान कर रहे थे। उनका शरीर अस्पष्ट दिख रहा था, इतना प्रकाश ही प्रकाश था, मानो दो सूरज एक साथ उग गए हों! और जिस प्रकार सूर्य के प्रकाश के कारण उसकी ओर देखा नहीं जा सकता है, मैं उनके शरीर की ओर चाहकर भी नहीं देख पा रहा था। मैंने प्रथम क्षण में देखा और बाद में मन में इतनी श्रद्धा निर्मित हो गई कि मेरी दृष्टि उनके शरीर (धड़) से फिसलकर कब पैरों पर आ गई, इसका मुझे

पता भी न चला। वे मुझसे काफी दूर बैठे थे, फिर भी सारे शरीर में चैतन्य बहने लग गया। आँखें बस चरणों पर ही जाकर स्थिर हो गईं। लासी था कि मुझे हिला ही रहा था। फिर मैंने वह दृश्य उसको दिखाया। वह भी देखता ही रहा। बाद में हमें खोजते हुए आनी वहाँ पहुँचा। उसे तो दिखाने की आवश्यकता ही नहीं पड़ी। हम दोनों जिस ओर देख रहे थे, वह भी उधर देखने लग गया। उनके आभामण्डल का प्रकाश सारी गुफा में फैला था। फिर हम तीनों ने उन्हें नमस्कार किया। हम तीनों एक साथ कैसे नतमस्तक हो गए, उसका हमको ही पता नहीं चला।

काफी समय तक वहाँ बैठे रहे। फिर हम बाहर आए तो शाम हो गई थी। हम गुफा के द्वार के पास आकर बैठ गए। और फिर बाहर आए तो आसपास का सृष्टि-सौंदर्य देखते ही रह गए। आसपास पहाड़ ही पहाड़ थे। और मानो गहरे हरे रंग की हरियाली की चादर ओढ़े बैठे हों, ऐसा लग रहा था। शाम ढलने वाली थी। पक्षी भी अपने घोंसलों की ओर वापस जा रहे थे। और आनी अपना नक्शे खोलकर देख रहा था। वह कह रहा था, "हम मार्ग भटक गए हैं।" आनी ने सामने वाले एक पहाड़ की ओर संकेत करके कहा, "हमें पहाड़ के उस तरफ से जाना था, पर हम पहाड़ के इस तरफ आ गए हैं। हमें कल सुबह फिर निकलना होगा। आज रात इसी स्थान पर विश्राम करते हैं और फिर कल सुबह निकलेंगे।" वह लासी को समझा रहा था। मैं एक मूर्ति बना बैठा था। आनी बोला, "तुम कुछ बोलते क्यों नहीं हो?" मैंने कहा, "मेरे जीवन का उद्देश ही इस गुफा तक पहुँचना था। जिस प्रकार समुद्र में पहुँचने पर नदी का कोई अस्तित्व नहीं रह जाता कि उसका नाम क्या है, उसका उद्गम स्थान कौन-सा है, वह कहाँ-कहाँ से बहकर आई है। ठीक ऐसी ही स्थिति मेरी हो गई है। मेरी मन की गंगा भी अब अपनी गंगोत्री भूल गई है। अब तो मेरा सारा अस्तित्व ही समाप्त हो गया है। अब मेरी अलग से कुछ पहचान ही नहीं रही, तो अब मैं कहाँ जाऊँ? मेरा तो सारा विश्व ही इस स्थान पर सिमटकर रह गया है। अब मैं इस स्थान को छोड़कर जाना नहीं चाहता। मुझे उन दो मुनियों के दर्शन से ऐसा लगा मानो उन्होंने ही मुझे बुलाया है और मेरा उनके साथ बड़ा पुराना संबंध है। इसलिए आप लोग कल प्रस्थान करना चाहें तो करें। कृपया

मुझे कुछ दिन के लिए यहीं छोड़ दीजिए। मैं तो अब यहीं रह संबंध ना चाहता हूँ।" मेरी बात सुनकर वे थोड़े चिंतित दिखे। वे बोले, "इस स्थान का हमको पता नहीं है। हम लोग तो भटककर यहाँ आ गए हैं। इसलिए, इस स्थान से बाहर कैसे निकलना है, यह तो हम भी नहीं बता सकते। हमें भी उस पहाड़ी पर जाकर मार्ग खोजना पड़ेगा। मार्ग खोजना बड़ा कठिन है।" आनी अपने नक्शे की तरफ देखकर बता रहा था। उस नक्शे में सूरज उगा था और वह पूर्व दिशा का संकेत था। अनेक अलग-अलग पहाड़ थे, झरने थे, नदियाँ थीं, गाँव थे, पर वह स्थान नहीं था जहाँ हम आए थे। चूँकि नक्शे में बताए कोई भी निशान मेल नहीं खा रहे थे, रास्ते का पता ही नहीं चल सकता था। वे बोले, "बाद में यहाँ से अकेले बाहर निकलोगे कैसे?" मैंने कहा, "निकल जाऊँगा। आप मेरी चिंता छोड़ दीजिए।" उन्होंने मुझे समझाने का खूब प्रयास किया कि यहाँ अकेला रहना ठीक नहीं है। यह एक अपरिचित स्थान है। इस स्थान तक हम भी चाहें तो वापस नहीं पहुँच सकते हैं। मेरे मन में वापस जाने का था ही नहीं, तो मुझे वापस जाने के मार्ग की चिंता ही नहीं थी। पर यह बात मैंने उन्हें नहीं बताई। मैंने कहा, "आप मुझे यहाँ छोड़ दीजिए। मैं उन मुनियों के साथ यहाँ ध्यान करना चाहता हूँ।" फिर आनी आँखें बंदकर कुछ समय बैठा रहा और वह बोला, "ठीक है। हम कल सुबह यहाँ से निकलेंगे। यह स्थान तुम्हारा कार्यक्षेत्र नहीं है, इसलिए उस कार्यक्षेत्र तक पहुँचाने के लिए गति तो प्रकृति तुम्हें देगी ही। हम कल सुबह निकलेंगे।" फिर हम तीनों गुफा के भीतर गए और रात के समय सो गए।

सुबह जल्दी उठकर उन दोनों ने भीतर की गुफा में बैठे दोनों मुनियों को प्रणाम किया और गुफा के बाहर प्रस्थान करने के लिए निकले। मैं भी उन्हें वहाँ, बाहर छोड़ने आया। लासी को मुझसे अधिक लगाव हो गया था। वह बोला, "अब हम कब मिलेंगे?" मैंने कहा, "जब ऊपर वाला चाहे।" मैंने दोनों को नमस्कार किया। दोनों फिर जाने के लिए चल दिए। लासी पीछे मुड़कर हाथ हिला रहा था। मैंने भी हाथ हिलाया और गुफा में वापस आ गया, क्योंकि मैं वहाँ बाहर खड़ा रहता तो उन लोगों को जाने में परेशानी होती, विशेष रूप से लासी को। बहुत दिनों से मैं उनके साथ था और सान्निध्य से

भी एक अपनापन हो जाता है। वे लोग संघ बनाकर रहते थे, संघ में चलते थे, इसलिए उन्हें मेरा इस प्रकार अकेला रहना थोड़ा अलग ही लग रहा होगा। लेकिन मुझे अकेले रहने की आदत थी। मैं जब भी अकेला रहता हूँ तो आत्मा मेरे पास रहती है। मेरा प्रिय सखा मेरी आत्मा है। उस आत्मा के सान्निध्य में मैं सदैव प्रसन्न रहता हूँ और उसी आत्मा के कहने पर मैंने वहाँ अकेले रुकने का निर्णय लिया। मुझे उस समय ऐसा लगा मानो आत्मा कह रही हो कि ये ही थे जो तुझे घर से जंगल में आने के लिए बुला रहे थे और यही स्थान है जहाँ तेरी यात्रा समाप्त होती है, क्योंकि अब यहाँ आकर मेरी सारी यात्रा ही समाप्त हो गई है, ऐसा प्रतीत होता है। उस दिन प्रथम मैंने गुफा की साफ-सफाई की। कई जगह जाले लगे थे, बाहर की ओर कई जगह पत्ते आकर पड़े हुए थे। बाहर से थोड़ी पत्तियाँ तोड़कर लाया। वे बैठक व बिछौना बनाने के काम आ गईं।

बाहर जाकर देखा तो बाहर भी बड़ा सुंदर प्राकृतिक दृश्य था। एकदम घना जंगल था। इसलिए वहाँ पर एक प्रकार की शांति थी। जंगल का अपना एक संगीत होता है, वैसा वहाँ सुनाई आ रहा था। पत्तों की सरसराहट सुनाई आ रही थी। बस वही आवाज थी। फिर मैं वहाँ से गुफा में जाकर सो गया।

सुबह उठकर फिर उस गुफा के उस भाग में गया जहाँ वे दोनों तपस्वी ध्यान करते बैठे थे। उन्हीं के सामने आसन लगाकर ध्यान करने लग गया। अब ऐसा कई दिनों तक चला। उनके ध्यान का एक स्तर था। उस स्तर के आसपास पहुँचे बिना उनकी बातें समझी नहीं जा सकती थीं। यह ठीक रेडिओ की तरंगों जैसा ही होता है। जैसे रेडिओ का काँटा हम जब बराबर जगह रखते हैं, तभी उस स्टेशन (प्रसारण केंद्र) को सुना जा सकता है, वैसे उनके ध्यान की भी तरंगें बह रही थीं और मेरी ऐसी स्थिति नहीं थी कि उन तरंगों के स्तर तक पहुँचूँ और वह संभव भी नहीं लग रहा था। वे तरंगें काफी सशक्त थीं और पहले मैंने उन्हीं तरंगों का अध्ययन किया, तो महसूस किया कि उन तरंगों तक पहुँचना ही असंभव है, एकदम जमीन-आसमान का अंतर है। जब मेरा यह प्रयत्न बार-बार करने पर भी सफल नहीं हुआ तो मैं उन तरंगों का अध्ययन कर सकता हूँ,

मैं उन तरंगों तक पहुँच सकता हूँ, मैं उन तरंगों को जान सकता हूँ, कुछ दिन के अभ्यास से यह संभव हो, ऐसा नहीं लगा। फिर शरीर का एक अहंकार था, वह भी टूट गया और उसे टूटने में ही काफी दिन लगे। और काफी दिनों के बाद यह जाना कि मैं उन तरंगों के आसपास भी नहीं पहुँच सकता हूँ! तब मुझे मेरी ही गलती का अंदाजा हुआ कि मैं यह गलत प्रयत्न कर रहा था। ऐसे तपस्वियों के दर्शन उनकी इच्छा के बगैर नहीं होते हैं और उन्होंने ही मेरा मार्ग भटकाया है, वे ही मुझे यहाँ लाए हैं और उन्होंने ही दर्शन दिए हैं। और बाद में, मैं यहीं रह जाऊँ, ऐसी प्रेरणा भी दी तो वे ही आगे का करेंगे। मैं न तो अपने प्रयत्न से यहाँ पहुँचा हूँ और न ही मैंने अपने प्रयत्न से इस दर्शन को प्राप्त किया है। मैंने तो कुछ भी नहीं किया। फिर सब उनकी कृपा में हो गया तो मुझे उनकी कृपा पर ही छोड़ देना चाहिए और कोई प्रयत्न नहीं करने चाहिए। और मैंने सारे प्रयत्न छोड़ दिए और अपना सर्वस्व ही उन्हें समर्पित कर दिया और कहा, "गुरुदेव, आप करुणा के सागर हो। आपकी ही करुणा के कारण मैं यहाँ तक पहुँचा हूँ। आपकी कृपा के कारण ही मुझे आपके दर्शन प्राप्त हुए। अब आगे भी जीवन में आपकी इच्छा के अनुसार हो। अब मैं मेरे जीवन की बाकी सारी साँसें आपके हवाले कर रहा हूँ। अब मैं प्रत्येक साँस भी आपकी इच्छा से लूँ। अब मैंने मेरा शेष जीवन आपके ही श्रीचरणों पर समर्पित कर दिया है।" ऐसी प्रार्थना पूर्ण हृदय से करके फिर मैं वहीं रहने लग गया। फिर सारे प्रयत्न भी छोड़ दिए थे। और जैसे ही सारे प्रयत्न छोड़ दिए और संपूर्ण समर्पण कर दिया, तो बाद में कुछ दिनों तक तो भीतर एकदम गहरी-सी शांति अनुभव होने लग गई। उस गहरी शांति में मुझे आनंद आने लग गया और मैं उस शांति को अनुभव करने लग गया और भीतर, और भीतर उतरता ही चला गया। और ऐसा अनुभव हुआ जैसे हम एखादे (किसी) खूब गहरे कुएँ में उतरते हैं और भीतर जैसे-जैसे उतरने लग जाते हैं, वैसे-वैसे कुएँ के ऊपर का प्रकाश एक गोल वर्तुल (वृत्त आकार) के समान दिखता है और जैसे-जैसे भीतर उतरते हैं, वह वर्तुल छोटा, और छोटा होता जाता है और आसपास इतना अँधेरा हो जाता है कि उस प्रकाश के गोल वर्तुल को देखना भी कठिन हो जाता है, क्योंकि वह वर्तुल बहुत छोटा और अँधेरा ही अधिक होता है। फिर लग रहा

था कि वह वर्तुल एक बिंदु जैसा हो गया है और उस बिन्दु को भी अँधेरे में खोजना पड़ रहा है, वह बिन्दु भी आसानी से नहीं मिल रहा है। इतना गहरा अँधेरा होने पर भी असीम शांति का अनुभव हो रहा था और धीरे-धीरे महसूस किया कि वह प्रकाश का गोल वर्तुल भी समाप्त हो गया था, वह बिन्दु भी समाप्त हो गया था, सब जगह अँधेरा ही अँधेरा हो गया था। उस अँधेरे में एक असीम शांति का अनुभव हो रहा था। उस अँधेरे में, उस असीम शांति में भी एक नाद था। एक बहुत पवित्र नाद जो बहुत ही धीमा-धीमा कभी-कभी सुनाई आ रहा था। फिर वह नाद बार-बार सुनाई आने लग गया। फिर उस नाद की एक श्रृंखला-सी ही बन गई और फिर उस श्रृंखला का एक नाद बन गया, एक सुमधुर नाद। और पूरा ध्यान उस नाद पर ही एकत्र हो रहा था, बाकी और कुछ नहीं, बस वही नाद। शरीर के होने का सारा भाव ही समाप्त हो गया था। बस रह गई थी तो अनुभूति, अनुभूति, अनुभूति! फिर प्रकाश, प्रकाश, प्रकाश हो रहा था, इतना कि मेरी आँखें चौंधियाने लग गई थीं। और फिर देखा तो उन दो महापुरुषों के शरीर से निकलने वाली तरंगें मेरे ऊपर बरस रही थीं और उनके दिव्य दर्शन हो रहे थे। मैंने उन्हें साष्टांग दंडवत् प्रणाम कर दिया और दर्शन देने के लिए उनका आभार व्यक्त किया। मैंने कहा, "आप करुणा के सागर हो, आप सर्वज्ञानी हो, सारी सृष्टि के रचयिता हो, आप ही सर्वज्ञ हो, आप ही परमात्मा हो। मेरे जीवन का प्रारंभ जिस बिन्दु से होता है और मेरे जीवन का अंत जिस बिन्दु पर होता है, वह बिन्दु आप ही हो। आप दो नहीं, एक ही हो। मुझे तो प्रकाश का एक पुंज ही दिखाई दे रहा है। मैं अपनी आँखों को उसे देखने योग्य नहीं पा रहा हूँ। मैं संपूर्ण हृदय से आपकी शरण में आया हूँ।" बड़ी सूक्ष्म आवाज आई। ऐसा लगा, आकाश से, बादलों की आड़ से आकाशवाणी ही हो रही हो! उन्होंने कहा, "उठो, तुम्हारे जीवन के उद्देश को जानो। उसी उद्देश का ज्ञान कराने के लिए तुम्हें यहाँ पर बुलाया गया है। हम तपस्वी पिछले आठ सौ सालों से इसी स्थान पर ध्यानस्थ हैं। हम केवल दो नहीं हैं। हम जैसे और भी तपस्वी आसपास की गुफाओं में स्थानस्थ हैं। हमारा आभामण्डल पाँच सौ किलोमीटर तक का है। इस आभामण्डल में हमारी आज्ञा के बिना कोई मनुष्य नहीं आ सकता है। तुम भी आए नहीं हो, तुम्हें

भी बुलाया गया है। तुम्हारा जन्म किसी विशेष प्रयोजन से हुआ है। अपने-आपको जान लो और अपने जीवन के उद्देश को पहचान लो। तो फिर सारा जीवन सार्थक हो सकेगा। क्या अपने जीवन का रहस्य जानना नहीं चाहोगे? क्योंकि वह जाने बिना जीवन तो व्यर्थ ही है।" और फिर बस इतना ही संवाद हुआ और बाद में देखा, मेरा ध्यान लग गया था।

ध्यान से उठने के बाद ऐसा लगा मानो मैंने कोई स्वप्न देखा हो और बड़ी जिज्ञासा रह गई थी कि मेरे जीवन का रहस्य क्या होगा, मेरे जीवन का उद्देश क्या होगा, वे क्या बताना चाहते थे, आगे क्या बताने वाले थे, फिर वह ध्यान टूट क्यों गया? मानो बड़ा सुंदर स्वप्न चल रहा हो और नींद खुल जाए और आगे जानने की जिज्ञासा बाकी रह जाए, ठीक वैसा ही हुआ कि लग रहा था कि अब आगे क्या होगा? लेकिन मैं अनुभव से यह सीख गया था कि गुरुक्षेत्र में प्रयत्न कभी नहीं किए जाते हैं, इच्छा कभी भी नहीं की जाती है, क्योंकि मनुष्य के सारे प्रयत्न केवल शरीर के स्तर पर ही होते हैं और यह गुरुक्षेत्र है; यहाँ शरीर का कोई कार्यभाग नहीं है। और इस 'गुरुक्षेत्र' में इच्छा को भी कोई स्थान नहीं है, क्योंकि हम इच्छा करेंगे तो हम अपनी सीमा में करेंगे और गुरुशक्तियों की तो कोई सीमा ही नहीं है। गुरुशक्तियों के सान्निध्य में बैठकर इच्छा करना ठीक वैसा ही है, जैसा गंगा नदी के किनारे बैठकर एक लोटा जल भर लेना, क्योंकि गंगा नदी को कभी लोटे में थोड़े ही लिया जा सकता है? गंगा नदी तो अपार बड़ी है। उसे इच्छारूपी लोटे में ले ही नहीं सकते, उसे तो चित्तरूपी सागर में लेना चाहिए। सारा चित्त गंगा नदी की कृपा में गंगा नदी ही हो जाए, ऐसी प्रार्थना ही चित्त को गंगा नदी में विसर्जित कर सकती है, सारी गंगा नदी चित्त में भर ली जा सकती है। इसलिए गुरुक्षेत्र में गुरुशक्तियों के समक्ष इच्छा नहीं करनी चाहिए। प्रार्थना करो—गुरुदेव, अब जो भी जीवन में हो, आपकी इच्छानुसार हो। मैं पामर क्या इच्छा कर सकता हूँ? आप दया के सागर हो, जो हो, वह आपकी इच्छानुसार हो।

फिर कुछ दिन ऐसे ही चलता रहा। और फिर एक दिन वही गहरे कुएँ वाला ध्यान का अनुभव होने लग गया, वही अनुभूति होने लग गई और फिर वही नाद सुनाई आने लग गया और फिर वही दिव्य दर्शन होने लग गए, फिर आकाशवाणी होने लग गई—तुम्हें यहाँ पर इसलिए बुलाया है कि हमारे गुरु इस धरती पर अवतरित होना चाहते हैं। उन्होंने अपने पूर्वजन्म में तपस्या से ज्ञान प्राप्त किया है, पर वह ज्ञान उन्होंने प्राप्त किया था दूसरों को बाँटने के लिए और उस ज्ञान को बाँटने की इच्छा उनकी बाकी रह गई है। उनका दूसरों को दिया गया आश्वासन अभी बाकी है और उस आश्वासन के कारण वे मोक्ष की स्थिति पाकर भी मोक्ष प्राप्त नहीं कर सकते हैं, क्योंकि वे अपने आश्वासनों से बँधे हैं। उन्हें तुम भी जानते हो। और वे अपने आश्वासन को पूर्ण करने के लिए एक बार फिर इस धरती पर जन्म लेना चाहते हैं और अपने दिए हुए आश्वासनों को पूर्ण करना चाहते हैं।" तो मैंने नतमस्तक होकर कहा, "मैं इस कार्य के लिए क्या योगदान दे सकता हूँ, आप आज्ञा करें। मैं आपकी आज्ञा के लिए अपने-आपको समर्पित कर रहा हूँ।" उन्होंने कहा, "उनके इस धरती पर अवतरित होने का उपयुक्त समय अब आ गया है, लेकिन उन्हें अवतरित कर सकें, ऐसे माँ-बाप उन्हें नहीं मिल रहे हैं। उन्हें अवतरित होने के लिए एक विशिष्ट स्थिति की, एक विशिष्ट वातावरण की आवश्यकता है। जब तक वैसी स्थिति न हो, वे चाहकर भी अवतरित नहीं हो सकते हैं। उनका अवतरण होने के लिए उन्हें आमंत्रित करना होगा और आमंत्रित करने के लिए आमंत्रित करने वाले का उनसे संबंध होना चाहिए, आमंत्रित करने वालों का वह स्तर होना चाहिए, तभी यह घटना घटित हो सकती है। तुम्हें आमंत्रित करने के लिए चुना है। तुम ही यह कार्य कर सकते हो। तुम क्या हो, तुम कौन हो, यह तुम नहीं जानते हो, पर हम जानते हैं। समय आने पर तुम स्वयं भी जान जाओगे, इसीलिए अपने-आपको जानो। तुम्हारे भीतर ही रहस्य का भण्डार भरा पड़ा है। तुम्हें भीतर उतरने की आवश्यकता है। हम भी अपने जीवन को तभी समाप्त करेंगे, जब तक हम हमारे जीवन के उद्देश को पूर्ण नहीं कर लेते। हमारे गुरुओं का अवतरण ही हमारे जीवन का उद्देश है। हम उनके साथ कुछ समय जीना चाहते हैं। इसलिए हमने हमारा जीवन बचाकर

रखा है। और यह आमंत्रण का कार्य हम नहीं कर सकते, क्योंकि हम उस चेतना से परे हो गए हैं। हम अब कुछ भी नहीं कर सकते। हाँ, क्या करना चाहिए, वह केवल प्रेरणा भर (मात्र) दे सकते हैं और वही हम तुम्हें दे रहे हैं।" थोड़े समय के बाद मेरा ध्यान फिर खुल गया और फिर ऐसा लगा कि मैं उस स्तर पर अधिक समय रहने में अक्षम हूँ या तो वे अधिक समय संपर्क करने में अक्षम हैं; वे निचले स्तर पर अधिक समय रह ही नहीं सकते हैं। मुझे सारा वातावरण ही रहस्यमय लगने लग गया; मेरे जीवन का क्या रहस्य है? और यह जानने के लिए एक ही प्रश्न, "मैं कौन हूँ?," यह जानना अब मेरे लिए बहुत आवश्यक हो गया था, क्योंकि यह जानकर ही, उन गुरुओं के गुरुओं से मेरा क्या संबंध है, यह जाना जा सकता था। सारा रहस्य काफी परतों में छिपा मालूम पड़ रहा था और मैं एक परत के खुलने के लिए बड़ा व्याकुल हो रहा था। मैं प्रथम केंद्रित हो गया यह जानने के लिए कि मैं कौन हूँ? क्योंकि यह जाने बिना तो आगे कुछ जाना ही नहीं जा सकता था। अब यही निर्णय किया कि प्रथम यह जाना जाए कि मैं कौन हूँ? क्योंकि उसके बिना गुरुदेव की बातें समझ में आएगीं ही नहीं। फिर मैंने इसके लिए प्रयत्न करना प्रारंभ नहीं किया, क्योंकि अनुभव से जाना था—यह गुरुक्षेत्र है, यहाँ प्रयत्न नहीं, करुणा की शरण जाना होगा। और मैंने गुरुदेव की ही शरण जाते हुए प्रार्थना की, "मार्गदर्शन करें, राह दिखाएँ कि मैं कौन हूँ? आपकी कृपा में मैं यह जानना चाहता हूँ कि मैं कौन हूँ? आपकी बातें समझने के लिए यह जानना आवश्यक हो गया है कि मैं कौन हूँ? मेरे सारे रास्ते इस बिंदु से प्रारंभ हो रहे हैं, ऐसा प्रतीत हो रहा है। इसलिए, कृपा कीजिए और बताइए—मैं कौन हूँ? क्योंकि अब मेरे अस्तित्व का प्रश्न हो गया है। मैं इस समय, गुरुदेव, ऐसा पा रहा हूँ कि एक तरुण मनुष्य को कहा जाए कि तेरे माँ-बाप कोई और हैं, तो स्वाभाविक ही है कि वह अपने माँ-बाप को जानना चाहेगा, वह ढूँढ़ना चाहेगा कि उसके माँ-बाप कौन हैं? कौन वह माँ है जिसके पेट से उसने जन्म लिया? प्रत्येक पेड़ का पत्ता यह जानना चाहता है कि मेरी जड़ें कहाँ हैं? यह ठीक वैसा ही है। क्योंकि बिना जड़ के पत्ते का अस्तित्व ही नहीं है। पत्ता है तो जड़ तो होगी ही और पत्ते को ही पता न हो कि जड़ कहाँ है, तो वह पत्ता तो आत्मग्लानि से भर

जाएगा कि वह अपनी जड़ को ही नहीं पहचानता! ठीक उसी प्रकार से, वह तरुण भी आत्मग्लानि से भर जाएगा कि क्या वह अपनी माँ को ही नहीं जानता? वह अवश्य जानना चाहेगा। यह प्रश्न उसके जीवन में तूफान ला सकता है। ठीक इसी प्रकार से, आज मेरे भी जीवन में तूफान आ गया कि 'मैं कौन हूँ?', यह जानना जीवन का सबसे बड़ा प्रश्न हो गया है। कृपा कीजिए और बताइए—मैं कौन हूँ?" गुरुशरण में ही जाना सबसे आसान मार्ग प्रतीत हो रहा था तथा वे सब जानते ही थे।

मैंने गुरुओं से खूब प्रार्थना की, खूब गिड़गिड़ाया। मेरा प्रार्थना करना, मेरा गिड़गिड़ाना इस बात का द्योतक था कि यह मैं मेरे प्रयत्न से कभी जान नहीं सकता हूँ। और इसीलिए स्वप्रयत्न से जानने का प्रयत्न ही नहीं करूँगा, क्योंकि वह जानना मेरी सीमा में नहीं है और यह मैं जान गया हूँ। प्रार्थना भी बहुत कर-करके मैं थक गया। फिर प्रार्थना भी करनी छोड़ दी और उनसे कहा, "अगर आपको लगता है कि मुझे जानना उचित है तो ही बताइए। मैं अब जानने के लिए इच्छुक भी नहीं हूँ।"

जब प्रार्थना करनी छोड़ी, तो दूसरे ही दिन की घटना हुई मानो प्रार्थना करने में भी कहीं 'मैं' प्रार्थना कर रहा था। एक प्रकाश की किरण मेरी ओर आई और फिर मेरे आसपास प्रकाश ही प्रकाश भर गया और फिर एक चलचित्र के समान मेरे सामने सब आने लग गया: सत्य क्या है, यह जानने की इच्छा आज से आठ सौ साल पूर्व तुझे हुई और उस जन्म में जन्मभर उसी इच्छा को लेकर जिया और उसी इच्छा के साथ मरा भी। पर आत्मा की वह इच्छा बाकी रह गई और फिर दूसरा जन्म लिया। तब भी सत्य को जानने की इच्छा बचपन से ही थी। और जो लोग इस मार्ग पर मिले, उन्हें बताया, "मैं बचपन से ही सत्य की खोज कर रहा हूँ। अगर मुझे यह मिला, तो मैं आपको अवश्य बताऊँगा। सत्य का ज्ञान अगर मुझे मिला, तो वह मैं आपको भी कराऊँगा।" उन लोगों के मन में भी सत्य के प्रति इच्छा को जागृत किया। और फिर यही प्रक्रिया प्रत्येक जन्म में चलती रही; एक ही बात को लेकर जन्म लेना, एक ही बात की खोज जन्मभर करना। ऐसा करने से ऐसी (आध्यात्मिक उन्नति की)

इच्छा करने वालों की एक बड़ी सामूहिकता तुझे प्राप्त हो गई। और जन्म के जन्म चल रहे थे। तू अलग धर्मों में जन्मा, अलग देशों में जन्मा। इसी कारण लोग सभी सीमाओं को पार करके तेरे साथ जुड़ गए। और फिर प्रत्येक जन्म में लोग इच्छा करने लग गए कि तुझे सत्य का ज्ञान होना चाहिए। क्योंकि तुझे होगा, तो ही तू उनको करा पाएगा, ऐसा वे मानते थे। यह भी सब परमचैतन्य के द्वारा ही आयोजित था। बस, उस बड़ी योजना का तू माध्यममात्र बन गया था। पहली शुद्ध इच्छा तेरी ही थी, पर बाद में उस एक शुद्ध इच्छा के साथ लाखों आत्माओं की इच्छा जुड़ती गई और एक बड़ी सामूहिक इच्छाशक्ति बन गई। पर अभाव था कार्यशक्ति का। करने की शक्ति तेरे पास नहीं थी और न ही उचित समय भी था। इसीलिए पिछले 800 सालों से केवल एक ही इच्छा लेकर तू उस समय तक पहुँचा जिस समय कार्यशक्ति निर्मित हो गई। यह कार्यशक्ति इसी युग की देन है। इस कार्यशक्ति के बिना यह कार्य होना संभव ही नहीं। यह युग इसी कार्यशक्ति का युग है। तीव्र इच्छाशक्ति की सालों की तपस्या के बाद उस इच्छाशक्ति को फलीभूत करने के लिए परमचैतन्य के द्वारा कार्यशक्ति का निर्माण हो जाता है। वह निर्माण भी परमचैतन्य नहीं कर सकता है। और वह तो सामूहिक इच्छाशक्ति के कारण ही हो सका। और वह युग आया जिस युग में तेरी इच्छाशक्ति को फलीभूत होने के लिए परमचैतन्य ने कार्यशक्ति का निर्माण किया। उस कार्यशक्ति का कार्य था—तुझे तेरे जीवन में तेरी इच्छा को फलीभूत करने के लिए शक्तियाँ प्रदान करना। और यह कार्य करने के लिए परमचैतन्य को भी माध्यम चाहिए था, ऐसा माध्यम जो सतत तेरे साथ रह सके, तेरी इच्छाओं का विस्तार कर सके, उन इच्छाओं को पूर्ण कर सके। क्योंकि यह अब केवल तेरे अकेले का प्रश्न नहीं था, वह तो लाखों आत्माओं की सामूहिक शक्ति का प्रश्न था और इतने लाखों लोगों की इच्छा पूर्ण करने के लिए पर्याप्त शक्तियों की आवश्यकता थी। परमचैतन्य ने उन शक्तियों का संग्रह करके उसे तेरी पत्नी के रूप में तुझ तक पहुँचा दिया। इसीलिए उसके तेरे जीवन में आने के बाद ही इस मार्ग पर चल सका। क्योंकि पहले तेरी केवल इच्छा थी, पर फलीभूत करने के लिए सामर्थ्य नहीं था। उसके तेरे जीवन में आने के बाद ही वास्तव

में तेरे कार्य का प्रारंभ हुआ है, क्योंकि पहले तो केवल इच्छाएँ ही थीं। इन सब इच्छाओं को पूर्ण करना अब तेरे जीवन का उद्देश ही है। और इसी उद्देश को देखकर कई संतों ने, कई मुनियों ने, कई त्यागियों ने तुझे अपना सहयोग शक्तियाँ प्रदान करके किया। यह कार्य अब कोई तेरे अकेले का कार्य नहीं है, इस कार्य में सामूहिक शक्तियाँ सम्मिलित हो गई हैं। अब इस जन्म में तुझे कुछ भी करना नहीं है, अब सबकुछ तेरे माध्यम से घटित होगा। वे सब आत्माएँ जो सालों से तेरे साथ अलग-अलग जन्मों में जुड़ रही थीं, वे सब आकर इस जन्म में सत्य का अनुभव करेंगी। तुझे उन तक पहुँचने की आवश्यकता नहीं, वे ही तेरे पास पहुँचेंगी। यह सब करने के लिए तुझे समाज में ही जाना होगा, क्योंकि वे सारी आत्माएँ विभिन्न समाज में हैं, विभिन्न देशों में हैं, विभिन्न धर्मों में हैं। पर उन तक जाने के लिए तेरे पास कोई शुद्ध उद्देश नहीं है जिसे लेकर तू उनके पास जा सके। उस उद्देश को पूर्ण करना ही हमारा उद्देश है। यह एक पवित्र उद्देश है—गुरुशक्तियों के आगमन का माध्यम बनना। ऐसा पवित्र उद्देश लेकर तू समाज में जा और कार्य कर। तेरे कार्य का विशाल स्वरूप देखकर ही हमने तुझे चुना है।

बाद में फिर मेरा ध्यान खुल गया। पर अब मैं जान गया था कि मैं कौन हूँ, मेरे जीवन का क्या उद्देश है। मुझे मेरा उद्देश मिल गया था। और ऐसा लगा जैसे कि मैं एक सपना देख रहा था और सपने में से ही जागा था। पर मैंने यहाँ अनुभव से सीखा कि इस आध्यात्मिक जगत में मनुष्य के प्रयत्नों का कोई स्थान नहीं है और प्रयत्न ही इस आध्यात्मिक क्षेत्र में बाधक बन जाते हैं। क्योंकि जैसे ही हम कोई प्रयत्न करते हैं, हमारा अस्तित्व ही अलग-सा हो जाता है और आध्यात्मिक क्षेत्र में सारी प्रगति सामूहिकता में ही होती है। और उस सामूहिक शक्ति के माध्यम होते हैं गुरु। और जब हम अपने स्वयं के प्रयत्न करना छोड़ देते हैं और उनसे प्रार्थना करते हैं, तो प्रार्थना करने के माध्यम से हम उनसे जुड़ते हैं। उनसे जुड़ते हैं यानी उनके साथ की सामूहिक शक्तियों से जुड़ते हैं और जुड़ने के बाद वे शक्तियाँ हमें माध्यम बनाती हैं और कार्य होने लग जाता है। दूसरे दिन सुबह फिर मैं वहाँ बैठकर ध्यान कर रहा था, तो फिर मेरा संपर्क गुरुदेव की चेतनाशक्ति के साथ हुआ और फिर वही नाद

मुझे सुनाई आने लग गया। उन्होंने कहा, "हमारे गुरु शक्तियों के रूप में विद्यमान हैं। उन्हें जब तक कोई उपयुक्त माँ-बाप आमंत्रित नहीं करते, तब तक वे चाहकर भी इस धरती पर आ नहीं सकते हैं। यह एक काफी कठिन कार्य है कि एक युवक और एक युवती आध्यात्मिकता की उच्च स्थिति प्राप्त करे और ऐसी उच्च स्थिति को प्राप्त हुई दोनों ही आत्माएँ विवाह करें और बाद में वे इच्छा करें कि उनके माध्यम से गुरुशक्तियाँ अवतरित हों। सामान्यतः, माँ-बाप की इच्छा हो या न हो, वे दोनों शारीरिक रूप से पास आने के कारण माँ-बाप बन जाते हैं, जबकि वे बनना भी नहीं चाहते। ऐसे माँ-बाप से जन्म लेने वाले बच्चे 'मेहमान बच्चे' कहलाते हैं। इनकी ऊर्जा का स्तर सामान्य बच्चों जैसा होता है। पर गुरुशक्तियाँ गुरुलोक में विद्यमान होती हैं। उन तक पहुँचने के लिए एक आध्यात्मिक स्थिति की और अपने गुरु के प्रति संपूर्ण समर्पण की आवश्यकता होती है। जब तक यह सब नहीं होता, आगे का मार्ग नहीं खुल सकता है। माँ और बाप के कारण बच्चे को शरीर प्राप्त होता है और शरीर के अनुसार आत्मा का आगमन होता है। पर यहाँ शरीर का निर्माण गुरुशक्तियों के आगमन की इच्छा से ही होना चाहिए। यह कार्य एक महान कार्य है और यह गृहस्थ व्यक्ति ही कर सकता है। इसीलिए तुझे इस जन्म में गृहस्थ-जीवन व्यतीत करना पड़ा है। एक गृहस्थ व्यक्ति के द्वारा ही इस कार्य का प्रारंभ होने वाला है। इसीलिए ही तुम्हारा चुनाव किया गया है। हमारी इच्छा है कि यहाँ से तुम समाज में इस इच्छा से ही जाओ कि ऐसे माँ-बाप का निर्माण करना है कि जो गुरुशक्तियों को आमंत्रित कर सकें।" आमंत्रित कैसे करना है, उन्होंने वह भी समझाया और वह भी अनुभव कराया। उन्होंने कहा, "प्रथम तुम स्वयं अनुभव लेकर देखो और बाद में ही समाज में बताओ। क्योंकि तुम्हें अगर अनुभव होगा, तो ही तुम आत्मविश्वास के साथ बता सकोगे और तुम्हारे बताने का समाज में प्रभाव पड़ेगा। सत्य को अनुभव किए बिना सत्य बताना कोई अर्थ नहीं रखता है। इसलिए प्रथम इस आमंत्रण का उपयोग स्वयं अपने ही लिए करो। बाद में समाज के जो पति-पत्नी इस योजना के लिए तैयार हों, उनके लिए गुरुशक्तियों को आमंत्रित करना। इस कार्य में जल्दी की आवश्यकता नहीं है। हम इन गुरुशक्तियों को आमंत्रित करने के

लिए तुम्हें अधिकृत करते हैं और इस विश्वास के साथ करते हैं कि यह कार्य ही जीवन का उद्देश है, ऐसा समझकर यह कार्य करोगे। यह कार्य हम तुम्हें सौंपते हैं। तुम्हें सौंपने का निर्णय भी गुरुशक्तियों का स्वयं का है।" बाद में एकदम प्रकाश ही प्रकाश हो गया और लगा कि कोई सूक्ष्म शक्तियाँ मेरे भीतर उतर रही हैं और वे बता रही हैं कि गुरुशक्तियों को कैसे आमंत्रित किया जाता है और वे आह्वान का समूचा ज्ञान करा रही थीं। यह काफी समय तक चलता रहा और बाद में मुझे समाधि ही लग गई थी। बाद में मैं जब जागृत हुआ तो शाम हो गई थी। फिर ध्यान में से उठा और थोड़े समय के लिए गुफा के बाहर आया। थोड़ा आसपास घूमकर थोड़ी लकड़ियाँ जलाने के लिए इकट्ठा कीं, कुछ पत्ते तोड़े। सामान्यत:, यह कार्य मैं दोपहर में ही करता था, पर आज मुझे कुछ देर हो गई थी।

बाहर का वातावरण इतना सुंदर था कि मैं लकड़ियाँ इकट्ठा करके भी बाहर ही बैठा रहा। कुछ पक्षी भी अपने घोंसलों की ओर आ रहे थे। उनमें कुछ कबूतर थे। यह कबूतर पक्षी मुझे सभी स्थानों पर मिला। इसके गले में भीतर एक थैली-सी होती है जिसमें यह दाने भर लेता है और बाद में खाता रहता है। वहाँ एक कबूतर आवाजें निकालकर, गला फुलाकर अपने ही आसपास गोल-गोल घूमकर मादा को रिझाने का काम कर रहा था। शायद यह उसके सहवास का मौसम था। एक मादा और एक नर मिलकर पहाड़ों की दरारों में घोंसले बनाते हैं। और फिर कुछ दिनों बाद मादा दो अंडे देती है। और नर और मादा दोनों मिलकर उन अंडों को सेकने का काम करते हैं। कुछ दिनों बाद बच्चे भी निकल आते हैं। ये बाहर से चुगकर लाए गए दानों का रस बनाकर इन बच्चों को चोंच में चोंच डालकर चुगाते हैं। और बच्चे बड़े होने तक ये पक्षी उन बच्चों को पालते हैं। मेरे लिए इस पक्षी की विशेषता यह है कि यह मुझे मेरे प्रवास में सभी स्थानों पर मिला। यह प्राय: राखोड़ी (राख) के रंग का होता है। कुछ पालतू कबूतर सफेद भी होते हैं। यह शांति का प्रतीक समझा जाता है। इसलिए समझा जाता है, क्योंकि यह विश्वभर में पाया जाता है। पुराने मंदिरों, पुराने गिरजाघरों में विशेष रूप से पाया जाता है। शायद यह धार्मिक होगा। इस पक्षी का संदेशवाहक के रूप में भी उपयोग किया जाता था। इसके पैर में संदेश का कागज

बाँधकर उड़ाया जाता था और यह निश्चित स्थान तक बिना रुके पहुँच जाता था। यह तरीका पुराने जमाने में काफी प्रचलित था। इस पक्षी से मुझे इसलिए भी अपनापन हो गया था, क्योंकि यह मुझे मेरे प्रवास में सभी स्थानों पर मिला था, सभी गुफाओं में मिला था, सभी जंगलों में मिला था। पर यह उन स्थानों पर ही नहीं था, जहाँ आदिवासी इसे मारकर खा जाते थे। वहीं पर यह नहीं दिखा, बाकी सब जगह यह मिला ही था। मैंने उस पक्षी के युगल से विदाई ली और गुफा में आ गया।

एक दिन मैं ध्यान-साधना में ही लीन था और फिर गुरुदेव की करुणा हुई। वे बोले, "प्रकृति का नियम है—वही बनाती है, वही बिगाड़ती है। और यह सब प्रकृति के एक चक्र के अधीन होता है। यह चक्र सूक्ष्म रूप से कार्यरत रहता है। यह प्रकृति जब बिगाड़ती है, तब हमें अज्ञानतावश लगता है कि क्यों नाश कर रही है! पर वास्तव में, नाश इसीलिए करती है कि नया निर्माण कर सके। प्रकृति का विनाश ही नवजीवन की ओर पहला कदम होता है। ठीक इसी प्रकार, प्रत्येक मृत्यु में ही एक नए जीवन का संकल्प छुपा हुआ है। वास्तव में, कोई भी मरता नहीं है, नया जन्म लेता रहता है। जब तक कि उसकी इच्छा समाप्त न हो जाए, मनुष्य अपनी ही इच्छाओं को पूर्ण करने के लिए जन्म लेता रहता है।"

"इसी प्रकार से परमचैतन्य का भी एक समय रहता है। वह धरती पर अवतरित होता है और सामूहिकता में, अनेक माध्यमों के रूप में आता है और अनेक माध्यमों के रूप में वापस भी चला जाता है। और वापस चला जाता है, तो फिर नए माध्यमों के रूप में धरती पर अवतरित होता है। यह कार्य भी सामूहिक रूप से होता रहता है। वर्ष 2007 तक सामूहिक गुरुशक्तियों का कार्य समाप्त होने वाला है और इसके बाद फिर दूसरी गुरुशक्तियों का आगमन होने वाला है। और यह क्रम चलता ही रहता है, क्योंकि जो जगह खाली होती है, उसको भरने के लिए और नई गुरुशक्तियाँ आ जाती हैं। गुरुशक्तियाँ इस धरती पर अवतरित होने के लिए इसलिए आतुर हैं, क्योंकि वे भी अपने कार्य से बँधी हुई हैं। जब तक उनका वे अपना कार्य नहीं कर लेतीं, उन्हें मोक्ष नहीं मिल सकता है। गुरुशक्तियों का माध्यम

बनना बड़ा कठिन है, क्योंकि माध्यम होने पर भी वे शरीर के दोषों से युक्त रहते हैं। यानी ठीक ऐसा ही इनका जीवन होता है, जैसे कीचड़ में खिला हुआ कमल! जिस तरह कमल की शुरुआत गंदगी में से ही होती है, ठीक उसी तरह ही मनुष्य का जन्म भी, सभी का, कीचड़ में से ही होता है, पर उनमें से कुछ जो माध्यम होते हैं, कमल के समान अपने दो पत्तों के सहारे कीचड़ से ऊपर उठते हैं। और जिस प्रकार से कमल बाहर निकलकर खिलते हैं जबकि उनकी जड़ें कीचड़ में ही रहती हैं, ठीक उसी प्रकार से, गुरुशक्तियों के ये माध्यम भी शरीररूपी कीचड़ में ही रहकर अपने जीवन में ब्रह्मकमल का निर्माण करते हैं।"

"कमल से मनुष्य प्रेरणा ले सकता है कि मनुष्य का जन्म किसी भी स्थान पर हुआ हो, किसी भी जाति में हुआ हो, किसी भी धर्म में हुआ हो, किसी भी देश में हुआ हो, वह खराब से खराब स्थान पर जन्म लेकर भी कमल जैसा ऊपर उठ सकता है। यह ऊपर उठने की मनुष्य की शुद्ध इच्छा होनी चाहिए और, मैं एक कमल हूँ और कमल की तरह खिलूँगा ही, यह आत्मविश्वास होना चाहिए, तभी वह कीचड़ से बाहर आ सकता है। मैं कीचड़ नहीं हूँ, मैं एक कमल हूँ, यह आत्मविश्वास प्रथम निर्मित होना चाहिए। प्रत्येक आत्मा भी ठीक कमल के ही समान है, पर वह यह जान ही नहीं पाती कि वह कमल है, वह अपने-आपको कीचड़ ही समझ लेती है। और कीचड़ में ही जन्म लेती है और कीचड़ में ही मर जाती है, क्योंकि वह अपने-आपको कीचड़ ही समझती है। जब वह किसी सद्‌गुरुरूपी कमल के सान्निध्य में आती है, उस सद्‌गुरुरूपी ब्रह्मकमल को देखती है, तो उसमें एक सूक्ष्म भाव जागता है कि काश, मैं भी कमल होती! और इच्छा ही हृदय में कमल खिलाती है और कमल जान जाता है कि वह एक कमल है। और फिर भीतर एक सूक्ष्म इच्छा जागृत होती है कि मैं एक कमल हूँ और मुझे एक कमल बनना है। और फिर कमल की यात्रा कीचड़ से प्रारंभ होती है और धीरे-धीरे कीचड़ में से ही कमल का निर्माण होता है। कमल कीचड़ के बाहर आकर ही खिलता है। मनुष्यजीवन भी कीचड़ के समान है। मनुष्य कीचड़ है और कीचड़ ही निर्माण करेगा। इसलिए मनुष्य-निर्मित वस्तुओं से कीचड़ ही निर्मित हो सकता है, कमल नहीं। मनुष्य-निर्मित वस्तुओं

से आध्यात्मिकता का कमल नहीं खिल सकता है। आध्यात्मिकता का कमल खिलने के लिए सद्‌गुरुरूपी कमल ही चाहिए। जब तक जीवन में कमल नहीं आता, कमल बनने की चाहत जीवन में निर्मित नहीं हो सकती है।"

"प्रत्येक कीचड़ में कमल की संभावना छुपी हुई होती है। किसी भी स्थान के कीचड़ में कमल खिल सकता है, बस कीचड़ में एक कमल होना चाहिए। कमल से ही कमल का निर्माण संभव है। कमल बनने के लिए कीचड़ को छोड़ने की आवश्यकता नहीं है। केवल अपनी जड़ें ही कीचड़ में रखो, लेकिन स्वयं को कीचड़ मत समझो, स्वयं को कमल समझो, तभी कीचड़ के बाहर निकल सकते हो और ऐसा आध्यात्मिक कमल अपने जीवन में खिला सकते हो कि जो दूसरों के लिए प्रेरणादायी बन सके।" "तुम भी एक कमल थे। और तुम एक कमल थे, इसका ज्ञान तुम्हें तुम्हारे पुराने जन्मों की बातें जानकर हो ही गया होगा। इन सब जन्मों का प्रभाव तुम्हारे ऊपर बचपन में अधिक था और इसी कारण बचपन में तुम्हें लगता था—मेरा जीवन सामान्य मनुष्य जैसा नहीं है। मेरे जीवन का कोई उद्देश है और इस उद्देश को प्राप्त करने के लिए ही मेरा जन्म हुआ है, उस उद्देश को पूर्ण करने के लिए ही मैंने जन्म लिया है। मैं सामान्य मनुष्य नहीं हूँ और न ही एक सामान्य मनुष्य जैसा मेरा जीवन होगा। मेरा जीवन एक प्रेरणादाई जीवन होगा जो जीवन के बाद भी लाखों आत्माओं का प्रेरणा-स्थान बनेगा। पर उद्देश क्या था, वह पता नहीं था और बाद में जीवन में दलदल में चले गए और भूल ही गए—मैं एक कमल हूँ। और फिर गुरुशक्तियों के सान्निध्य में आने पर फिर याद आया कि तुम एक कमल हो और फिर कमल की तरह तुम्हारा जीवन खिल उठा और तुम एक आध्यात्मिक यात्रा पर चल दिए। गुरुशक्तियों को तुम्हें इस मार्ग में लाना ही था, क्योंकि तुम ही गुरुशक्तियों के माध्यम थे। तुम्हारे माध्यम से लाखों कमल कीचड़ में खिलने वाले थे, ऐसे कमल जो कीचड़ में रहकर भी कीचड़ से अछूते रहते हों। पर यह तब तक नहीं हो सकता था, जब तक तुम स्वयं न खिलो। तुम्हारे ही खिलने का इंतजार था ताकि कमल ही कमल खिल सकें।" और जैसे ही उनका बताना समाप्त हुआ, मैं धीरे-धीरे ध्यान में से बाहर आने लग गया। और फिर

ध्यान में से बाहर निकलने की इच्छा न होते हुए भी बाहर निकला ताकि फिर दूसरे दिन ध्यान में जा सकूँ। मेरा फिर वह रोज का ही, सुबह उनके सामने बैठकर ध्यान करने का नियम ही बन गया और दिनभर मेरा कैसे चला जाता था, उसका पता भी नहीं चलता था। कब सुबह होती थी, कब शाम होती थी, इसका भी पता नहीं चलता था। मुझे वहाँ पर चुम्बकीय आकर्षण जैसा कुछ हो गया था। कभी-कभार ही गुफा के बाहर निकलता था और निकलता था तो भी थोड़े समय के लिए और बाद में वापस भीतर आ जाता था। एक दिन ऐसे ही ध्यान करने बैठा था तो गुरुदेव की कृपा वर्षा होने लग गई। वे बोले, "हम गुरुओं का उद्देश है कि ध्यान का मार्ग सामान्य से सामान्य मनुष्य तक पहुँचे। यहाँ जंगल में जो ध्यान करने के लिए आते हैं, वे स्वयं अपना मोक्ष चाहते हैं। वे उद्देश लेकर आते हैं। और जो आते हैं, वे केवल आते हैं, पर वे जाते नहीं हैं। और इसी कारण यह ध्यान का मार्ग बहुत कम लोग ही जान पाते हैं। और जो जान पाते हैं, वे वापस कभी समाज में नहीं जाते हैं। इसी कारण इस मार्ग की जानकारी समाज को नहीं है। और यह ध्यानमार्ग का रहस्य सालों से यहाँ पर ही छुपा हुआ है। यह हम सामान्य मनुष्य को देना भी चाहते हैं, पर अभी तक, सामान्य मनुष्य ग्रहण कर सके, ऐसा समय नहीं आया था। अब वह उचित समय आ गया है, जब सामान्य मनुष्य भी उसे ग्रहण कर सकता है।" "सामान्य मनुष्य तक यह ज्ञान पहुँचा सके, ऐसा कोई माध्यम ही नहीं था, क्योंकि जो भी यहाँ आता, वह तो यहीं रह जाता था। पर तुम्हारा तो जन्म ही यह ज्ञान देने के उद्देश से हुआ है। अब तुम्हारे माध्यम से मनुष्य इस ज्ञान को जान पाएगा जो रहस्यमयज्ञान हजारों वर्षों से गोपनीय रहा था। वह अब सामान्य मनुष्य तक पहुँचेगा, क्योंकि जनसामान्य का यहाँ तक पहुँचना असंभव ही है। और अगर जनसामान्य तक इस ज्ञान को पहुँचाना हो, तो उन्हीं के जैसा ही माध्यम होना चाहिए, तभी जनसामान्य के स्तर तक नीचे जाकर उसे वह समझाया जा सकता है। इसलिए भी तुम्हारे रूप में माध्यम का चुनाव किया है। और हमारे गुरुओं को इस धरती पर अवतरित होना है तो वह तो गृहस्थी वाला ही साधक चाहिए। यहाँ तो सब ब्रह्मचारी लोग ही रहते हैं। इसलिए हमारे उद्देश की पूर्ति सामान्य समाज से, सामान्य

गृहस्थी से ही होने वाली है। इसीलिए भी तुम्हारा चयन किया। तुम एक सामान्य गृहस्थ हो और तुम स्वयं वैवाहिक जीवन की समस्याएँ जानते हो। तुम जो मार्गदर्शन कर सकते हो, वह दूसरा नहीं कर सकता। वैवाहिक जीवन व्यतीत कर रहा मनुष्य अगर आध्यात्मिक प्रगति करता हो तो भी उसमें एक शुष्कता कभी नहीं आ सकती। एक तो उसने आध्यात्मिक स्थिति अपनी तपस्या से पाई नहीं होती है, उसने तो केवल सद्गुरु के प्रति समर्पण किया होता है और दूसरा, उसने जीवन में जो स्थिति पाई होती है, वह केवल गुरुकृपा से ही है, यह वह भी जानता है। इसलिए उस व्यक्ति में आध्यात्मिक स्थिति पाकर भी एक शुष्कता, एक विरक्ति का भाव, समाज से दूर रहने वाला भाव नहीं आता है। वह वह स्थिति पाकर भी सामान्य मनुष्य रहते हुए समाज में जीवन जी सकता है। वह वर्तमान स्थिति के अनुसार ऊपर की स्थिति में और आवश्यकता पड़ने पर नीचे की स्थिति में आ सकता है। उस मनुष्य की स्थिति ठीक कमल जैसी ही हो जाती है जो कीचड़ में है भी और नहीं भी। यानी कमल की केवल जड़ कीचड़ में रहती है, पर कमल के ऊपर कीचड़ की एक भी बूँद नहीं होती है। ठीक इसी प्रकार से, यह मनुष्य समाज में केवल जीवनयापन करता रहता है, पर यह चित्त से परमेश्वर में ही लीन होता है। इसका परमेश्वर इसका गुरु होता है, क्योंकि इसने तो सब ज्ञान गुरु से पाया होता है। और गृहस्थ मनुष्य तक यह ज्ञान पहुँचाना हो, तो उसका माध्यम भी गृहस्थ ही होना चाहिए। तभी उन्हें वह उनके जैसा लगेगा और वह उनका प्रेरणा-स्थान बन सकेगा कि मेरे गुरु एक गृहस्थ हैं, एक सामान्य मनुष्य होते हुए भी जब ये आध्यात्मिक स्थिति पा सकते हैं, तो मैं क्यों नहीं? और वह यह भी जान पाएगा कि आध्यात्मिक स्थिति पाने के लिए समाज को त्यागने की आवश्यकता नहीं है, सामान्य समाज में रहते हुए भी यह स्थिति पाई जा सकती है, पर रहना कमल के समान होगा। और इस कार्य में पति व पत्नी दोनों का ही समान योगदान है। दो अच्छी आध्यात्मिक स्थिति वाले लड़का-लड़की जब विवाह-बंधन में बँधते हैं तो वे एक-दूसरे के दोषों को दूर कर देते हैं, क्योंकि लड़का ध्यान करेगा तो भी एक दोष लेकर करेगा, लड़की ध्यान करेगी तो भी एक दोष लेकर करेगी और वह दोष ही है जो उन्हें नीचे के स्तर पर रहने

देगा। वह दोष ही वरदान है। अगर वे दोषमुक्त हो जाएँ, तो संसार से ही मुक्त हो जाएँगे। वे दोनों अपने-अपने दोषों को लेकर ही जीते रहते हैं, पर जब उन दोनों का विवाह होता है, तो वे दोनों एक-दूसरे के लिए पूरक सिद्ध होते हैं। एक का दोष दूसरे के लिए वरदान सिद्ध होता है और दूसरे का दोष पहले के लिए वरदान सिद्ध होता है। यानी ये दोनों अकेले-अकेले दोषपूर्ण हैं, पर संयुक्त रूप से दोनों संपूर्ण निर्दोष हो जाते हैं। ऐसी निर्दोष स्थिति प्राप्त होने के बाद ही पवित्रता का निर्माण होता है। और ऐसी पवित्रता की स्थिति प्राप्त होने के बाद अगर तुम उनके लिए प्रार्थना करो और हमारे गुरुओं को आमंत्रित करो और उनको माध्यम बनाओ, तो हमारे गुरु इस धरती पर अवतरित हो सकते हैं। यानी तुम्हें उन्हें अपने चित्त में रखकर गुरुशक्तियों का आह्वान करना होगा। आह्वान का माध्यम केवल तुम हो, पर आमंत्रित कर रहे हो उन माँ-बाप के लिए। यानी वे माँ-बाप तुम्हें पूर्ण समर्पित होने चाहिए और तुम्हें गुरुशक्तियों के प्रति पूर्ण समर्पित होना चाहिए। यह घटना तभी फलीभूत हो सकती है। वे माँ-बाप इतने समर्पित होने चाहिए कि वे केवल शरीर से अलग हों, पर चित्त से उनका अस्तित्व तुम्हारे से अलग नहीं होना चाहिए। तभी तुम उनके लिए गुरुशक्तियों का आह्वान कर सकते हो और वह सूक्ष्म शक्ति वे तुमसे ग्रहण कर सकते हैं। इसमें, तुम गुरुशक्तियों का आह्वान करो, यह कार्य आसान लगता है। पर वे (माँ-बाप) तुमसे गुरुशक्तियाँ ग्रहण करें, यह कार्य कठिन लगता है। जब तक वे (आत्मिक रूप से) तुमसे एकरूप नहीं होते, वे अपने शरीर का अलग अस्तित्व बनाकर रखेंगे। और अलग अस्तित्व बनाकर रखेंगे, तो वे ग्रहण करने की क्षमता खो देंगे, ग्रहण नहीं कर पाएँगे।"

"माँ-बाप के लिए भी अलग ही अनुभव है। वे वे शक्तियाँ प्राप्त करने जा रहे हैं जो न तो उनकी हैं और न तुम्हारी हैं। सब माध्यम ही हैं। इसलिए इन तीनों माध्यमों में जब तक एकरूपता नहीं आ जाती, यह घटना घटित होनी कठिन है।"

"पति और पत्नी दोनों में से एक भी तुम्हें पूर्ण समर्पित हो, तो भी यह संभावना बन सकती है, क्योंकि वे दोनों तो आपस में शारीरिक संबंधों के कारण जुड़े हुए ही रहते हैं; उनमें से एक भी

अच्छी स्थिति प्राप्त करता है, तो वह वह स्थिति दूसरे को बाँटेगा ही और अंत में दोनों ही उसी स्थिति तक पहुँच जाएँगे। और अगर पति-पत्नी दोनों ही समर्पित हैं, तो कार्य आसान हो जाएगा। यह सारी प्रक्रिया तीन संबंधों पर आधारित है। पहला, पति-पत्नी का आध्यात्मिक उद्देश से किया गया संबंध जिसका उद्देश ही आध्यात्मिक प्रगति हो, जिसका उद्देश ही गुरुशक्तियों को आमंत्रित करना हो। काफी समय आत्मीय संबंध रहने पर ही आध्यात्मिक संबंध निर्माण हो सकता है। दूसरा, उनका तुम्हारे से संबंध संपूर्ण समर्पण भाव से हो और तीसरा, तुम्हारा हमारे से संबंध। जब तक तुम भी हमारे से संबंध स्थापित नहीं करते, हमको समर्पित नहीं होते, हम चाहकर भी उन गुरुशक्तियों को तुम्हें नहीं दे सकते हैं। हम गुरुशक्तियों के साथ जुड़े हैं, पर वे गुरुशक्तियाँ हमारी नहीं हैं। हम तो केवल माध्यममात्र हैं। पर तुम चाहो तो हमारे माध्यम से प्राप्त कर सकते हो। और वे पति-पत्नी चाहें तो तुम्हारे माध्यम से ग्रहण कर सकते हैं। इसमें तुम्हारा कार्यभाग बहुत बड़ा है। तुम जो ले रहे हो, वह देने के लिए है और यह जानकर प्राप्त कर रहे हो कि यह देना ही है। देने के लिए कुछ भी प्राप्त करना कठिन है। यहाँ पर जो सिद्ध बैठे हैं, वे पाने के लिए ही प्राप्त कर रहे हैं। तुम्हारा कार्य इनसे भी कठिन है, क्योंकि तुम्हें पाना ही देने के लिए है। हमें तुम्हारे इस कठिन कार्य की जानकारी है। पर यह तुम अवश्य कर पाओगे, क्योंकि तुम्हारे जन्म का उद्देश ही 'देना' है। 'देना' तुम्हारा जन्मों-जन्मों का स्वभाव है, इसलिए यह कार्य तुम्हारे से स्वाभाविक रूप से घटित होगा। अब प्रश्न है उन पति-पत्नियों के तुम्हारे प्रति संपूर्ण समर्पण के भाव का। अब सारा इसी पर निर्भर है।" "तुम तो उन्हें देना चाहते हो पर उन्हें वह लेना चाहिए ना! देना तुम्हारा तो स्वभाव ही है, तुम तो दोगे ही, पर उनको लेना आना चाहिए न! लेने के लिए प्रथम उनमें आपस में अच्छी एकरूपता होनी चाहिए, तभी यह संभव होता है। यह कार्य अत्यंत कठिन है। इसलिए, तुम जाकर इसे आसानी से कर पाओगे, यह मत समझना, क्योंकि समय की बड़ी विडंबना है कि जो यह प्राप्त करने योग्य हैं, वे इस मार्ग में ही नहीं हैं और जो इस मार्ग पर आए हैं, वे शरीर से इसे पाने के योग्य नहीं हैं। इसलिए समाज में जाओ, पर यह अपेक्षा लेकर मत जाना कि यह कार्य आसानी से

होगा। यह कार्य जिस शरीर से होने वाला होता है, वह शरीर इसे ग्रहण करने योग्य नहीं होता है। आध्यात्मिक स्थिति कम समय में, कम आयु में पाना असंभव ही है। इसीलिए यह कार्य कठिन प्रतीत होता है। यह कार्य कठिन अवश्य है, पर असंभव नहीं है। क्योंकि इसका आसान मार्ग है—अपने सद्‌गुरु के प्रति संपूर्ण समर्पण! यह सबसे आसान मार्ग है। वे तुम्हारे प्रति समर्पित हों और तुम हमारे प्रति समर्पित रहो, यह संपूर्ण समर्पण का भाव ही है जो इस कार्य का सबसे आसान मार्ग है। ऐसा समर्पण का भाव कितने पति-पत्नी ला पाते हैं और वह भाव प्राप्त करने के बाद कितने उस शारीरिक स्थिति में होते हैं कि वे शक्तियाँ ग्रहण कर सकें, इसी पर सब निर्भर है। यह भी एक प्रकार की तपस्या ही है और सारी तपस्या दूसरों के हित के लिए है। तुम शक्तियों का आह्वान करोगे दूसरे पति-पत्नियों के लिए, पति-पत्नी तुमसे ग्रहण करेंगे जगकल्याण के लिए, क्योंकि उनका भी निजी स्वार्थ नहीं है। वे केवल तुम्हारे प्रति पूर्ण समर्पित हैं, इसलिए तुम्हारी योजना में तुम्हारी सहायता करना चाहते हैं। वे केवल, यह कार्य अपने गुरु का ही कार्य है, यह समझकर कर रहे हैं। और यह सब जगकल्याण का भाव देखकर ही, हमने ही नहीं, अन्य सिद्ध-महात्माओं ने व मुनियों ने भी अपनी सारी तपस्या की शक्तियाँ तुम्हें प्रदान कर दी हैं। उन सबने तुम्हारे लिए प्रार्थना की है और उनकी कृपा में यह कार्य अवश्य घटित होगा। बस तुम्हें काफी सब्र रखना होगा और सब्र का फल सदैव मीठा ही होता है। वह मीठा फल जब तुम्हारे माध्यम से उन माँ-बाप को प्राप्त होगा, तो, मैं एक माध्यम बना, यह समाधान तुम्हें भी प्राप्त होगा और उन माँ-बाप को भी। यह समाधान ही मोक्ष है।"

"यह सब समाज में करने से पहले, यह सब पहले अपने घर में करो। और अगर इस विश्व में बदलाव चाहते हो तो उसकी शुरुआत अपने घर से होनी चाहिए। यह शुरुआत पहले अपने घर पर ही करके देखो। और उससे तुम्हारा दोहरा फायदा होगा—एक तो तुम्हें आत्मविश्वास आएगा कि तुम गुरुशक्तियों का आह्वान कर पाए और दूसरा, गुरुशक्तियाँ जब तुम्हारे ही घर में अवतरित होंगी, तो आगे का कार्य करने की शक्ति तुम्हें तुम्हारे घर से ही प्राप्त होगी। दूसरों को बताने से पहले तुम्हारे लिए यह करना आसान है। और

तब दूसरों को बताते समय भी संपूर्ण आत्मविश्वास से बता पाओगे। और जब अनुभव के साथ बताओगे तो अनुभव तो सत्य ही होगा। और उस सत्य अनुभव के कारण तुम्हारे बताने से ही एक चैतन्य का निर्माण हो जाएगा और उस चैतन्य का प्रभाव उन माँ-बाप पर पड़ेगा जिससे वे इसके लिए सकारात्मक हो जाएँगे और उनमें भी उस चैतन्य से भाव जागृत होगा कि यह हमारे घर में भी होना चाहिए। इसलिए इस योजना की शुरुआत अपने घर से ही करो। अपनी पत्नी को यह सब बताओ, उसे विश्वास में लेकर कार्य करो। तभी वह भी इस कार्य से पूर्णतः जुड़ सकती है। और अनुभूति से बड़ा कोई मार्गदर्शक नहीं है। गुरुशक्ति के जन्म की एक अनुभूति बाकी सारा कार्य करने का बल देगी। हमारे आशीर्वाद सदैव तुम्हारे साथ हैं। और अच्छी, पवित्र आत्माएँ तुम्हें इस कार्य में अपना योगदान देकर मोक्ष की स्थिति प्राप्त करेंगी। क्योंकि अच्छे कार्य को करना और अच्छे कार्य में योगदान देना, दोनों भी एक-से ही हैं। तुम एक अच्छा उद्देश लेकर समाज में जा रहे हो तो समाज भी तुम्हारे अच्छे उद्देश के कारण तुम्हारे साथ हो जाएगा। अब तुम समाज में वापस जाओ, क्योंकि जब तक नहीं जाते, यह कार्य तो प्रारंभ ही नहीं हो सकता है।" मैंने उन्हें नमस्कार किया और धीरे-धीरे मैं ध्यान में से बाहर आ गया। बाद में बाहर निकलकर एक पत्थर पर बैठा सोच रहा था कि सब कुछ ठीक है, पर गुरुदेव को छोड़कर वापस समाज में जाना अच्छा नहीं लग रहा है। वहीं रह जाने की इच्छा थी। मैं वह स्थान छोड़कर जाऊँगा या मुझे कभी जाना पड़ेगा, यह मैंने सोचा भी नहीं था। इसीलिए उस दिन उन दोनों को मैंने विदा किया था तो उन्हें चिंता थी कि मुझे वापसी का मार्ग कैसे मिलेगा, पर मुझे चिंता नहीं थी, क्योंकि मुझे तो मार्ग खोजना ही नहीं था कभी भी! मुझे तो यहीं रहना था। इसलिए मैं तो एकदम निश्चिंत था। पर अब क्या करें, गुरुदेव समाज में वापस जाने के लिए कह रहे हैं। क्या करूँ? कुछ असंमजस की स्थिति में था। समझ में नहीं आ रहा था कि क्या करूँ? मुझे वहाँ से वापस कहीं भी जाने की इच्छा ही नहीं हो रही थी। बस लग रहा था कि मेरे जीवन का यही लक्ष्य है और सारी भागदौड़ यहीं तक पहुँचने के लिए थी। बस अब तो जीवन एकदम शांत हो गया है। अब कहीं भी जाने की इच्छा ही नहीं रह गई।

अगले तीन दिनों तक ऐसा ही चलता रहा। रोज नियमित रूप से वहाँ ध्यान कर रहा था और वहाँ से निकलने की इच्छा ही नहीं हो रही थी। फिर एक दिन अचानक ध्यान लग गया और गुरुदेव का प्रकाश अनुभव होने लग गया। मेरी आँखें बंद थीं, फिर भी मुझे उनका आभामण्डल अनुभव हो रहा था। वे बड़े गंभीर होकर बोल रहे थे, "तुम जो सोच रहे हो, वह सही है। तुम्हारे जीवन का उद्देश ही हम तक पहुँचना था। वह इसलिए था ताकि तुम्हारे जीवन को एक उद्देश दिया जा सके। इतने बड़े मानवकल्याण का संकल्प लेकर तुमने जन्म लिया है। पर समाज में जाने का कोई उद्देश नहीं था। अब तुम्हें उद्देश प्राप्त हो गया है और उद्देश के साथ-साथ वह स्थिति प्राप्त हो गई है कि तुम चाहो तो दूसरे को आत्मसाक्षात्कार करा सकते हो, दूसरे की आत्मजागृति कर सकते हो। क्योंकि आत्मजागृति किए बिना आत्मज्ञान नहीं दिया जा सकता है। अपने-आपको जानना आवश्यक होता है। वह जाने बिना कुछ नहीं हो सकता। वह जागृति कराने का अधिकार तुम्हें प्राप्त हो गया है। अधिकार के साथ-साथ गुरुशक्तियों का सुरक्षाकवच प्राप्त हो गया है। अब अगर वह लेकर तुम समाज में नहीं गए, तो फिर यह कार्य होगा कैसे? तुम अब समाज की ओर प्रस्थान करो। कौन व्यक्ति इसको पाने के योग्य है और कौन व्यक्ति यह पाने के योग्य नहीं है, यह तुम्हारे अधिकारक्षेत्र में नहीं आता है। इसलिए अपने अधिकारक्षेत्र में ही रहकर तुम्हें कार्य करना है।"

"यह क्षेत्र बड़ा ही विशाल है। कोई इस जन्म में आत्मज्ञान प्राप्त करेगा और अगले जन्म में मोक्ष प्राप्त करेगा, इसलिए आत्मज्ञान हो जाने के बाद भी उसमें तुरंत कुछ बदलाव नहीं हो सकता है। जो बदलने के लिए तैयार बैठे हैं और बदलना ही चाहते हैं, वे तो स्वयं चलकर तुम तक पहुँचेंगे और बदल जाएँगे। और जो बदलना ही नहीं चाहते और बदलने वाले ही न हों, वे यह प्राप्त करके भी नहीं बदलेंगे। प्रत्येक को अपने बुरे कर्मों का नाश करना होता है। इसलिए इसमें परिणाम हजारों में एक, इतना कम होने वाला है। इसलिए परिणाम की ओर कभी ध्यान मत देना, क्योंकि परिणाम तुम्हारे अधिकारक्षेत्र में नहीं है। परिणाम की ओर देखोगे तो परिणाम की आसक्ति निर्मित होगी और आसक्ति निर्मित हुई, तो बाद में निराशा

उत्पन्न होगी। और बाद में निराशा के कारण संतुलन चला जाएगा और कार्य ही नहीं हो पाएगा। इसलिए इसके परिणाम की ओर कभी मत देखना। इस मार्ग में परिणाम नगण्य ही आएँगे। इस प्रकार यह कार्य बड़ा कठिन है, क्योंकि परिणाम को देखना नहीं है। वास्तव में, परिणाम किसी कार्य को करने में एक नई शक्ति प्रदान करते हैं। इसलिए यह स्पष्ट कर रहा हूँ, इसमें आत्मज्ञान देना ही सबकुछ है। यह वह बीज है जो फलीभूत होता ही है। यहाँ परिणाम का प्रश्न ही नहीं है। आत्मज्ञान देना स्वयं एक सबसे बड़ा परिणाम ही है। इस परिणाम का और क्या परिणाम होगा? हो ही नहीं सकता! रही बात बदलाव की, तो इसमें कितना समय लगेगा, यह उस आत्मा की स्थिति के अनुसार है। किसी को शीघ्र अनुभव होगा, किसी को थोड़े दिनों में होगा, किसी को अगले जन्म में होगा। यह सबकुछ आत्मा की इच्छा, आत्मा की स्थिति, आत्मा की शुद्धता पर निर्भर होगा। यह एक विशाल क्षेत्र है जो तेरे अधिकारक्षेत्र में नहीं आता है। तेरा कार्य है बीज बोना। बीज उग रहे हैं, नहीं उग रहे हैं, वह भी नहीं देखना, क्योंकि यह वह बीज है जो उगता ही है। बस, कब उगता है, इसकी समयावधि ही निश्चित नहीं है। इसलिए तुम्हें तो समाज में जाना है, तुम्हें तुम्हारा कार्य करना है और वापस आना है। तुम्हारे द्वारा बोए गए बीज अपनी निश्चित समयावधि लेकर उगते रहेंगे ही। और इस पवित्र कार्य के तुम माध्यम हो, यह कार्य तुम्हारे माध्यम से घटित होगा, पर तुम करोगे नहीं, तुम्हारे माध्यम से होगा। यानी 'मैं' का भाव आने की भी आवश्यकता नहीं है। न शक्तियाँ तुम्हारी हैं और न शक्तियाँ तुम दे सकते हो। वे तो तुम्हारे द्वारा दी जाएँगी और दी जाती रही हैं। बस अपने-आपको माध्यम समझो। तुम्हें परमचैतन्य ने एक शुद्ध माध्यम समझा है, माध्यम बनाया है। यह माध्यम का मूल स्वरूप ही तुम्हारा स्वरूप है, यह सदैव याद रखो। माध्यम न किसी को देता है और न दे सकता है और न किसी से लेता है और न ले सकता है। वह इन सब भौतिक वस्तुओं से परे होता है। माध्यम देता कुछ नहीं है, पर सबकुछ उसके द्वारा प्राप्त किया जा सकता है। क्या प्राप्त करना है, वह निर्णय उस आत्मा का है जो प्राप्त करना चाहती है। वह क्या प्राप्त करने आई है, वह उसका स्वयं का निर्णय है। और उसकी स्थिति के अनुसार ही वह माँगेगी और उसकी स्थिति के

अनुसार ही वह प्राप्त करेगी। यानी तुम्हारा देना भी तुम्हारे हाथ में नहीं है। जिसको जो पाना है, वह वह पा ही लेगा। सूरज जब उगता है, तब वह इसलिए उगता है कि यह उसका स्वभाव है। वह किसी विशेष मनुष्य, प्राणी, पशु-पक्षी, किसी विशेष वनस्पति के लिए नहीं उगता है। वह तो अपने स्वभाव से उगता है। वह किसी को प्रकाश 'दे' नहीं सकता है। किस पर अपनी धूप डाले, किस पर नहीं डाले, यह भी उसके हाथ में नहीं होता है। जो वह धूप पाने के योग्य होते हैं, वे लोग स्वयं ही धूप में आकर बैठते हैं। और जो आकर बैठते हैं, वे योग्य हैं या नहीं हैं, अच्छे हैं या बुरे हैं, इसका सूरज विचार नहीं करता। वह तो बस उगता ही है। कई लोग अपने घर के दरवाजे-खिड़कियाँ बंद करके बैठते हैं, वह उन तक नहीं पहुँचता है।"

"सूरज का उगने का समय अपना निश्चित होता है, वह उसी समय उगता है। उसके अस्त होने का समय निश्चित होता है, तब सूर्यास्त होता है। सूर्य का सबकुछ निश्चित ही होता है। वह किसी के लिए अपना क्रम बदलता भी नहीं है और न रुकता है। ठीक सूरज की तरह अपना जीवन व्यतीत करो। यही तुम्हारा मूल स्वभाव है। इसलिए परिणाम के बारे में सोचे बिना कार्य करो। जो जैसी इच्छा करेगा, वैसा परिणाम वह प्राप्त करेगा। ये सब बातें इसलिए समझा रहे हैं ताकि तुम जाकर समाज में कार्य कर सको। रही बात हमारे सान्निध्य की, तो हमारा सान्निध्य इस गुफा में नहीं है। गुफा में ये शरीर तो केवल सान्निध्य के माध्यम हैं। हमारा सान्निध्य तो गुरुकार्य में है। हमने इतने साल गुरुकार्य करने के लिए ही तपस्या की है। अब हम गुरुकार्य को ही समर्पित हैं। हमारा सान्निध्य इस गुफा में नहीं है, इस कार्य में है। तुम दुनिया के किसी भी कोने में जाओ, गुरुकार्य के साथ जाओ, हम गुरुकार्य के साथ ही होते हैं। हमने हमारा अस्तित्व गुरुकार्य में ही विलीन कर दिया है। गुरुकार्य के अलावा हमारा कोई अस्तित्व ही नहीं है। अब हमारे सान्निध्य में रहना चाहते हो, तो गुरुकार्य के लिए कार्यरत रहो। अब गुरुकार्य के प्रति अपना संपूर्ण समर्पण करो। यह समर्पण करके गुरुकार्य करना तुम्हारा जीवन है। अब सबकुछ तो स्पष्ट हो गया है। अब हमारे सान्निध्य में रहकर गुरुकार्य करो। चलो, अब यहाँ से निकलने का भी समय हो रहा है। तुम्हारा कार्य बहुत बड़ा और विश्वस्तर का है।

तुम्हारे समाज में जाने से समाज में आत्मधर्म का सूर्य उगने वाला है। सूरज को अपने स्थान पर ही होना चाहिए। अब तुम संपूर्ण निश्चिंत होकर निकलो, हमारे आशीर्वाद सदैव तुम्हारे साथ हैं, क्योंकि तुम ही हमारे लिए सूरज की प्रथम किरण हो।" और धीरे-धीरे प्रकाश कम, और कम होने लग गया और मैं भी ध्यान में से धीरे-धीरे बाहर आने लग गया। और ध्यान से बाहर आया तो अब सब स्पष्ट अनुभव हो रहा था और समाज में गुरुसान्निध्य के लिए जाना ही जीवन का उद्देश लग रहा था। मैंने मेरी मानसिक तैयारी की कि कल सुबह ध्यान करके फिर यहाँ से प्रस्थान करेंगे। मैंने उस दिन फिर सारी गुफा को स्वच्छ करने का निर्णय लिया, क्योंकि अगले दिन मुझे यहाँ से निकलना ही था। और मैं अपने साफ-सफाई के कार्य में लग गया। मेरे पास सामान के रूप में केवल झोला था। उसे संभालकर तैयार कर लिया और निश्चिंत होकर सो गया। अगले दिन का सूरज मेरे जीवन में नया जीवन, नया उद्देश लेकर आने वाला था।

दूसरे दिन सबेरे जल्दी ही उठ गया और बाद में ध्यान करने के लिए बैठ गया। मैं अपने-आपको दो शरीरों में विभक्त पा रहा था। एक वह शरीर था जो गुरुदेव की सब बातें समझ रहा था—इस गुफा के बाहर मुझे जाना ही होगा... गुरुसान्निध्य का मोह छोड़ना ही होगा... क्योंकि गुरुदेव ने कहा ही था—मेरे से बड़ा मेरा कार्य है। मुझे छोड़, मेरे कार्य को पकड़। वही कार्य तुझे जीवन में आगे का मार्ग दिखाएगा।... सबकुछ समझ रहा था, पर व्यवहार में नहीं आ पा रहा था।

दूसरी ओर आत्मा का शरीर था जो कह रहा था, "800 सालों से जिस स्थान को पाने के लिए भटका, वह स्थान आज मिला है तो वह छोड़कर जा रहा है? अब तो यहाँ से जाने का प्रश्न ही नहीं है। यह वह स्थान है जहाँ पानी की बूँद समुद्र से मिलती है। इस स्थान पर पहुँचकर फिर जीवन में पाने के लिए कुछ रह ही नहीं जाता है। यहाँ पहुँचकर आज तक कोई भी वापस गया है क्या? और न ही तू कभी भी जा पाएगा! रही बात गुरुकार्य की, तो वह तो यहाँ गुरुसान्निध्य में बैठकर हो ही जाएगा। आध्यात्मिक क्षेत्र में प्रयत्न का कोई स्थान नहीं है। जब यह प्रयत्न से हो ही नहीं सकता, तो बाहर

जाकर क्यों प्रयत्न कर रहा है? और यह कार्य प्रयत्न से हो सकता है क्या? कभी भी नहीं। तो फिर बाहर जाकर क्यों प्रयत्न कर रहा है? यहीं पर, गुरुसान्निध्य में स्थित हो जा। और यहाँ रहकर भी कार्य को संपन्न कर सकता है।

इस प्रकार से एक प्रकार का मानसिक द्वंद्व चल रहा था। मैं क्या करूँ, यह निर्णय मैं नहीं ले पा रहा था। और कोई भी निर्णय मैं बेमन से लेना ही नहीं चाहता था। और जब हम कोई निर्णय लेने की स्थिति में न हों, तब अच्छा होता है कि निर्णय गुरुदेव पर ही सौंप दें और प्रतीक्षा करें कि वे क्या निर्णय लेते हैं। क्योंकि वहीं पर,समाधि की अवस्था में भी रहना था और बाहर जाकर गुरुकार्य भी करना था। और ये दोनों ही कार्य हो सकें, ऐसा मार्ग उस क्षण तो मालूम नहीं था। फिर एक नियम-सा हो गया—रोज गुरुदेव की गुफा में जाता था। उनके सामने ही, एक पत्थर पर मैंने घास बिछाकर रखी थी, वहीं जाकर रोज नियमित रूप से बैठता था और रोज गुरुदेव से प्रार्थना करता था, "यह विचित्र स्थिति आप ही ने दी है। अब आप ही इसमें से कोई मार्ग निकालो। मैं इससे मार्ग निकालने में अपने-आपको संपूर्ण रूप से असफल पा रहा हूँ, आप ही मार्गदर्शन कीजिए।" ऐसा क्रम कई दिनों तक चलता रहा।

एक दिन अचानक लगा कि गुफा में कोई प्रकाश की किरण आ गई है—शांत...चंद्रमा के प्रकाश की किरण! और वह किरण धीरे-धीरे बढ़ने लग गई। सारी गुफा ही उस चंद्रमा के प्रकाश से भर गई और गुरुदेव की वाणी सुनाई आने लगी, "यह बात बिल्कुल सही है कि यह गुफा ध्यान-साधना की एक उच्च स्थिति का ऐसा स्थान बन गई है मानो गौरीशंकर का शिखर! यहाँ से वापस तो जाया ही नहीं जा सकता और जो भी यहाँ पहुँचा है, वह वापस बाहरी जगत में नहीं गया है। यह स्थिति ही तुम्हें बाहर जाने से रोक रही है। और बाहर तो तुम्हें जाना ही पड़ेगा, क्योंकि तुम्हारा कार्य अभी बाकी है। तुम कार्य के साथ बँधे हो, आश्वासनों के साथ बँधे हो और जब तक तुम अपना कार्य संपूर्ण नहीं करते हो, तुम्हें मुक्ति नहीं है। मुक्ति और तुम्हारे बीच तुम्हारा कार्य आ रहा है। वही कार्य एक ओर बाधक बन रहा है और एक ओर उसी कार्य की इच्छा के कारण तुम यहाँ तक

पहुँच पाए हो। दोनों ही बातें सूर्य के प्रकाश के समान एकदम सत्य हैं। अब इस दुविधा की स्थिति का एकमात्र मार्ग है—अपने-आपको अपने शरीर से अलग करो और अपने-आपको यहीं पर स्थापित करो। तुम स्वयं अपने-आपको यहीं पर स्थित रखकर अपने कार्यों को करने के लिए अपने शरीर को अलग कर अपने शरीर को बाहरी जगत में भेजो। अभी तुम यह कर सकते हो, क्योंकि कार्य के साथ बँधे हो। अब हम तो यह भी नहीं कर सकते। ऐसा भी किया जा सकता है, यह हमें बहुत बाद में पता चला। और इसीलिए अब हम गुरुकार्य करने के लिए, हमारे गुरुओं को जन्म लेने का अवसर प्रदान करने के लिए कुछ नहीं कर सकते। अब हमें इसके लिए माध्यम की आवश्यकता है और उसी माध्यम के रूप में हमने तुम्हें चुना है। और इस स्थिति में पहुँचकर वापस भी नहीं जाया जाता, यह भी सत्य है। अब साधनारत हो जाओ और धीरे-धीरे अपने शरीर को अपने से अलग करो। और यह सब हो सकता है। और इसके अलावा और कोई रास्ता नहीं है। अब इस स्थिति में से बाहर निकलने का यही एकमात्र मार्ग है। सतत ध्यान-साधना से यह किया जा सकता है। तुम्हारा मार्गदर्शन करना हमारा कर्तव्य था, वह किया। अब साधना करना तुम्हारा कार्य है, वह तुम करो। हमारे आशीर्वाद हैं, तुम यह अवश्य कर सकोगे।"

ऐसा कहकर गुरुदेव मौन हो गए। गुरुदेव का अमूल्य मार्गदर्शन पाकर मैं तो धन्य हो गया और मैंने उनके कहने के अनुसार करने का संकल्प किया और ध्यानस्थ हो गया। मुझे अनुभूति होने लग गई कि मैं एक पवित्र आत्मा हूँ जो जन्मों-जन्मों से भटक रही थी कि मोक्ष का मार्ग मिले और उस मोक्ष के मार्ग का ज्ञान मैं सबको बाँट सकूँ। मुझे साक्षात्कार हुआ कि लाखों आत्माएँ मुझे एक आशाभरी नजर से देख रही हैं जिन्हें मैंने आश्वासन दिया था—वह ज्ञान जिस दिन मुझे मिलेगा, मैं तुम्हें अवश्य दूँगा। और वे लाखों आत्माएँ इस आश्वासन के कारण ही मुझसे जुड़ गई थीं। मुझे तो यह मार्ग मिल गया, पर अब यह अनुभूति का प्रसाद मुझे उन लाखों आत्माओं तक बाँटना है, उन तक पहुँचाना है जिनकी आशा की किरण मैं हूँ। मुझे उन तक जाना ही है और उन्हें भी यह अनुभूति का प्रसाद देना ही है। उन्हीं को दिए गए बाँटने के आश्वासन के कारण ही यह प्रसाद मुझे

मिला है। यह प्रसाद एक जीवंत (सजीव) अनुभूति है और यह जीवंत अनुभूति बाँटने के लिए जीवंत शरीर की आवश्यकता है। इस जीवंत शरीर के बिना यह अनुभूति की गंगा उन लाखों आत्माओं तक पहुँच नहीं सकती है। इसलिए अपने-आपसे इस शरीर को अलग करना ही होगा। मुझे अब इस शरीर का उपयोग एक संदेश वाहक, एक दूत की तरह करना ही होगा। इस शरीर को मनुष्य-समाज में भेजना ही होगा और इसलिए मुझे अपने-आपको अलग करना होगा और यहीं पर, गुरु सान्निध्य में स्थित रहकर अपने ही शरीररूपी संदेशवाहक का मार्गदर्शन करना होगा। अपने-आपको गुरुस्थान एवं मनुष्य-समाज में बाँटना होगा। और यह आवश्यकता जैसे-जैसे महसूस होती गई, वैसे-वैसे ही ध्यान की अवस्था में परिवर्तन महसूस होने लग गया था। मुझे महसूस होने लग गया कि मेरा शरीर एकदम ठण्डा होने लग गया है, एक बर्फ की चट्टान की तरह ही ठण्डा होने लग गया है। फिर अनुभव होने लग गया कि शरीर ठण्डा होने के साथ-साथ हल्का भी होने लग गया है। और जिस प्रकार से भाप निकलती है, उसी प्रकार मैं भी भाप के समान शरीर से अलग होने लग गया हूँ। मैं एक दिन मेरे ही शरीर को अलग होकर देख पा रहा था। शरीर नीचे स्थिर, शांत, ध्यानस्थ अवस्था में स्थित ही रहता था और मैं अपने-आपको उस शरीर से अलग पाता था। और एक दिन तो अनुभव हुआ कि मेरा शरीर बहुत ही नीचे रह गया था और मैं मेरा अपना एक अलग अस्तित्व लेकर गुरुलोक में पहुँच गया था। वहाँ पर गुरु शक्ति के स्वरूप में विद्यमान थे। ये कार्य की शक्तियाँ थीं जो गुरुओं के जीवनकाल में, उनके द्वारा किए गए कार्यों के कारण, साधना के कारण निर्मित हो गई थीं। उन गुरुओं ने साधना करके, बड़ा परिश्रम करके मनुष्य-समाज में मनुष्यता को बचाए रखा था, क्योंकि मनुष्यता बची रही तो ही मनुष्य-समाज बच सकता था और मनुष्य-समाज बचा रहा तो ही अनुभूति प्राप्त हो सकती थी। प्रत्येक गुरु ने अपने जीवनकाल में यह कार्य किया था। मनुष्य-समाज बचाने के लिए मनुष्यता बचाने का कार्य, यह एक महान कार्य था, क्योंकि वे जानते थे कि मोक्ष के मार्ग तक पहुँचने के लिए मनुष्यता का मार्ग अवलंब करना ही होगा।

केवल यही एक कार्य सब महात्माओं ने, संतों ने किया। सबने एक ही कार्य किया। सब गुरुओं का कार्य करने का तरीका अलग-अलग था, पर सबका अंतिम उद्देश एक ही था—मनुष्यता को बचाना। क्योंकि मनुष्यता पर ही मनुष्य-समाज का अस्तित्व रह सकता था और मनुष्य-समाज जिंदा रहा तो ही जीवंत (सजीव) अनुभूति ग्रहण कर मोक्ष-प्राप्ति कर सकता था। यह सब गुरुकार्य करने के लिए उन्होंने अपना संपूर्ण जीवन दाँव पर लगा दिया था। उन्होंने अपने जीवनकाल में अपना कार्य बड़ी निष्ठा के साथ किया था। अब वे भी राह देख रहे थे कि कोई आगे आए और उनके कार्य को संभाले और उनके गुरुकार्य को आगे बढ़ाए और पूर्णत्व तक पहुँचाए। वे भी पूर्णत्व तक पहुँचकर स्थित हो गए थे और मैं भी पूर्णत्व पहुँचकर स्थित हो गया था। केवल एक ही अंतर था कि मैं अभी भी शरीर धारण किए हुए था और वे सब शरीर का त्याग कर चुके थे। इसीलिए उन्हें उनका कार्य संपूर्ण करने के लिए शरीरधारी की आवश्यकता थी। वे बड़ी आशा से मुझे निहार रहे थे। उन गुरुओं का लाखों साधकों का शिष्यवर्ग था जिन शिष्यों पर उन्होंने वर्षों मेहनत की थी और उनके भीतर की मनुष्यता को बचाए रखा था। वह शिष्यवर्ग अपने गुरुओं से जुड़ा था और गुरु मुझसे जुड़े थे। बस अब मुझे उस शिष्यवर्ग से जुड़कर एक महान गुरुकार्य के वर्तुल को पूर्ण करना था। केवल मेरा ही कार्य बाकी था। और मुझे लगा कि वे सब गुरु मेरे माध्यम से फिर धरती पर आना चाहते हैं। मुझे माध्यम बनाकर फिर से धरती पर बरसना चाहते हैं। कृपावृष्टि तो उन्हीं की होने वाली है, मैं तो एक माध्यममात्र हूँ। मैं उन गुरुशक्तियों के आगे नतमस्तक हो गया और उनसे प्रार्थना की, "मैं धरती पर जाकर आपका बाकी कार्य आपकी इच्छानुसार पूर्ण कर सकूँ।" मैं एक साथ दो स्थानों पर अपने-आपको पा रहा था। एक ओर मैं गुरुलोक में गुरुओं की शक्तियों के साथ अपने-आपको पा रहा था जिन्होंने अलग-अलग देशों में जन्म लिया था, अलग-अलग धर्मों में जन्म लिया था, पर कार्य सबका एक ही था—मनुष्यता को जगाए रखना, और दूसरी ओर शरीर के माध्यम से उन जीवंत (सजीव) गुरुओं के सान्निध्य में, हिमालय की गुफाओं में पा रहा था जहाँ मेरा शरीर ध्यानस्थ स्थिति

में ही बैठा हुआ था। वह वहाँ गुरुसान्निध्य पा रहा था, यहाँ पर मैं गुरुशक्तियों का सान्निध्य पा रहा था।

अब रह गई थी एक यात्रा—गुरुलोक से मनुष्यलोक तक की यात्रा। वह यात्रा तो करनी ही होगी, तभी बाकी गुरुकार्य घटित हो सकेगा। और फिर मेरी यह यात्रा प्रारंभ हो गई। ऊपर से दिख रहा था अपना ही शरीर जो बड़े गहन ध्यान का अनुभव ले रहा था और मैं स्वयं अपने-आपको शरीर के बहुत ही ऊपर महसूस कर रहा था। मैं बाहर, दूर से ही अपने शरीर को देख रहा था। लेकिन यही प्रक्रिया उल्टी होने की आवश्यकता थी कि मैं वहीं रहूँ और शरीर बाहर चला जाए और मैं वहीं गुरुसान्निध्य का अनुभव करूँ और शरीर समाज में जाए, कार्य करे और मैं यहाँ से गुरुसान्निध्य में ही रहते हुए उस शरीर पर नियंत्रण रख सकूँ। पर यह घटित कैसे होगा, उसका मार्ग क्या है और कैसे संभव है, यह समझ में नहीं आ रहा था। लेकिन इतना तो समझ में आ गया था कि बिना शरीर के यह कार्य ही संभव नहीं है। शरीर ही एकमात्र माध्यम है जिससे कार्य हो सकता है। पर मुख्य प्रश्न अभी भी वैसा ही था—शरीर को मनुष्य-समाज में भेजा कैसे जाए? शरीर को माध्यम बनाकर कार्य कैसे किया जाए? अनायास ही मेरा ध्यान मेरे शरीर पर गया जो गुरु के सान्निध्य में ध्यानस्थ अवस्था में था और फिर गुरुदेव की ओर गया जो गहन ध्यान में थे। उनके शरीर में ऊर्जा का एक प्रभाव मालूम पड़ रहा था और बड़ी सहजता से ही मेरा ध्यान उनके चरणों पर गया और मेरा अशांत मन शांत हो गया। एकदम ही मुझे शांति का अनुभव होने लग गया और मैंने महसूस किया—यही वह स्थान है जिस स्थान पर ही मैं स्थित हो जाऊँ तो इस समस्या में से कोई मार्ग निकल सकता है। और धीरे-धीरे मैं वहीं स्थिर हो गया और गुरुचरणों पर ही चित्त को केंद्रित कर दिया। और मुझे प्रेरणा मिली कि शरीर के सात चक्रों के ऊपर के सात चक्रों पर चित्त रखकर ध्यान कर, सब अपने-आप हो जाएगा। और इसी साधना का मार्ग मैंने ध्यान में अवलंब किया। रोज सहस्रार पर चित्त लेकर जाता, वहाँ पर केंद्रित करता, फिर सहस्रार चक्र से ऊपर क्रमशः एक फीट, दो फीट ऐसे ऊपर जाकर ध्यान कर रहा था।

प्रत्येक दिन एक नया अनुभव हो रहा था। बड़े धीरे-धीरे एक-एक इंच ऊपर की ओर बढ़ रहा था और नित्य नई अनुभूतियाँ हो रही थीं। बड़ी ही सावधानी से, बड़ी ही शांति के साथ साधना चल रही थी, क्योंकि प्रत्येक अगली पादान पर चित्त को रखकर स्थापित करना पड़ता था, बिना स्थापित किए स्थिरता नहीं आ सकती थी और स्थिरता न हो, तो नीचे आने की आशंका बनी ही रहती है। सब गुरुदेव के सान्निध्य में हो रहा था, मैं तो एक माध्यम था। वे जैसा कहते, वैसा ही करता। और धीरे-धीरे चित्त को स्थिरता अनुभव होने लग गई थी। सहस्रार चक्र से पानी का एक बड़ा स्रोत बह रहा था, ऐसा मालूम पड़ रहा था। और उसी जलस्रोत पर सवार होकर मैं ऊपर, और ऊपर जा रहा था। सबकुछ साधना का ही एक-एक अनुभव था। रोज इस साधना में थोड़ी-थोड़ी प्रगति हो रही थी। पर प्रगति इतनी धीरे-धीरे थी कि बहुत दिनों तक तो, प्रगति हुई है, यह पता भी नहीं चलता था, क्योंकि प्रगति की प्रक्रिया बड़े सूक्ष्मरूप से ही हो रही थी। ध्यान को एक ऊँचाई के साथ-साथ स्थिरता भी प्राप्त हो रही थी। प्रत्येक चक्र की यात्रा का अपना ही एक नया अनुभव था। एक चक्र से दूसरे चक्र का अंतर अधिक तो नहीं था, पर अधिक मालूम होता था, मानो एक जगत से दूसरे जगत की यात्रा कर रहे हों!

कई दिनों तक एक ही स्थान पर स्थित रहता था और तब लगता था कि मानो मैं यहाँ तक आकर अटक गया हूँ और इसके ऊपर जा ही नहीं सकता हूँ, यही मेरे लिए अंतिम स्थान है। और फिर मैं अपना चित्त प्रगति की तरफ से हटाकर ध्यान-साधना की ओर ही केंद्रित रखता था। मुझे ऐसा महसूस हो रहा था कि प्रगति तो फल है, मुझे उस ओर ध्यान नहीं देना चाहिए। फल का क्षेत्र अपना क्षेत्र नहीं है, अपना क्षेत्र तो केवल साधना का ही है। मुझे केवल साधनारत ही रहना है और वहीं तक मुझे सोचना है। और फिर मैं साधना में ही लीन हो जाता था। और जब प्रगति की ओर से संपूर्ण ध्यान हट जाता, तो अचानक ही किसी दिन अनुभव होता कि ध्यान में प्रगति हो गई है। ऐसा ही अनुभव प्रत्येक चक्र पर होता था। प्रगति तो एक क्षण में होती थी, पर उस एक क्षण तक पहुँचने में कई दिन लगते थे। सहस्रार चक्र के ऊपर के सात चक्रों का सफर तो जैसे सात

लोकों का सफर लगा। और धीरे-धीरे उन सात चक्रों को भी पार करके ध्यान करने लग गया था यानी शरीर के सात चक्र और सूक्ष्म शरीर के सात चक्र पार करके ध्यान कर रहा था। और इसी साधना में अनुभव हो रहा था कि शरीर और शरीर के ऊपर के सात चक्रों के बीच एक और, नया, अति प्रभावशाली शरीर निर्मित हो रहा था। उस बीच के शरीर का अनुभव प्रायः ऊपर से नीचे अपने शरीर की ओर देखने से होता था। पहले तो मानो एक सफेद बादल जैसा कुछ अनुभव हो रहा था। बाद में धीरे-धीरे वह आकार लेने लग गया और धीरे-धीरे वह बादल का आकार एक शरीर में बदल गया। ऊपर से देखता तो लगता था मानो मेरे ही शरीर के ऊपर शरीर की छाया दिख रही हो। वह छाया के समान अस्पष्ट था। पर धीरे-धीरे वह स्पष्ट भी होने लग गया। और वह जैसे-जैसे स्पष्ट हो रहा था, वैसे-वैसे मेरा शरीर दिन-प्रतिदिन संवेदनशील, अतिसंवेदनशील हो रहा था और वह मुझे भी अनुभव हो रहा था। और यह अनुभव होना ही एक नया अनुभव था।

जैसे-जैसे मेरा ध्यान समाप्त होता, वैसे-वैसे ही बीच का शरीर भी समाप्त हो जाता था। मुझे फिर एहसास होता कि अपने शरीर को भी क्रियाशील रखना है और शरीर की भी गतिविधियाँ बनाए रखनी हैं, शारीरिक आवश्यकताएँ भी पूर्ण करनी हैं। अपने शरीर का एहसास करने के लिए एक घूँट पानी भी पी लिया तो भी, शरीर है, इसका अनुभव होता था। यह सारी साधना गुरु के सान्निध्य में एक निश्चित स्थान पर हो रही थी। और वह साधना का स्थान इतना प्रभावशाली हो गया था कि मेरे ध्यान में से उठ जाने के बाद भी, उस स्थान पर ही मैं बैठा हूँ, ऐसा एहसास होता था। एक आभामण्डल उस स्थानविशेष पर ही निर्माण हो गया था। वह स्थाई था। मैं साधना में से उठकर भी जाता, तो भी उस स्थान पर वह आभामण्डल स्थाई रहता था। मैं उस आभामण्डल में जाकर ध्यान-साधना करता था। कुछ दिनों के बाद पाया कि साधना में से मैं उठ भी जाता, तो भी मेरी एक छाया उसी स्थान पर, उसी मुद्रा में स्थिर ही रहती थी। उस आभामण्डल का आकार दिखना प्रारंभ हो गया था।

एक दिन जब मैं अपने साधनास्थल की ओर जा रहा था, तब मैं उस साधनास्थल से करीब दस फीट की दूरी पर ही रहा होगा कि अनुभव किया कि उस स्थान पर स्थित मेरा सूक्ष्म शरीर एक तेजोमय धारा से गुरुदेव से जुड़ गया था। गुरुदेव के चरणों से चैतन्य की एक धारा बह रही थी। और वह धारा एक तेज, प्रकाश के रूप में थी जो सूक्ष्म शरीर के सहस्रार पर गिर रही थी। मैं अपनी साधनास्थली से दस फीट बाईं ओर था और साधनास्थली के सामने गुरुदेव थे।

उस दिन का यह अनुभव मेरे लिए एकदम नया ही था। मैंने ध्यान में न रहते हुए भी, सामान्य स्थिति में रहकर अपने-आपको ध्यानस्थ स्थिति में स्पष्ट-स्पष्ट देखा था। ऐसा मैंने जीवन में कभी अनुभव नहीं किया था। मेरे शरीर का यह दूसरा जन्म ही था। एक सूक्ष्म शरीर जो गुरुसान्निध्य में ध्यानस्थ था और एक मेरा क्रियाशील शरीर जो स्थूल रूप में मेरे साथ था। सूक्ष्म शरीर व स्थूल शरीर, दोनों ही शरीर एकदम स्पष्ट-स्पष्ट देखे जा रहे थे। मैं चाहकर भी अपनी उस साधनास्थली तक नहीं पहुँच सका। अब मेरी आँखें वहीं बंद हो रही थीं। सारा शरीर ठण्डा हो रहा था और मैं मेरे से ही दस फीट दूर रहकर ध्यान में जाने लग गया था। उस दिन मैं ही मेरे से दूर हो गया था। उस दिन मेरे और गुरुदेव में भी बड़ा अंतर लगने लगा था। ऐसा लगा कि मैं उनसे बहुत दूर हो गया हूँ। मुझे तो लगा कि इस साधना से मैं मेरे ही गुरुदेव से दूर हो गया था। और गुरुदेव से दूरी मेरे लिए असहनीय पीड़ा थी। ऐसा लगा कि मैंने ही यह दूरी निर्माण कर ली थी। यह मैं चाहता तो नहीं था, फिर यह दूरी कैसे निर्मित हो गई? और अब इस दूरी को दूर कैसे करूँगा? और ऐसा लगा कि गुरुदेव ही दूर हो गए, अब इस जीवन का क्या अर्थ बाकी रह गया? सबकुछ समाप्त हो गया है। ऐसा एक भाव मुझमें आ गया था। गुरुदेव से दूरी के कारण लग रहा था मानो सारा विश्व ही समाप्त हो गया हो और मैं बड़ी विचित्र स्थिति में अपने-आपको पा रहा था। बड़ी आशा से कभी मैं गुरुदेव की ओर देखता तो कभी अपने सूक्ष्म शरीर की ओर देखता। मेरा सूक्ष्म शरीर अविचलित था। वह स्थिर था, शांत था, प्रसन्न था और चैतन्य की लहरियों से गुरुचरणों से जुड़ा हुआ था।

मेरे इस स्थूल शरीर के प्रभाव से वह सूक्ष्म शरीर एकदम ही अलग था। वह अपने ही आनंद में, अपनी ही मस्ती में मस्त था। मुझे क्षणभर लगा कि वह तो गुरुदेव के ही सान्निध्य में है, दूर तो बस मैं हो गया हूँ। अब दूर रहकर मेरा क्या होगा? मैं अपने-आपको मृतवत महसूस कर रहा था। और बीच में ही अपने पैरों के अँगूठे से पत्थर को रगड़कर, पत्थर को कुरेदकर यह अनुभव लेकर देख रहा था कि शरीर में कोई संवेदना है या मेरी मृत्यु हो गई है। इतनी विकट स्थिति थी! पर देखा तो मैं जिंदा था, मुझे तभी भी संवेदनाएँ थीं। पर मुझे लग रहा था कि मैं तो एक शरीररूपी आवरण हूँ, आत्मा तो ध्यानस्थ हो गई है। अब इस शरीर को लेकर क्या करूँ? मानो मैंने अपने-आपको ही खो दिया था। अब क्या करना चाहिए, यही समझ में नहीं आ रहा था।

तभी अचानक देखा तो गुरुदेव के चरणों से एक प्रकाश मेरे सूक्ष्म शरीर पर आ रहा था और सूक्ष्म शरीर के माध्यम से मेरे ऊपर आ रहा था। यानी मेरा गुरुदेव से सीधा संपर्क नहीं था। जो संपर्क हो रहा था, वह सूक्ष्म शरीर के माध्यम से हो रहा था। तभी गुरुदेव की अमृतवाणी सुनाई दी, "मेरे सान्निध्य में रहकर गुरुकार्य नहीं हो सकता है। और गुरुकार्य करना ही तुम्हारे जीवन का उद्देश है। गुरुकार्य और गुरुसान्निध्य दोनों एक साथ कभी नहीं हो सकते हैं। गुरु से बड़ा गुरु का नाम है और गुरु से भी बड़ा गुरु का कार्य है। गुरु का शरीर नाशवान है, पर गुरुनाम शाश्वत है, गुरु का कार्य शाश्वत है। सदैव शाश्वत की ओर ध्यान देना चाहिए। अब तुम्हें अपना कार्य सम्पन्न करना है। वह मेरे सान्निध्य में रहकर नहीं हो सकता और मेरे सान्निध्य के बिना भी नहीं हो सकता, क्योंकि कार्य के लिए एक बड़ी सामूहिकता की आवश्यकता होती है। वह सामूहिक शक्ति गुरुचरणों से ही प्राप्त हो सकती है। गुरुसान्निध्य और गुरुकार्य दोनों हो सकें, यह समय की आवश्यकता है और दोनों ही घटित हो सकें, ऐसी ही व्यवस्था की गई है। अब तुम समाज में जाओ और गुरुकार्य करो और तुम्हारा साधना की शक्ति से निर्माण हुआ सूक्ष्म शरीर गुरुसान्निध्य प्राप्त करेगा। तुम्हारा सूक्ष्म शरीर मुझसे चैतन्य का प्रवाह प्राप्त करेगा और तुम अपने ही सूक्ष्म शरीर से चैतन्य का प्रवाह प्राप्त करोगे। वह तुम्हारे और मेरे बीच का सेतु

है। अब तुम्हें मुझसे उसके ही माध्यम से मिलना होगा, तभी एक नीचे के स्तर पर रह सकोगे। और नीचे के स्तर पर रह सकोगे, तो ही शरीर कार्यरत रह सकेगा। अन्यथा ध्यान की उच्च अवस्था में कार्य नहीं हो सकता है। परमात्मा की यही इच्छा है और उसकी इच्छा को सम्मान देना तुम्हारा और मेरा कर्तव्य है। मैं मेरा कर्तव्य कर रहा हूँ, तुम गुरुकार्य करके तुम्हारा कार्य करो। एक बहुत बड़ा कार्य तुम्हें अभी करना है; अपने आश्वासनों को पूर्ण करना है, अपने कार्य को समाज में कार्यरत रखने की व्यवस्था करनी है। जो परमात्मा की शक्ति आज तक एक से एक तक सीमित रह रही थी, वह शक्ति सारे मनुष्य-समाज में बाँटनी है, क्योंकि यही समय की पुकार है। आज वह पूर्वनिश्चित समय आ गया है, जब मनुष्य-जाति को इसकी सबसे अधिक आवश्यकता है। मनुष्य को अपना अस्तित्व बचाए रखने के लिए ज्ञान की आवश्यकता है। यह ज्ञान केवल अपनी आत्मा से ही प्राप्त हो सकता है। आज इस आत्मज्ञान की मनुष्य-समाज को बड़ी आवश्यकता है। यह आत्मज्ञान ही मनुष्य-समाज में एक संतुलन रख सकता है। यह बाँटने का कार्य शरीर की एक प्रक्रिया के तहत होगा। वह यहाँ ध्यान में बैठकर नहीं हो सकता है। इसलिए बाँटना चाहने पर भी हम स्वयं नहीं बाँट सकते हैं। आत्मज्ञान का दान सबसे बड़ा दान है। यह दान तुम्हारे हाथों से होने वाला है और लाखों आत्माएँ उसे प्राप्त करेंगी। कितने बड़े कार्य के माध्यम तुम बनने वाले हो! और यह आत्मज्ञान प्राप्त होगा अनुभूति के माध्यम से और अनुभूति के लिए आवश्यक है मनुष्य-शरीर। मनुष्य-शरीर समाज में लेकर जाना ही होगा ताकि जीवंत (सजीव) अनुभूति का प्रसाद मनुष्य-समाज में बाँटा जा सके। लाखों आत्माएँ इस प्रसाद की प्रतीक्षा कर रही हैं, जन्मों-जन्मों से राह देख रही हैं। तुम्हारे समाज में जाने के बाद मुझसे संपर्क करने के लिए यह तुम्हारा ही सूक्ष्म शरीर माध्यम बनेगा। तुम उसके माध्यम से मुझसे संपर्क कर सकोगे।"

गुरुदेव के एक-एक शब्द को मैं संभालकर रख रहा था, संजोकर रख रहा था। उनका एक-एक शब्द ही एक-एक अनुभूति थी। उन्होंने आगे कहा, "आध्यात्मिक क्षेत्र में प्रयत्न का कोई स्थान नहीं है। इस क्षेत्र में प्रगति स्वयं ही होती है। तुम वह माध्यम हो जिस माध्यम से हमारे गुरु अपना कार्य करने के लिए इस धरती

पर अवतरित होने वाले हैं। उन्होंने अपने पूर्वजन्म में तपस्या करके, साधना करके अपार शक्तियाँ प्राप्त कर ली थीं, पर उन्हें बाँटने का कार्य अभी बाकी था। जब तक उनका बाँटने का कार्य नहीं हो जाता, हमारा भी गुरुकार्य अधूरा है। वे हमसे बँधे हैं, हम तुमसे बँधे हैं, ऐसी स्थिति है। मनुष्य-समाज में जाओ और ऐसे माँ-बाप का निर्माण करो जो हमारे इन गुरुओं को अवतरित होने में सहायता कर सकें। यह एक बड़ा पवित्र कार्य है और इस पवित्र कार्य में बड़ी पवित्र आत्माओं की आवश्यकता है। पवित्र आत्माएँ ही गुरु-आह्वान कर सकती हैं। स्वयं को पूर्ण समर्पित करके ही उन्हें बुलाया जा सकता है। यह गुरु-आह्वान प्रथम तुम स्वयं अनुभव लेकर देखो।

जब तक तुम स्वयं अनुभव नहीं लेते, तब तक तुम दूसरों को वह अनुभव नहीं करा सकते। तुम्हारे स्वयं के अनुभव के दो उपयोग होंगे। एक तो स्वयं ने अनुभव किया है, इसका विश्वास होगा वही विश्वास तुम्हें दूसरों को अनुभव कराने में काम आएगा। तुम अपने ही सूक्ष्म शरीर के माध्यम से मुझसे संपर्क कर गुरु-आह्वान कर सकते हो। गुरु की शक्तियों का आह्वान आसान कार्य नहीं है। इसके लिए शरीर के ही नहीं, चित्त के भी पवित्र होने की आवश्यकता है। ऐसे पवित्र चित्त से ही गुरुशक्तियों का आह्वान करना होगा। गुरुशक्तियों से संपर्क के लिए सुबह 4 बजे का समय उचित होता है। शरीर को जो आवश्यक ऊर्जा चाहिए, वह ऊर्जा उन्हीं कुछ पलों में मनुष्य को प्राप्त होती है। बाकी समय तो वह प्राप्त हुई ऊर्जा को गवाँता है। तुम्हारे सूक्ष्म शरीर को यहाँ मेरे सामने स्थित रखकर स्थूल शरीर से समाज में जाकर कार्य करोगे यानी उसमें तुम्हारी स्वयं की कोई इच्छा नहीं होगी, फिर भी उस शरीर से वह कार्य घटित हो जाएगा। एक निर्विचारिता की स्थिति में, एक माध्यम के रूप में कार्य घटित हो जाएगा। तुम्हारा संपूर्ण चित्त तुम्हारे गुरु पर ही होना चाहिए। यह बड़ा पवित्र कार्य मैं करने जा रहा हूँ, ऐसा पवित्र, शुद्ध भाव होना चाहिए। इस कार्य में शरीर की पवित्रता के साथ-साथ चित्त की पवित्रता भी उतनी ही आवश्यक है। एक पवित्र चित्त वह माध्यम है, जिसके माध्यम से हम अपने गुरु से संपर्क करते हैं। मैं तुम्हारे लिए गुरु हूँ और तुम मनुष्य-समाज के लिए गुरु हो,

क्योंकि तुम समाज के सान्निध्य में जाओगे। सदैव, गुरु जितने पास हो, उतना ही उससे संपर्क करना आसान होता है।"

"गुरुशक्तियों के आह्वान के पूर्व यह पवित्र उद्देश होना चाहिए कि मैं एक महान उद्देशपूर्ण करने जा रहा हूँ। तुम इतने पवित्र हो जाओ, इतने शुद्ध हो जाओ कि तुम्हारा अस्तित्व मुझसे अलग न रह जाए। तुम्हारे में तुम्हारी स्त्री मेरे दर्शन कर सके, मेरी अनुभूति कर सके। वह भी इस आनंद के क्षण को उतने ही पवित्र भाव व शुद्ध भाव से प्रसाद समझकर ग्रहण करे। वह भी समझे कि यह गुरु का प्रसाद है जो मैं एक महान, दिव्य कार्य करने के लिए ग्रहण करने जा रही हूँ। इस महान कार्य में दोनों का सहभाग होना चाहिए। पूर्णिमा का समय सर्वश्रेष्ठ समय होता है। उस समय ग्रहण करने वाले की क्षमता हजार गुना बढ़ जाती है। इस कार्य में बड़ी शांति और समर्पण भाव की आवश्यकता है कि कार्य तो संपन्न हो, पर कार्य की वासना न हो, इच्छा न हो क्योंकि वासना, इच्छा शरीर से संबधित हैं और यह कार्य तो दो आत्माओं का मिलन है। मिलन भी एक महान कार्य के लिए है, एक ऐसा महान, दिव्य कार्य जो शरीर से हो ही नहीं सकता, यह तो आत्मा को परमात्मा ने दिया हुआ प्रसाद है। इस कार्य में दोनों का सहयोग, दोनों की सामूहिकता, दोनों की आत्मीयता अत्यंत आवश्यक है। यह कार्य सामान्य, शरीर की क्रिया नहीं है, एक महान सृष्टि के निर्माण की प्रक्रिया है। अगर हमें हमारे बाद भी अच्छे वृक्ष हमारी अगली पीढ़ी के लिए चाहिए तो उसके लिए अच्छे बीजों का निर्माण करना आवश्यक है। यह क्रिया घटित हो जाने के बाद आपको आत्मिक समाधान प्राप्त होगा। यह समाधान शरीर का समाधान नहीं होगा, एक आत्मिक समाधान होगा कि मैंने सर्वस्व प्राप्त कर लिया है, अब पाने के लिए कुछ भी बाकी नहीं रह गया है। यही आत्मिक समाधान दोनों की आध्यात्मिक प्रगति करेगा और मेरे महान गुरुओं को एक अच्छा वातावरण प्रदान करेगा कि वे धरती पर अवतरित हो सकें और अपना बाकी बचा हुआ गुरुकार्य कर सकें।"

"यह गुरुशक्तियों के आह्वान का कार्य कोई सामान्य कार्य नहीं है, काम-क्रीड़ा नहीं है क्योंकि वह तो शरीर से संबंधित होगी। यह

गुरुशक्तियों के आह्वान का वह महत्त्वपूर्ण चरमबिंदु है जहाँ जाकर शरीर के सारे एहसास समाप्त हो जाते हैं, शरीर के सारे तनाव समाप्त हो जाते हैं। शून्य की एक महान स्थिति प्राप्त हो जाती है। इसमें कोई प्रयत्न नहीं होता, होता है तो एक पवित्र आत्मिक संबंध जो स्त्री और पुरुष अपनी आत्मिक स्थिति के संपूर्ण समर्पण से प्राप्त करते हैं। वह एक क्षण ही अत्यंत महत्त्वपूर्ण है, क्योंकि वह क्षण निर्णय करता है कि आप कितनी ऊँचाई पर जाकर ऊर्जा प्राप्त कर रहे हो। इस लोक से गुरुलोक तक का अंतर केवल संपूर्ण समर्पण भाव से पार हो सकता है, क्योंकि मनुष्य जितना हो सके, उतने प्रयत्न करे, तो भी प्रयत्न तो शरीर से होंगे और शरीर कितना भी पवित्र हो, कितना भी शुद्ध हो, उसकी अपनी एक सीमा होती है। उस सीमा के ऊपर वह नहीं पहुँच सकता है। और दूसरी ओर संपूर्ण आत्मिक समर्पण का भाव है जो भाव शरीर के भाव को ही समाप्त कर देता है। शरीर का भाव ही समाप्त हो गया तो फिर शरीर की वासना, शरीर की इच्छा, शरीर के प्रयत्न कोई भी बाकी नहीं रह जाते हैं। बस रह जाता है समर्पण, संपूर्ण समर्पण का भाव! इसी भाव के कारण गुरुशक्तियाँ गुरुलोक से अवतरित होती हैं। यह उनकी कृपा है, करुणा है जिसे पाने के लिए प्रयत्न असफल सिद्ध होंगे। वह तो कृपा की बरसात है, वह तो उनकी करुणा से ही होगी। जहाँ पर मनुष्य के प्रयत्न समाप्त होते हैं, वहाँ पर ही यह गुरुकृपा बरसती है। वास्तव में, यह कोई शारीरिक क्रिया नहीं है, यह दोनों आत्माओं की आत्मिक, सर्वोच्च ध्यान की समाधि अवस्था है जिसमें संपूर्ण समर्पण भाव से दोनों आत्माएँ सामूहिकता में ध्यान की एक उच्च अवस्था प्राप्त करते हैं, जिस अवस्था में पहुँचकर पाने को कुछ रह ही नहीं जाता, एक संपूर्ण समाधान की स्थिति प्राप्त हो जाती है।”

“इस उच्च ध्यान की स्थिति में सामूहिक समर्पण का भाव ही गुरुशक्तियों को सही अर्थों में आमंत्रित करता है और संपूर्ण समर्पण के कारण ही गुरुशक्तियाँ उनकी ओर आकर्षित होती हैं। वे शक्तियाँ तो बरसती हैं, उन्हें प्रयत्न से प्राप्त किया ही नहीं जा सकता है क्योंकि गुरुलोक का अंतर बहुत बड़ा है, वह प्रयत्न से पार किया ही नहीं जा सकता है। यानी गुरुलोक की गुरुशक्तियाँ खिंची नहीं जा सकती हैं, वे तो प्राकृतिक रूप में बरसती ही हैं। इस कार्य में

दोनों का सहभाग समान है। दोनों का संबंध एक पवित्र संबंध है, एक पवित्र बंधन है विवाह का। यह विवाह शरीरों का नहीं, आत्माओं का मिलन है। एक पवित्र उद्देश के लिए दो आत्माओं का एक सामूहिक प्रयास है। विवाह वह पवित्र बंधन है जिस पर आत्माओं के संबंध की नींव रखी जाती है। धरती जितनी पवित्र होगी, मंदिर भी उतना ही पवित्र होगा। ठीक इसी प्रकार, विवाहसंबंध जितना पवित्र होगा, आत्मिक संबंध भी उतने ही पवित्र होंगे। आत्मिक संबंध जितने पवित्र होंगे, सामूहिकता उतनी ही पवित्र होगी और सामूहिकता जितनी पवित्र होगी, सामूहिक प्रयास उतने ही पवित्र होंगे, समर्पण भी उतना ही पवित्र होगा। समर्पण का भाव जितना पवित्र होगा, शुद्ध होगा, कृपा की बरसात उतनी ही आसानी से होगी। सबकुछ शुद्धता, पवित्रता पर आधारित है। यह (विवाहसंबंध) केवल शरीर व शरीर की वासना से संबंधित नहीं है।"

"यह तो गुरुशक्तियों के अवतरण का दिव्य कार्य है। स्त्री-पुरुष तो उस कार्य को करने के केवल माध्यममात्र हैं। जिस प्रकार एक नदी का पात्र जितना स्वच्छ होता है, खाली होता है, नदी का प्रवाह भी उतने ही अधिक जोर से बहता है। यानी नदी का बहाव तय करता है कि वह कितने जोर के साथ बहे, पर यह सब नदी के पात्र पर निर्भर होता है। जितना बड़ा नदी का पात्र, उतना ही बड़ा, विशाल नदी का प्रवाह होता है। इस सारे कार्य में माध्यम ही महत्त्वपूर्ण हैं; संपूर्ण समर्पित माध्यम जिनका स्वयं का कोई अस्तित्व न हो। पुरुष देने का माध्यम हो, स्त्री लेने का माध्यम हो। पुरुष देकर धन्य हो जाए, स्त्री पाकर धन्य हो जाए। दोनों का अलग से अस्तित्व ही नहीं रह जाए; दोनों एक ही उद्देश से एकत्र हों और एक ही उद्देश को प्राप्त करें और बाद में एक ही समाधान को प्राप्त करें। यह भी एक प्रकार की साधना ही है, जो साधना एक निश्चित लक्ष्य को प्राप्त करने के लिए की जाती है। दोनों का एक ही लक्ष्य होता है। वे दोनों उसके लिए इतने समर्पित हो जाते हैं कि केवल लक्ष्य रह जाता है, दोनों अलग नहीं रह जाते हैं, एक ही जान हो जाते हैं, शून्य हो जाते हैं। वे दोनो दो नदियाँ नहीं रहते, समर्पण का शुद्ध भाव उन्हें नदियों से समुद्र बना देता है और फिर ऐसे ही समुद्र के मंथन से गुरुकृपा प्राप्त होती है। यह सब हो जाता है, यह किया नहीं

जा सकता है। यह तो होने वाली क्रिया है, इसे स्वाभाविक, प्राकृतिक रूप से होने देना चाहिए। यह एक प्राकृतिक क्रिया है, जिसमें दोनों का समभाव आवश्यक है। यह एक से होने वाला कार्य ही नहीं है।"

"इस पवित्र कार्य में लगता है कि स्त्री का महत्त्व नहीं है। वास्तव में, ऐसा नहीं है। वह कुछ न करते हुए सबकुछ प्राप्त करती रहती है। समस्त गुरुशक्तियों को ग्रहण करने का कार्य तो वह ही करती है। पुरुष तो केवल माध्यम है जिसके माध्यम से वह गुरुशक्तियों को ग्रहण करती है। स्त्री का संपूर्ण समर्पण का भाव ही उसकी गुणग्राहकता बढ़ा देता है। उसकी ग्रहण करने की क्षमता अचानक बढ़ जाती है। गुरुशक्तियों का आह्वान करने से अधिक महत्त्वपूर्ण कार्य गुरुशक्तियों को आत्मसात करना है, उन्हें धारण करना है। यह धारण करने का कार्य स्त्री का होता है। समर्पण के भाव के कारण ही धारण करने का भाव स्त्री में ही अधिक होता है। वह गुरुशक्तियों को आत्मसात करती है, धारण करती है, उन्हें वृद्धिगत करती है और गुरुशक्तियों को जन्म देती है और सतत गुरुशक्तियों के सान्निध्य में रहती है। यह सान्निध्य जो वह चित्त से प्राप्त करती है, वही उसे गुरुशक्तियाँ धारण करते समय सहायक सिद्ध होता है। स्त्री की शक्ति महान है जो गुरुशक्तियों के आह्वान का दायित्व संभालती है, आत्मसात करती है। जितना उसका समर्पण होगा, आत्मसात करने की शक्ति उतनी ही अधिक होगी। स्त्री का कार्य सौम्य स्वरूप का है, सूक्ष्म स्वरूप का होता है जो दिखता नहीं है, पर होता है और बड़ा ही महत्त्वपूर्ण होता है। इसी कारण स्त्री को 'माँ' कहा गया है; विशाल हृदय वाली, विशाल चित्त वाली, ग्रहण करने की विशाल क्षमता वाली, विशाल गुरुशक्तियों को आत्मसात करने वाली और विशाल शक्तियों को जन्म देने वाली। 'माँ' इस एक शब्दमात्र से ही पवित्रता महसूस होती है। किसी स्त्री के साथ माँ से बढ़कर कोई संबंध नहीं हो सकता है। स्त्री को माँ के रूप में पूजा गया है, उसका भी यही कारण है। पर उसका कार्य अति सूक्ष्मस्वरूप का है; दिखता नहीं है, पर होता है।"

"पुरुष के भीतर उस स्त्रीशक्ति के प्रति पूर्ण सम्मान का भाव होना चाहिए। संपूर्ण विश्वास भी समर्पण के साथ होना चाहिए कि

मेरी पत्नी उस महान पुण्यात्मा की जननी है। पत्नी का शरीर वह शरीर है जिसके माध्यम से पुण्यात्मा के रूप में परमात्मा ही प्रकट होने वाला है। वही परमात्मा की शक्ति को ग्रहण करने की और धारण करने की असाधारण क्षमता रखती है। यह वह शरीर है जो परमात्मा की सृजन की शक्ति को ग्रहण करेगा, विकसित करेगा और जन्म देगा। ऐसा महान कार्य इस शरीर के माध्यम से होगा। ऐसा पवित्र माध्यम मेरी स्त्री का शरीर है। पुरुष में ऐसा भाव संपूर्ण विश्वास के साथ होना चाहिए। यह भाव ही है जो आत्मा को परमात्मा से जोड़ता है। शरीर की प्राप्त करने की अपनी सीमा है, उससे अधिक वह प्राप्त कर ही नहीं सकता है, पर आत्मा की कोई सीमा नहीं है। वह किसी भी सीमा के पार जाकर प्राप्त कर सकता है। भाव आत्मा की गुणग्राहकता बढ़ाता है। भाव ही आत्मा की ग्रहण करने की क्षमता को बढ़ाता है। पुरुष ने पत्नी की ग्रहण करने की क्षमता पर विश्वास रखते हुए यह मानना चाहिए कि उसकी पत्नी एक पुण्यात्मा को आमंत्रित करने की पूर्ण क्षमता रखती है, वह उसे आमंत्रित कर सकती है और उसका आमंत्रण वह स्वीकार करने ही वाला है और वह पत्नी के गर्भ में आने ही वाला है। सबकुछ निश्चित ही है। सब होने ही वाला है। मैं तो केवल इस महान गुरुकार्य का माध्यममात्र हूँ। मैं मेरा समर्पण अपनी स्त्री को पूर्ण रूप से कर रहा हूँ। मेरी स्त्री इस जगत की सबसे पवित्र व सुंदर स्त्री है जिसमें मैं अपना अस्तित्व विलीन करने जा रहा हूँ। कल मैं रहूँ या न रहूँ, मेरे पुत्र या पुत्री के रूप में मेरा नया जन्म ही होगा। मेरे वंश को यह मेरी पत्नी ही आगे बढ़ाएगी। मेरे एक नए अभिनव रूप को मेरी पत्नी जन्म देगी। इस महान कार्य में मेरी पत्नी का सहयोग पाकर मैं तो धन्य हो गया। इस आह्वान के गुरुकार्य में भाग लेने का अवसर पाकर मेरे जन्म का उद्देशपूर्ण हो गया। कल मैं नहीं भी रहूँ, मैं उस बच्चे के माध्यम से नया जन्म लूँगा। मेरा ही नूतन स्वरूप मेरा बच्चा होगा। मेरा बच्चा वह महान पुण्यात्मा होगा जो कल मनुष्य-समाज को नई दिशा देगा। आदिशक्ति स्वयं मेरी बच्ची के रूप में आएगी। वह इस धरती पर गुरुशक्ति को शक्ति प्रदान करने का कार्य करेगी। मेरी बच्ची शक्तिस्वरूपा होगी। उस आदिशक्ति के जन्म लेते ही हमें एक आध्यात्मिक स्थिति प्राप्त होने वाली है, जो हमें आत्मिक समाधान

प्रदान करेगी और हमारा जीवन सार्थक हो जाएगा। ऐसे संपूर्ण समर्पण का भाव उस क्षण पुरुष में होना चाहिए। किसी भी प्रकार की शंका-कुशंका नहीं होनी चाहिए। यह होगा या नहीं होगा, ऐसा मानसिक वातावरण नहीं होना चाहिए, क्योंकि आप जैसा सोचोगे, वैसा ही आप के आसपास के आभामण्डल पर प्रभाव आएगा और वैसा ही आभामण्डल आपके आसपास बनेगा। जैसा आभामण्डल बनेगा, वैसी ही आपकी ग्रहण करने की क्षमता बनेगी। यह सब आपके विचारों पर ही निर्भर है। इन सबके लिए एक ही उपाय है—अपने गुरु के प्रति संपूर्ण विश्वास के साथ समर्पण और गुरुदेव मेरे साथ ही हैं, यह एहसास। यह एहसास कभी बुरे, नकारात्मक विचार आने ही नहीं देगा। यानी संपूर्ण विश्वास के साथ किया गया समर्पण ही यह सब घटित कर सकता है, क्योंकि हम संपूर्ण समर्पण भाव से जब गुरु के साथ जुड़ते हैं, तब वास्तव में, गुरु के शरीर के साथ नहीं जुड़ते, गुरु की शक्तियों के साथ जुड़ते हैं। गुरु की शक्ति एक बहुत बड़ी सकारात्मक सामूहिकता के साथ रहती है जो लाखों आत्माओं की संख्या रखती है। अब लाखों आत्माओं के साथ जब हम रहते हैं तो लाखों आत्माएँ यदि सकारात्मक विचार रखती हैं, तो हम उनके साथ नकारात्मक विचार रख ही नहीं सकते हैं, नकारात्मक विचार हमें आ ही नहीं सकते हैं। आ रहे हैं यानी मेरा गुरु के प्रति संपूर्ण समर्पण का भाव नहीं है। इस भाव की दशा बनने तक पुरुष को साधनारत होना चाहिए और इसके लिए गुरु से प्रार्थना करनी चाहिए। प्रार्थना करना एक अच्छा माध्यम है। प्रार्थना जहाँ एक ओर अपने अहंकार को कम करती है, वहीं दूसरी ओर गुरु के प्रति विश्वास व समर्पण को बढ़ाती है। इसलिए गुरुआह्वान का पवित्र कार्य भी अपने गुरु को प्रार्थना कर, गुरुसान्निध्य में रहकर ही करना चाहिए।"

"इसी प्रकार से आवश्यक है, 'स्त्री' भी इस कार्य में संपूर्ण सहयोग प्रदान करे। पहले अपने गुरु से प्रार्थना करे, गुरु का सान्निध्य प्राप्त करे ताकि वह एक क्षण भी आशंकित न रहे कि मैं इसके योग्य हूँ या नहीं? मेरे से यह हो सकेगा क्या? गुरुसान्निध्य प्राप्त करने के बाद इस प्रकार के विचार एक क्षण भी नहीं आएँगे। इस कार्य में स्त्री का महत्त्वपूर्ण योगदान है जो उसे प्रत्येक क्षण संपूर्ण सतर्कता

के साथ देना है। सतर्कता से मेरा आशय संपूर्ण समर्पण की स्थिति से है। यह स्थिति गुरु के प्रति संपूर्ण श्रद्धा से ही प्राप्त हो सकती है। अपने पति को परमेश्वर ही मानते हुए उससे शक्तियाँ ग्रहण करनी होंगी और साथ ही यह मानना होगा कि मेरा पति सामान्य पुरुष नहीं है, यह इस जगत का सबसे शक्तिशाली पुरुष है, यह एक महान आत्मा का धनी है, यह गुरुशक्तियों का जीवंत (सजीव) माध्यम है। मेरे पति का संबंध गुरुशक्तियों के साथ है। यह एक महान आत्मा है जो परमात्मा से संबंध स्थापित किए हुए है। यह एक महान कार्य का माध्यम है। अपने पुरुष को ही स्त्री ने परमेश्वर मानना चाहिए, गुरु मानना चाहिए, माध्यम मानना चाहिए; एक ऐसा निष्कलंक, पवित्र माध्यम जिस माध्यम से गुरुशक्तियाँ बहने वाली हैं। पत्नी को ऐसा महसूस होना चाहिए कि मेरे पति से मुझे वह गुरुप्रसाद प्राप्त होगा जिससे मुझे आत्मिक शांति प्राप्त होगी और जिससे मैं एक नई अनुभूति, एक नया अनुभव प्राप्त करने जा रही हूँ।"

"अपने पति के लिए थोड़ा भी राग-द्वेष, बुरा भाव उस समय स्त्री के मन में नहीं होना चाहिए। वह पति को 'गुरु' के रूप में देखे, अनुभव करे। गुरु देहधारी होने पर भी शिष्य के लिए साक्षात परमात्मा ही होता है—आज का परमात्मा, वर्तमानकाल का परमात्मा। गुरु को परमात्मा मानकर हम गुरु के ऊपर कोई उपकार नहीं कर रहे हैं। हमारे गुरु मानने या न मानने से गुरु को कोई फर्क नहीं पड़ता है, पर मानने से हमें फर्क पड़ता है। गुरु को परमात्मा मानने से हमें एक मानसिक, आत्मिक स्तर प्राप्त होता है कि दोषों की ओर ध्यान न देते हुए गुणों की तरफ ध्यान देना। गुरु भी शरीरधारी है तो दोष तो होंगे ही। तो दोषों की तरफ हमारा चित्त नहीं जाना चाहिए, केवल गुरु के गुणों की ओर जाना चाहिए। दोषों का संबंध शरीर से है, गुणों का संबंध आत्मा से है। गुरु एक महान आत्मा है जिसके साथ लाखों आत्माओं की सामूहिक शक्ति है और वे शरीर धारण किए हुए हैं, अत: जो दोष हैं, वे तो शरीर के हैं। अगर हमें गुरु के दोष दिख रहे हैं यानी हम शरीर के स्तर पर ही हैं। ठीक इसी प्रकार का भाव अपने पति-परमेश्वर के प्रति होना चाहिए। अपने पति-परमेश्वर में अपने गुरु के दर्शन करो तो यह संपूर्ण समर्पण का भाव अनायास ही आ जाएगा। फिर न तो पति का शरीर दिखेगा और न पति के

दोष दिखेंगे। पति सही अर्थों में परमेश्वर हो जाएगा। स्त्री जब अपने पति को परमेश्वर मानेगी, तभी तो वह पति-परमेश्वर बनेगा। सबकुछ मानने पर है। मानना आत्मा का एक निर्मल भाव है।"

"पति कितनी भी अच्छी आध्यात्मिक स्थिति बना ले, विश्वास और समर्पण का भाव कितना भी रखे, वह पुण्यात्माओं के आह्वान में केवल माध्यम बन सकता है। वास्तव में, वह केवल माध्यम है। वह केवल आह्वान करके आमंत्रित कर सकता है, पर ग्रहण नहीं कर सकता है। ग्रहण तो स्त्री को ही करना होगा। जब तक स्त्री ग्रहण करने का द्वार नहीं खोलेगी, सबकुछ बेकार है। मानो पुरुष एक घर है जो सूर्यप्रकाश को अपने घर में आमंत्रित करना चाहता है और इसके लिए सूर्यदेवता की उपासना करता है, साधना करता है और उसकी उपासना से सूर्यदेव प्रसन्न भी हो जाते हैं और घर पर सूर्यप्रकाश लेकर आते हैं। पर सूर्यप्रकाश घर के द्वार तक आ सकता है, घर में नहीं घुस सकता है। घर में तभी घुस सकता है, जब घर की स्त्री अपने घर का द्वार खोले। यह द्वार खोलने का कार्य जब तक नहीं होता, 'सूर्यप्रकाश' घर में नहीं आ सकता है। सूर्यप्रकाश की भी अपनी सीमा है। ठीक इसी प्रकार, पुरुष संपूर्ण विश्वास के साथ अपने गुरु के प्रति समर्पण कर भी दे, पर जब तक स्त्री अपना संपूर्ण समर्पण भाव रखकर द्वार नहीं खोलती, यह कार्य संपन्न ही नहीं हो सकता है। पुरुष का माध्यम तब तक अधूरा है,जब तक स्त्रीशक्ति का सहयोग उसे प्राप्त नहीं होता है। इस पवित्र कार्य में स्त्री की भूमिका अत्यंत महत्त्वपूर्ण है, उसके बिना यह कार्य संपूर्ण हो ही नहीं सकता है। पुरुष तो केवल माध्यम है, पर उस माध्यम से स्त्री का संपूर्ण रूप से जुड़ा रहना आवश्यक है।"

"इस महान कार्य को पूर्णत्व केवल स्त्री ही प्रदान कर सकती है, क्योंकि अंत में गुरुशक्तियों को ग्रहण तो स्त्री को ही करना होगा और उसके ग्रहण करने पर ही यह कार्य संपन्न होगा। स्त्री जब शारीरिक रूप से, मानसिक रूप से, आत्मिक रूप से एक आध्यात्मिक स्थिति में होगी, तभी यह शक्तियों को ग्रहण करने का कार्य उससे संपन्न होगा। गुरु से बड़ा गुरु का नाम है। 'गुरुमंत्र' का जाप इस कार्य में स्त्री की बड़ी सहायता कर सकता है।"

"गुरुशक्तियों के आह्वान के पूर्व पति-पत्नी दोनों के लिए एक अच्छी आध्यात्मिक स्थिति बनानी आवश्यक है और यह स्थिति तभी बन सकती है, जब दोनों के आत्मिक संबंध हों। इस कार्य में दोनों की भूमिका समान ही होती है—एक ओर जहाँ पुरुष शक्तियाँ देने का कार्य करता है और दूसरी ओर स्त्री शक्तियाँ ग्रहण करने का कार्य करती है। ये कार्य अलग-अलग होते हुए भी एक ही हैं क्योंकि दोनों का उद्देश एक होता है। दोनों ही उस समय अपने गुरु के सान्निध्य में होते हैं और इसी कारण गुरु के माध्यम से दोनों ही गुरुशक्तियों के माध्यम होते हैं। दोनों का अपना कोई शारीरिक अस्तित्व नहीं होता है। संपूर्ण समर्पण के भाव में ही यह कार्य होता है। यह बड़ा कठिन कार्य है क्योंकि एक ओर तो बर्तन को हिलाना है और दूसरी ओर बर्तन का पानी भी छलकना नहीं चाहिए! यह तो तभी संभव है, जब बर्तन में रखा हुआ पानी, पानी नहीं, बर्फ हो। इस कार्य में स्त्री का कार्यभाग चित्त से ही संपन्न होता है। गुरुशक्तियों पर संपूर्ण चित्त रखने से सब घटित हो जाता है, पर पुरुष का कार्यभाग और भी कठिन है। उसे तो अपने गुरु के माध्यम से गुरुशक्तियों पर चित्त रखना है और अपने शरीर में एक दिव्य ऊर्जाशक्ति का निर्माण करना है और उसी ऊर्जाशक्ति को एक सही दिशा में एकत्र कर प्रवाहित करना है। यह सब अभ्यास से ही संभव हो सकता है। यह भी एक प्रकार की ध्यान-साधना ही है, जिसमें कार्य करते हुए भी अकर्ता का भाव रखना होता है। यह केवल अपने गुरु के प्रति पूर्ण समर्पण से ही संभव है क्योंकि इस कार्य में गुरुशक्तियाँ ही स्वयं अपना रास्ता बनाती हैं। आवश्यक है कि गुरुशक्तियों से संबंध हो। इसी संबंध पर सबकुछ निर्भर है।"

"इस कार्य में पति व पत्नी दोनों का विश्व चैतन्यशक्ति से एकाकार होना आवश्यक है। दोनों की इस कार्य के प्रति श्रद्धा ही यह कार्य संपन्न कराती है। इस कार्य का तनाव नहीं होना चाहिए, बड़े सहजभाव से यह घटित होना चाहिए। पुरुष के लिए अपने गुरु के माध्यम से गुरुशक्तियों पर चित्त रखना और उन्हें आत्मसात करना और आत्मसात कर अपनी ऊर्जा को जागृत करना और उसे एक सही दिशा में ले जाना, यह कार्य कठिन मालूम होता है। अपनी ऊर्जा को मूलाधार से जागृत कर सहस्रार चक्र तक ले जाने का कार्य

ही उसका है। फिर शून्य की स्थिति प्राप्त हो जाती है। फिर उस ऊर्जाशक्ति को चैतन्य के साथ नीचे की ओर नहीं ले जाना पड़ता है। वह तो स्त्री की ग्रहण करने की क्षमता के कारण ही चुंबक के समान एक सही दिशा में अनायास ही प्रवाहित हो जाती है। स्त्री के अपने गुरु के माध्यम से गुरुशक्तियों से जुड़े होने के कारण उसकी ग्रहण करने की क्षमता शारीरिक स्तर से हजार गुना बढ़ जाती है और इसी ग्रहण करने की क्षमता के कारण एक चुंबकीय शक्ति उसे प्राप्त हो जाती है। उसी चुंबकीय शक्ति की तरंगों से वह पुरुष के माध्यम से निर्मित हुई ऊर्जा को अपनी ओर खींच लेती है और यह कार्य संपन्न हो जाता है। पूर्णिमा की कालावधि इस कार्य के लिए अत्यंत उपयुक्त होती है। अपने गुरु से प्रार्थना कर इस कार्य को संपन्न करना चाहिए। प्रार्थना में बड़ी शक्ति होती है। गुरु से प्रार्थना करके हम वास्तव में गुरुशक्तियों से ही प्रार्थना करते रहते हैं। इस प्रार्थना के माध्यम से हम गुरुशक्तियों से जुड़ जाते हैं। एक शुब्ध मन से, संपूर्ण समर्पित होकर की गई प्रार्थना ही हमें एक ओर ऊर्जा निर्माण करने में सहायता करती है तथा दूसरी ओर, ग्रहण करने की क्षमता को हजार गुना बढ़ा देती है। इस कार्य में शरीर के प्रयत्न का कोई स्थान नहीं है और न ही यह कोई शारीरिक क्रिया है। शरीर तो केवल माध्यम है। वह क्रिया करता नहीं है, क्रिया हो जाती है। इसमें शरीर के स्तर पर कोई भाव नहीं होता है। जब शरीर का ही कोई अस्तित्व नहीं होता है तो शरीर के भाव का प्रश्न ही नहीं है।"

"इस कार्यविधि के एक क्षण का बड़ा महत्त्व है। यह एक क्षण ही एक संपूर्ण जीवन का निर्माण करता है क्योंकि यह एक क्षण आने वाली पुण्यात्मा का निर्धारण करता है। इसी एक क्षण पर निर्भर करता है कि किस स्तर पर जाकर इस पिण्ड का निर्माण होने वाला है और आने वाला बच्चा किस आत्मिक स्तर का होगा। यह पिण्ड के निर्माण को निश्चित करता है। इस क्षण पर निर्भर होता है कि पिण्ड के निर्माण में पिता का योगदान किस आत्मिक स्तर पर हुआ? माँ का योगदान किस स्तर पर हुआ? वे किस स्थिति में थे? माता और पिता का योगदान एक निश्चित स्वरूप का ही होता है। महत्त्व इस बात का है कि वह योगदान उन्होंने किस आत्मिक स्तर पर दिया है। सारा महत्त्व उस क्षण की स्थिति का ही है; किस स्थिति में दिया

है? महत्त्वपूर्ण है वह स्थिति क्योंकि वह स्थिति ही उसके ऊर्जा के स्तर को निर्धारित करती है।"

"सामान्यतः, केवल शारीरिक स्तर पर ही यह क्रिया संपन्न होती है और माता-पिता का योगदान भी शारीरिक स्तर पर ही होता है और ऊर्जा का स्तर भी निम्नस्तर का ही होता है क्योंकि कोई भी शुद्ध भाव इसमें नहीं होता। यह मात्र एक शारीरिक क्रिया हो जाती है जो केवल शारीरिक आनंद को प्राप्त करने के लिए की गई होती है।"

"दूसरी क्रिया आत्मिक स्तर पर होती है। इसमें शारीरिक क्रिया के साथ-साथ पति-पत्नी के आत्मिक, मधुर संबंध का भी प्रभाव होता है और इन्हीं आत्मिक, मधुर संबंधों के कारण एक आत्मिक स्तर पर यह कार्य संपन्न होता है और उस क्षण में माता-पिता का एक अच्छे स्तर पर योगदान होता है और एक अच्छे स्तर पर पिण्ड का निर्माण होता है। उस पिण्ड के माध्यम से एक अच्छी आत्मा शरीर धारण करती है और एक अच्छी आत्मा के अवतरित होने में माता-पिता एक माध्यम बन जाते हैं। पति-पत्नी के मधुर, आत्मिक संबंध होने पर ही यह घटित होता है।"

"यह एक प्रकार का संस्कार है जो माता और पिता अपनी आने वाली संतान को देते हैं और इस संस्कार को ग्रहण करके ही वह पिण्ड विकसित होता है और उस संस्कार के अनुसार ही उस पिण्ड में 3 माह के बाद आत्मा का अस्तित्व नजर आने लग जाता है। यह एक महत्त्वपूर्ण संस्कार है। इसे 'गर्भाधान संस्कार' कहते हैं।"

"यह गर्भाधान संस्कार किस स्थान पर संपन्न हुआ, किस स्थिति में संपन्न हुआ, किस समय संपन्न हुआ, किसके सान्निध्य में संपन्न हुआ, यह भी बड़ा महत्त्वपूर्ण है, क्योंकि इस संस्कार में, वह जिस समय हुआ, उसका प्रभाव शरीरों पर पड़ेगा ही। वह किसके सान्निध्य में हुआ, यह बात उस पुण्यात्मा के स्तर का निर्धारण करेगी, जो पुण्यात्मा इस गर्भाधान संस्कार के माध्यम से जन्म लेने वाली होगी। इसलिए यह संस्कार एक अच्छे स्थान पर, एक अच्छे समय में और अच्छी शक्तियों के सान्निध्य में होना चाहिए। गुरुसान्निध्य (गुरुशक्तियों के सान्निध्य) में, गुरुशक्तियों पर चित्त रखकर यह संस्कार किया जाना चाहिए। गुरुसान्निध्य इस संस्कार में पति-

पत्नी, दोनों को एक ओर आसपास के बुरे प्रभावों से बचाता है तथा दूसरी ओर गुरुसान्निध्य में वे अच्छी, पवित्र ऊर्जाशक्ति को सदैव ग्रहण करते ही रहते हैं। जब हम उसके सान्निध्य में होते हैं, हमें वह ऊर्जा अनायास ही प्राप्त हो जाती है। प्राचीनकाल से इसीलिए गुरु के सान्निध्य में तीर्थयात्रा करने का महत्त्व था क्योंकि गुरु जब किसी पवित्र स्थान पर जाएँगें, वह उस स्थान की ऊर्जा को ग्रहण करेंगे और अगर हम उसके साथ होंगे तो वह ऊर्जा हमें अनायास ही प्राप्त हो जाएगी।"

"तीसरी क्रिया आध्यात्मिक स्तर पर होती है। इसमें शरीर की कोई वासना नहीं होती है। आत्मिक, मधुर संबंध भी होते हैं और वे दोनों एक ही गुरु के माध्यम से समर्पित होते हैं। इसी कारण उनका एक निश्चित उद्देश होता है और गुरु के सान्निध्य में वे अपने निश्चित उद्देश के लिए इस गर्भाधान संस्कार को संपन्न करते हैं। जब एक निश्चित उद्देश होगा तो आवश्यक है कि वह आध्यात्मिक स्थिति भी होगी जो एक आध्यात्मिक उद्देश को पूर्ण करेगी। यह तीसरे स्तर की क्रिया सर्वश्रेष्ठ है।"

"इसी स्तर पर अगर गर्भाधान संस्कार संपन्न होता है, तो मेरे गुरुओं को इस धरती पर अवतरित होने का अवसर मिलेगा और वे जन्म ले सकेंगे। उन्होंने अपने जीवनकाल में साधना से ज्ञान तो प्राप्त कर लिया था, पर उस ज्ञान को पाने का उद्देश ही ज्ञान को बाँटना था, वह बाँटने का कार्य अभी संपन्न नहीं हो सका है। यह कार्य वे इस भूमि पर अवतरित होकर करना चाहते हैं। पर वे अवतरित हो सकें, ऐसे माता-पिता नहीं मिल रहे हैं। जो गर्भाधान संस्कार एक गुरु के माध्यम से, गुरुशक्तियों से जुड़कर इसी एक उद्देश, उन्हें आमंत्रित करने के उद्देश से करें, तो ही वे अवतरित हो सकते हैं। उनके स्तर पर पहुँचकर कोई उन्हें आमंत्रित करता ही नहीं है। वे आने के लिए तैयार हैं, कोई बुलाता ही नहीं है। किसी को उनकी जानकारी तक नहीं है। जब उनकी जानकारी ही नहीं है, तो उन्हें आमंत्रित करने का तो प्रश्न ही नहीं उठता और इसी कारण वे चाहकर भी आ नहीं पा रहे हैं। हम चाहकर भी इस कार्य में उनकी कोई मदद नहीं कर सकते हैं। हम कुछ करने के बहुत ऊपर चले गए हैं। अब केवल

मार्गदर्शन कर सकते हैं। हमें भी हमारा यह कार्य करने के लिए उचित माध्यम की आवश्यकता थी, इसलिए हम भी सालों से इस गुफा में बैठकर तुम्हारी प्रतीक्षा कर रहे थे।"

"हमारी यह इच्छा है कि तुम समाज में जाओ और समाज में इनके बारे में जानकारी दो, क्योंकि उनकी जानकारी जिन्हें हैं, वे सभी लोग केवल हिमालय में ही स्थित हैं। वे जानकारी लेने के बाद समाज में गए ही नहीं हैं, तो समाज तक यह जानकारी पहुँचेगी कैसे? तुम्हारे समाज में चले जाने के बाद तुम्हारा हमसे संपर्क करना कठिन हो जाएगा। इसलिए तुम्हारे इस सूक्ष्म शरीर के माध्यम से ही तुम हमसे संपर्क कर सकते हो। यह सूक्ष्म शरीर हमारे और तुम्हारे बीच का माध्यम है। आवश्यकता पड़ने पर हम चाहें तो तुमसे संपर्क कर सकते हैं। अब समाज में वापस जाओ और समाज में गुरुओं के गुरुओं का कार्य करो। यह एक स्वर्णिम अवसर तुम्हें मिला है। यह हमें भी हमारे जीवन में नहीं मिला था। हमारे गुरुओं ने इस कार्य को करने के लिए तुम्हें ही माध्यम के रूप में चुना है। इसीलिए हमें तुम्हारा महत्त्व मालूम है। आध्यात्मिक क्षेत्र में 'अधिकृत' शब्द का बड़ा महत्त्व होता है। जब किसी माध्यम को अधिकृत किया जाता है, तो वह उस माध्यम की योग्यता के कारण ही होता है। फिर उस माध्यम को अपना कार्य करने के लिए पर्याप्त कार्यशक्ति प्रदान की जाती है। फिर वह कार्यशक्ति उस माध्यम से कार्य करा ही लेती है। इसलिए हमें संपूर्ण विश्वास है कि यह कार्य तुम्हारे से होगा ही। ऐसा ही संपूर्ण समर्पण का भाव और विश्वास तुम भी अपने-आप में रखो। अपने भीतर का संपूर्ण समर्पण का भाव एक ओर अपने भीतर के अहंकार को कम करता है, नियंत्रित करता है और दूसरी ओर अपने भीतर की ग्रहण करने की शक्ति को भी बढ़ाता है। संपूर्ण विश्वास हमारी ग्रहण करने की शक्ति को एकाग्रता प्रदान करता है। प्रकृति का नियम है कि घनी अँधेरी रात हो जाने के बाद ही सूर्य का उदय होता है और सारे वातावरण में प्रकाश ही प्रकाश हो जाता है और सारा अँधेरा दूर हो जाता है। आज समाज में ऐसी घनी अँधेरी रात व्याप्त है और आवश्यकता है सूर्योदय की। यह सूर्योदय हमारे गुरुओं के धरती पर अवतरित होने पर ही होगा। तुम्हें इस सूर्योदय का निमित्त बनना है। जाओ, समाज में जाओ। यहाँ तक

आकर समाज में आज तक कोई वापस नहीं गया है, क्योंकि उसकी आवश्यकता ही नहीं थी। पर आज वह आवश्यकता है। अपने जीवन में इस गुरुकार्य का जो अवसर मिला है, वह करो और अपने जीवन को सार्थक करो।"

दूसरे दिन मैं बड़े सबेरे उठा। स्नान आदि करके बड़े भाव से गुरुदेव के दर्शन किए, उन्हें नमस्कार किया और उन्हीं के सामने बैठे मेरे ही सूक्ष्म शरीर को नमस्कार किया, क्योंकि अब सूक्ष्म शरीर ही मेरे लिए मार्गदर्शक था, गुरु था। आज मैं वह सूक्ष्म शरीर एकदम स्पष्ट रूप से देख पा रहा था। मेरे ही दो शरीरों को देखना, यह एक विरला ही अनुभव था। जिस प्रकार हम आइने में अपने-आपको देखते हैं, वैसा ही अनुभव लग रहा था। मैंने मेरे शरीर से ही समाज में जाने की आज्ञा माँगी। उसने बड़ी प्रसन्नता से स्वीकृति दी। उसने कहा, "तुम समाज में जा रहे हो, इसीलिए मैं यहाँ गुरुसान्निध्य में रह पा रहा हूँ। मैं तुम्हारे बलिदान से ही यहाँ स्थित हूँ। अब तुम्हारे और गुरुओं के बीच माध्यम बनना मेरा कार्य ही नहीं है, कर्तव्य भी है।"

मैंने बड़े ही शांत मन से दोनों (गुरुदेव तथा अपने सूक्ष्म शरीर को) को बारी-बारी नमस्कार किया और गुफा के बाहर निकल गया। बाहर अब तक सूर्योदय हो गया था। काफी दिनों के बाद मैं बाहर निकला था और बाहरी दुनिया में भी जाना था। वे दोनों बौद्ध भिक्षु जिस रास्ते से पहाड़ से उतरे थे, मैंने भी उसी रास्ते से पहाड़ से उतरना प्रारंभ किया। आसपास का प्राकृतिक दृश्य बड़ा ही सुंदर था। सभी ओर जामुनी कलर (रंग) के बारीक-बारीक फूल उगे हुए थे। रास्ता कहीं भी बना हुआ नहीं था, केवल एक निश्चित दिशा को पकड़कर ही चलना पड़ता था। कहीं पर रास्ता तो तब बनता, जब वहाँ पर कोई आया होता! उस स्थान पर कोई मनुष्य आया ही नहीं था और जो वहाँ पर पहुँचे थे, वे वापस न जाने के लिए ही आए थे। मैं ही था जो उन गुफाओं से बाहर आया था। तो रास्ता तो केवल दिशा को ध्यान रखकर ही बनाना पड़ता था। इतनी ऊँचाई पर तो पशु-पक्षी भी नहीं थे। धीरे-धीरे पहाड़ी से उतरता गया। अभी भी नीचे से वे गुफाएँ देखी जा सकती थीं। मैंने उन्हें बड़े आदर व अपनेपन से नमस्कार किया और आगे बढ़ गया।

अब रोज का ही नियम हो गया था कि दिनभर चलता था और रात में कहीं भी विश्राम करता था। अब दिनभर चलने से शरीर की गतिविधि हो रही थी। उसी कारण भूख भी लग रही थी और भोजन भी अधिक लगने लग गया था। इतने दिन, गुरुदेव के सान्निध्य में, अधिकतर समय ध्यान में ही बिताया था। ध्यान से मनुष्य की आवश्यकता कम हो जाती है क्योंकि शरीर की गतिविधियाँ भी कम हो जाती हैं। जितना शरीररूपी यंत्र चलेगा, उतनी ही अधिक उसे इंधन की भी आवश्यकता होगी, यह अनुभव आ रहा था। भूख लगने पर पेड़ की छाल, पत्ते, कुछ विशिष्ट प्रकार के फूल, घास, कुछ वनस्पतियाँ ही आहार की माध्यम थीं। मैं धीरे-धीरे नीचे की ओर आ रहा था और बाद में मुझे पानी की आवाज सुनाई आने लग गई। और उससे जाना कि शायद मैं किसी नदी के पास पहुँच गया हूँ और मैं उस पानी की आवाज की दिशा में चल पड़ा और चलता ही रहा। काफी दूर तक चलने के बाद भी कोई नदी नहीं आई, लेकिन पानी की आवाज आ रही थी। जंगल एकदम घना था, इसीलिए नदी की आवाज दूर तक आ रही थी। काफी दूर तक चलने के बाद मैं नदी के किनारे तक पहुँचा था। यह नदी, मैं जिस पहाड़ से उतरा था, उसी की ओर से ही बहती हुई आ रही थी और सामने के जंगलों में जा रही थी और वह आगे एक मोड़ लेती हुई दिख रही थी। अब मैंने वहीं रात बिताने का निर्णय लिया, क्योंकि आगे क्या करना है, उसका निर्णय लेना था।

मैंने सोचा—कल सबेरे ही उठकर निर्णय लेते हैं कि क्या करना है और मैं एक वृक्ष के ही नीचे सो गया। बहुत थका हुआ होने के कारण नींद भी बड़ी जल्दी ही लग गई। सुबह तो नदी की आवाज से ही नींद खुली। सुबह का दृश्य तो बड़ा ही मनोहारी था। शांत रूप से नदी बह रही थी। सूर्योदय होने ही वाला था। उसकी लाली सारे वातावरण में छाई हुई थी। पक्षियों का गुंजन चल रहा था। वे सब उड़ने के लिए तैयारी कर रहे थे। नदी का पानी पहाड़ के ऊपर से बहकर नीचे की ओर बह रहा था। अब वह एक समतल भू-भाग

पर होने के कारण शांत रूप से बह रहा था। मुझे लगा, मानो यह पानी भी मेरी तरह अपने गुरुओं से आज्ञा लेकर पहाड़ी से आया है और गुरुकार्य करने के लिए नीचे की ओर जाना चाहता है। पर एक ओर गुरुकार्य है और एक ओर गुरुसान्निध्य का आकर्षण है, इसीलिए वह भी बड़ी दुविधा में है कि क्या करे? बस, बह रहा है, शांत रूप से बह रहा है।

अब मेरे सामने दो मार्ग थे—या तो सामने वाले घने जंगल में से गुजरना या इस नदी में बहते हुए आगे बढ़ना। दोनों ही मार्गों के फायदे और नुकसान थे। जंगल तो अब ओर घना होता जा रहा था जहाँ पर झाड़ियाँ तोड़ कर रास्ता बनाना पड़ रहा था। मेरे पास एक चाकू था। वह उन झाड़ियों को काटने के लिए पर्याप्त था, क्योंकि वह आदिवासियों द्वारा दिया गया चाकू था जिसे 'डाव' कहते हैं और वह उसी कार्य के लिए होता है। लेकिन झाड़ियाँ काटने में बहुत समय लगता था और उसके बावजूद झाड़ियाँ शरीर को लगती ही थीं। कई बार झाड़ी को काटने के बाद जो डंठल बचा रहता था, वही उसके पास से गुजरते समय लग जाता था। कभी जंगल में दलदल का भी सामना करना पड़ता था। दूसरा, घना जंगल होने के कारण दिशाभूल होने का भी खतरा बना ही हुआ था। दिशा सूर्योदय से निश्चित होती थी। मैं अभी पूर्व एवं उत्तर दिशा के बीच था और मुझे नीचे आने के लिए पश्चिम और दक्षिण दिशा के बीच आने की आवश्यकता थी और जंगल में दिशा को देखना बड़ा कठिन था।

जंगल में साँप और जीव-जंतुओं का डर भी था ही। यहाँ के जीव-जंतु प्रकृति का ही रंग लिए होते हैं, उन्हें पहचानना बड़ा कठिन होता है। जंगल भी इतना घना था कि दिन में भी अँधेरा ही नजर आ रहा था। जंगल में झाड़ियों से अधिक परेशानी लताओं से थी। ये लताएँ इतनी लंबी और मजबूत होती थीं कि उनमें फँसने का भी डर रहता था। उनमें से अपने-आपको निकालना बड़ा कठिन हो जाता है, क्योंकि कभी-कभी गाँठ ही लग जाती है और हम अपने-आपको फँसा हुआ पाते हैं। लेकिन जंगल में फल-फूल थे, जो आहार के योग्य थे यानि आहार की जंगल में कोई समस्या ही नहीं थी।

दूसरी ओर नदी थी जिसके प्रवाह में बहने पर गति प्राप्त हो सकती थी, जल्दी आगे बढ़ा जा सकता था, पर आहार की कोई व्यवस्था नहीं थी, केवल पानी पीकर ही रहा जा सकता था। इसमें बड़ी चट्टानों का डर था कि अचानक किसी चट्टान से टकरा जाएँ तो? और पानी भी ठंडा था। क्या करता, कोई एक निर्णय तो लेना ही था। फिर मैंने ध्यान किया और गुरुदेव से ही प्रार्थना की, "गुरुदेव, मैं इस भाग से अनजान हूँ। मुझे इस भाग की कोई जानकारी नहीं है। मैं तो आपका संदेशवाहक हूँ, दूत हूँ। आपका संदेश मैं समाज तक पहुँचा सकूँ, ऐसा मार्ग मुझे बताइए।" फिर मैंने अपने-आपसे प्रश्न किया—क्या मैं नदी के रास्ते का अवलंबन करूँ? तो अच्छा चैतन्य अनुभव हुआ। फिर मैंने अपने-आपसे दूसरा प्रश्न पूछा—क्या मैं जंगल के रास्ते का अवलंबन करूँ? तो केवल दाहिने हाथ से थोड़ा चैतन्य अनुभव हुआ, बाएँ में बिल्कुल नहीं था। यानि अंसतुलन की स्थिति थी और बहुत प्रयत्न करने पड़ सकते थे और फिर मैंने नदी से ही आगे बढ़ने का निर्णय किया। अब प्रश्न था—नदी में कैसे आगे बढ़ा जाए? तो उसके लिए एक तराफा (बेड़ा) बनाने की आवश्यकता थी। उसे बनाने का कार्य प्रारंभ किया। तीन बड़े-बड़े लकड़े जो सूख चुके थे, वे ढूँढ़े। सूखे लकड़े ढूँढ़ना भी कठिन था। दो थोड़े छोटे थे और एक बड़ा था। जो बड़ा था, उसे काटा और छोटा किया और फिर आड़ी लकड़ियाँ रखकर उन्हें लताओं से बाँधा और तीन दिनों के प्रयास के बाद एक अच्छा-सा तराफा तैयार किया। फिर उस पर वे पत्ते बिछाए जिन्हें खाकर मैं रह सकता था। उन पत्तों को भी लताओं से बाँध दिया। अब वह एकदम तैयार हो गया था। अब खतरा केवल गीला होने का था, पर वह तो उठाना ही था। वह उठाया और उस तराफे पर बैठकर मैंने मेरी यात्रा प्रारंभ की। दो बड़े बाँस भी मैंने साथ रख लिए थे ताकि कहीं अटक जाने पर तराफे को पानी की ओर ढकेल सकूँ। एक बाँस एक ओर और दूसरा बाँस दूसरी ओर बाँधकर अटका दिया था।

मैं नदी में धीरे-धीरे आगे बढ़ रहा था और तराफे पर बैठकर मेरी यात्रा चल रही थी। आसपास के घने जंगल दिख रहे थे। मैं उन जंगलों से गुजर रहा था और सोच रहा था—यह अच्छा हुआ कि मैंने नदी से जाने का निर्णय किया अन्यथा तो इन जंगलों को

पार करने में महिनों लग जाते थे। नदी के पानी के कारण एक गति भी मिल रही थी और मेरी यात्रा बड़ी तेजी के साथ चल रही थी। फिर रात होने लग गई और अब तो नदी क्या और जंगल क्या, सब तरफ अँधेरा ही अँधेरा था। कुछ भी नहीं दिख रहा था। इतना घना जंगल था कि चंद्रमा तक नहीं दिख रहा था। फिर चंद्रमा का प्रकाश पानी पर कहीं-कहीं पड़ता, तो लगता था कि चाँदी की नदी ही बह रही है! चाँदी की नदी...बड़ी सुंदर कल्पना मुझे लगी और मैं मन-ही-मन मुस्कराया था। मैं शरीर से तराफे के ऊपर था, पर चित्त तो गुरुदेव की गुफा में ही था। अभी भी ऐसा लग ही नहीं रहा था कि मैं उनसे दूर हूँ। लग रहा था—मानो मैं उनके ही कार्य के लिए उनके साथ हूँ और कार्य शीघ्र संपन्न होना चाहिए, इसीलिए मुझे यह पानी से जाने का मार्ग बताया है। ऐसे ही सोचते हुए मैं बड़ी शांति के साथ उस तराफे पर बैठकर अपनी यात्रा कर रहा था।

रात में दिखता तो कुछ नहीं था, पर कभी पानी की ही आवाज जोर से होती, तो मैं समझ जाता कि नदी ढलान पर है और पानी का बहाव तेज है और जब आवाज कम होती, तो समझ जाता कि नदी सामान्य रूप से ही बह रही है। कभी-कभी रास्ते में बड़ी-बड़ी चट्टानों पर मेरा तराफा अटक जाता था, तो फिर पास के बाँस से ढकेल कर तराफे को चट्टान से दूर कर देता था।

रात तो जैसे-तैसे बीत गई, सुबह हो गई थी और प्रवास चल ही रहा था। भूख मिटाने के लिए केवल पत्ते थे, वे ही थोड़े-थोड़े खाकर और पानी पीकर समय निकाल लिया करता था। मैं थोड़े पत्ते खाकर और पानी पीकर आसमान की तरफ मुँह करके आकाश के नजारे को देख रहा था। इतना स्वच्छ आकाश मैंने कभी इतनी शांति से नहीं देखा था। बादल भी मेरे ही तरह कहीं समर्पित थे। वे भी मानो गुरुकार्य में व्यस्त थे। वे भी किसी जल्दी में, एक निश्चित दिशा में बहे जा रहे थे। तभी मैंने मेरी बाईं ओर, कुछ हरकत-सी लगी, देखा तो दो बड़ी मछलियाँ कूदकर तराफे के ऊपर आ गई थीं और पानी से बाहर निकलने के कारण तड़प रही थीं। फिर मैं उन्हें उठाने गया तो हाथ में से भी फिसल रही थीं। इतनी छटपटा रही थीं कि उन्हें पकड़ते ही नहीं आ रहा था। फिर मैंने एक हल्के-से

बाँस को एक कपड़ा बाँधा और उस बाँस से एक मछली को हल्के-से ढकेलकर पानी में डाल दिया। कपड़ा इसलिए बाँधा ताकि मछली को ढकेलते समय बाँस से कोई चोट न लग जाए। बाद में दूसरी मछली को भी हल्के-से ढकेलने लग गया। वह बार-बार उछलकर मेरी ओर ही आ रही थी, मानो वह पानी में जाना ही नहीं चाह रही हो! पर पानी के बाहर तो वह मर सकती थी। फिर मैंने फिर से, बार-बार प्रयत्न करके बड़ी कठिनाई से उसे पानी में ढकेला था। इस भाग में बहुत ही मछलियाँ थीं जो पानी के बहाव के तेज होने के कारण बहाव के साथ ही बह रही थीं।

मछलियाँ विभिन्न प्रकार की थीं, पर अधिकतर मछलियाँ बड़ी-बड़ी ही थीं। इन मछलियों का संबंध भी चंद्रमा के साथ होता है। पूर्णिमा की रात में मछलियाँ ज्यादा ही उत्तेजित हो जाती हैं और उछल-कूद करने लग जाती हैं। यह मेरा अनुभव था, पर आज (उस दिन) तो पूर्णिमा भी नहीं थी। ऐसा क्यों हुआ होगा, मैं सोच रहा था। तभी अचानक मेरा ध्यान बहाव की ओर गया, तो मुझे बहाव के आगे का कुछ भी दिख नहीं रहा था। सामान्यत: आगे के दोनों ओर के किनारे सामने दिखते ही रहते थे, पर तभी कुछ भी नहीं दिख रहा था और पानी में से सफेद बादल-सा धुआँ निकल रहा था। वह सब देखकर मैं मन-ही-मन काँप गया। मैं मेरे अनुभव से समझ गया कि आगे जाकर यह नदी पहाड़ के ऊपर से नीचे गिरने वाली है और एक बहुत बड़ा जलप्रपात आगे है। यानि उस पानी के साथ-साथ मैं भी गिरने वाला हूँ। सब आगे का दिख रहा था, पर अब कुछ भी नहीं कर सकता था। पानी का बहाव भी तेज और तेज हो रहा था। मुझे अब पानी के बाहर निकलना था, पर पानी के बाहर निकलने का कोई रास्ता नहीं दिख रहा था—न कोई चट्टान और न कोई किनारा पास था। तराफा तो जलप्रपात की ओर ही जा रहा था। मैं समझ गया कि अब मेरा अंत निश्चित ही है, क्योंकि इतने बड़े जलप्रपात से गिरकर बचना तो असंभव ही था। नीचे बड़ी चट्टानों पर गिरकर टकराने से मृत्यु तो निश्चित ही थी। मैंने मन-ही-मन गुरुदेव को धन्यवाद दिया कि इस जन्म में उन्होंने मुझे इतना ज्ञान दिया, अब अगले जन्म में उसी ज्ञान के साथ मैं गुरुकार्य करूँगा। मुझे लगा—शायद गुरुकार्य करने के लिए पर्याप्त आयु मेरे पास नहीं

रही, इसीलिए मुझे यह देहत्याग कर दूसरा जन्म लेना पड़ रहा है। मैंने देहत्याग करने के लिए अपने-आपको तैयार किया और बड़े शांत चित्त से पानी के साथ आगे बढ़ने लग गया। फिर सब ओर धुआँ ही धुआँ था और मैं किसी बादल में ही घुस रहा हूँ, ऐसा मुझे लगा और अचानक ही जोर से एक झटका लगा। मैंने कसकर अपने तराफे को ही पकड़ लिया और मैं पानी के साथ ही नीचे उस जलप्रपात में गिर गया। बाद में क्या हुआ, मालूम नहीं, मेरी चेतना ही जाती रही।

बाद में जब होश आया तो मालूम पड़ा—सारा तराफा ही टूट गया था, केवल एक लकड़ा था जो मैं पकड़े हुए था, उसी के साथ मैं पानी में बह रहा था। सारी रात इसी प्रकार बहता रहा। कभी लकड़ा किसी चट्टान से टकराता था, तो मुझे जोर से झटका लगता था और मैं लकड़े पर ही आगे खिसक जाता था। फिर मैं धीरे-से अपने-आपको पीछे खिसका लेता था। ऐसा ही चल रहा था। अब तो भूख भी लग रही थी। अब खाने के लिए भी कुछ नहीं था। फिर भी मैं प्रसन्न था कि मैं बच गया हूँ और मुझे इसी जिंदगी में गुरुकार्य करने के लिए मिलने वाला है। यह जानकर मेरा उत्साह और भी बढ़ गया था। ऐसे ही दिनभर बहता रहा। मैं आशा से किनारों की ओर देखता था, कहीं कोई धुआँ या आग दिख जाए, क्योंकि जंगल में मनुष्य-बस्ती होने की यही एक पहचान होती है। लेकिन निराशा ही हाथ लगी। कहीं कोई धुआँ या आग या घर-झोंपड़े, ऐसा कुछ भी नहीं दिख रहा था। मैं आगे और आगे बढ़ रहा था। शाम होने वाली थी, तो लगा, अचानक मेरा लकड़ा किसी झाड़ी में ही अटक गया था। क्या हुआ था, वह बाद में पता चला।

सुबह जब देखा तो मैं जमीन पर उलटा लेटा था और चार-पाँच लोग, जो आदिवासी थे, मेरी पीठ पर लात मारकर मेरे पेट का पानी निकाल रहे थे। बाद में मेरे पेट का पानी निकल जाने पर उन्होंने नदी की ओर इशारा करके बताया—हमने मछली पकड़ने के लिए बाँस की बाड़ बनाई थी, तुम आकर उसमें अटक गए थे। मैं समझ गया कि वे सारे मछुहारे ही थे जो मछली पकड़ कर अपना जीवनयापन करते थे। नदी की ओर देखा तो उलटे 'यू' के आकार की उनकी मछली पकड़ने की बाड़ थी। बाँस और लताओं की बनी

ऐसी बाड़ उन्होंने लगाकर रखी थी कि तेज बहाव के कारण ऊपर से जो मछलियाँ बह कर आएँ, वे उस बाड़ में ही फँस जाएँ और तेज बहाव के कारण वे पानी में लगी बाड़ के बाहर निकल ही नहीं पाएँ। उन्होंने किन्हीं पत्तियों का काढ़ा बनाकर मुझे पिलाया। वह था तो बहुत कड़वा, पर उससे मेरे शरीर में गर्मी महसूस होने लग गई थी। उस काढ़े में तेजपत्ते की खुशबू आ रही थी। मैंने प्रणाम करते हुए उन सबको मेरी जान बचाने के लिए धन्यवाद दिया। उन्होंने पेड़ की ओर इशारा करके बताया कि बचाने वाला तो वह है, हम तो केवल माध्यम हैं। उस पेड़ के नीचे एक लंबा-सा पत्थर रखा हुआ था। वही शायद उनका देवता था। उसी के आसपास कुछ फूल रखे हुए थे और मछली और भात का भोग उसे लगाया गया था। मैंने भी वहाँ जाकर प्रणाम किया। वह उन्हें भी अच्छा लगा, ऐसा उनके प्रसन्न चेहरों से लग रहा था।

प्रेम और श्रद्धा में यही अंतर है। प्रेम एक संकुचित भावना है। मनुष्य चाहता है कि वह जिस पर प्रेम करता है, उस पर उसका एकाधिकार हो; उस पर केवल वही प्रेम करे और कोई नहीं। पर श्रद्धा में ऐसा नहीं होता है। श्रद्धा आत्मा का शुद्ध भाव है जो शरीर से संबंधित नहीं है। आत्मा का भाव परमात्मा से संबंधित है, इसीलिए वह अपने-आप ही विशालता लिए हुए है। इसीलिए मनुष्य जिस पर श्रद्धा करता है, वह चाहता है—सारे लोग ही उस पर श्रद्धा करें। श्रद्धा का भाव ही है जो आत्माओं को आत्माओं से जोड़ता है। इसीलिए, किसी के भी श्रद्धास्थान को अनजाने में भी ठेस नहीं पहुँचानी चाहिए, क्योंकि वही उसका विश्वचेतना ग्रहण करने का, शरीर से आत्मिक स्तर पर सोचने का माध्यम होता है। वह श्रद्धा किस पर कर रहा है, उसका कोई महत्त्व नहीं है। महत्त्व इस बात का है कि वह कहीं तो श्रद्धा का भाव रख रहा है। श्रद्धा का भाव एक ओर मनुष्य-अहंकार को नियंत्रित करता है, तो दूसरी ओर आत्मिक बल को बढ़ाता है, चित्त को शुद्ध करता है। आत्मिक बल के कारण ही आज मैं यहाँ जीवित हूँ। फिर उन सबके साथ बैठकर मैंने बड़े-बड़े पत्तों पर भोजन किया। बहुत दिनों से मैं भूखा था। मछलियाँ मैंने ग्रहण नहीं कीं। उन्हें शाकाहार वगैरह कुछ समझा नहीं, पर वे समझे

कि मुझे मछलियाँ पसंद नहीं हैं। मैंने कुछ कंद-मूल और कुछ फल ही ग्रहण किए। मुझे उससे प्रसन्नता महसूस होने लग गई। बाद में, रात में उनके ही झोंपड़े में कब नींद लग गई, पता भी नहीं चला।

दूसरे दिन सुबह उठा, तो मैं अपने-आपको उस लकड़ी के तराफे में, नदी में ही समझ रहा था। बाद में, थोड़ी देर के बाद मुझे ध्यान में आया कि मैं नदी में तराफे के ऊपर नहीं, आदिवासियों के झोंपड़े में हूँ। फिर मैं नदी पर नहाया-धोया और उसी देवता के पास, पेड़ के नीचे जाकर ध्यान करने के लिए बैठ गया था। काफी देर तक ध्यान में ही रहा। मैंने मन-ही-मन सूक्ष्म शरीर के माध्यम से गुरुदेव से संपर्क किया और उनको धन्यवाद दिया कि उन्होंने मुझे गुरुकार्य करने के लिए जीवित रखा। मैं जब ध्यान में से बाहर आया तो देखा—आसपास की झोंपड़ियों के सभी लोग मेरे सामने घुटने टिकाकर बैठे हुए थे। उन्होंने कहा, "आपके माध्यम से हमने हमारे देवता के आज दर्शन किए। आज तो हमारा जन्म सार्थक हो गया।" मैंने उन्हें बताया, "मैं सालों से हिमालय में मेरे गुरुओं के साथ ध्यान-साधना कर रहा था। इसीलिए मेरा स्वयं का अस्तित्व अलग से बाकी नहीं रहा है। मैं प्रकृतिप्रदत्त हो गया हूँ और वातावरण के साथ समरस होना मैंने ध्यान के कारण पाया है। आप सबके मन में आपके ही देवता के प्रति अनुराग है, भाव है, श्रद्धा है। अतः आपको वे ही देवता मेरे माध्यम से दिखे। मैं कोई तुम्हारा देवता नहीं हूँ। मैं एक सामान्य, तुम्हारे जैसा ही मनुष्य हूँ।" उन्होंने गर्दन हिलाई, पर उन्हें कितना समझ में आया, कितना नहीं, वह मालूम नहीं पड़ रहा था। पर मैंने मेरी ओर से उन्हें समझाने का प्रयास जारी रखा। मैंने उन्हें समझाते हुए कहा, "परमात्मा सारे विश्व में ही है। प्रत्येक अणु-रेणु में परमात्मा विद्यमान है। प्रत्येक मनुष्य में ही परमात्मा रहता है। पर जो मनुष्य निर्मल हो जाए, पवित्र हो जाए, शुद्ध हो जाए, वह परमात्मा का माध्यम हो जाता है और हमें उसके अंदर से परमात्मा दिखने लग जाता है। परमात्मा उसी रूप में दिखता है जिस रूप में आप देखना चाहते हो। परमात्मा का अपना ऐसा कोई अस्तित्व नहीं है, कोई रूप नहीं है। वह तो सर्वत्र विद्यमान है, तो वह किसी रूप में कैसे हो सकता है? वह एक स्थान पर तो हो ही नहीं सकता, वह

तो सर्वत्र ही है। हम चित्त से, अपने भाव से किसी पवित्र माध्यम को ही परमात्मा मान लेते हैं, पर वह केवल माध्यम ही होता है। प्रत्येक माध्यम भी जानते हैं कि वे परमात्मा नहीं हैं, वे केवल माध्यम हैं। इसीलिए आज तक किसी ने नहीं कहा कि मैं परमात्मा हूँ, क्योंकि, वास्तव में, कोई 'एक' परमात्मा है ही नहीं। परमात्मा मानना, आत्मा की शुद्ध अवस्था है। परमात्मा शुद्ध स्वरूप है। हम उस माध्यम को भी दोषरहित मानते हैं, पर वास्तव में, वह दोषरहित नहीं होता है, पर परमात्मा के इस माध्यम से हम दोष की तरफ ध्यान न देकर गुणों की तरफ देखना सीख जाते हैं। एक बार यह कला सीख गए, तो प्रत्येक मनुष्य में ही हमें परमात्मा ही परमात्मा नजर आएँगे।" उन्होंने सबने कहा, "हमें तो आप में ही परमात्मा नजर आ रहे हैं। परमात्मा ही आपके रूप में हमारे यहाँ आए हैं। हम अब आपको कहीं नहीं जाने देंगे।"

मेरी स्थिति तो 'आसमान से गिरा और खजूर में अटका' जैसी हो गई। उस नदी में से निकला, तो अब इन लोगों ने ही पकड़ लिया। अब उन्हें समझाता, तो वह सब बेकार ही होता। कुछ दिन वहाँ रहकर ही रास्ता निकाला जा सकता था। मैंने कुछ दिन वहीं रहने का निर्णय किया।

एक दिन सबेरे उसी देवस्थान पर मैं ध्यान करने बैठा था। ध्यान में, मेरे गुरुदेव के साथ संपर्क स्थापित हो गया और संदेश आने लग गया—परमात्मा की सर्वत्र व्याप्त शक्तियों का माध्यम सद्‌गुरु होता है और जब हम सद्‌गुरु के माध्यम से परमात्मा की शक्तियों को पाते हैं, तब हम जाने-अनजाने में उसके ऋणी हो जाते हैं। यह ऋण धन और वस्तुओं का मूल्य देकर चुकाया नहीं जा सकता है। यह केवल अपने-आपको ही गुरुदेव के कार्य में समर्पित कर के किया जा सकता है और यही मैंने भी किया है और तुम्हें भी करने के लिए प्रेरित कर रहा हूँ। मेरे से बड़ी जवाबदारी तुम्हारी है और मेरे से भी कठिन कार्य तुम्हारा होने वाला है। यह ध्यान-साधना की पद्धति अनुभूति पर आधारित है। यह ध्यानपद्धति पिछले आठ सौ सालों से एक गुरु से एक गुरु तक ही सफर कर रही है। इसमें अपने गुरु के प्रति ही संपूर्ण समर्पण का भाव रखना पड़ता है। इसलिए इस ध्यान

की पद्धति को 'समर्पण ध्यानयोग' कहा गया है यानि गुरु के प्रति संपूर्ण समर्पण का भाव रखकर अपने-आपको परमात्मा से जोड़ना। यह अभी तक सरल थी। जीवन में एक से ही लेना था और एक को ही देना था। ज्यादा मेहनत नहीं थी, ज्यादा बाँटना भी नहीं था, ज्यादा लोगों तक पहुँचाना भी नहीं था। पर अब ऐसा नहीं होगा, अब तुम्हारे माध्यम से यह अनुभूति लाखों लोगों में बँट जाने वाली है। यह अनुभूति बँट जाने पर उसके अस्तित्व को अगली पीढ़ी तक पहुँचाने के लिए लाखों साधक तैयार करने होंगे, जो उस ज्ञान को अगली पीढ़ी तक पहुँचाएँगे। यानि अब यह कार्य बहुत बड़ा हो गया है। पहले मोतियों की केवल माला थी जो एक से लेते थे और एक को देते थे, पर अब एक-एक मोती अलग-अलग हो गया है और प्रत्येक मोती को संभालना आवश्यक है। आवश्यक है कि वे मोती संभाल कर अपनी अगली पीढ़ी तक पहुँचाएँ। यह हमारे हिमालय की प्राचीन धरोहर है जो अपने गुरुओं ने सालों तक अपना जीवन समर्पित कर संभाली और हमें प्रदान की। अब हमें संभाल कर अगली पीढ़ी तक पहुँचानी है ताकि अगली पीढ़ी उसकी अगली पीढ़ी तक पहुँचा सके। यह अनुभूति का ज्ञान है जो जीवंत (सजीव) स्वरूप में ही रहता है। उसे जीवंत स्वरूप में ग्रहण किया जा सकता है और जीवंत स्वरूप में बाँटा जा सकता है। इसके लिए माध्यम जीवंत होने चाहिए। यह कार्य बहुत बड़ा है। सारा जीवन भी लगा दिया तो भी कम है। यह अनुभूति के ज्ञान का दीपक हमने हमारे जीवनकाल में संभाल कर रखा, बुझने नहीं दिया और तुम्हें भी इस दीपक को संभालकर रखना है और बुझने नहीं देना है। यही तुम्हारा गुरुकार्य है। गुरु से भी बड़ा, गुरु से भी महान, गुरु से भी शाश्वत गुरु का कार्य होता है, क्योंकि गुरु अपने-आपको कार्य को ही समर्पित कर देते है। फिर जब गुरु अपना अस्तित्व ही कार्य को समर्पित कर देते है, तो हमें कार्य के माध्यम से ही गुरु के आशीर्वाद मिलते हैं। गुरुकार्य ही सबकुछ है। जीवन में गुरुकार्य करो।"

"इसीलिए यहाँ पर ही मत बैठे रहो, आगे बढ़ो और समाज तक पहुँचो। समाज में लाखों आत्माएँ तुम्हारा इंतजार कर रही हैं। यह सब अनुभूति का ज्ञान तुम्हें उन तक पहुँचाना है और यही तुम्हारा

कार्य है और यही तुम्हारा कर्तव्य भी है। तुम्हारा जीवन तो बहुत छोटा है और यह कार्य तो जीवन से बहुत बड़ा है। तुम्हारे जीवन का एक-एक क्षण महत्त्वपूर्ण है। एक-एक क्षण गुरुकार्य के लिए समर्पित करना है। अब तुम्हारे जीवन पर तुम्हारा कोई अधिकार नहीं है। जागो और आगे बढ़ो! एक जगह तुम्हें स्थिर नहीं होना है। अभी वह समय नहीं आया है कि तुम स्थिर रह कर भी कार्य कर सको। जब तक वह स्थिति नहीं प्राप्त होती है, स्थिर मत रहो।"

मैं जब ध्यान में से बाहर आया, तो देखा मेरे चारों ओर मछुहारे ही मछुहारे इकट्ठा हो गए थे। फिर गुरु का वही संदेश मैंने उन्हें भी सुनाया और कहा, "मुझे आगे जाने दो। तुमने मेरी जान बचाई है, मैं तुम्हारी सहमति के बिना आगे नहीं बढ़ सकता हूँ। यह मेरी विवशता है। इसलिए जब तक आप अनुमति नहीं देते, मैं आगे नहीं बढ़ सकता हूँ। मैं सदा ही आपके साथ हूँ। मैं शरीर से समाज में जा रहा हूँ, पर यह जो अनुभूति का ज्ञान आपको कराया है, वह तो अनुभूति के रूप में आपके पास ही है। उस अनुभूति को आप मेरे चले जाने के बाद भी अनुभव कर सकते हो। मैंने मेरे अस्तित्व को ही उस अनुभूति के माध्यम से आपसे परिचित कराया है। जो मेरे सान्निध्य में आपको प्राप्त हुआ, वह सब याद रखो और उस सान्निध्य को याद रखो। हमें हमारे जीवन में कितना गुरुसान्निध्य मिलता है, उसका कोई महत्त्व नहीं है, महत्त्व इस बात का है कि हम गुरु को एक सामान्य मनुष्य न समझकर परमात्मा के माध्यम मानते हैं या नहीं और उनके सान्निध्य को कितना संभालकर रखते हैं। मैं आज भी शरीर से दूर रहकर भी गुरु के पास हूँ, गुरुसान्निध्य में ही हूँ क्योंकि मुझे जो भी गुरुसान्निध्य मिला, उसे मैंने अभी तक संभालकर रखा है और जीवनभर संभालकर रखूँगा। यानि मैं जीवनभर गुरुदेव के ही सान्निध्य में रहने वाला हूँ। अनुभूति के माध्यम से मैं आपके हृदय में ही हूँ। आप जब भी अपनी आँखें बंद करेंगे और मुझे भीतर ढूढ़ेंगे, मैं आपको दर्शन दूँगा ही क्योंकि मैं आपके ही हृदय में बसा हूँ। आपका प्रेम मेरे कार्य में बाधक सिद्ध हो रहा है। मोह तो शरीर का होता है, आत्मा को कोई मोह नहीं होता। आत्मा की होती है

आत्मीय अनुभूति! बस उसे पकड़े रहो। वही शाश्वत है, बाकी सभी नाशवान हैं।"

"जीवन में प्रेम के साथ रहो। एक बार मनुष्य के भीतर का परमात्मा देखना आ गया, तो फिर प्रत्येक में ही परमात्मा के दर्शन कर सकते हो। प्रत्येक जीव में ही परमात्मा विद्यमान होते हैं, हमारे पास उन्हें देखने की केवल दृष्टि होनी चाहिए। वह दृष्टि एक बार प्राप्त हो गई, तो परमात्मा तो सर्वत्र विद्यमान है ही। यह अनुभूति तो आत्मा पर आत्मा के द्वारा परमात्मा का ही एक प्रकार का संस्कार है जो सदैव बना ही रहता है। तो उस अनुभूति को संभालो और मुझे जाने दो।"

फिर बड़ी कठिनाई से उन मछुहारों ने मुझे जाने की अनुमति प्रदान की। फिर रातभर गाना-बजाना चलता रहा, मानो कोई उत्सव चल रहा हो। फिर सुबह दो जानकार लोग मुझे रास्ता दिखाने के लिए आए। मुझे मेरी एक निश्चित दिशा की ओर बढ़ना था। वे दोनों उनकी गाँव की सीमा तक आए थे। मैंने उनका आभार व्यक्त करते हुए विदाई ली। जब विदाई ली, तब वे मेरे पैरों पर गिरकर रोने लग गए। मैंने कहा, "मैं तो एक मनुष्य हूँ, मुझे नमस्कार मत करो। नमस्कार तो उसे करो जिसने मुझे बनाया है। उस परमात्मा को नमस्कार करो। वह जब तक नहीं दिखता, नमस्कार का कोई अर्थ नहीं है। नमस्कार किया नहीं जाता, नमस्कार हो जाता है; नमस्कार होने दो। जीवन में नमस्कार हो जाने के बाद, किसी को समर्पित हो जाने के बाद अपना स्वयं का अस्तित्व ही समाप्त हो जाता है। चलो, अब मैं चलता हूँ।" ऐसा कहकर मैंने उनसे विदाई ली और आगे बढ़ गया।

यह सारा भाग मेरे लिए अपरिचित ही था। मैं मेरे परिचित भू-भाग की ओर तेजी से बढ़ रहा था ताकि आगे के मार्ग पर मैं चल सकूँ। लेकिन अभी तक कोई परिचित निशान नहीं दिख रहे थे। इस भाग में से मैं जल्दी से आगे बढ़ना चाहता था, पर आगे बढ़ने में प्रमुख बाधा था मार्ग! सीधा-सरल ऐसा कोई मार्ग ही नहीं था। सब मार्ग बनाने पड़ रहे थे क्योंकि सभी ओर अधिकतर झाड़ियाँ ही झाड़ियाँ रहती थीं।

मुझे उस गाँव से निकले हुए तीन दिन बीत गए थे। मेरे पास के फल भी समाप्त हो गए थे और रास्ते में लगने वाले फल जहरीले भी हो सकते थे, इसलिए बिना जानकारी के खाना ठीक नहीं लग रहा था। मैं उस मार्ग को खोज रहा था जिस मार्ग से मैं उन बौद्ध भिक्षुओं के साथ गुजरा था, ताकि आगे का मार्ग मैं तलाश कर सकूँ। मैंने कपड़े के ऊपर उस भाग का एक नक्शा भी बनाकर रखा था जो मैं समय-समय पर देखकर ही आगे बढ़ रहा था। मैं चल तो रहा था, पर मेरा ध्यान मेरे गुरुदेव के चरणों पर ही था। मैं उन्हीं के सान्निध्य में था। मुझे मन में आया कि गुरु और भाषा दोनों समान हैं। कोई भी भाषा पुस्तक से नहीं सीखी जा सकती; पुस्तक से व्याकरण सीखा जा सकता है। भाषा कैसे बोलनी चाहिए, यह भी सीखा जा सकता है। पर जब तक उस भाषा को बोलते नहीं हैं, वह आत्मसात नहीं हो सकती है। ठीक उसी प्रकार से, पुस्तक के ज्ञान से परमात्मा की जानकारी मिल सकती है, पर परमात्मा की अनुभूति के लिए गुरु की अनुभूति आवश्यक है। यह आत्मा के सतत चिंतन व साधना से ही संभव हो सकता है। जिस प्रकार भाषा को बोलने का अभ्यास होना आवश्यक है, ठीक उसी प्रकार, गुरु का सतत ध्यान करके ही गुरु के ज्ञान को आत्मसात किया जा सकता है। यह सतत, निरंतर होनेवाली क्रिया है। यह पुस्तक से संभव ही नहीं है। गुरु बिना ज्ञान नहीं मिल सकता है।

ऐसा ही कुछ सोचते हुए मैं जंगल में आगे बढ़ रहा था। रात में जब कहीं रुकता, तो जंगल का सन्नाटा अपना ही एक संगीत सुनाता था। पर मुझे भय नहीं लग रहा था। मैं सब स्थितियों में प्रसन्न था। बस, मुझे लगता था कि मैं समाज तक जितनी जल्दी से पहुँचूँगा, उतनी ही जल्दी यह गुरुकार्य करने का अवसर प्राप्त होगा। अब मैंने अपना सारा जीवन ही गुरुदेव को समर्पित कर दिया था। अब वे जैसा गुरुकार्य के लिए करना चाहें, करें, जब समाज में पहुँचाना चाहें, पहुँचाएँ। ऐसा सोचकर ही मैं शांत हो गया। इस भाग में भोजन के लिए पर्याप्त मात्रा में पत्ते नहीं मिल रहे थे और न ही फल भी थे। कंद-मूल को खोजने व खोदकर निकालने का समय ही नहीं था। मैं जल्दी से जल्दी आगे बढ़ना चाहता था। मुझे अचानक

लगा कि मेरे ऊपर कार्य को करने की जवाबदारी है और उसे पूर्ण करना ही मेरे जीवन का लक्ष्य है। अब मुझे कुछ भी करके उसे पूर्ण करना ही है। अपने ही भीतर एक नई शक्ति व एक नई ऊर्जा के संचार का अनुभव कर रहा था और उसी उत्साह में, मैं कब समाज में पहुँचूँ और समाज में ज्ञान की गंगा बहाऊँ, ऐसा लग रहा था। कब शाम हो गई, पता भी नहीं चला। फिर थोड़ी सूखी घास खोजी। दो बाँसों को घिसकर सूखी घास में आग तैयार की और आग के पास ही सो गया। आग से थोड़ी गर्मी भी मिलती है और आग जलाने पर जानवर भी पास में नहीं आते हैं। अगले दिन सुबह सामने वाला पूरा पहाड़ चढ़ना था। यही लक्ष्य सामने रखकर सो गया। रात के समय ठीक से नींद नहीं आई, क्योंकि वहाँ पर जंगली खरगोश बहुत बड़ी संख्या में थे और बड़ी संख्या में आकर मेरे आसपास दौड़ रहे थे और उनकी आवाज से नींद कई बार टूट रही थी। सुबह-सुबह थोड़ी नींद लग गई। उतना ही आराम हुआ।

फिर सुबह पहाड़ी पर चढ़ना प्रारंभ किया। पहाड़ी थोड़ी खड़ी थी, इसलिए सीधे चढ़ना कठिन हो रहा था। इसलिए मैं थोड़ा घूम-घूमकर चढ़ रहा था ताकि चढ़ाई भी अच्छी हो और मैं थकान भी जल्दी महसूस नहीं करूँ। ज्यादा थक जाता था तो थोड़ा विश्राम कर लेता था।

मैं मन में विचार कर रहा था—जीवन में भी प्रगति करना बड़ा कठिन है। जीवन में अधोगति करना या गिरना बड़ा ही आसान होता है। कभी मजबूरी और आवश्यकता ही जीवन में एक उत्साह ला देते हैं, क्योंकि दूसरा कोई उपाय ही नहीं होता है, तो एक ही मार्ग होने के कारण सारी एकाग्रता एक ही साथ लग जाती है और कार्य मजबूरी के कारण ही क्यों न हो, संपन्न होने लगता है। यानि किसी भी कार्य को संपन्न करने के लिए एक निश्चित उद्देश होता है। वह उद्देश ही मनुष्य को एक नई ऊर्जा देता है और मनुष्य का ध्यान भी इधर-उधर नहीं जाता है। पहाड़ मनुष्य को नया लक्ष्य प्रदान करते हैं, उसमें संघर्ष के नए भाव का निर्माण करते हैं। स्थित ही रहते हैं, पर मनुष्य का वे सदैव आह्वान करते रहते हैं। उस आह्वान को स्वीकार करके मनुष्य जब उस पर चढ़ता है, तो मनुष्य पहाड़ी के

उच्च शिखर पर पहुँचकर विजय का एक समाधान प्राप्त करता है कि मैं विजयी हो गया, मैं जीत गया! केवल एक भाव है जो पहाड़ी के उच्च शिखर पर पहुँचकर मनुष्य को प्राप्त होता है। वास्तव में, पहाड़ तो अपनी ही जगह स्थित होता है, निश्चित स्थान पर ही स्थिर होता है, दौड़-भाग, चढ़ाई यह सब तो मनुष्य करता है। लेकिन पहाड़ शांत रहकर भी मनुष्य को समाधान व शांति प्रदान करता है। मनुष्य जीतता है यानि पहाड़ हारता है, ऐसा कुछ भी नहीं है। वह तो उस उच्च स्थिति में पहुँचा हुआ है कि हार और जीत कोई अर्थ ही नहीं रखते हैं। अर्थ लगाने का भाव केवल मनुष्य का ही होता है। इसीलिए उसे लगता है कि मैंने चढ़ाई पूरी कर ली, मैं जीत गया। मनुष्य ही अपने-आप में समाधान प्राप्त कर लेता है। ऐसा ही कुछ समाधान आज मैंने इस पहाड़ी के उच्च शिखर पर पहुँचकर अनुभव किया। पहाड़ तो बेचारा शांत ही खड़ा था और मानो कह रहा था कि तू उच्च शिखर पर पहुँचकर खुश है ना, चल खुश रह! मैं सदैव खुश ही रहता हूँ।

अब अँधेरा हो चला था। मुझे विश्राम की आवश्यकता महसूस हो रही थी। पहाड़ी के ऊपर बहुत तेज, ठंडी हवा महसूस हो रही थी। दो बड़ी चट्टानों के बीच मैंने मेरा रहने का स्थान खोज लिया और उसी स्थान पर रात गुजारने का निश्चय किया। दूसरे दिन सुबह तेज हवाओं के कारण ही मेरी नींद खुली। थोड़ी देर ध्यान किया तो बड़ा अच्छा ध्यान लगा और शायद उच्च शिखर पर पहुँचने के कारण एक ऊपरी आभामण्डल का एहसास हुआ और सुबह के उस ध्यान ने मेरे भीतर एक नई ऊर्जा का संचार किया। अब बड़ा अच्छा अनुभव हो रहा था। हालाँकि पिछले सप्ताहभर से मैं भूखा ही था, खाने के लिए उपयुक्त पत्ते नहीं मिल पाए थे, उसके अलावा इतनी पहाड़ी चढ़ना भी एक थकानभरा कार्य था, लेकिन ध्यान के बाद मुझे अच्छा लगने लग गया। जब सूरज उगा और बाद में जब मैंने देखा, तो वास्तव में वह सूर्योदय मेरे जीवन में भी एक नई आशा की किरण लेकर आया था, क्योंकि पहाड़ी के उस पार वही छोटा-सा गाँव था जिस गाँव में से मैं कई महिनों पहले उन बौद्ध भिक्षुओं के साथ गुजरा था। मेरे परिचित गाँव में मैं शायद कई महिनों के

अंतराल के बाद वापस आया था। मैंने बड़े उत्साह से उस गाँव की ओर रुख किया। इस गाँव के लोग अधिकतर खेती ही करते थे और यह गाँव आसपास के गाँवों से सड़कमार्ग से जुड़ा हुआ भी था। यह भी आदिवासियों का ही गाँव था, पर वे काफी विकसित व संपन्न थे। वे खेती करते थे, सब्जियाँ उगाते थे। काफी बड़े-बड़े उनके खेत थे जो ऊपर से बड़े सुंदर लग रहे थे। जैसे चौकड़ियों के आकारवाली कोई बड़ी चादर बिछी हो, ऐसा लग रहा था और बीचोबीच ही गाँव था; गाँव के चारों ओर खेती थी। कई घर खेतों में भी बने थे जहाँ पर कोई किसान रहता नहीं था, पर खेती का सामान आदि रखने के लिए या आवश्यकता पड़ने पर रहने के लिए प्रत्येक किसान ने ऐसा घर बनाया ही था। कुछ छोटे थे और कुछ बड़े थे। खेती का कार्य जब अधिक होता था, तब किसान अपने खेतवाले घर में ही रुकते थे। ये घर एक विशिष्ट, बारीक घास के छप्पर से बनाए गए थे। ऊपर से देखने पर गाँव का बड़ा सुंदर दृश्य दिख रहा था। मैं बड़े उत्साह से गाँव की ओर उतर रहा था। पहाड़ की ढ़लान से उतरना भी बड़ा कठिन था। फिसलने का डर था क्योंकि ऐसी कोई पगडंडी नहीं बनी थी जिससे उतरा जा सके। रास्ता ढूँढ़कर उतरना पड़ रहा था। दूसरा, कई जगह झाड़ियों को हटाकर रास्ता बनाना पड़ रहा था। आज शाम होने तक मैं गाँव में पहुँच सकूँ, ऐसा लक्ष्य रखकर ही उतर रहा था। उतरते-उतरते ही शाम होने लग गई और फिर आखिर में मैं गाँव में पहुँच गया। हम लोग सदैव जहाँ रुकते थे, उसी ओटले (चौपाल) के पास जाकर रुका। वहाँ पर ही आदिवासियों का एक प्रार्थनास्थल था। वहाँ पर तीन पत्थर रखे थे जिन्हें आदिवासी बहुत सम्मान देते थे। वे ही उनके भगवान थे। मैं वहाँ पहुँचा तो थोड़ी देर बाद गाँव में सबको ही जानकारी हो गई कि गुरुजी वापस गाँव आ गए हैं। वे सब लोग मिलने के लिए आए। मैं थका हुआ था। वह देखकर उन्होंने प्रथम पास के ही एक कमरे में मेरी रहने की व्यवस्था की। भोजन आदि करके मैं सो गया। बहुत दिनों के बाद ठीक से भोजन हो पाया था। इसी कारण से नींद अच्छी लग गई थी।

फिर दूसरे दिन उठा तो गाँव के कुछ किसान सेवा करने के लिए आए थे। उनमें ही एक तानीया नाम का किसान भी था। वह बड़ा धार्मिक था। वह और उसकी पत्नी सुंदरी दोनों ही सेवा देने के लिए आए थे। वे मेरी पहले भी सेवा कर चुके थे, इसलिए मैं उन्हें अच्छी तरह जानता था। उस गाँव के मंदिर का पुजारी भी मिलने आया था। वह भी मिलकर गया और मेरी व्यवस्था कैसी हुई है, वह देखकर गया। आदमी अच्छा था, पर बोलने में थोड़ा कड़क था। मेरी सब व्यवस्था ठीक से हो गई। फिर दूसरे दिन से ही मेरे प्रवचन का कार्यक्रम उस ओटले पर आयोजित किया गया। शाम के समय सब किसान परिवार अपने खेतों का कार्य करके, भोजन आदि करके ओटले पर एकत्र हो गए थे और पुजारी ने पहले सबको एकत्र कर सूचनाएँ दीं। फिर फूलों और पत्तों की एक टोकरी मुझे भेंट की गई। बाद में मैंने अपना प्रवचन प्रारंभ किया, "तुम सभी लोग किसान हो और सदैव प्रयत्न करते रहते हो कि अच्छी फसल हो, अच्छी पैदावार हो और फसल अच्छी किस्म की भी हो क्योंकि अच्छी किस्म की होने पर ही आपको उसके अच्छे दाम मिल सकेंगे। यानि आपके दो लक्ष्य हैं—अच्छी मात्रा में उपज हो और अच्छी किस्म की उपज हो। इन दो लक्ष्यों को पाने के लिए तुम सभी लोग प्रयत्न करते हो और प्रयत्न हो जाने के बाद में अपने देवी-देवताओं को प्रार्थना करते हो ताकि आपकी उपज अच्छी हो। पर यह सब निर्भर करता है अच्छी किस्म के बीजों पर। अगर बीज अच्छी किस्म के रहे, तो ही यह संभव है। इस अच्छी किस्म पर आप कितना ध्यान देते हो, उसे आप कितना महत्त्व देते हो, उसी पर सबकुछ निर्भर होता है। तुम कई बार अच्छी पैकिन्ग (आवरण) को देखकर बीज लाते हो, पर वे अच्छे निकलेंगे ही, इसका निश्चित नहीं है। उससे अच्छा है कि तुम तुम्हारे घर में ही तैयार किए हुए बीज चुनकर उनका उपयोग करो। वे तुम्हारी ही जमीन पर उगाए गए हैं, तुम्हारी ही जमीन पर उपयोग किए हुए हैं और तुम्हारी जमीन पर अच्छे परिणाम देते हैं। यह भी तुम्हें अनुभवों से पता लग गया है।"

"मनुष्य के प्रयत्न का क्षेत्र इतना ही है कि अच्छी किस्म का बीज हो, अच्छे रख-रखाव वाली जमीन हो और अच्छी तरह से उस

बीज की बुआई की गई हो। बस इतना ही कार्य मनुष्य के क्षेत्र में आता है और इतना ही, अपने क्षेत्र का कार्य मनुष्य ने करना चाहिए। बाकी अब रही बात बरसात की, तो वह तो परमात्मा की कृपा है। बरसे तो बरसे, नहीं बरसे तो नहीं बरसे। वह अपने हाथ में ही नहीं है। जो प्रयत्न के दायरे में नहीं आता, उसके लिए परमात्मा से प्रार्थना ही कर सकते हैं क्योंकि बरसात अपने हाथ में नहीं है, वह तो परमात्मा की असीम कृपा में ही बरसती है।"

"ठीक ऐसा ही आध्यात्मिक क्षेत्र में भी है और ऐसा ही मनुष्य की नस्ल पर भी लागू होता है। सारे आध्यात्मिक क्षेत्र में केवल साधना करना ही साधक के हाथ में होता है। पर साधना के बाद गुरुदेव कब प्रसन्न होंगे, यह कोई नहीं बता सकता है। साधक को सदैव ध्यान करके अपना चित्त शुद्ध व पवित्र बनाकर ही रखना होता है। गुरुकृपा की बरसात कब होगी, यह कोई नहीं कह सकता। होगी अवश्य, पर कब, यह कोई नहीं जानता। किसी भी क्षण हो सकती है। हमें उस कृपा को ग्रहण करने के लिए तैयार होना चाहिए। आपकी जमीन वही है, आप भी वही हैं, बरसात का पानी भी वही है, पर एक पेड़ लगाते हो, वह कड़वे नीम का उगता है और एक पेड़ लगाते हो, वह मीठे आम का उगता है। ऐसा इसलिए होता है—कड़वे नीम के वृक्ष के बीज से कड़वा नीम उगेगा और मीठे आम के वृक्ष के बीज से मीठे आम का वृक्ष उगेगा। हम बो तो रहे हैं कड़वे नीम के बीज और इच्छा कर रहे हैं कि अच्छे, मीठे आम का वृक्ष उगे! पर व्यावहारिक रूप से देखो—क्या यह कभी संभव है? यह कभी संभव ही नहीं है। ठीक ऐसा ही है—हम कल्पना तो एक ऐसे विश्व की कर रहे हैं कि शांत विश्व हो, कल्याणकारी विश्व हो, अच्छा विश्व हो, पर हम अच्छे विश्व के लिए अच्छी आत्माओं को आमंत्रित नहीं कर रहे हैं। जब तक अच्छी आत्माएँ इस धरती पर नहीं आएँगी, विश्व में शांति कभी नहीं आ सकती है। ऐसा नहीं है कि अच्छी आत्माएँ ही नहीं हैं। ऐसी अच्छी आत्माएँ हैं, पुण्यात्माएँ हैं, पर उन्हें कोई आमंत्रित ही नहीं करता है और आमंत्रित इसलिए नहीं करता क्योंकि कोई इंसान अपनी नस्ल सुधारना ही नहीं चाहता है। आप बैल खरीदते हो तो भी अच्छी जाति का खरीदते हो। बैल के खानदान का पता

लगाते हो। उसके नस्ल की संपूर्ण जानकारी लेकर उसे खरीदते हो। यानि आप जागृत नहीं हो, ऐसा नहीं है, पर वह जागृति आपके भौतिक स्तर पर है—अच्छी किस्म का, अच्छी नस्ल का बैल आएगा तो खेती में अधिक मदद करेगा और अधिक मदद करेगा तो अधिक धन प्राप्त होगा। पर ऐसी ही जागरूकता अपनी संतान के प्रति क्यों नहीं रखते हो? क्यों किसी भी आत्मा को अपनी संतान के रूप में इस धरती पर आने देते हो? तुम्हारी इच्छा भी नहीं होती और तुमने आपस में केवल समागम कर लिया, इसलिए संतान आ गई। यानि वह संतान बिन बुलाए मेहमान की तरह आ रही है जो अच्छे स्तर की नहीं है, तो विश्व अच्छे स्तर का कैसे हो सकता है? अच्छे, उच्च स्तर के विश्व के लिए अच्छे स्तर की आत्माओं का इस धरती पर आना आवश्यक है। माँ-बाप का समागम हो गया, इसलिए संतान हो गई, ऐसा नहीं होना चाहिए। अच्छी संतान की प्राप्ति के पवित्र उद्देश से ही समागम होना चाहिए। यानि पुण्यात्मा प्रथम, समागम बाद में रहे। समागम तो माध्यम है एक पुण्यात्मा के जन्म लेने के लिए। पर पुण्यात्मा के जन्म के लिए माँ-बाप पुण्यवान होने चाहिए। पुण्यवान माँ-बाप के बिना पुण्यात्माओं को आमंत्रित किया ही नहीं जा सकता है। इसके लिए ध्यान करो, योग करो और अपने-आपको एक शुद्ध, पवित्र आत्मा बनाओ। तो ही यह कार्य घटित हो सकता है। हमने अच्छी आत्माओं का मार्ग बंद करके रखा हुआ है और इच्छा कर रहे हैं कि पुण्यात्माएँ इस धरती पर अवतरित हों और विश्व का कल्याण हो, विश्व में शांति आए! यह केवल दिवा-स्वप्न है जो कभी भी पूर्ण नहीं हो सकता है।”

मेरा यह विषय उनके लिए अलग था। कुछ लोगों को थोड़ा-सा समझ में आया, कुछ लोगों को लगा कि उनकी समझ से ही परे है। पर इस विषय को जानने की लोगों की उत्कंठा बढ़ गई और फिर मुझे दूसरे दिन भी वहीं आमंत्रित किया गया। मैंने उन्हें बताया, “मुझे यहाँ प्रवचन करने में कोई समस्या नहीं है। केवल मुझे रहने के लिए कोई एकांत का स्थान दे दें ताकि मेरा सुबह ठीक से ध्यान हो सके।” दूसरे दिन ही तानीया ने सुंदरी के साथ आकर मुझे उसके खेतवाले घर पर आमंत्रित किया। उसने कहा, “हम लोग गाँव में माँ के साथ

रहते हैं। वह खेतवाला घर खाली ही रहता है। आपकी सारी व्यवस्था हमने उस घर में कर दी है।” ऐसा कहकर वे बड़े आग्रह के साथ मुझे अपने खेत में ले गए। खेत में घुसने पर बाईं ओर मुड़ना पड़ता था, फिर बीचोबीच ही मकान था। मकान दस फीट ऊँची बल्लियों पर खड़ा था। नीचे गाय-बैल बाँधने की, चारा रखने की व्यवस्था थी। ऊपर बीचोबीच एक बड़ा कमरा था जिसमें आग जलाकर सारे घर को गरम रखा जाता था। ऊपर तीन कमरे थे—दो सोने के लिए थे और एक रसोई के लिए था और दो बरामदे (बाल्कनी) भी थे। बड़ा सुंदर, बाँस का ही बना हुआ घर था। घर के ऊपर छत बारीक घास से बुनी हुई थी। उस घर में बैठकर सारे खेत पर ध्यान रखा जा सकता था। मैं फिर वहीं रहने लग गया। रोज शाम के समय उस प्रार्थनास्थली के पास के ओटले पर मेरा प्रवचन होता था। रोज शाम के समय प्रवचन देना, ऐसा एक नियम बन गया।

एक दिन मैंने फिर से प्रवचन की शुरुआत की और कहा, “आपको लग रहा होगा कि गुरुजी ध्यान की बातें करते-करते यह नया विषय लेकर क्यों आए हैं? यह विषय मैं इस बार इसलिए रख रहा हूँ क्योंकि मुझे परमात्मा की कृपा में जो भी ज्ञान मिलता है, वह मैं यह समझकर ग्रहण करता हूँ कि यह परमात्मा का प्रसाद है और यह मुझे बाँटने के लिए ही दिया है। मुझे इस बार की अपनी जंगल की यात्रा में साधना के दौरान इसी विषय का ज्ञान प्राप्त हुआ। मुझे इस बार कैवल्य कुंभक योगियों के दर्शन का सौभाग्य मिला और उनकी सेवा का अवसर प्राप्त हुआ। मैं तो उन्हें छोड़कर आना ही नहीं चाहता था, पर उन्होंने उनका कार्य करने के लिए मुझे जाने का आदेश दिया। उन्होंने अपना कार्य बताते हुए मुझसे कहा, “समाज में जाओ, अच्छे माँ और बाप का निर्माण करो ताकि उनकी पवित्र इच्छा से हमारे गुरु इस धरती पर अवतरित हो सकें और हम हमारा बाकी जीवन अपने गुरुओं की सेवा करके निकाल सकें। हमारे गुरुओं ने ध्यान-साधना करके शांति प्राप्त की है, समाधान प्राप्त किया है। वे ही सभी अष्टसिद्धियाँ समाज में बाँटना चाहते हैं और वह कार्य जब तक नहीं होता, तब तक उन्हें भी मोक्ष-प्राप्ति नहीं होगी। यह हमारे गुरुओं का उनके प्रति ऋण है। यह उतारे बिना मोक्ष संभव नहीं है।

इसलिए वे इस धरती पर अवतरित होना चाहते हैं, पर उन्हें अच्छे माँ-बाप नहीं मिल रहे हैं, जो उन्हें आमंत्रित कर सकें। इसीलिए अच्छे माँ-बाप का निर्माण करने का कार्य उन्होंने हमें सौंपा है और इसी कार्य के लिए मैंने अपना जीवन समर्पित कर दिया है। यह तो केवल जानकारी है जो मुझे प्राप्त हुई, तभी मैंने आपको दी है। इसके पहले मैं कभी भी इस विषय पर बोला नहीं था, क्योंकि यह ज्ञान मुझे प्राप्त ही नहीं था।" लोग मंत्रमुग्ध होकर सुनते रहते। कई सो जाते थे, कुछ लोगों को कुछ भी नहीं समझ में आता था, फिर भी उन्हें वह सुनना बहुत अच्छा लगता था और इसीलिए वे आते ही थे।

अगले दिन मैंने प्रवचन किया, "यह सच भी लगता है। एक ही घर, एक ही माँ-बाप, एक ही घर के संस्कार होने पर भी एक लड़का सुपूत और एक लड़का कुपूत निकलता है। उसका यही एक कारण है; माँ-बाप के समागम का एक क्षण ही, बच्चा कैसा पैदा होगा, इसका निर्णय करता है। इसी कारण से हमारे पूर्वजों ने इस क्षण को बहुत अधिक महत्त्व दिया था। इस क्षण का संबंध केवल शारीरिक स्तर पर नहीं है, वैश्विक स्तर पर है। एक क्षण से एक छोटा विश्व आप निर्माण करने जा रहे हैं। इसीलिए इसे एक महान संस्कार माना गया था। इसे 'गर्भाधान संस्कार' कहते थे। आज हम इसके महत्त्व को भूल गए हैं और कम ऊर्जाशक्ति वाले, अतिथि बच्चे जन्म ले रहे हैं और मनुष्य की नस्ल खराब होती जा रही है। ऐसी स्थिति होते हुए हम दूसरी ओर अपेक्षा भी कर रहे हैं कि विश्व का स्तर बहुत अच्छा हो, विश्व कल्याणकारी हो। यह तो कभी भी संभव ही नहीं है। अगर ब्रह्माण्ड में सुधार चाहते हो, तो पिण्ड में सुधार करो। जो पिण्ड में है, वही विशाल स्वरूप में ब्रह्मांड में है। पिण्ड में सुधार किए बिना ब्रह्मांड में सुधार हो ही नहीं सकता है। उस एक क्षण पर माँ और बाप की शारीरिक स्थिति कैसी थी, मानसिक स्थिति कैसी थी, आध्यात्मिक स्थिति कैसी थी, उस पर उस आनेवाले बच्चे का सारा भविष्य निर्भर करता है। समागम किस स्थान पर हुआ, किस समय हुआ, यह भी महत्त्वपूर्ण है। इन सब छोटी-छोटी बातों का उस पिण्ड पर असर पड़ता है। यानि बीज किस नस्ल का है, उसी पर भविष्य में पेड़ कैसा होगा, यह निर्भर करता है। यह ठीक वैसे ही

है। बाद में बीज बदला नहीं जा सकता है। हाँ, माँ बीज को अपने गर्भ में रखकर उसे अपने संस्कार और विचार प्रदान करती है। वह माँ बच्चे को विकसित कर सकती है, पर बदल नहीं सकती है। माँ बीज को खाद व पानी देने का काम करती है।"

"यह क्षण माँ और पिता दोनों के सामूहिक प्रयास में संपन्न होना चाहिए। इसमें दोनों का समान रूप से सहकार्य होना चाहिए। इसलिए इस क्रिया को संभोग, सहवास, समागम आदि शब्दों से संबोधित किया जाता है। दोनों को समान रूप से भाग लेना है और इसका महत्त्व समान रूप से होने में ही है। ये सब बातें मैं इसीलिए कर रहा हूँ, क्योंकि मेरी शुद्ध इच्छा है कि मेरे गुरुओं के गुरु इस धरती पर अवतरित हों और मानव की नस्ल में सुधार हो और विश्व का कल्याण हो। विश्व के कल्याण का यह मेरा अपना तरीका है और इसे मैं, मेरे गुरु का कार्य है, ऐसा समझकर कर रहा हूँ और अपना सारा जीवन ही इस कार्य के लिए मैंने समर्पित किया है। अब जीवन में और कोई भी इच्छा नहीं है। आपको भी कोई प्रश्न हो, आपको भी कोई समस्या हो तो आप मुझसे व्यक्तिगत रूप से मिलकर भी समाधान प्राप्त कर सकते हैं। मैं अगर इस कार्य में किसी भी काम आ सका, तो मुझे प्रसन्नता होगी। नमस्कार!" ऐसा कहकर मैंने अपना प्रवचन समाप्त किया। अब धीरे-धीरे वहाँ बैठी महिलाओं में भी कानाफूसी होने लग गई, क्योंकि उन्हें भी इस संस्कार के बारे में सुनी-सुनाई कुछ बातें याद आने लग गई थीं, पर इतनी स्पष्टता से इस संस्कार को किसी ने महत्त्व नहीं दिया था।

सुबह-सुबह जब मैं तानीया के खेत वाले घर में उठता था, तो वहाँ पर एकदम प्रसन्न वातावरण रहता था, बड़ी शांति का वातावरण रहता था। विशेष रूप से वहाँ जब सूर्योदय होता था, तब सूर्य की सुनहरी, हल्की-हल्की किरणें और किरणों के पहले आकाश में छाई लाल छटा....मानो आकाश ही शरमा रहा हो और उसकी शर्म की लाली उसके गालों पर ही छा गई हो! उसी समय पक्षियों की चहचहाहट...वे, कहाँ जाना चाहिए, इसी के लिए बहस करते रहते थे और आवाजें करते थे। सुबह का दृश्य तो बहुत ही सुंदर होता

था। ऐसा लगा कि ऐसे दृश्यों को अपने हृदय में संजोकर रख लेना चाहिए क्योंकि ये बार-बार तो दिखेंगे नहीं।

रोज, थोड़ी देर के बाद तानीया और उसकी पत्नी सुंदरी, दोनों, मजदूरों के साथ खेत पर आते थे और मेरे लिए भोजन लेकर आते थे, फल लेकर आते थे। कुछ समय मेरे पास अवश्य बैठते थे। तानीया अच्छा हट्टा-कट्टा नवयुवक था। वह दिखने में भी एक आकर्षक व्यक्ति था। स्वभाव से बड़ा कोमल था। अपने से किसी को कोई तकलीफ न हो, यह सदैव ध्यान रखता था। सदैव सेवा के लिए तत्पर रहता था। अपनी पत्नी सुंदरी का बड़ा खयाल रखता था। सदैव सिर पर एक कपड़ा बाँधे रहता था और उसी कपड़े को वह हाथ पोंछने के लिए भी इस्तेमाल करता था। उसने बड़ी-बड़ी व सुंदर मूँछे बढ़ा रखी थी। बड़ा परिश्रमी था। अपनी माँ की भी खूब सेवा करता था। पर कभी-कभी शून्य में देखने लग जाता था। कहीं तो आत्मग्लानि का भी भाव था। वह जब मेरे अधिक पास आता था तो उसके आभामण्डल से यह बात विशेष रूप से पता चलती थी। उसकी पत्नी का नाम सुंदरी था। नाम के अनुसार ही वह वास्तव में बड़ी सुंदर थी। सदैव प्रसन्न रहती थी, हँसती ही रहती थी। खिलखिलाकर हँसना उसकी आदत थी। पर वह जब मेरे पास आने लग गई, तो उसके आभामण्डल से पता चला कि जब वह खिलखिलाकर हँसती है, तो वह किसी दुःख को छुपाने के लिए होता है। वह दुःख सामनेवाला न जान पाए, इसीलिए वह खिलखिलाकर हँसने का आवरण अपने ऊपर ओढ़ लेती है। वह भी अपने पति से बहुत प्रेम करती थी। दोनों ही जवान थे, बड़ी अच्छी जोड़ी थी।

गाँव के लोग प्रायः उनके माध्यम से ही अपने प्रश्न मेरे पास लेकर आते थे और उन प्रश्नों से मुझे समझ में आ रहा था कि लोगों को मेरा विषय समझ में आ रहा था और पट भी रहा था, क्योंकि उन्होंने भी समाज में, गाँव में देखा था कि कई परिवार ऐसे हैं जिनका एक पुत्र तो बड़ा बुद्धिमान है और एक पुत्र एकदम मूर्ख है, एक लड़का सुपूत है तो एक लड़का कुपूत है। यह सब देखकर उन्हें यह लगने लग गया था कि इस गर्भाधान संस्कार का महत्त्व जाने बिना हमने जो सहवास किया, वह हमारे जीवन की बड़ी भूल

थी। वे अपनी गलती को मान रहे थे, जाग रहे थे, सचेत हो रहे थे। मैं उन्हें कहता था—जो हो गया सो हो गया, पर अब तो जागो।

मेरा तानीया और सुंदरी के साथ बड़ा निकट का संबंध स्थापित हो गया था। उन्हें भी लोगों का कार्य करके बड़ा आनंद मिलता था। वे कभी-कभी लोगों के प्रश्नों के साथ अपनी भी जिज्ञासा जोड़ देते थे। वह मुझे उनके आभामण्डल से ज्ञात होता था। जब वे अपनी जिज्ञासा या अपना प्रश्न पूछते, तब उनका सारा आभामण्डल ही प्रभावित हो जाता था और मैं समझ जाता था कि ये जाने-अनजाने में अपनी ही जिज्ञासा व्यक्त कर रहे हैं। जब वे किसी का प्रश्न पूछते, तो जब मैं उत्तर देता था तो एक बड़ी अच्छी आध्यात्मिक स्थिति में जाकर देता था। कई बार तो वे उत्तर सुनकर ही सो जाते थे। वे मुझसे डरते भी थे और मुझ पर अपार श्रद्धा भी रखते थे। काफी बड़ी खेती थी जो उनके साथ के मजदूर संभालते थे, ये दोनों तो मेरी ही सेवा अधिक करते थे। बीच में, दोपहर के समय खेतों में भी जाकर आते थे। शाम के समय मैं रोज प्रवचन करने जाता था। करीब सप्ताह भर हो गया था।

आसपास सब पहाड़ियाँ ही पहाड़ियाँ थीं। इसके कारण आसपास भी बड़ा सुंदर दृश्य था। रोज की तरह तानीया और उसकी पत्नी सुंदरी मेरे लिए भोजन लेकर आए। अब गाँववालों के प्रश्न भी बहुत हो गए थे। दोनों मेरी खूब सेवा करते थे। मेरी छोटी-से-छोटी बातों का भी वे बहुत ध्यान रखते थे। सुंदरी जब साफ-सफाई करती थी तो उसकी एक विशेषता थी कि वह कोई भी वस्तु अपने स्थान से हटाती नहीं थी। वह इसलिए कि मेरे द्वारा रखी हुई वस्तु मुझे उसी स्थान पर मिले। कपड़े धोना, बर्तन माँजना, बिस्तर लगाना, घर की साफ-सफाई करना, ये उन दोनों के रोज के काम थे। वे दोनों रोज, जब भी आते थे, तो दोनों फूलों की एक टोकरी लेकर आते थे। उस टोकरी में चारों ओर पत्ते होते थे और बीचो-बीच में फूल होते थे। वे टोकरी मेरे सामने रखकर नमस्कार करते थे। सुंदरी का नमस्कार करने का तरीका बड़ा ही कलात्मक था। वह पैर मोड़कर सामने बैठती और दोनों हाथ ऊपर करके जोड़ती और पीछे ले जाकर फिर हाथ लंबे करके अपने सिर को जमीन पर टिकाती थी।

उसकी संपूर्ण कमर झुक जाती थी। अपने समूचे शरीर को वह आगे की ओर ढकेल देती थी। उसके नमस्कार का तरीका मुझे अनोखा लगता था। मैंने एक दिन पूछा, "सुंदरी, तूने क्या योगासन वगैरह सीखे हैं? कमर में यह लचक योगासन से ही संभव है।" उसने बड़ी मासूमियत से पूछा, "ये योगासन क्या होते हैं?" मैंने उसे बताया, "अपने शरीर को तंदुरुस्त रखने के लिए और अपने शरीर की लोच और संवेदनशीलता बनाए रखने के लिए योगासन किए जाते हैं। योगासन के बाद अंतिम स्तर पर ध्यान और समाधि ही हैं।"

सुंदरी ने बताया, "मेरी माँ भी अपने गुरुदेव को ऐसा नमस्कार करती थी तो मैं भी बचपन से ऐसा ही नमस्कार करना सीख गई। माँ को देखकर सीखा। माँ अभी भी ऐसा ही नमस्कार करती है।" तब मुझे लगा कि बच्चे अपनी माँ से ही सदैव प्रेरणा लेते रहते हैं। माँ ही पहली गुरु होती है, जो कहते हैं, वह सही ही है। माँ ही पहली गुरु है। फिर जब वे जाने ही वाले थे, तब मैंने उनसे कहा कि मुझे यहाँ आए हुए काफी दिन हो गए हैं और अब मैं यहाँ से 2-3 दिनों बाद प्रस्थान करना चाहता हूँ। मैंने जैसे ही यह कहा, तो वे दोनों एकदम बैठ ही गए और रोने लग गए। वे बोले, "आप हमें छोड़कर कहीं मत जाओ।" मैंने उन्हें समझाया, "मैं मेरे गुरुकार्य के साथ बँधा हूँ। मुझे समाज में जाना है। जैसे यह जानकारी आपको प्राप्त हुई, वैसे ही सारे समाज को भी प्राप्त होनी चाहिए। तुम मुझे मत पकड़ो, मेरे कार्य को पकड़ो। मैं सदैव तुम्हारे साथ ही हूँ।" दोनों को समझा-बुझाकर भेज दिया।

दूसरे दिन सबेरे फिर वे दोनों आए। उन्होंने मजदूरों को तो खेत में जाने दिया और बाद में घर की साफ-सफाई में लग गए। सब साफ-सफाई होने के बाद दोनों मेरे सामने बैठ गए। आज वे सामान्य नहीं लग रहे थे, गंभीर लग रहे थे। मुझे लगा कि शायद कल मैंने जाने की बात की, इसलिए गंभीर हो गए हैं। मैं उन्हें सामान्य करने का प्रयत्न करता रहा, पर वे नहीं हुए। दोनों ने मुझे नमस्कार किया। मैंने कहा, "नमस्कार तो सुबह हो गया।" वे बोले, "नहीं, यह नमस्कार हम इसके लिए कर रहे हैं कि जिस भाव को रखकर हम यह अपनी समस्या आपके सम्मुख रख रहे हैं, उसे रखने

का साहस हमें मिल सके। गुरुजी, आज हम अपनी ही समस्या लेकर आपके पास आए हैं। गुरुजी, आप ही हमारे परमेश्वर हैं, आप ही हमारे सबकुछ हैं। जो समस्या आपके सामने रख रहे हैं, वह आप ही दूर कर सकते हैं। हमारे मन में जो भी आता है, वह हम आपके सम्मुख रख देते हैं। अच्छा आए तो भी रख देते हैं, बुरा आए तो भी रख देते हैं।" मैंने उनसे कहा, "मैंने तुम्हें तुम्हारी अच्छाइयों और बुराइयों के साथ अपनाया है। तो जो कहना है, वह निःसंकोच कहो। मुझे बताने के लिए भूमिका की आवश्यकता नहीं है। मुझे तुम्हारी समस्या दूर करने में प्रसन्नता होगी। मैं जीवन में अगर तुम्हारे कुछ काम आ सकूँ, तो मैं स्वयं को धन्य मानूँगा।" तानीया ने बताना शुरू किया, "स्वामीजी, हम बाहर से प्रसन्न रहते हैं, पर वह हमारा नाटक है। हम भीतर से दुःखी हैं। वह दुःख हम बाँटना नहीं चाहते और यह भी नहीं चाहते कि कोई यह जाने कि हम दुःखी हैं। इसलिए हम प्रसन्नता का नाटक करते रहते हैं और समाज को हम दिखाते रहते हैं कि हम बहुत खुश हैं। पर वास्तव में हम बहुत दुःखी हैं।" मैंने बड़े शांत भाव से कहा, "मैं जानता हूँ। मुझे चक्रों का, आभामण्डल का ज्ञान है। उसी से यह बात मैं पहले दिन ही जान गया था। पर तुम लोग मेरे सामने अपने दुःख को छुपाने का नाटक कर रहे थे, तो मैं भी अनजान बनने का नाटक कर रहा था। गुरु की स्थिति सूर्य के समान होती है। वह घर के ऊपर धूप कर सकता है, पर घर में नहीं घुस सकता है। वह घर में तभी घुसेगा, जब घर का मालिक अपना द्वार खोलेगा। ठीक इसी प्रकार से, जब तक तुम अपनी समस्या दूर करने के लिए मेरे सामने अपना हृदय नहीं खोलते थे, मैं भी कुछ नहीं कर सकता था। पर हाँ, मैं यह सब जानता हूँ। तुम्हारी समस्या भी जानता हूँ। तुम्हें संतान नहीं है, यही समस्या है न? मैं सब जानता हूँ।" वे दोनों रो पड़े और बोले, "गुरुदेव, आप तो सब जानते ही हैं।" तानीया ने कहना प्रारंभ किया, "मेरी शादी बचपन में ही हो गई थी। मेरी शादी को दस साल हो गए हैं। पोते का मुँह देखने की इच्छा मन में रखे ही मेरे पिता का स्वर्गवास हो गया। अब माँ है। वह भी सब जानती है; खोट मेरे में ही है, मैं ही संपूर्ण पुरुष नहीं हूँ। सब दवाइयाँ हो गईं, फिर भी कुछ नहीं हुआ। मेरे में ही दोष है,

यह जानते हुए भी मेरी माँ मेरी पत्नी को ही बाँझ कहकर दोष देती रहती है। जब मुझे बहुत पीड़ा होती है, मेरी पत्नी कहती है, 'वह माँ है, वह थोड़ी ही समाज में अपने लड़के को नीचा दिखाएगी। वह मुझे बाँझ कहती है, तो आप दोष से बच जाते हो। समाज आपको दोषपूर्ण नजर से देखे, वह मुझे भी मंजूर नहीं है। मुझे दोषपूर्ण नजर से देखे तो चलेगा।' ऐसी विचित्र समस्या से मैं घिरा हूँ। अगर मेरा दोष मुझे पहले पता चलता, तो मैं शादी ही नहीं करता। पर मेरी शादी तो बचपन में ही हो गई थी। मैं सुंदरी से बहुत प्यार करता हूँ। उसके लिए मैं कुछ भी कर सकता हूँ। अब आप ही हमारी आशा की एकमात्र किरण हैं।" ऐसा कहकर उसने मेरे पैर पकड़ लिए।

मैंने उसे उठाया और उसके आँसू पोंछ और कहा, "यह पुरुषत्व का मामला बड़ा नाजुक मामला होता है। इतनी जल्दी निराश होने की आवश्यकता नहीं है। कभी-कभी देर-सबेर हो जाती है। तुम इतनी चिंता मत करो, सब ठीक हो जाएगा। नियमित ध्यान-साधना करो, सब संतुलित हो जाएगा। अब इतने प्रवचन तो सुने, तुम भी एक पुण्यात्मा को जन्म दोगे, तुम्हारे घर में भी एक पुण्यात्मा जन्म लेगा।" वे दोनों प्रसन्न हो गए। तानिया कहने लगा, "गुरुदेव, हम यही चाहते हैं। आपके प्रवचनों से हमारी भी इच्छा हुई कि हमारे घर में भी एक पुण्यात्मा जन्म ले। ऐसा होने ही वाला होगा, इसीलिए आज तक हमें संतान नहीं हुई है। गुरुदेव, आप मेरी पत्नी को आशीर्वाद दीजिए ताकि हमारी समस्या दूर हो सके।" सुंदरी ने भी मेरे पैर पकड़ लिए। मैंने उसके सिर पर हाथ रखा और उसे शांत किया। तानीया ने कहा, "गुरुदेव, आप मेरी पत्नी को स्वीकार कीजिए।" मैंने कहा, "मैंने तुम दोनों को ही स्वीकार किया है। तुम जैसे हो, वैसे ही मेरे हो। बस! और क्या कहूँ?" तानीया ने हाथ जोड़कर कहा, "मेरी पत्नी को शरीर से स्वीकार कीजिए। आप मेरी पत्नी से शारीरिक संबंध बनाकर उसको स्वीकार करने की कृपा करें। मैं जानता हूँ, आप पवित्र हैं, निर्मल हैं। आपके मन में कोई वासना या विकार नहीं और न ही सुंदरी के मन में कोई काम का विचार है। सुंदरी आपके प्रसाद को पाकर धन्य हो जाएगी। हम ये सब भावना में आकर नहीं कह रहे हैं। हम दोनों ने इस संबंध में संपूर्ण विचार किया है। हमारे समाज में यह प्रथा है कि

अगर कोई पुरुष मेरे जैसा हो, तो वह अपनी पत्नी को अपने गाँव के किसी पवित्र पुजारी से गर्भवती करवाता है। गाँव का पुजारी वीर्यदान करता है और उस स्त्री को संतान की प्राप्ति हो जाती है। ऐसी प्रथा हमारे यहाँ सालों से चल रही है। इसलिए, कौन पुरुष नपुंसक है, यह किसी को भी पता ही नहीं चलता है। बड़े-बड़े जमींदार भी इस तरीके से संतान-प्राप्ति कर लेते हैं। इससे दो फायदे रहते हैं—एक ओर निःसंतान को संतान प्राप्त हो जाती है और दूसरी ओर पुरुष का दोष भी छुपा रहता है। यह मेरा भी विचार था और यह विचार मैंने जब सुंदरी को बताया तो वह उसके लिए राजी नहीं हुई। सुंदरी ने कहा, 'मुझे परमात्मा की इच्छा से हटकर कुछ नहीं चाहिए। अगर मेरे जीवन में संतान-सुख नहीं है, तो नहीं सही, पर मैं अलग तरीका नहीं अपनाऊँगी।' सुंदरी ने ही विरोध किया था, पर आपके प्रवचन से हमारे में फिर वह इच्छा जागृत हुई और हमें भी लगा कि हमारे घर में किसी परमात्मा का जन्म होना चाहिए।"

मैं शांत होकर सब सुन रहा था क्योंकि जब तक तानीया के मन का कचरा निकल नहीं जाता था, मेरा बोलना व्यर्थ था। फिर तानीया ने आगे कहना प्रारंभ किया, "गुरुदेव, आपके प्रसाद को सुंदरी ग्रहण करने के लिए तैयार है।" सुंदरी भी बोली, "गुरुदेव, मैंने मेरा संपूर्ण समर्पण आपको किया है। मेरा मन, मेरा तन, सब आपको ही समर्पित है। अगर मेरा आग्रह स्वीकार करेंगे, तो मेरा तो जन्म सफल हो जाएगा! मैं अपने-आपको धन्य समझूँगी। आप तो साक्षात परमात्मा हैं। शरीर भी परमात्मा ने ही दिया है, वह उसी को समर्पित किया, तो क्या हुआ? तेरा तुझको अर्पण है।" तानीया ने कहा, "आप यहाँ कुछ दिन और रहें। यह एकदम सुनसान जगह है। मेरी खेती का भी काम पूरा होने को है। यहाँ अब मजदूर भी नहीं आएँगे। यहाँ पर रोज मैं सुंदरी को लेकर आते रहूँगा। मैं उसे आपको सौंपकर बाहर आपके प्रसाद की प्रतीक्षा करूँगा। किसी को भी पता नहीं चलेगा, कोई भी नहीं देखेगा। आपकी कृपा में हमें भी प्रसाद मिल जाएगा और मेरी माँ भी अपने पोते का मुख देखकर धन्य हो जाएगी। आपकी कृपा में वह भी प्रसन्न हो जाएगी। इस निर्णय से हम सब सुखी हो जाएँगे। मेरे पास जीवन में सबकुछ आपका ही

दिया हुआ है। बस यह दान दे दीजिए, मैं आपके पैर पकड़ता हूँ। आप तो साक्षात् परमात्मा हैं। आपके माध्यम से पुण्यात्मा ही जन्म लेगा। आप मुझ पर ही नहीं, इस सारे प्रदेश पर कृपा कर रहे हैं। उस पुण्यात्मा को पाकर हमारा सारा प्रदेश ही धन्य हो जाएगा। यह एक पवित्र कार्य है। यह पवित्र कार्य आपके सान्निध्य में घटित हो, इससे बड़े सौभाग्य की बात क्या होगी? आप कृपा कीजिए और मेरी पत्नी को आपकी सेवा का अवसर दीजिए।"

मैंने दोनों को शांत करने के लिए कहना प्रारंभ किया, "यह (गुरु-शिष्य संबंध) एक पवित्र संबंध है। उस संबंध की पवित्रता बनाए रखना आवश्यक है। मैं एक विवाहित पुरुष हूँ। मेरी भी पत्नी है। मैं भी मेरी पत्नी से बहुत प्रेम करता हूँ। मैं अपनी पत्नी का स्थान किसी भी स्त्री को नहीं दे सकता क्योंकि बाकी सब स्त्रियाँ मेरे लिए माँ के समान हैं। मेरी इस ध्यान-साधना के पीछे मेरी पत्नी की तपस्या और विश्वास है। उसने मुझे संपूर्ण विश्वास के साथ जंगल में भेजा है। मैं उसके विश्वास को नहीं तोड़ सकता। वही मेरी शक्ति है। तुम्हारी पत्नी सुंदर है, सुशील है, पर मेरे लिए माँ के समान है। वह मेरी माँ है। तो भला एक पुत्र अपनी माँ से सहवास कैसे कर सकता है? और वह सहवास पवित्र कैसे हो सकता है? और जब संबंध अपवित्र हो, तो पुण्यात्मा कैसे जन्म ले सकती है? ऐसे विचार करना भी पाप है। मैं केवल शरीर से ही पवित्र नहीं हूँ, विचारों से भी पवित्र हूँ। मुझे ऐसे बुरे विचार भी कभी नहीं आते हैं। सब स्त्रियों में मैं सदैव कुण्डलिनी माँ के दर्शन करता हूँ। तुझे पुत्र चाहिए तो मैं मेरा पुत्र भी तुझे दे सकता हूँ, पर जब तुम संपूर्ण समर्पित होकर अपनी समस्या मेरे सामने रख रहे थे, तब मैंने समस्या का कारण जानने का प्रयास किया और अनायास ही तुम्हारे पूर्वजन्म के बारे में जानकारी प्राप्त हुई। तुम यह सब सुख पूर्वजन्म में भोग चुके हो। अब यह तुम्हारा आखिरी जन्म है। इस जन्म में मोह-माया के कोई बंधन न हों, इसीलिए तुम्हें परमात्मा ने मुक्त रखा है और इसीलिए तुम्हें कोई संतान नहीं हुई है।"

"परमात्मा का भी अपना स्वयं का एक चक्र है और उसी के तहत ही आत्मा की उत्क्रांति होती रहती है। तुम दोनों आत्माओं ने

अब केवल मोक्ष पाने के लिए ही जन्म लिया है। और उसे ही प्राप्त करने का प्रयास करो। गुरु और शिष्य का संबंध आत्मिक संबंध है। यह संबंध सभी शारीरिक संबंधों से बड़ा है, क्योंकि यह तो आत्मा और परमात्मा का संबंध है, विश्व का सबसे बड़ा संबंध है। इसे शारीरिक स्तर पर लाकर छोटा मत करो। शिष्य आत्मा है, गुरु परमात्मा है। शिष्य भटक सकता है, गलत सोच सकता है, पर गुरु गलत नहीं सोच सकता है। अगर कहीं, कोई भी ऐसा गुरु और शिष्य का संबंध शारीरिक रूप से किया जाता है, तो वह पुजारी या वह तथाकथित गुरु ही अधिक दोषी होगा, क्योंकि शिष्य तो अनजाने में गलती कर रहा है, पर गुरु तो जानकर गलती कर रहा है। इसमें सबसे अधिक दोषी वह तथाकथित गुरु या पुजारी ही होगा जो अपने-आपको शारीरिक स्तर पर ही गुरु समझ रहा है। गुरु पवित्रता की मूर्तिमत (सशरीर, साक्षात) प्रतिमा है। ऐसा कार्य तो छोड़ो, वह ऐसा विचार भी नहीं कर सकता है। इसलिए 'गुरु साक्षात परब्रह्म' कहा गया है। इस धरती पर अगर परमात्मा कहीं साक्षात स्वरूप में है, तो वह गुरु के ही रूप में है। हमें गुरु को केवल परमात्मा के रूप में ही समझना चाहिए। अगर हमें एक शरीर में परमात्मा देखना आ गया, तो हमें प्रत्येक मनुष्य के भीतर के परमात्मा को देखना आ जाएगा।"

"मैंने तुमसे कहा है, तो मैं तुम्हें अपना पुत्र दे सकता हूँ, पर यह भी परमात्मा के चक्र के विरोध में ही होगा। एक ओर तुम उसकी माया-मोह में आ जाओगे और दूसरी ओर उस आत्मा ने एक निश्चित उद्देश लेकर जन्म लिया है, उसे जो आवश्यक वातावरण मेरे घर में मिल सकता है, वह भी उससे वंचित रह जाएगी। तो उसका भी नुकसान है, तुम्हारा भी नुकसान है। परमात्मा की जो व्यवस्था है, हमें उसका पूरा सम्मान करना चाहिए। जो हमारे लिए उपयुक्त है, वही हमारे जीवन में होगा।"

दोनों बड़ी गंभीरता से मेरी बातें सुन रहे थे। फिर अचानक मैंने सुंदरी को नमस्कार किया और कहा, "हे माँ कुंडलिनी, तू तेरा यह कौन-सा रूप दिखा रही है? मैं तेरा साधक हूँ, मैं तेरा सेवक हूँ, तेरा दास हूँ। मुझे तेरे चरणों में ही रहने दे।" जैसे ही मैंने 'माँ'

कहकर संबोधित किया, सुंदरी के भीतर भड़क रही वासना की आग पर मानो ठंडे पानी की बरसात हो गई। उसकी काम-वासना संपूर्ण ही समाप्त हो गई। उसमें वह बदलाव देख मैंने महसूस किया कि इस जगत में स्त्री का सबसे पवित्र स्वरूप माँ का होता है। इससे पवित्र कोई रिश्ता ही नहीं है। 'माँ' शब्द में पवित्रता भरी हुई है। इस संबोधन से बड़ा और कोई संबोधन नहीं है। "यह तानीया तुझसे बहुत प्रेम करता है। यह अपने प्रेम की खातिर अपने अधिकारों की भी बलि देकर तुझे खुश रखना चाहता है। यह तो पागल है तेरे प्रेम में, पर तू तो बड़ी समझदार है। तू क्यों उसकी बातों में आ गई? याद कर तू अपना पिछला जन्म! तब तू इसकी ही बेटी थी और इसे प्रेरणा देकर ही तूने इसके माध्यम से कार्य किया था। तू इसकी शक्ति थी। आध्यात्मिक क्षेत्र में कर्ता पुरुषस्वरूप में साधारणतः होता है और शक्ति स्त्री स्वरूप में होती है, क्योंकि शक्ति स्वयं कार्य नहीं कर सकती, उसे माध्यम चाहिए। वास्तव में, आध्यात्मिक साधना भी क्या है? कर्ता से अकर्ता तक की यात्रा है, कर्ता से शक्ति तक की यात्रा है। यह यात्रा पूर्ण हो जाने पर कर्ता शक्ति में समाहित हो जाता है और फिर उसे दूसरे माध्यम की आवश्यकता पड़ती है अपना कार्य आगे बढ़ाने के लिए। कार्य करना और शक्ति प्राप्त करना, ये दोनों अलग-अलग साधनाएँ हैं। शक्ति आत्मा से प्राप्त होती है और कार्य शरीर के माध्यम से होता है। पिछले जन्म में भी यह कर्ता था, तू शक्ति थी और इस जन्म में भी यह कर्ता ही है और तू शक्ति ही है। यह तेरा आँचल पकड़कर यात्रा कर रहा है। अब यह अंतिम जन्म है, यह भी यात्रा पूरी कर ले। यह क्या माँग रहे हो? अरे बाबा, तुम दोनों इस जन्म में मोक्ष का अधिकार लेकर जन्मे हो और मोक्ष के मार्ग में कोई संतानों की मोह-माया न रहे, इसीलिए परमात्मा ने तुम्हें निःसंतान रखा है। अब स्वयं होकर क्यों मोह-माया की खाई में कूद रहे हो?"

"गुरु परमात्मा का साक्षात अवतरण ही होता है। आज इस धरती पर परमात्मा अगर किसी वर्तमान स्वरूप में विद्यमान है, तो वह गुरु ही है। और ऐसे जीवंत (सजीव) गुरु के दर्शन से ही अपने भीतर के गुरु का, आत्मा का जन्म होता है। उसके सान्निध्य में केवल

आत्मसाक्षात्कार माँगना चाहिए। यही ईश्वरीय संकेत होता है। गुरु से लोग तो मोह-माया से दूर रखने का आशीर्वाद माँगते हैं और तुम तो मोहमाया की पाश (बंधन) माँग रहे हो! तुम कैसे लोग हो? तुम इतने समस्याग्रस्त हो गए हो कि तुम्हें तुम्हारे जीवन का उद्देश ही याद नहीं रहा! इसलिए ध्यान नियमित करो ताकि तुम्हें सदैव याद रहे कि तुम कौन हो, तुम्हारे जीवन का उद्देश क्या है और यह तुम्हारा अंतिम जन्म है।"

इतने में तानीया ने संभलते हुए कहा, "गुरुदेव, हमारे दोनों के मन में ऐसा कोई भाव नहीं था। हम दोनों एक-दूसरे से बहुत प्रेम करते हैं। हम दोनों सदैव खुश थे, पर मेरी माँ ने सुंदरी को बाँझ कहकर हमें इस समस्या में डाल दिया और हम उस समस्या से कब घिर गए, इसका पता भी नहीं चला। अब सारा अज्ञानरूपी अँधेरा दूर हो गया है। अब आपके स्वरूप में हमारे जीवन में सूर्योदय हुआ है। अब मेरी माँ कुछ भी कहे, हम कभी विचलित नहीं होंगे और अब दोनों ही मिलकर ध्यान-साधना में अपना सारा जीवन व्यतीत कर अंत में मोक्ष-प्राप्ति करेंगे। अब हमें हमारा सारा जीवन ही स्पष्ट रूप से दिख रहा है।" ऐसा कहकर उन्होंने मुझे फिर से नमस्कार किया और कहा, "गुरुदेव, अब यह सारा जीवन ही हम आपको समर्पित करते हैं। केवल एक प्रार्थना है—आप कुछ दिन यहाँ अवश्य रहें।" मैंने उनकी प्रार्थना थोड़ा सोचकर मंजूर कर ली।

मैंने जान-बूझकर उनकी प्रार्थना स्वीकार की क्योंकि उस घटना से वे आत्मग्लानि में चले गए थे कि गुरुजी से हमने यह क्या माँग लिया? मैं उन्हें उस आत्मग्लानि के भाव में रखकर जाना नहीं चाहता था। मैं उन्हें संतुलित रखना चाहता था। ठीक वैसा ही हुआ। धीरे-धीरे वे यह सारी घटना भूल गए और सब वातावरण सामान्य होने लग गया। वे मेरी सेवा और भाव के साथ करने लग गए। मेरी छोटी-से-छोटी बातों का वे ध्यान रखते थे। मुझे कब क्या लग सकता है, बराबर पहचानते थे। मुझे शरीर से कई बार प्यास लगती थी, पर उस प्यास का मुझे अहसास नहीं होता था और मैं माँगता नहीं था, पर वे दोनों बराबर पहचान जाते थे; वे पानी का प्याला हाथ में थमा देते थे। "पानी चाहिए क्या?" ऐसा भी नहीं पूछते थे, एकदम

हाथ में ही प्याला रख देते थे क्योंकि, प्यास लगी ही है, यह वे जान जाते थे। प्यास वास्तव में लगी ही रहती थी पर मैं माँगता ही नहीं था क्योंकि प्यास का एहसास ही नहीं होता था। हाँ, सामने पानी दिया तो पी ही लेता था और सामने पानी दिया तो मैं पिऊँगा ही, यह भी उन्हें पता था। यानि वे दोनों सचमुच समर्पित हो गए थे। वे दोनों जान गए थे—गुरु और शिष्य का रिश्ता आत्मीय संबंध है, पवित्र संबंध है। इस रिश्ते से बड़ा कोई रिश्ता ही नहीं है और किसी रिश्ते की अब आवश्यकता ही नहीं है।

मैंने दोनों को एक दिन बिठाकर समझाया, "जो मेरा सान्निध्य तुम्हें अपने पूर्व-पुण्यकर्मों से मिला है, उसे संभालकर रखो। मैं सदैव तुम्हारे ही साथ हूँ, मेरे इन शब्दों का एहसास सदैव साथ रखो और नियमित ध्यान-साधना करो और अपने मनुष्यजीवन को सफल बनाओ। मनुष्यजीवन ही आत्मा का वह जीवन है जिसमें वह मोक्ष का ज्ञान प्राप्त कर सकती है। मनुष्यजीवन आत्मसाक्षात्कार प्राप्त कर सकता है। सभी प्राणियों में मनुष्यजीवन्न सर्वश्रेष्ठ जीवन है। निद्रा, मैथुन और भूख तो प्रत्येक जन्म में आत्मा के शरीररूपी आवरण के साथ होते ही हैं। मनुष्य जीवन ही है, जब इन सबके साथ जीवंत (सजीव) अनुभूति की इच्छा भी होती है। आत्मसाक्षात्कार की शुद्ध इच्छा यह केवल मनुष्य योनि में ही होती है। तो मनुष्य जीवन को सार्थक करो। मुझे जो कहना था, वह कह दिया। अब मैं कल सुबह यहाँ से प्रस्थान करूँगा।" ऐसा कहकर मैंने उन्हें विदा किया।

दूसरे दिन सबेरे चार बजे से ही वे लोग उनके गाँव के मंगलगीत गाते हुए तानीया के खेत पर एकत्र गए थे। सारे गाँव के ही लोग एकत्र हो गए थे। उन सबसे कहा, "मैंने इन पति-पत्नी के साथ अधिक समय बिताया है। इसलिए इन्हें काफी ज्ञान की बातें तुम्हें बताने के लिए बताई हैं। वे तुम्हें बताएँगे ही। अब तुम सब लोग नियमित ध्यान करो और एहसास रखो—मैं सदैव तुम्हारे साथ ही हूँ, मैं केवल शरीर से जा रहा हूँ। पर जाते-जाते मैंने अपना सारा अस्तित्व ही आपमें बाँट दिया है। जो मेरा शाश्वत स्वरूप है, वह तो आपके हृदय में ही है, जो जा रहा है, वह तो शरीर है जो नाशवान है। वह कभी-ना-कभी तो जाने ही वाला है। मनुष्य का जन्म ही जाने

के लिए होता है। जन्म और जाने के बीच ही जीवन है। मनुष्य का जीवन जन्म एवं जाने (मृत्यु) में ही समझा जा सकता है। जो जन्मा है, वह जाने ही वाला है। मुझे भी एक दिन जाना ही है। मैं थोड़े ही प्रकृति के नियम के विरुद्ध हूँ। एक दिन मुझे भी दुनिया से जाना है। आज केवल आपकी दुनिया से शरीर से जा रहा हूँ, पर सदैव अनुभूति के रूप में मैं सदैव आपको समर्पित ही हूँ, आपके पास हूँ, आपके साथ हूँ। मेरे केवल इन शब्दों को ही गुरुमंत्र मान लो।"

प्रकरण 5

घर पहुँचना

नमस्कार करके मैं गाँव के बाहर चल दिया। वे लोग गाँव की सीमा तक भी आए थे, मैंने ही आगे आने से उन्हें मना कर दिया और मैं अकेला ही आगे चल दिया। उन्होंने खाने-पीने का खूब सामान दिया था जो मैंने उनका दिल रखने के लिए ले लिया था। पर इतना सारा सामान साथ में रखकर चलना संभव ही नहीं था, इसलिए थोड़ा आगे जाकर उसे एक नदी में डाल दिया ताकि वह नदी के जलचरों का भोजन हो सके और मैं आगे बढ़ गया। इतना सारा सामान साथ में रखकर चलना संभव ही नहीं था। फिर अलग-अलग स्थानों पर ठहरते-ठहरते अंत में मैं गुवाहाटी पहुँचा और उसके बाद घर की ओर चल दिया और बाद में घर पहुँचा।

काफी दिनों के बाद मैं घर आया था। घर आने पर पत्नी ने भी अपनी स्कूल से छुट्टी ले ली और हमारी दिनभर बातें ही चलती रहीं। सामान्यत: मैं ही बता रहा था और वह सुन रही थी। उसे मेरी यात्रा में बहुत जिज्ञासा रहती थी। कहाँ-कहाँ जाता हूँ, क्या-क्या करता हूँ, कैसे वहाँ के लोग हैं, कैसा वहाँ का वातावरण है, वह सब जानने की उसकी बहुत इच्छा होती थी। मैं जब भी घर रहता था, तो खाना बनाने का कार्य संभाल लेता था। इस कारण पत्नी को आराम हो जाता था। यह कार्य करने से एक ओर पत्नी को आराम हो जाता था, दूसरी ओर, मैं खाने के माध्यम से चैतन्य घर में फैलाता था। मेरे मन में कहीं एक आत्मग्लानि का भाव रहता था—मैं मेरी पत्नी पर सारा बोझ डालकर घूमता रहता हूँ। वह भाव भी यह कार्य करने से दूर हो जाता था। अब लड़का भी बड़ा हो रहा था। वह बड़ा भी

हो रहा था और अधिकाधिक समझदार भी हो रहा था। उसके जन्म के बाद से ही मेरे जीवन में आध्यात्मिक क्रांति का प्रारंभ हुआ था। उसको लेकर घूमने जाता था, उसे खिलाता था, उससे बातें करता था। हम लोग प्रायः छुट्टियों में घर से घूमने चले जाते थे।

पत्नी की आमदनी में भी हम खुश थे, कारण हमारे खर्चे ही अधिक नहीं थे। बस, दिन और महिने बीत रहे थे। मेरे गुरुओं का संदेश मेरी पत्नी को भी बताया। पहले पत्नी को भी अनुभूति कराई और बाद में कहा, "यही अनुभूति अब मुझे प्रसाद के रूप में मनुष्य समाज में बाँटनी है।" पुण्यात्माओं के आगमन का उद्देश भी उसे समझाया। उसे भी वह उचित ही लगा। वह बोली, "यह सही भी है। एक क्षण के ऊपर ही आने वाली संतान का सारा स्तर निर्भर होता होगा, इसीलिए ही एक ही माँ-बाप के दो बच्चे दो अलग-अलग स्तरों पर जीवन व्यतीत करते हैं, जबकि संस्कार तो दोनों को समान प्राप्त होते हैं। संस्कार तो लेने के ऊपर है। संस्कार तो खाद का कार्य कर सकते हैं उसके मूलस्वरूप को बढ़ाने का, पर उसका मूलस्वरूप तो वे बदल नहीं सकते हैं। अगर करेले का बीज है, तो संस्कार उसे अच्छा करेले का पौधा बनने में मदद करेंगे और अच्छे आम का बीज है, वे उसे अच्छा आम का पेड़ बनने में मदद करेंगे। पर संस्कार करेले को आम और आम को करेला नहीं बना सकते हैं। महत्त्वपूर्ण है—बीज, की बीज क्या है?"

हम दोनों ही सुबह चार बजे उठकर नियमित रूप से साथ-साथ ध्यान करते थे क्योंकि बच्चे के उठ जाने के बाद वातावरण बदल जाता था। हम दोनों ने अपना संपूर्ण समर्पण गुरुओं के प्रति कर दिया था। पत्नी को भी मैंने ध्यान में ही उस गुफा की यात्रा कराई थी। मेरे सूक्ष्म शरीर के भी दर्शन कराए थे। पत्नी की भी ध्यान की स्थिति बड़ी गहन हो गई थी। पति और पत्नी का संबंध बहुत ही गहरा होता है। पति-पत्नी शारीरिक संबंधों के कारण 'यू' टयूब ('U' के आकार की नली) जैसे भीतर से जुड़े रहते ही है। इसी कारण

पत्नी को भी धीरे-धीरे, बिना कहीं गए, बिना कहीं भी भटके, घर बैठे मेरे ही समान स्थिति अनायास ही प्राप्त हो गई थी। आध्यात्मिक क्षेत्र में मैंने प्रयास किए, भटका और पत्नी ने मुझे उसमें सहायता की, पर आखिर में दोनों एक ही स्थान पर पहुँच गए। मुझे भी ध्यान में ऊर्जा ग्रहण करनी आ गई और गुरुओं की इच्छा के कारण उस ऊर्जाशक्ति को पत्नी में प्रवाहित कर पाया था। पत्नी की भी ग्रहण करने की क्षमता बहुत ही बढ़ गई थी। शारीरिक क्रिया मेरे शरीर से होती थी, पर इच्छा गुरुओं की होती थी। एक प्रकार का त्रिकोण-सा बनता प्रतीत होता था। एक कोने पर परमात्मा, दूसरे कोने पर गुरु और गुरु से शक्ति तीसरे कोने पर स्थित शिष्य तक बहती थी। कोने यही थे, पर माध्यम बदल गए थे। परमात्मा के स्थान पर गुरु और गुरु के स्थान पर मैं था और शिष्य के स्थान पर पत्नी थी। चेतना गुरु से मुझे और मुझसे पत्नी को प्रवाहित होती थी।

एक त्रिभुज में ही यह सब हो रहा था और ध्यान की अवस्था में ही गर्भाधान संस्कार संपन्न हो गया और अब मैंने पत्नी को गर्भावस्था में छोड़कर जंगल न जाने का विचार किया। मैं उन दिनों अलग-अलग गुरुओं से भेंट करता था; अपने अनुभव उन्हें बताता था, उनके अनुभव सुनता था। एक कार्य यह भी चल ही रहा था।

मैं थोड़ा भावुक था, इसलिए पत्नी की छोटी-से-छोटी तकलीफ पर भी चिंतित हो जाता था। इसलिए पत्नी प्रायः मुझे उसकी तकलीफ नहीं बताती थी। एक दिन उसे अचानक पेट में दर्द हुआ, तो उसे अस्पताल में भर्ती करना पड़ा और क्रिसमस पर उसने एक अति प्रभावशाली बच्चे को बिना प्रसव पीड़ा के जन्म दिया। मुझे भी बड़ा आनंद हुआ कि मेरे घर जीसस क्राईस्ट (ईसा मसीह) ने ही जन्म लिया। ऐसा ही मुझे लगा। बच्चा बहुत ही स्वस्थ था और बहुत ही सुंदर था। वह भी धीरे-धीरे बड़ा होने लग गया और वह छः माह का हो गया। बड़े लड़के और उसमें भी बड़ी मित्रता हो गई थी। हमारे दिन बहुत अच्छे बीत रहे थे। मेरे माता-पिता उन थोड़े दिनों में बहुत खुश थे। एक छोटा बच्चा घर में आ जाए तो घर का आभामण्डल ही बदल जाता है। छोटे बच्चे की गतिविधियाँ रोज नई-नई होती रहती हैं, निरंतर प्रगति की ओर रहती हैं। उस बच्चे के साथ मैं मस्ती

करता था, वह भी खूब हँसता था। पत्नी तो नौकरी पर जाती थी, मैं ही उसे संभालता था। दोनों ही बच्चों को संभालता था।

फिर एक दिन अचानक ही उसे सर्दी हो गई थी, बुखार भी था और एक डॉक्टर की गलत दवाई से बच्चे को रिएक्शन (कुप्रभाव) हो गया और बच्चे की मृत्यु हो गई। उस बच्चे ने मेरी गोद में ही दम तोड़ दिया था। मैंने जीवन में कभी किसी की भी मृत्यु होते हुए नहीं देखी थी। मृत्यु मेरी ही गोद में हुई, मेरी तरफ ही देखते हुए उसने प्राणत्याग किया। वह उस समय भी मुझे ही देख रहा था, पर शांतचित्त था। सुबह उसकी मृत्यु हुई और शाम तक सब लोग इकट्ठा हो गए। घर के सब लोग आ गए। बाद में श्मशान में जाकर एक पेड़ के नीचे उसे दफनाया और बाद में तो मैं पागल ही हो गया था।

मेरा मानसिक संतुलन एकदम खो गया था। स्कूटर चलाते समय ब्रेक भी लगा नहीं पाता था। कई बार दुर्घटना होते-होते बची। पत्नी बेचारी अपना दुःख भूलकर मुझे ही संभालने में लग गई थी। मैं एकदम ही पागल हो गया था। किसी भी माँ की गोद में कोई बच्चा हो, तो उसी को देखता रहता था और उस माँ को लगता था कि मैं उसे ही घूर रहा हूँ! पत्नी अब मुझे अकेला कहीं भी नहीं जाने देती थी। अब मेरी स्थिति एकदम बिगड़ गई थी। उसका कारण था कि गुरुओं के गुरु जब इस धरती पर अवतरित हुए थे, तो उन्हें अकालमृत्यु कैसे आ सकती है? यही प्रश्न दिमाग में घर किए था। यही प्रश्न लेकर मुझे वापस मेरे गुरुदेव के पास जाने की इच्छा होने लग गई, पर अब पत्नी मुझे जाने नहीं देना चाहती थी। मेरी स्थिति एक बच्चे जैसे थी। मेरी पत्नी अब मुझे और बच्चे को, दोनों को ही बच्चों जैसा संभाल रही थी। फिर भी वह शांत थी। वह मुझे समझाती थी कि जो भी परिस्थिति जीवन में निर्माण हुई है, उसे स्वीकार कर लो। तभी मानसिक शांति मिल सकती है। हमने जीवन में कभी किसी का बुरा नहीं किया तो यह हमारे कारण नहीं हुआ है, इसका कारण और है। मैं पागलों जैसा उस श्मशान में जाकर, जहाँ उसे दफनाया था, घंटों बैठने लग गया था। जब पत्नी को पता चला तो वह बोली, "आप सोचो, वह बड़ा होता, जवान होता और फिर उसकी मृत्यु हुई होती, तो अधिक दुःख होता। वह आया ही था जाने

के लिए! जल्दी चला गया, अच्छा ही हुआ। जीवन में जो भी होता है, वह अपने अच्छे के लिए ही होता है। गर्भावस्था के दौरान सदैव मैं महसूस करती थी कि वह एक पुण्यात्मा ही थी जो जितने समय मेरे गर्भ में रही, मुझे रोज नई अनुभूतियाँ होती थीं। मुझे उस आत्मा का थोड़ा-सा सान्निध्य मिला, फिर भी मैंने उसे संजोकर रखा है। शरीर तो नाशवान है। कल नष्ट होने वाला था, आज हो गया, क्या फर्क पड़ता है?" पत्नी ही मेरी गुरु हो गई थी। कई बार लगता था कि मेरे गुरु पत्नी के माध्यम से मुझसे बोल रहे हैं!

इस सारे घटनाचक्र में पत्नी बड़ी ही परिपक्व होकर उभरी थी। मेरे बड़े लड़के ने भी उस मृत्यु को सामने देख लिया था। मैं अभिव्यक्त तो कर पा रहा था, वह तो बेचारा वह भी नहीं कर पा रहा था। पर एक बात वह बार-बार करता था। उसके सामने कोई भी सो जाता, तो वह उसे उठा देता था। उसने कई बार मुझे नींद से जगाया था। मैं जगकर उस पर गुस्सा करता था, उसे डाँटता भी था, पर वह था कि नींद में से उठाता ही था! फिर पत्नी ने शांत होकर समझाया, "उसे भी मृत्यु का भय लग रहा है। तुम सो जाते हो तो उसे लगता है—मर गए हो और, जीवित हो या नहीं, यह देखने के लिए ही वह तुम्हें नींद में से उठाता है। तुम कितना भी उसे डाँटो, पर वह तुम्हें डर के मारे उठाएगा ही।" फिर धीरे-धीरे मुझे भी मेरे लड़के के साथ सहानुभूति हो रही थी। हम दोनों भी एक ही नाव पर सवार थे। इतने खराब दिनों में भी मैं और पत्नी, दोनों भी, ध्यान नियमित रूप से करते ही थे। धीरे-धीरे सब वातावरण शांत हो गया। कहते हैं न कि समय दुनिया की सबसे बड़ी दवा है जो बड़े से बड़े जख्म भी भर देता है। मेरा भी जख्म भरने लग गया था। पर घर में एक कोना कहीं खाली था। वह था ही, अब क्या कर सकते थे? और मुझे एक ही प्रश्न था, गुरुओं के गुरु इस धरती पर आए थे, तो उनकी अकाल मृत्यु कैसे हुई? यह प्रश्न मुझे सताता ही था।

एक दिन सबेरे, रोज की तरह ही हम दोनों ही ध्यान कर रहे थे तो हमें श्री ब्रह्मानंद स्वामी ने दर्शन दिए और कहा, "मैंने मेरी देह का त्याग कर दिया था, पर मेरी एक इच्छा बाकी रह गई थी कि जो ज्ञान समय के अभाव में मैं तुम्हें नहीं दे सका था, वह देना

चाहता था। इसीलिए मैंने ही तेरे बच्चे के रूप में तेरे घर में जन्म लिया था। वह ज्ञान कराने का कार्य संपन्न हो गया, तो मैंने देहत्याग कर दिया। एक ओर तुझे ज्ञान प्रदान किया, दूसरी ओर तेरी पत्नी की स्थिति ऐसी बना दी है कि गुरुओं के गुरु उसकी कोख में आ सकें। हम सब बाहरी स्वरूप में हैं, पर हम सब एक ही कार्य से जुड़े हैं, वह है गुरुकार्य।" जब हम ध्यान से उठे तो मुझे मेरे प्रश्न का उत्तर मिल गया था और मेरा बालक मृत्यु के समय भी शांत चित्त क्यों था, उसका उत्तर भी मिल गया था।

सारा अँधेरा ही दूर हो गया। मैंने भी अपने पागलपन में उस डॉक्टर पर मुकदमा दायर करने का मन बनाया था, उससे हर्जाना वसूल करने का भी मन बनाया था। उस समय भी मेरी पत्नी ने बड़े शांत होकर मुझे समझाया था, "क्या अपने पुत्र की कीमत लेना चाहते हो?" मैंने कहा, "हाँ, मैं उस हर्जाने की रकम को अनाथालय में दान कर दूँगा, किसी आश्रम को दान कर दूँगा। मुझे पैसे नहीं चाहिए, पर डॉक्टर को उसकी लापरवाही का दंड तो मिलना ही चाहिए। उसने एक्सपायर्ड दवा (जिसके सेवनकाल की अंतिम तिथि बीत चुकी हो) उसे क्यों दी? मेरे पास वह दवाई की बोतल सबूत के रूप में है। मैं मुकदमा जीतूँगा ही।" पत्नी ने कहा, "यह मुकदमा पाँच साल तक चला, तो इस घटना को तुम पाँच साल जीवित रखोगे और अपने जख्मों को बार-बार कुरेदने से अच्छा है, उसे भूल जाओ। उस डॉक्टर को भी क्षमा कर दो, मैंने तो कर ही दिया है।" उस दिन गुरुदेव ब्रह्मानंदजी के दर्शन से समझ गया कि डॉक्टर तो निमित्त था। वह बालक तो थोड़े सान्निध्य के लिए ही आया था। गुरुदेव तो अपना कर्म नष्ट करने के लिए जन्मे थे।

हमारा जीवन बाद में एकदम शांत हो गया। हम सारा ध्यान बड़े लड़के पर ही लगा रहे थे। नियमित ध्यान-साधना भी चल रही थी। फिर हमारे जीवन में खुशियों का आगमन हुआ और गुरुवार के पवित्र दिन मेरे तीसरे लड़के का जन्म हुआ। यह लड़का थोड़ा साँवला था और इसके गाल पर एक बड़ा, काला दाग था। वह बड़ा ही चंचल था और सदैव अपनी ओर ही ध्यान आकर्षित करता था। मेरी माँ आदि दत्तात्रेय की पूजा करती थी। वह बोली, "इसका जन्म

हुआ तो मुझे आदि दत्तात्रेय के दर्शन हो गए। दत्तात्रेय भगवान ही इसका रूप लेकर जन्मे हैं।" हमारे घर का खाली कोना इसके आने से भर गया और जीवन में आए एक खालीपन को इसने दूर किया था। इसका जन्म हमारे जीवन में एक नई सुबह लेकर आया था। इस बच्चे में बचपन से ही बहुत ऊर्जा थी जिसे सही मार्ग देने की आवश्यकता थी।

हम लोग नियमित ध्यान करते थे, पर अब घर के भगवानों की मूर्तियों की पूजा करने की इच्छा नहीं होती थी। मेरे घर के भगवानों में गणेशजी की एक चाँदी की मूर्ति थी। वह मेरे पुरखों की थी पर पूजा करने पर उस मूर्ति से नाभि चक्र ही दूषित हो जाता था, ऐसा अनुभव हुआ। सुना था कि मेरे पुरखे ब्याज-बट्टे का धन्धा करते थे, साहूकार थे और उन्होंने ही वह मूर्ति बनाई थी। और उनका प्रभाव आज भी मूर्ति में अनुभव होता था। वास्तव में, मूर्तियाँ मन को एकाग्र करने की माध्यम हैं। जब ऐसे ही मन एकाग्र हो रहा है, तो मूर्तियों की तो आवश्यकता ही नहीं है और बहुत सारी मूर्तियों की तो बिल्कुल ही नहीं है। पत्नी ने भी कहा, "तुम अब जब पूजा नहीं करते, तो हम आपकी दीदी को ही मूर्तियाँ वापस कर देते हैं जिनसे हम लोग लाए हैं।" हमने सारी मूर्तियों को एकत्र किया और फिर मैंने उसके घर जाकर सारी मूर्तियाँ उसे लौटा दीं। उससे कहा, "आजकल मैं ध्यान करता हूँ, आजकल मैं पूजा नहीं करता हूँ। इसलिए ये सब मूर्तियाँ तुझे लौटा रहा हूँ क्योंकि तू पूजा करती है।" ऐसा कहकर मैंने मेरी दीदी को, रेशम के कपड़े में जो मूर्तियाँ लाई थीं, वे सौंप दीं।

मेरी दीदी मेरी चचेरी बहन थी। परंपरा से हमारे कुल के जो सारे भगवान थे, श्री गणपति, श्री देवी की नवरात्रि, वे सभी (मूर्तियाँ) साथ में ही थे। उन सबका मेरे पिताजी या उनके भाईयों में से किसी के तो भी घर में रहना आवश्यक था। उसमें कुलदेवी भी थी। ये सब जब मैंने बड़े आदर व श्रद्धा के साथ मेरी दीदी को सौंपे तो वह अवाक ही रह गई। वह रोने लग गई। मैंने पूछा,

"मुझसे कुछ गलती हुई क्या?" वह कुछ भी नहीं बोली और चुपचाप अपने बेडरूम (शयनकक्ष) में चली गई। उसे रोता देखकर उसकी दोनों छोटी लड़कियाँ भी गंभीर हो गईं। मेरे जीजाजी भी गंभीर हो गए। वे बोले, "थोड़ा शांति से ले, सब ठीक हो जाएगा।" लेकिन सब ठीक नहीं हुआ। वह शाम तक भी अपने कमरे में ही बंद थी। घर में खाना भी नहीं बना था। बच्चे भी भूखे ही थे। घर में एकदम ऐसा वातावरण हो गया था मानो कोई मर गया हो। शाम के समय जीजाजी ने दीदी के गुरुदेव को फोन किया, "हमारे घर में मेरी पत्नी का चचेरा भाई आया है। यह उससे बहुत प्रेम करती है। पर पता नहीं क्या, इस बार आया है तो वह उससे नाराज हो गई है। अपने-आपको कमरे में ही बंद कर लिया है। यह नाटक सुबह से ही चल रहा है। कृपया, आप आ सकते हैं, तो अवश्य आइए। हमें तो वह मानती ही नहीं है।" थोड़ी देर के बाद गुरुदेव आए। गुरुदेव भी काफी उम्र के थे। ध्यान-साधना का तेज उनके चेहरे पर भी साफ झलक रहा था। हमने सबने उन्हें नमस्कार किया। वे दीदी के सोने के कमरे के दरवाजे पर खड़े रहे। उन्होंने दरवाजा खटखटाया और दीदी को पुकारा। थोड़े-से समय के बाद ही मेरी दीदी बाहर आई। उसका चेहरा लाल हो गया था। शायद अंदर पूरे समय रोती ही रही होगी। उसने बाहर आकर गुरुदेव की चरण-वंदना की। फिर गुरुदेव उसे बाहर के हॉल (मुख्य कक्ष) में ले गए और वे उसे लेकर बैठे। वह गुरुदेव के चरणों के पास ही बैठी थी।

गुरुदेव ने बड़े शांत भाव से दीदी से पूछा, "क्या बात है, मुझे तो बता। अगर बताएगी, तो ही मैं उसका कोई हल निकाल पाऊँगा।" दीदी ने रोते-रोते ही बताया, "यह मेरा चचेरा भाई है। मैं इससे बहुत प्रेम करती हूँ। यह आज सुबह आया है। तब से मैं बहुत दुःखी हूँ। यह नास्तिक हो गया है। इसने हमारे कुलाचार के, कुल के सभी देव मुझे ही वापस कर दिए हैं, यह कहकर कि मैं अब पूजा नहीं करता और तू करती है, इसलिए ये सब तू ही रख ले। इसलिए मैं आज दुःखी हो गई हूँ। हमारे कुल के भगवानों को भी यह नहीं मानता। हमारे कुल के भगवानों का इसने अपमान कर दिया। अब निश्चित ही इसका कुछ बुरा होने वाला है। वे भगवान इसे शाप देंगे। अब इसका बुरा होगा, यह सोचकर ही मैं दुःखी हो गई हूँ।" गुरुदेव ने

शांत रहकर सबकुछ सुना और उससे कहा, "शांत होकर बैठ जा। मैं देखता हूँ, यह क्यों हुआ है।" वे थोड़ी देर तक आँखें बंद करके बैठ गए। शायद कोई मंत्र का जाप कर रहे थे। बाद में एकदम ही शांत हो गए और उन्होंने आँखें खोलकर एक बार मेरी ओर देखा। मैं शांतचित्त से, दूर बैठकर यह सब देख रहा था। वे फिर आँखें बंद करके बैठ गए। फिर थोड़ी देर बाद उन्होंने आँखें खोलीं और बड़े निश्चिंत और शांत भाव से मेरी दीदी से कहा, "अब रोना बंद कर दे और जो मैं कह रहा हूँ, वह सब सुन। पहली बात, तेरा छोटा भाई नास्तिक नहीं हुआ है। क्या हुआ है, वह बताता हूँ।" गुरुदेव ने दीदी की छोटी वाली लड़की को वह गोटियों का स्टेंड (बड़े-बड़े मोती लगा हुआ श्यामपट) लाने के लिए कहा जो वहीं पर रखा हुआ था। चौखट का एक स्टेंड था जिसके बीच में तार लगे हुए थे। ऐसे दस तार लगे हुए थे और उन तारों में प्लास्टिक के बॉल (कंचे) लगे थे। प्रत्येक तार में दस बॉल लगे थे। कुल सौ प्लास्टिक के बॉल लगे थे और उनके ही ऊपर के तारों में अक्षर भी लगे थे; ए, बी, सी, डी आदि। अगर गिनती करनी हो तो उन बॉलों को एक-एक करके खिसकाकर सौ तक गिनती की जा सकती थी।

गुरुदेव ने वह स्टेंड अपने पास में रखा और दीदी से कहा, "तू प्रायमरी स्कूल (प्राथमिक विद्यालय) में टीचर (शिक्षिका) है और तू जानती है कि तेरी स्कूल के बच्चे गिनती करने के लिए इन बॉलों का सहारा लेते हैं। तू जब एक बॉल खिसकाती है, तब बच्चे बोलते हैं 'वन' (एक), तू जब दूसरा बॉल खिसकाती है, तब बच्चे बोलते हैं 'टू' (दो), तू जब तीसरा बॉल खिसकाती है, तब बच्चे बोलते हैं 'थ्री' (तीन); यानि जब तक तू बॉल नहीं खिसकाएगी, बच्चे संख्या नहीं बोल पाते हैं। संख्या को गिनने के लिए उन्हें बॉल की आवश्यकता है और बॉल के माध्यम के बिना वे गिनती नहीं बोल सकते हैं। बॉल गिनती नहीं हैं। बॉल अलग हैं और गिनती अलग है। गिनती के लिए बॉल माध्यममात्र है। ये बच्चे प्रायमरी स्कूल के हैं, इन्हें गिनती सीखने के लिए माध्यम की आवश्यकता है। माध्यम के सहारे के बिना वे गिनती नहीं सीख सकते हैं। ठीक है। यह तो तू स्वयं भी जानती है। रोज तू स्कूल में पढ़ाती है, बच्चों को सिखाती है।" फिर गुरुदेव ने दीदी की बड़ी लड़की को बुलाया जो स्नातक के प्रथम वर्ष में

ही कॉलेज (महाविद्यालय) में पढ़ती थी। वह दीदी के सामने आकर खड़ी हो गई। अब गुरुदेव बोले, "अब इसे तू गिनती बोलने के लिए कह, तो यह बिना बॉल के माध्यम से ही गिनती करके बता सकती है। यह इसलिए कर सकती है क्योंकि यह बड़ी हो गई है। अब यह महाविद्यालय में अध्ययन करती है। अब इसे माध्यम की आवश्यकता नहीं है। और इसे माध्यम की आवश्यकता नहीं रही, इसका मतलब इसे गिनती करना आता नहीं, ऐसा है क्या? गिनती करना आता है, पर माध्यम की आवश्यकता नहीं है।"

"ठीक इसी प्रकार से हुआ है। मैंने ध्यान करके तेरे छोटे भाई का आभामण्डल जाना और पता लगाया कि वह तो बड़ा महापुरुष बन गया है। वह बड़ी महान विभूति है। उसने बड़ा आध्यात्मिक ज्ञान प्राप्त किया है। वह एक आत्मसाक्षात्कारी व्यक्ति है। वह नियमित अपने गुरु के माध्यम से ध्यान-साधना करता है। गुरु-भाव ही आत्मा का भाव है। यानी वह भाव के माध्यम से परमात्मा से जुड़ा हुआ है। उसे अब कोई भौतिक माध्यम की आवश्यकता ही नहीं है। वह बड़ा पहुँचा हुआ है। इसका आध्यात्मिक स्तर बहुत ऊँचा है। वह नास्तिक नहीं हो गया, बल्कि अब उसे परमात्मा से संपर्क करने के लिए मूर्तियों के माध्यम की आवश्यकता नहीं रही। अब वह प्रायमरी का विद्यार्थी नहीं है, वह तो महाविद्यालय का छात्र हो गया है। और उसने तेरे भगवानों का कोई अपमान नहीं किया। उसने सब भगवान नदी में फेंक दिए क्या? नहीं, उसने बड़े आदर व सम्मान के साथ एक रेशम के कपड़े में रख तुझे लाकर दिए क्योंकि तू पूजा करती है तो तेरे माध्यम से उनकी पूजा हो सकेगी। तू अभी प्रायमरी स्कूल में ही पढ़ाती है और आध्यात्मिक क्षेत्र में भी अभी भी प्रायमरी में ही है। इसके लिए तुझे अभी भी मन को एकाग्र करने के लिए मूर्ति की आवश्यकता है। पर तेरा छोटा भाई छोटा होकर भी महाविद्यालय का छात्र हो गया है। अब उसे मूर्ति के माध्यम की आवश्यकता नहीं रही है।" ऐसा कहकर उन्होंने हाथ की सब अंगुलियाँ एकत्र की और दीदी के कपाल पर जोर से लगाया और कहा, "आया अब कुछ सिर में?" और मैं दूर से देख रहा था, उन्होंने स्पर्श-चिकित्सा की थी और शब्दों के साथ-साथ स्पर्श का भी सहारा लिया। दीदी के कपाल पर, वह जहाँ बिंदी लगाती थी, उसके ऊपर के भाग पर अपनी ऊर्जा को

स्पर्श के आघात से छोड़ा था ताकि शब्द व स्पर्श दोनों के संयुक्त आघात से मेरे प्रति जो बुरा भाव मेरे दीदी के मन में आया है, वह दूर हो सके, दीदी का चित्त शुद्ध हो सके। और ऐसा ही हुआ।

पहली बार मेरी दीदी मुस्कराई तब सारे घर का वातावरण भी प्रसन्न हो गया। घर में जो तनाव आया था, वह दूर हो गया। गुरु का शरीर, लगा मानो एक वाहन है। परमात्मा उस वाहन पर बैठकर आता है और जो उस समय जैसी परिस्थिति हो और जैसी आवश्यकता हो, वैसा ही उस वाहन को मोड़ता है। गुरु का शरीर परमात्मामय ही होता है। वह स्वयं कुछ नहीं करता, पर परमात्मा की विश्वव्यापी शक्ति सब उसके माध्यम से कराती रहती है। मैंने बड़ी सूक्ष्मता से देखा था। गुरुदेव ने अपनी सारी ऊर्जा प्रथम अपने दाहिने हाथ में एकत्र की। बाद में उसे अपने ही दाहिने हाथ की अंगुलियों तक प्रवाहित किया। वहाँ पर सारी ऊर्जा एकत्र कर ली और फिर दीदी के कपाल पर हल्का आघात कर दीदी के आज्ञा चक्र पर प्रवाहित कर दी थी। साथ-साथ बातें भी कर रहे थे ताकि दीदी उस ऊर्जा को लेने के लिए सहज रूप में रहे, ग्रहण कर सकें। उनका प्रयोग सौ प्रतिशत सफल हुआ। वे जो कहना चाहते थे, वह समझने की दीदी की शारीरिक स्थिति नहीं थी, मानसिक स्थिति नहीं थी, इसीलिए उन्होंने चैतन्य की अनुभूति का सहारा लिया था। उनका तरीका कुछ भी हो, वे अपना कार्य कर ही गए थे। अब सारा वातावरण बदल गया था।

फिर गुरुदेव ने मुझे पास बिठाया और मेरे सामने अपने दोनों हाथ फैला दिए और कहा, "अब मेरे हाथों पर दोनों हाथ रख दो और जो ध्यान करते हो, करो।" मैंने किया। उन्होंने मेरे हाथों से निकले स्पंदनों को जाना और कहा, "तुम बड़े भाग्यशाली हो कि स्वयं गुरुशक्तियों ने तुम्हें अपना माध्यम बनाया है। अभी तो बीज अंकुरित हुआ है, उस बीज को वृक्ष बनने में अभी समय लगने वाला है।"

"तुम दीदी की चिंता मत करो, वह अभी अज्ञानी है। वह तुम्हारे प्रेम के कारण मोह-मायावश ही कह रही है। तुम एक सही मार्ग पर हो। आगे तुम्हारे से मानव-उत्क्रांति का कार्य होने वाला है। बस

जीवन में अपेक्षा कभी मत रखना क्योंकि तुम्हारे बोए हुए बीज तुम उगते हुए देखोगे, ऐसा नहीं है। तुम्हारा सारा कार्य तो तुम्हारे जीवन के बाद ही है। तुम्हें तुम्हारे जीवन में बहुत कम लोग ही जान पाएँगे। जो जान नहीं पाएँगे, उन्हीं की तादाद अधिक है। तुम्हारी दीदी भी उन्हीं में से एक है। जहाँ पर रिश्ता आया, वहाँ माया आई। और माया असंतुलित कर देती है। इसलिए तुम्हारे रिश्तेदार तुम्हें कभी जान नहीं पाएँगे। मदारी का खेल देखने के लिए मदारी के रिश्तेदार कभी भी खड़े नहीं होते हैं। किसी भी संत को उसके रिश्तेदार नहीं जान पाते हैं। तो ऐसा ही तुम्हारे साथ हो रहा है। यह तो संतों की परंपरा है। तुम्हारे साथ भी वही हो रहा है। अलग कैसे होगा?" दीदी को उन्होंने कहा, "धन्य भाग तेरे कि ऐसे आध्यात्मिक पुरुष के पैर तेरे घर में आए। अब यह कठिन ही लगता है कि वह तेरे घर आए।" मैंने कहा, "नहीं, नहीं, मैं आऊँगा ना!" वे कुछ नहीं बोले, केवल मुस्कराए। वे ऐसे मुस्कराए, जैसे उन्होंने जान लिया था कि यह कह रहा है, पर यह अब कभी भी इस घर में नहीं आएगा।

फिर वे और हम सभी काफी देर तक बातें करते बैठे थे। मैंने भी उन्हें मेरे हिमालय के अनुभव बताए। मैंने उन्हें प्रश्न किया कि "जब हिमालय में ध्यान करता हूँ, तो बड़ी अच्छी आध्यात्मिक स्थिति में पाता हूँ, पर जब बाद में मैं मनुष्य-समाज में आता हूँ, तो एकदम ही सामान्य मनुष्य जैसा ही अपने-आपको पाता हूँ। एक सामान्य मनुष्य जैसी भावनाएँ मेरे में भी आती हैं, ऐसा क्यों हो जाता है?" उन्होंने बड़े शांत भाव से बताया, "यह सब गुरुशक्तियाँ ही कर रही हैं। वे तुम्हें भावी कार्य के अनुसार ही तैयार कर रही हैं। तुम सदैव सामान्य मनुष्य ही रहोगे क्योंकि तुम एक सामान्य मनुष्य हो। अगर असामान्य मनुष्य हो गए, तो गुरुकार्य नहीं होगा। और रही बात गुरुकार्य करने की शक्ति की, तो साक्षात परमात्मा के ही तुम माध्यम हो; सब कार्य जीवन में हो जाएगा, कैसे हुआ, यह तुम्हें ही तुम्हारा पता नहीं चलेगा। यही एक अच्छे माध्यम की विशेषता है। वह स्वयं कुछ करता नहीं, पर उससे सबकुछ हो सकता है। तुम भी स्वयं कुछ करोगे नहीं, तुमसे सबकुछ होगा। स्वयं इसलिए नहीं करोगे क्योंकि कर्ता का भाव ही समाप्त हो गया है। इसीलिए ही तो हो रहा है। कर्ता का जब भाव होता है, उसकी अपनी सीमाएँ

होती हैं। वह भाव उस सीमा तक जाकर ही कार्य कर सकता है। पर अकर्ता की कोई सीमा नहीं होती क्योंकि वह विश्वचेतना का माध्यम होता है। विश्वचेतना तो सबकुछ कर सकती है। परमात्मा की कोई सीमा नहीं है। परमात्मा अजन्मा है, अदृश्य है, अकर्ता है, पर है। चलो, अब बहुत देर हो गई है। अब मुझे घर वापस जाना है। आप चाहें तो कल आप मेरे घर आ सकते हैं। मेरे घर के पास ही हमारा मठ है। मैं वह भी आपको दिखाऊँगा। वहाँ पर मेरे पिताजी की समाधि भी है। वहाँ पर आओगे तो आपको बहुत अच्छा लगेगा। बड़ा शांति का वातावरण वहाँ है।" उन्होंने ऐसा वर्णन किया कि मैं ना न कह सका। और फिर वे अपने घर चले गए। मेरी दीदी के घर में आया तूफान समाप्त हो गया था। मेरी दीदी को क्या समझ में आया, क्या नहीं, यह पता नहीं, पर, मैंने कुछ विशेष आध्यात्मिक स्थिति प्राप्त कर ली है, इतना उसे लगा और मैं गलत मार्ग पर नहीं हूँ, यह एक समाधान हुआ। दूसरे दिन से, सुबह से ही मेरी दीदी में बदलाव नजर आया। सही समय पर सही मार्गदर्शन मिलना भी बड़े भाग्य की बात होती है।

सुबह फिर एस.टी. (राज्य परिवहन निगम की बस) से गुरुजी के गाँव पहुँचा। वहाँ थोड़ी ही पूछताछ करने पर उनका घर मिल गया। उन्हें उस गाँव में काफी सम्मान प्राप्त था। गुरुजी ने बड़े सहज भाव से और प्रेम से मेरा स्वागत किया। उन्होंने उनके परिवार से मुझे मिलाया। उनकी पत्नी भी बड़ी सुशील व सुंदर थी। और दो बच्चे भी थे; एक लड़का और एक लड़की थी। बाद में वे मुझे उनके मठ में ले गए। एक छोटा-सा ही, गाँव के थोड़े बाहर ही, आश्रम था। एक छोटा-सा कार्यालय था। एक बड़ा-सा समाधिस्थल था जिसके आसपास देशी गुलाबों का बगीचा था। बड़ा ही सुंदर लग रहा था। वहाँ पर उनके पिताजी की समाधि थी और समाधि के पास ही उनके पिताजी की संगमरमर की प्रतिमा भी लगाई थी। मैंने वहाँ भाव से नमस्कार किया। थोड़ी देर बैठा तो मुझे ध्यान लग गया और फिर ध्यान से उठा तो काफी समय हो गया था। बाद में गुरुजी मुझे बगीचा दिखाने ले गए। वहीं पर एक ओटले पर बैठकर हम बातें करने लग गए। गुरुदेव ने कहना प्रारंभ किया, "मैं स्वयं गुरु नहीं हूँ, मैं गुरु का पुत्र हूँ। वास्तव में, मेरे गुरु गृहस्थ होते हुए भी गुरु

थे। उन्होंने साधना करके गुरुपद को प्राप्त किया था। उन्होंने अपने जीवनकाल में ही अपने इस कार्य को काफी बड़ा रूप दे दिया था। हम तीन भाई हैं। मेरा बड़ा भाई डॉक्टर है, लेकिन वह अमेरिका चला गया है, कभी-कभी आता है। उसके बाद वाला भाई वकील है। वह मुंबई में ही रहता है। मैंने भी इंजीनियरिन्ग (अभियांत्रिकी) तक की शिक्षा ग्रहण की है, पर पता नहीं क्यों, मुझे भीतर से ही लगा कि मुझे मेरे पिताजी के ही कार्य को आगे बढ़ाना चाहिए, संभालना चाहिए क्योंकि दोनों भाईयों के बाहर चले जाने के बाद यह स्थान सुनसान हो गया था। अभी आपको जैसा ध्यान लग गया था, ऐसा मुझे भी एक दिन लग गया था। उस दिन लगा, जीवन में सबकुछ मिल सकता है, पर शांति नहीं मिल सकती है। यहाँ पर मुझे शांति मिली और लगा, आज मनुष्य-समाज बड़ा अशांत है और आज मनुष्य को शांति की बड़ी आवश्यकता है। ऐसे में अगर मैं इस स्थान की ही देखरेख करूँ तो मुझे भी शांति मिलेगी और एक शांत स्थान समाज को भी प्राप्त होगा। और ऐसा सोचकर ही मैंने इसी स्थान पर रहने का निर्णय लिया और आज मैं यहाँ हूँ।"

"मेरे पिताजी के यहाँ पर काफी शिष्य हैं और इसी कारण वे मेरा भी आदर करते हैं, मुझे भी सम्मान देते हैं, नमस्कार करते हैं। मैं भी भीतर से जानता हूँ कि यह नमस्कार वे मुझे नहीं कर रहे हैं और मैं पूजनीय भी नहीं हूँ, पर वे मुझमें मेरे पिताजी को ही देखते हैं और मेरे माध्यम से उन्हें मेरे पिताजी याद आते हैं। और अगर नमस्कार स्वीकार करने से किसी को खुशी मिलती है, तो क्या बुरा है? मैं भी बड़े आनंद से नमस्कार स्वीकार करता हूँ और मेरे पिताजी को ही अर्पण कर देता हूँ क्योंकि नमस्कार वास्तव में तो लोग उन्हें ही करते हैं। आसपास थोड़ी खेती-बाड़ी है, उससे भी आमदनी हो जाती है और हमारी गृहस्थी चल रही है। वास्तव में, यह कार्य करना मुझे अच्छा लगता है और इसीलिए यह कार्य करते समय बहुत आनंद का अनुभव आता है। मैं तो गुरुदेव का पुत्रमात्र हूँ, इसलिए गुरुदेव कहलाता हूँ, पर तुम तो साक्षात ही गुरु हो! मैंने तुम्हारे भीतर से बहने वाले स्पंदनों से वह जान लिया है। पर अभी तुम्हें लंबा सफर तय करना बाकी है। और तुम अभी छोटे हो और तुम भी गृहस्थ ही हो। गृहस्थी के साथ गुरुमार्ग अपनाना एक अलग

ही अनुभव है। इसमें लाभ भी है और हानि भी है। प्रत्येक सिक्के के दो पहलू होते हैं न, वैसा ही है। ऐसा मेरे पिताजी कहा करते थे। वे कहते थे कि विवाह करके अगर कोई इस गुरुमार्ग को अपनाता है तो लाभ यह होता है कि फिर उसका चित्त काम-वासना में नहीं रहता है क्योंकि वह उसमें से गुजर चुका होता है। काम के प्रति उसकी कोई जिज्ञासा, अतृप्ति नहीं रहती है और उसके बहकने का प्रश्न नहीं होता है। नहीं तो, कई बार देखा गया है कि एक बूढ़े साधु ने एक छोटी-सी लड़की पर बलात्कार किया। यानी साधु ने अपनी शरीर की कामवासना को जीवनभर नियंत्रित किया और बुढ़ापे में उसका नियंत्रण कम हो गया तो वही कामवासना बड़ी विकृति के साथ बाहर आ गई क्योंकि उसे दबा कर रखा गया था। गृहस्थ गुरु के लिए कामवासना के नियंत्रण का प्रश्न ही नहीं होता है; वह तृप्त होता है। दूसरा, वह किसी भी परिस्थिति में सहज व सरल बना रहता है। किसी भी परिस्थिति को अपनाने की लचक उसमें बनी रहती है। वह सबको सहन कर सकता है और वह इतना सौम्य होता है कि वह सबको सहन हो जाता है। क्योंकि कामवासना को दबाने वाले साधु कभी भी बड़े उग्र स्वभाव के हो जाते हैं। लेकिन गृहस्थ साधु का अपना एक दोष है। उसे दोष नहीं, कर्तव्यबंधन कह सकते हैं। उस पर उसके परिवार की जवाबदारी भी होती है। उसका अपनी पत्नी के प्रति, अपने बच्चों के प्रति भी कर्तव्य होता है। यानी बच्चों को पढ़ाना, बड़ा करना, यह भी एक जवाबदारी होती है। वह साथ-साथ उसे भी निभाता रहता है।"

"मेरे पिताजी दक्षिण से आए थे, पर उन्होंने बाद में कभी भी अपने भूतकाल के बारे में किसी को ज्यादा नहीं बताया। वे कहते थे—वे बचपन के स्थान, घर, स्कूल, सब इसलिए नहीं बताता हूँ क्योंकि नहीं तो मेरे शिष्य उन स्थानों को ही महिमामंडित करने लग जाएँगे और उनका चित्त उनमें ही बँटेगा, जबकि इन सब बातों की ओर ध्यान देने की कुछ आवश्यकता नहीं है। जो हो चुका है, उसे पकड़ने से, जो हो रहा है, वह पकड़ना आसान होता है। पर मनुष्य भूतकाल में होता है, वह भूतकाल को ही पकड़ने में ज्यादा रस लेता है। यह एक प्रकार का असंतुलन है। वास्तव में, जो वर्तमान में है, वही सत्य है। हमें उसे ही पकड़ना चाहिए। इसीलिए कहते हैं कि साधु

का कुल मत पूछो और नदी का मूल मत देखो। खूब अच्छा सदैव खूब बुरे का ही परिणाम होता है। यह क्रिया और प्रतिक्रिया का ही प्रकार होता है। खूब बुरे दिन निकाले हुए कई विद्यार्थी इसीलिए खूब अच्छा जीवन भी अपने जीवन में जी पाते हैं। अब मेरा पुत्र भी इसी कार्य में रस ले रहा है और इससे मैं खुश हूँ कि हमारे पूर्वजों की अमूल्य धरोहर हम संभाल रहे हैं। यहाँ पर सभी कार्य साधक ही स्वयं ही अपनी प्रेरणा से करते रहते हैं। मैं तो केवल आवश्यकता पड़ने पर अपने पिताजी की प्रेरणा से उनका मार्गदर्शन करता हूँ। और मैं मेरे जीवन में बड़ा खुश हूँ।

तुम्हारी बहन भी प्रतिमाह पहले गुरुवार यहाँ आती है। यहाँ पर प्रसाद चढ़ाती है और बाद में ही अपनी तनख्वाह को खर्च करना प्रारंभ करती है। ऐसा वह प्रतिमाह करती है। उसका यह भाव है कि ऐसा करने से उसके महिनों का खर्च उचित हो जाता है। सबकुछ भाव और विश्वास के ऊपर ही निर्भर होता है। यह भाव ही विश्वास बढ़ाता है। बढ़ा हुआ आत्मविश्वास ही मनुष्य को संतुलित रखता है। मनुष्य को ध्यान करना कठिन लगता है क्योंकि उसमें निर्विचारता की, शांति की आवश्यकता होती है। मूर्ति की पूजा आसान है। विचार करते-करते भी, अशांत मन से भी शरीर से पूजा हो जाती है। वास्तव में, पूजा केवल शरीर से की जाती है। वास्तव में, वह एक माध्यम ही है मन की एकाग्रता का, पर आज के दौड़-भाग के जीवन में वही एकाग्रता, वही शांति हम खो चुके हैं। इसलिए दिनभर में, पूजा के समय भी शांत नहीं होते हैं। पर ऐसे लोग जो अपने जीवन में अशांत हैं, वे भी यहाँ आते हैं। उन्हें एक मानसिक शांति का अनुभव होता है क्योंकि यहाँ पर उस गुरु का शरीर रखा गया है जो जीवन में शांत था और हजारों शांत आत्माएँ उनके साथ जुड़ी थीं और उसी सामूहिकता की शक्ति को उनकी मृत्यु के बाद भी यहाँ महसूस किया जा सकता है। सामूहिक शक्ति का प्रभाव उस शरीर पर सालों बना रहता है। और उससे जुड़े लोग अपने भाव से उस स्थान को और पवित्र माध्यम बनाते हैं। लोग जितने भाव से उस स्थान पर जाएँगे, उतने ही अधिक लोगों का वह स्थान माध्यम बनेगा और जितना माध्यम बनेगा, विश्वचेतना उतनी ही उसमें से बहेगी। यह तो प्रकृति का ही नियम है कि जहाँ ढलान है, नदी अपना रुख स्वयं ही वहीं कर

लेती है। उस ओर नदी को मोड़ना नहीं पड़ता है। सब करानेवाली शक्तियाँ तो गुरुतत्त्व की हैं, मैं तो एक माध्यममात्र हूँ।"

वे रोज शाम, नियमित रूप से साधकों से दो घण्टे मिलते ही थे। यही उन्होंने अपना जीवनक्रम बनाकर रखा था। साधकों को भी मालूम था कि वे शाम के समय पाँच से सात मठ में मिलते ही हैं। लोग भी, जिन्हें मिलना है, वे आते थे और सब बड़े अच्छे तरीके से चल रहा था। एक कमिटी (समिति) बनाई हुई थी। वे सब कार्यों को बाँटकर पूर्ण करते थे। वह कमिटी तीन सालों में बदलती रहती थी। इससे सभी साधकों को कार्य करने का अवसर मिलता था। उस स्थान की स्वच्छता व पवित्रता वास्तव में सबने बड़े भाव के साथ बनाकर रखी थी। छोटा-सा ही मठ था, पर सुंदर व पवित्र था। मुझे यहाँ आकर बहुत अच्छा लगा।

गुरुदेव ने कहा, "मैंने मेरे अंतर्मन से जान लिया था कि अब तुम कभी अपनी बहन के पास नहीं आ पाओगे। इसीलिए मैंने इस बार ही तुम्हें इस स्थान पर बुलाया क्योंकि फिर तो तुम यहाँ आ ही नहीं पाओगे।" मैंने कहा, "नहीं, मुझे यह स्थान बहुत अच्छा लगा। मैं यहाँ बार-बार आना चाहूँगा।" गुरुदेव हँसे और बोले, "अरे बेटा, अपने चाहने से क्या होता है? उसकी इच्छा होनी चाहिए ना! अब तुम कभी नहीं आ पाओगे क्योंकि तुम्हारा आगे का जीवन इतना व्यस्त है और कार्य का इतना पहाड़ खड़ा है कि तुम्हें यहाँ का विचार भी नहीं आएगा।" मैं फिर कुछ नहीं बोला क्योंकि गुरुदेव कहीं शून्य में जाकर बोल रहे थे। मानो मेरा सारा आगे का भविष्य ही उन्हें दिख रहा था। फिर मैंने भी बड़े भाव से नमस्कार किया तो मुझे भी उनके भीतर उनके पिताजी के दर्शन हो गए। और बड़ी भावपूर्ण दृष्टि से सारे वातावरण को देखा और फिर मैं एस.टी.स्टॅन्ड (बस स्थानक) की ओर चल दिया और रात के समय मेरी बहन के घर पहुँचा।

रात हो गई थी। वे लोग मेरा इंतजार कर रहे थे। हमने रात में साथ में भोजन किया और फिर दूसरे दिन सबेरे जब उठे तो मैंने

उन्हें बताया कि मुझे गुरुदेव के मठ में जाकर बहुत अच्छा लगा। यह सुनकर मेरी दीदी को बहुत अच्छा लगा। उस दिन मुझे लगा प्रेम एक संकुचित भावना है और श्रद्धा एक विशाल भावना है। फिर मेरी दीदी ने कुतूहलवश पूछा, "तू इतने महान गुरुओं तक कैसे पहुँचा? एक सामान्य मनुष्य तो वहाँ हिमालय तक जाने की सोच ही नहीं सकता!" फिर बहन की बड़ी लड़की ने पूछा, "और इतने सारे गुरु समाज में रहते हैं, सभी अच्छी-अच्छी बातें ही करते रहते हैं, पर हम कैसे पहचानें कि कौन-सा गुरु अच्छा है और कौन-सा गुरु खराब है? और जब ढोंगी गुरुओं के बारे में कभी सुनते हैं कि साधु भी वशीकरण मंत्र से लोगों को वश में रखकर लोगों से धन-सम्पत्ति लूट लेते हैं। कई साधु, तांत्रिक व मांत्रिक उनकी बात नहीं मानने पर साधना से नुकसान पहुँचाते रहते हैं।" फिर दीदी ने पूछा "तू तो असम में रहा है। वहाँ तो इस प्रकार के लोग बहुत होते हैं। तुझे कभी ऐसे लोग मिले क्या?" सब लोगों ने एकदम मेरे ऊपर प्रश्नों की झड़ी ही लगा दी। मैंने उन्हें बताया कि प्रत्येक आत्मा जब इस धरती पर जन्म लेती है, तभी आत्मिक प्रगति करना ही उसका उद्देश होता है। और यह उद्देश किस माध्यम से पूर्ण होगा, वह भी निश्चित होता है। यह माध्यम ही गुरु है। गुरु की स्थिति समुद्र जैसी है और आत्मा की स्थिति बूँद जैसी है। प्रत्येक बूँद जो भी धरती पर गिरती है, तो प्रत्येक बूँद का एक ही उद्देश होता है कि समुद्र तक पहुँचना। पर सभी समुद्र तक पहुँच पाती हैं, ऐसा नहीं है। बूँद को भी समुद्र तक पहुँचने के लिए अन्य बूँदों की सामूहिकता की आवश्यकता होती है।

ठीक इसी प्रकार से, मनुष्य-समाज में रहकर अकेले प्रगति की ही नहीं जा सकती है। उस आत्मा को सामूहिकता में जाना होगा और इसी सामूहिक शक्ति का नाम ही गुरु है। जो गुरु होते हैं, वे प्रथम अपना समर्पण प्रत्येक मनुष्य में करते रहते हैं। उनके हृदय में सबके प्रति प्रेम रहता है, निस्सीम प्रेम जिसे 'अनकंडिशनल लव' (निःस्वार्थ प्रेम) बोलते हैं। लोग उन्हें प्रेम करें न करें, वे तो करते ही रहते हैं क्योंकि प्रेम करना उनका स्वभाव है। वे सबको ही प्रेम के रूप में अपना सर्वस्व समर्पित करते हैं। कुछ जगह उनका समर्पण का बीज उगता है और लोग भी उनको समर्पण करते हैं। पर उन्हें बहुत कम लोग ही समर्पित हो पाते हैं। पर वे सबको समर्पित होते

हैं। पर समय जैसे-जैसे बीतता है, उनके आसपास समर्पित आत्माओं की सामूहिकता बन जाती है जिनके उनके साथ आत्मिक संबंध होते हैं। इस प्रकार उन गुरु के साथ हजारों लोगों की सामूहिकता रहती है। और जब हम उन गुरु को भी मानने लग जाते हैं तो वास्तव में, हम उस सामूहिक शक्ति से जुड़ जाते हैं। और फिर सभी की आध्यात्मिक प्रगति होती है और साथ-साथ हमारी भी होती है। हमारी सारी प्रगति फिर अनायास ही होने लग जाती है क्योंकि प्रगतिशील आत्माओं की सामूहिकता हमें प्राप्त हो जाती है। इसलिए जीवन में सबसे कठिन है—ऐसे गुरु को खोजना और उसके साथ जुड़ पाना, बस! बाकी सब तो जीवन में हो ही जाता है। अब प्रश्न है—इतने सारे गुरु इस समाज में हैं। कई ढोंग करने वाले भी गुरु हैं, कई तांत्रिक-मांत्रिक भी हैं, तो फिर कैसे पहचानें कि मेरा गुरु कौन-सा है? इसके लिए शुद्ध चित्त से उससे मिलने का भाव रखो। शुद्ध चित्त से आशय—तुम्हारे मन में कोई वासना न हो, कोई समस्या न हो, किसी के प्रति भी बुरा भाव न हो। आप सबके प्रति अच्छा भाव ही रखो, चाहे सामने वाला वह भाव आपके प्रति रखे या न रखे। और फिर ऐसा शुद्ध चित्त रखकर आप अपने गुरु से मिलने का भाव बनाए रखें। उसके लिए समाधिस्थ गुरु से प्रार्थना भी कर सकते हैं क्योंकि मैं इसी मार्ग से पहुँचा हूँ।

गुरु ऐसा कोई एक व्यक्ति या शरीर नहीं है। पर हम उस शरीर को ही गुरु मान लेते हैं जिस शरीर के माध्यम से गुरुतत्त्व प्रकट होता है। इसीलिए हम शरीर को ही पकड़ लेते हैं। और जो शरीर गुरुतत्त्व का माध्यम रहा हो, उसके आसपास सदैव शक्तियों का एक वलय होता ही है और वही वलय उस शरीर के समाधिस्थ होने के बाद भी सालों तक बना रहता है। तो उस समाधि के पास जाकर उस शक्ति के वलय से अगर हम प्रार्थना करते हैं कि मुझे मेरे गुरुतत्त्व के माध्यम से मिला दीजिए, तो वह हमारे जीवन में किसी गुरु का आगमन करता है। यह अपने गुरु के पास पहुँचने का सबसे आसान मार्ग है। समाधिस्थ गुरु के माध्यम से आप गुरुतत्त्व से ही प्रार्थना करो। मैं ऐसे ही, समाधिस्थ गुरु के पास पहुँचकर गिड़गिड़ाया था और मैंने प्रार्थना की थी, तभी जीवंत (सजीव) गुरुओं तक पहुँच सका। वास्तव में, फिर मेरी भी इच्छा जागृत हुई और फिर मैं उस

मार्ग पर चला। मुझे बचपन से ही लगता था कि मेरा जन्म किसी विशिष्ट कार्य के हेतु हुआ है और सामान्य मनुष्य के समान पढ़ाई करना, नौकरी करना, शादी करना, गृहस्थी बसाना और बूढ़ा होकर मर जाना, ऐसा सामान्य जीवन मेरा नहीं है। मैं महसूस करता था कि मेरा जीवन बहुत बड़ा है। मैं मेरी मृत्यु के बाद भी आठ सौ सालों तक इसी धरती पर रहूँगा, इतना बड़ा मेरा जीवनकाल है। आठ सौ सालों तक शरीर तो रह नहीं सकता, फिर कहाँ रहूँगा? तो अपने साधकों के हृदय में रहूँगा। मेरा जीवनकाल बड़ा है। मैंने मेरे पिछले जन्मों में मुझसे जुड़ी हुई आत्माओं को जो आश्वासन दिया था, मैं उस आश्वासन से ही बँधा हूँ। वह जब तक पूरा नहीं होता है, मुझे मोक्ष नहीं मिल सकता है। और उन आत्माओं के आने के लिए अभी मेरे जीवनकाल के बाद के आठ सौ साल बाकी हैं। वे धीरे-धीरे आ रही हैं। उन्हें इस स्थिति तक पहुँचने में अनेक जन्म लेने पड़ रहे हैं। वे जब तक नहीं पहुँच जाते, मैं उनका इंतजार करूँगा। मेरी स्थिति ठीक उस ग्वाले जैसी है जो अपने घर पर कभी भी जा सकता है, पर वह घर पर तभी जाएगा, जब सारी गायें अपने घर पहुँच जाएँ। ठीक इसी प्रकार से, मैं तो मोक्ष कभी भी पा सकता हूँ, पर तब तक नहीं जाऊँगा, जब तक मुझसे जुड़ी हुई प्रत्येक आत्मा मोक्ष प्राप्त न कर ले क्योंकि मेरा मोक्ष भी आश्वासन के साथ बँधा हुआ है। मुझसे जुड़ी हुई आत्माओं को इस स्थिति तक पहुँचने के लिए बार-बार जन्म लेने पड़ रहे हैं। मैं भी जीवित हूँ और एक शरीर की सीमा में बँधा हुआ हूँ और इसीलिए मैं अधिक कार्य नहीं कर पा रहा हूँ। जिस दिन मैं इस शरीर के बंधन से, शरीर की सीमा से मुक्त हो जाऊँगा, उसी दिन से मेरा कार्य वास्तव में प्रारंभ होगा। यानी मेरा कार्य तो मेरे जीवनकाल के बाद प्रारंभ होने वाला है। इसलिए मैं मेरे जीवनकाल में शांत हूँ, तृप्त हूँ, समाधानी हूँ।

मैं बचपन में जब पढ़ता था, तब भी लगता था—पढ़ाई में आनंद नहीं आ रहा है। फिर नौकरी की, पैसे कमाए, तब भी लगा कि जीवन में आनंद नहीं आ रहा है। यानी सब जगह यह लगता था कि यह मेरे जीवन का लक्ष्य नहीं है। फिर नौकरी छोड़ी और गुरुओं का सान्निध्य प्राप्त किया। तब लगा कि अब पाने के लिए कुछ भी नहीं रह गया है। एक संपूर्ण समाधान प्राप्त हो गया था।

यह सब क्रमबद्ध तरीके से हुआ था। मैं कोलकाता में अच्छी नौकरी पाकर, अच्छी तनख्वाह पाकर भी खुश नहीं था। मन में एक बेचैनी रहती थी। कुछ तो भी खोजता ही रहता था, भटकता ही रहता था। मेरी नानी ने मुझे नागपुर में, बचपन में जो बात बताई थी, वह आज तक हृदय में घर करके बैठी हुई है। मेरी नानी कहा करती थी, "परमात्मा अविनाशी स्वरूप में है। वह कल भी था, वह आज भी है और वह कल भी रहेगा।" मेरी नानी के इस कथन से मैं समझ गया था कि परमात्मा कोई शरीर नहीं हो सकता है क्योंकि कोई भी शरीर ऐसा नहीं है जो अमर हो। फिर मैंने मेरी नानी से पूछा था कि हमें कल का ही परमात्मा क्यों मालूम है? नानी का जवाब था कि हम भूतकाल में जीते हैं इसीलिए। अगर हम वर्तमानकाल में जीएँगे तो वर्तमानकाल का स्वरूप हमें मिल पाएगा। जब तक हम वर्तमान में नहीं आते, तब तक हमें केवल भूतकाल के परमात्मा के स्वरूप के बारे में जानकारी होगी। अब वर्तमानकाल में जाने का मार्ग मेरी नानी को पता नहीं था। उसको जितना मालूम था, उसने बता दिया था। और मैंने मेरी नानी को बताया कि मैं समझ गया हूँ—अगर आज के, वर्तमान स्वरूप के परमात्मा को जानना है तो वर्तमानकाल में रहना होगा। अगर मैं वर्तमान में रहने का कोई मार्ग ढूँढ़ सका और उस वर्तमान में रहने के मार्ग से मैं वर्तमान के परमात्मा से मिल सका, तो मैं यह मार्ग अपने तक ही नहीं रखूँगा; मैं सब प्राप्त करके समाज में आऊँगा और लोगों को, जो आज के परमात्मा तक पहुँचना चाहते हैं, उन्हें अवश्य बताऊँगा कि किस मार्ग से परमात्मा को पाया जा सकता है।

फिर मैं ध्यानमार्ग में आया तो, वर्तमान में रहने के लिए समर्पण ध्यान ही एकमात्र आसान मार्ग है, यह जाना और अपने गुरुओं के रूप में साक्षात आज के परमात्मा के दर्शन किए और जाना कि जो शरीर में है, जीवित है, शरीरधारी है, पर शरीर के दोषों से मुक्त है, शरीर के विकारों से मुक्त है, ऐसे पवित्र, शुद्ध शरीर से ही परमात्मा प्रकट होता है। यानी जो शरीर है, पर शरीर नहीं है, वह परमात्मा है। वास्तव में, परमात्मा तो एक अविनाशी शक्ति है, वह प्रत्येक अणु और रेणु में विद्यमान होती है। पर मानव-शरीर की संरचना ही ऐसी होती है कि वह अपने-आपको किसी को भी समर्पित कर सकता

है। इसी कारण, गुरु वह शरीर है जो परमात्मा का माध्यम है और वह जीवंत (सजीव) गुरु ही आज का परमात्मा है क्योंकि वह प्रत्येक मनुष्य के लिए समर्पित है। यानी सबके प्रति समर्पण करके गुरु ने अपने शरीर को दोष रहित कर लिया है।

वास्तव में, मेरी नानी ही मेरी पहली गुरु थी जिसने मेरे मन में परमात्मा के बारे में जिज्ञासा जगाई थी। वह जितना जानती थी, उतना ज्ञान उसने मुझे प्रामाणिकता से दिया था। वह श्रीकृष्ण भगवान को मानती थी, पर वह यह भी कहती थी, "श्रीकृष्ण भगवान उस काल के गुरु थे। वे अपने जीवनकाल में भी पहचाने नहीं गए। बहुत कम लोग उनके जीवनकाल में उनको पहचान पाए थे। किसी ने उन्हें माखनचोर कहा, किसी ने ग्वाला कहा क्योंकि उस काल में भी बहुत कम लोग वर्तमानकाल में थे। इसीलिए, वर्तमान में ही न हो, तो परमात्मा के वर्तमान स्वरूप को कैसे पहचानेंगे? इसलिए उन्हें भी नहीं जान पाए। वे भी उनके काल के गुरु ही थे। उनके माध्यम से परमात्मा की शक्ति बहती थी। वे भी माध्यम ही हैं, यह वे भी जानते थे, इसीलिए उन्होंने कभी अपने-आपको भगवान नहीं कहा। हाँ, गीता वेदव्यासजी ने लिखी है जिसमें श्रीकृष्ण कहते हैं कि मैं भगवान हूँ, पर वास्तव में, वह श्री वेदव्यासजी का भाव था। धीरे-धीरे श्रीकृष्णजी को मान्यता भगवान के रूप में मिलने लगी और वे भगवान माने गए, पर तब समय बीत चुका था। परमात्मा के माध्यम, जो मान्यता-प्राप्त होते हैं, उन्हें पहचानना आसान होता है क्योंकि सभी लोग उन्हें जानते हैं। पर वे अपने से तो दूर ही होते हैं। पर ऐसे किसी एक 'भगवान' की भक्ति करके भी भगवान के वर्तमानकाल के स्वरूप (माध्यम) तक पहुँचा जा सकता है। मैं भी आज के परमात्मा के स्वरूप तक पहुँच सकती हूँ, पर अब मैं बूढ़ी हो गई हूँ। मेरे पास वर्तमानकाल में रहने के लिए और वर्तमानकाल के परमात्मा तक अपने जीवन में पहुँचने के लिए समय ही बाकी नहीं रहा है और मैं इच्छा करके भी नहीं पहुँच सकती हूँ।"

तब मैंने नानी को धीरज देते हुए कहा था, "नानी तू चिंता मत कर। मैं अभी बालक हूँ, साधना करने के लिए मेरे पास समय है। मैं मेरा सारा जीवन ही इसी एक उद्देश के लिए लगा दूँगा और जब मैं

आध्यात्मिक अनुभूति के उस उच्च शिखर पर पहुँचूँगा, मैं सभी को वह मार्ग बताऊँगा।" नानी ने बड़ी प्रसन्नता से मुझे गोद में लेते हुए कहा था, "मैं ऊपर जाकर अवश्य तेरे इस महान कार्य को देखूँगी। मुझे तेरे इस कार्य से ही मोक्ष मिलेगा। तू चिंता मत कर, मैं सदैव ऊपर से तुझे देखती ही रहूँगी।" तो आज भी मुझे लगता है कि नानी मर जाने के बाद भी मुझे देख रही है।

मुझे बचपन में नानी रोज कृष्ण के एक मंदिर में लेकर जाती थी। वहाँ पर बहुत बड़ी गौशाला थी। मेरा समय उस गौशाला में ही अधिक बीतता था। गाय के छोटे बच्चों के साथ खेलता था। गाय के छोटे-छोटे बच्चे मुझे बहुत भाते थे। वहाँ के दूध निकालने वाले जो ताजा दूध ग्लास में निकालकर देते थे, उसे मैं आज भी नहीं भूला हूँ। वह थोड़ा गरम भी होता था और थोड़ा मीठा भी होता था। कभी-कभी मस्ती करने के लिए वे मुझे गाय का दूध निकालते समय गाय के थन के पास बिठाते थे और थन से दूध खींचकर मुँह में ही सीधा डालते थे। पर वैसा करने से पूरे मुँह पर दूध ही दूध हो जाता था। मैं आँखें बंद करके पीता था क्योंकि कई बार वह दूध आँख में भी जाता था। मेरी नानी के साथ मेरा बचपन बहुत अच्छा बीता था। मंदिर जाते समय नानी रास्ते में ही मेरे साथ अकेली रहती थी। उसे थोड़ा कम दिखता था, इसलिए वह शाम में वापसी के समय मुझे साथ रखती ही थी। मैं शरारत करता था; कभी उसे गिट्टी पर चलाता था, कभी खड्डों में से लेकर जाता था। वह फिर मुझे डाँटती थी, "मुझे गिट्टी के ऊपर क्यों लेकर जा रहा है, खड्डों में क्यों लेकर जा रहा है?" मैं कहता था, "नानी, तू कहती है कि तुझे दिखता नहीं है फिर गिट्टी कैसे दिखती है, खड्डे कैसे दिखते हैं?" नानी डाँटते हुए कहती, "अरे रांडीच्या, ते पायांना लागतात न! (यानी वे पैर को तो मालूम हो ही रहे हैं।)"

"यानी नानी, परमात्मा भी दिखेगा नहीं, तो भी चलेगा, महसूस होना चाहिए। आँखों से भी अधिक वह अनुभूति से महसूस होगा। नानी, अब मैं परमात्मा देखना छोड़कर परमात्मा महसूस करना सीखूँगा। अपनी आँखों से अधिक अपनी अनुभूति की आँख महत्त्वपूर्ण है। भगवान अगर दिखा तो वह भूतकाल का होगा, जो महसूस होगा,

वही वर्तमानकाल का आज का भगवान होगा। पर वर्तमानकाल का भगवान महसूस करने के लिए वर्तमान में ही रहना होगा।"

मेरी नानी नौ हाथ की (नौ गज लंबी) साड़ी पहनती थी। लाल, एक रुपए जितना कुंकु लगाती थी। कद में पाँच फीट की रही होगी। थोड़ी मोटी थी, पर गोरी-चिट्टी थी। उसके बड़े-बड़े कान थे और पूरे सफेद, लंबे बाल थे। बाल इतने लंबे थे कि वह ऊँचाई पर बैठकर ही चोटी बनाती थी, अन्यथा उसके बाल जमीन पर लग जाते थे। नीली-नीली, बड़ी-बड़ी उसकी आँखें थीं। गले में एक मंगलसूत्र और चार सोने की चुड़ियाँ उसके हाथ में रहती थीं। उसकी आँखें शाम के समय कम देख पाती थीं। गोल चेहरा था। सिर के बीचोबीच वह माँग निकालती थी। घर में तो वह काम में व्यस्त रहती थी, मंदिर जाते-आते ही, रास्ते में हमारी आध्यात्मिक चर्चा होती थी। और मैं भी एकदम छोटा था, प्रायमरी (प्राथमिक वर्ग) में ही पढ़ता था। और पढ़ाई में भी सामान्य ही था, सारा ध्यान अध्यात्म की ओर ही था।

एक दिन ऐसे ही रास्ते में मैंने मेरी नानी से कहा, "नानी, आज पेपर (समाचार पत्र) में आया कि हरिद्वार में एक नाव से कुछ लोग भगवान के दर्शन करने गए थे और वे सब डूबकर मर गए। ऐसा आज पेपर पढ़कर मामा नानाजी को बता रहा था। तो नानी, रोड (सड़क) के ऊपर दुर्घटनाएँ होती हैं, वह तो ठीक है, पर जो लोग भगवान् के दर्शन करने गए थे, तो भगवान् ने कम-से-कम उन्हें तो बचाना चाहिए! नानी, भगवान वगैरह कोई शक्ति इस दुनिया में है ही नहीं! भगवान केवल तेरी एक कल्पनामात्र ही है। भगवान होता तो अपने भक्तों को नहीं बचाता?" इस पर नानी शांत ही रही, कुछ नहीं बोली। शायद मेरी बात पर सोच रही थी। और बाद में बड़े विचित्र भाव से मेरी ओर देख रही थी। मानो कह रही हो—इतना छोटा-सा दिखता है, पर यह छोटा-सा है नहीं। इसके प्रश्न बता रहे हैं कि कितना गहरा है यह! वह मेरी आँखों में गहराई से देख रही थी और काफी समय ऐसे ही देखती रही मानो मेरी आँखों में ही सारा आगे का भविष्य देख रही हो!

मेरा बचपन मेरे ननिहाल में ही बीत रहा था। मेरे पिता नौकरी के कारण दूर थे, माँ शिक्षक-प्रशिक्षण के लिए अलग गाँव में थी।

इसलिए मैं और मेरी बहन मेरे नाना और नानी के साथ, मामा और मामी के साथ, मौसी के साथ रह रहे थे। बचपन से मेरी मौसी मुझे बत्तीसिया कहती थी यानी वह जो भी बोलेगा वह होगा ही! इसलिए मेरी मौसी मुझे कहती थी, "तू जो बोलता है, वह होता ही है। इसलिए सदैव सकारात्मक ही बोला कर ताकि तेरे बोलने से सदैव अच्छा ही होता रहे।" उसका पूर्ण विश्वास था कि मैं जो बोलता हूँ, वह होता ही है। मुझे बचपन से वाक्-शक्तियाँ प्राप्त थीं, ऐसा उसका अनुभव था।

एक बार स्कूल से आते हुए एक फकीर की क्रियाएँ देखीं जो वह अपने हाथ में रखे मोरपंखों से कर रहा था। वह उसके पास आने वाले को मोरपंखों से झाड़ता था और कोई मंत्र बोलता रहता था। और उससे झाड़-फूँक कराने के लिए लंबी लाईन (कतार) लगती थी। लोग उसके लिए घंटों लाईन में खड़े रहते थे। लोगों का विश्वास था कि ऐसा करवाने से उनकी बीमारियाँ दूर हो जाती हैं। मुझे तो कोई बीमारी नहीं थी, पर मैं मेरे मित्र के साथ ऐसे ही लोगों की लाईन में खड़ा हो गया। जब मेरा नंबर (क्रम) आया तो देखा कि वह एक बूढ़ा मुस्लिम फकीर था। उसने हरे रंग के कपड़े पहने थे। हरे ही रंग का स्कार्फ (रूमाल) था। उस पर लाल रंग की कढ़ाई की गई थी। उसकी आँखें बड़ी प्रभावशाली व बड़ी थीं। वह बहुत बूढ़ा था, इसलिए वह एक ओटले पर बैठा रहता था। लोग एक-एक करके उसके सामने खड़े हो जाते थे। मैं भी खड़ा हो गया। उसने मेरे शरीर की ओर, दोनों तरफ सात बार मोरपंख घुमाए और तीन बार मेरे सिर पर मारे और आशीर्वाद दिया—बुरी नजर से बचे, बुरी बला से बचा रहे बच्चा, बच्चे का मुस्तकबील बुलंद हो। अल्लाह रहमत कर, अल्लाह रहमत कर। फिर मुझे चिरंजी (मंदिर में प्रसाद के रूप में बाँटे जाने वाले शक्कर से बने गोल-गोल दाने) के चार दाने दिए। फिर मैं आगे बढ़ा। वहाँ एक पीर बाबा की दरगाह थी, वहाँ पर नमस्कार किया और हम आगे बढ़ गए। मेरा मित्र भी आगे बढ़ गया। मेरा मित्र उसके मामा के साथ यहाँ पर एक बार पहले भी आ चुका था। मुझे वहाँ पर झाड़-फूँक कराके बड़ा प्रसन्न व अच्छा लगा था जबकि मेरे मन में उस फकीर के प्रति कोई भाव नहीं था। मैं केवल कुतूहलवश उसके पास गया था। वह औलिया था। उसे 'औलिया'

भी कहते थे। जैसे किसी मंदिर में जाते हैं, वैसे ही मैं उस दरगाह पर गया था। वह कोई अलग धर्म है, ऐसा कुछ मालूम नहीं था। मुझे मंदिर जैसा ही पवित्र वातावरण वहाँ पर भी लगा। वहाँ की लोबान की खुशबू आज भी मेरे भीतर बसी हुई महसूस होती है।

ऐसे ही एक दिन मेरे नानाजी के साथ बड़े निर्जन स्थान पर, नदी के किनारे स्थित किसी साधु के आश्रम में गया था। वहाँ पर और भी लोग थे। पास में ही नदी बह रही थी। थोड़ी दूर रेल्वे (रेलमार्ग) का पुल था। रेल जब पुल के ऊपर से गुजरती थी तो बड़ी अच्छी आवाज आती थी। मेरे नानाजी मुझे कई बार इस आश्रम में लाते थे। इस आश्रम में कोई मंदिर नहीं था, पर यहाँ पर एक साधुबाबा रहते थे और उनके दो शिष्य रहते थे। वे साधुबाबा बड़े ही सौम्य स्वभाव के थे। मैं जब भी जाता, मुझे पास में बिठाते थे। मेरे सिर पर हाथ फेरते थे। उनका हाथ फेरना मुझे बहुत अच्छा लगता था। उनके पास पहुँचना ही कठिन था क्योंकि आश्रम जाने का रास्ता ही कोई ठीक से नहीं था। फिर भी पूर्णिमा और गुरुवार के दिन वहाँ पर काफी लोग आते थे। एक दिन उन्होंने मुझे अपने साथ यज्ञ में भी बिठाया, मुझसे कोई यज्ञ भी कराया था। वे हनुमानजी के उपासक थे। उनकी कुटी में हनुमानजी की एक मूर्ति रखी थी। मेरे नानाजी भी हनुमानजी के उपासक थे। ये साधुबाबा, उनके पास जो भी आता, उसकी बीमारी ठीक करने के लिए यज्ञ में से राख लेकर, उस पर मंत्र बोलकर उसे देते थे। दाँत का दर्द है तो वही भभूति, पेट का दर्द है तो वही भभूति, बच्चा नहीं होता है तो वही भभूति, सिर में दर्द है तो वही भभूति, धंधा नहीं चलता है तो भी वही भभूति! एक ही भभूति से कैसे सब हो सकता है? एक दिन मैंने भी चुपचाप, खुद ही वहाँ से भभूति लेकर खा ली। सामान्य राख ही थी और कुछ नहीं था। फिर मैंने एक दिन उन्हें प्रश्न किया, "बाबा, एक ही भभूति से सबको फायदा कैसे हो सकता है?" वे मुस्कराए और बोले, "ऊपरवाले के कारण! वह ऊपरवाला है न, उसके ऊपर जिसका विश्वास है, उसे वह फायदा करता है। अरे बेटा, मैं तो केवल राख ही देता हूँ।" मैंने कहा, "एक दिन आप प्रसाद लेने गए थे, तब मैंने भी खाकर देखी थी। वह राख ही थी।" वे मुझे आश्चर्य से देख रहे थे। वे बोले, "पर वह राख जब ऊपरवाले पर विश्वास करके लेते हैं,

तो वही राख उनके लिए दवा बन जाती है, भभूति बन जाती है। और उस राख पर फूँक मारकर मैं प्रार्थना करता हूँ कि उसकी विशेष बीमारी दूर हो। मैं प्रार्थना तो सबके लिए करता हूँ, पर मेरी प्रार्थना भी फलदायी तभी होती है, जब उस व्यक्ति का विश्वास हो! ताली सदैव दो हाथों से ही बजती है। इसलिए सभी की बीमारियाँ इससे ठीक भी नहीं होती हैं।" उनके पास कोई भी व्यक्ति जा सकता था। वे उसकी जाति नहीं पूछते थे, धर्म नहीं पूछते थे, कुछ नहीं पूछते थे। सबके साथ समान व्यवहार करते थे।

एक दिन वे नानाजी को बोले, "इस बच्चे का जीवन बड़ा सुंदर है। यह मनुष्यमात्र के लिए बड़ा कार्य करने वाला है। इसके ऊपर गुरु महाराज की कृपा है।" इस पर नानाजी ने कहा, "यह फालतू की बातें अधिक करता रहता है। पढ़ता लिखता नहीं है।" बाबा बोले, "उसका पढ़ना-लिखना अलग क्षेत्र में है। वह उस क्षेत्र में पढ़ भी रहा है और लिख भी रहा है।" फिर इस पर नानाजी कुछ नहीं बोले, केवल मुझे देखते ही रहे। वहाँ के वातावरण के कारण वह आश्रम आज भी मुझे याद है। बाबा ने एक दिन मुझे बताया, "मैं जो देता हूँ, वह तो राख ही है, पर उनका भावपूर्ण विश्वास उसे दवा बना देता है। विश्वास से मनुष्य में एक सकारात्मक भाव आ जाता है और, मेरी बीमारी अब ठीक होगी ही, यह सोच ही मनुष्य की बीमारी ठीक कर देती है। मनुष्य को 90 प्रतिशत बीमारियाँ होती ही नहीं, केवल 10 प्रतिशत ही होती हैं; 90 प्रतिशत तो वह अपने खराब विचारों से निर्माण कर लेता है। मनुष्य के विचार ठीक हो जाएँ, सोच ठीक हो जाए, तो मनुष्य की बीमारियाँ तो ठीक हो ही जाती हैं। केवल उसके लिए, उनके जीवन में सकारात्मक भाव लाने वाला कोई गुरु होना चाहिए।"

मैं जब बोलता था, तो सब लोग घण्टों सुनते रहते थे। अपनी जगह हिलते-डुलते भी नहीं थे। मेरी दीदी व उसकी लड़कियों को, मेरे जीजाजी को भी मेरी बातें बड़ी अच्छी लग रही थीं। दीदी बोली, "यह सब तूने कभी बताया नहीं था।" मैंने कहा, "यह विषय नहीं निकला, इसलिए नहीं बताया।" फिर एक नियम-सा हो गया था कि रोज शाम हम सब इकट्ठा होते थे और मैं उन्हें बताता रहता था।

आसपास के लोग भी उस बरामदे में सुनने आने लग गए। फिर मेरी दीदी की छोटी लड़की ने पूछा, "आगे क्या हुआ?" मैंने कहा: फिर एक दिन मैंने मेरी नानी से प्रश्न किया, "नानी, तू कहती है कि मुसलमान अपने से अलग हैं क्योंकि उनका अलग धर्म है, अपना अलग धर्म है, उनका भगवान अलग है, अपना भगवान अलग है। तो एक हिंदू साधु अपनी भभूति से मुसलमान की बीमारी कैसे ठीक करता है? और एक मुस्लिम फकीर अपनी झाड़-फूँक से हिंदुओं की बीमारियाँ भी कैसे ठीक कर सकता है? मुसलमानों को केवल मुसलमानों की बीमारियाँ ठीक करनी आनी चाहिए। हिंदू साधु को केवल हिंदू लोगों की बीमारियाँ ठीक करनी आनी चाहिए। और अगर ये दोनों एक-दूसरे के धर्म के लोगों को तो ठीक कर सकते हैं, यानी क्या दोनों का भगवान एक है? जैसे तू एक ही है, पर मौसी तुझे 'माँ' कहती है और मैं तुझे नानी कहता हूँ। हम अलग-अलग मानते हैं, पर तू तो अलग-अलग नहीं है, तू तो एक ही है। तेरा और हमारा रिश्ता अलग-अलग है। मौसी से माँ का रिश्ता है, मुझसे नानी का रिश्ता है।" नानी हँसकर बोली, "मेल्या, इतना ध्यान अगर पढ़ाई में लगाया, तो क्लास (कक्षा) में पहला नंबर (क्रमांक) आएगा! पढ़ता-लिखता तो कुछ है नहीं, बेकार की बातें सोचता रहता है। अब चुप भी रह, कितना बोलता है! तू अभी छोटा है।" मैं सोचता था—जब भी कुछ पूछूँ तो नानी कहती है कि तू अभी छोटा है, और पढ़ाई नहीं करता हूँ तो नानी कहती है कि इतना बड़ा हो गया है, अभी तक तुझे अक्ल नहीं आई है। तो मैं समझ नहीं पा रहा था कि मैं बड़ा हूँ या छोटा हूँ....क्या हूँ?

मेरे नानाजी हनुमानजी को भगवान मानते थे। वे हर शनिवार मुझे बर्डी के हनुमान मंदिर में लेकर जाते थे। हनुमानजी की बैठी हुई मुद्रा जिसमें वे हाथ जोड़कर बैठे हैं, वह मुझे बड़ी अच्छी लगती थी। वहाँ नानाजी एक नारियल लेकर जाते, आकड़े का एक हार लेकर जाते थे। वे बोलते थे, "सबसे बड़ा धन स्वास्थ्य है। तू यहाँ मेरे साथ आएगा, तो तू बलशाली बनेगा। हनुमानजी शक्ति के देवता हैं।" ये सब तो मुझे तब समझता नहीं था। नारियल का पानी पीने के लिए मिलता था। मेरा सारा ध्यान उस पानी की ओर रहता था। मैंने नानाजी को पूछा, "नानी श्रीकृष्ण को भगवान मानती है। आप

हनुमानजी को भगवान मानते हो, ऐसा क्यों?" वे बोले, "दोनों ही भगवान हैं, पर यह अपना-अपना भाव है।" यानी मैंने समझ लिया भगवान मानना अपने हृदय का भाव है, अपने मन की एक अच्छी स्थिति है और आप किसी को भी भगवान मान सकते हैं। यह सब मानने के ऊपर ही निर्भर है। परमात्मा एक अविनाशी, अज्ञात शक्ति है, उसे आप किसी भी माध्यम से ग्रहण कर सकते हैं। शक्ति एक है और माध्यम अलग-अलग होते हैं। फिर नानाजी से पूछा कि वह मुस्लिम फकीर किस भगवान को मानता है? तो नानाजी ने कहा कि उनका अलग ही धर्म है। उनका भगवान साकार रूप में नहीं है। वे भगवान को निराकार रूप में ही मानते हैं। पर निराकार तक एकदम नहीं पहुँचा जा सकता है। साकार से निराकार तक पहुँचना होता है, ऐसी हमारी मान्यता है। और नानी जो मानती है, वह हिंदू धर्म ही है, पर वह देवता अलग है, मेरा देवता अलग है।

मुझे यह समझ में नहीं आ रहा था कि नाना और नानी के देवता अलग-अलग हैं, तो धर्म अलग-अलग क्यों नहीं हैं? क्योंकि मानना तो अलग-अलग है ही, तो धर्म भी अलग-अलग हो गया। शायद ये साकार धर्मवाले हैं और मुस्लिम फकीर निराकार धर्मवाला है। यही आसान-सा अंतर मेरा बालमन समझ पाया था।

मैं समझ नहीं पा रहा था कि भगवान की बातें सब करते हैं जबकि उसे देखा किसी ने भी नहीं है, उसकी अनुभूति किसी को भी नहीं! यह बड़ा ही विचित्र लग रहा था। ऐसा लग रहा था कि ये सब लोग एक ऐसे रास्ते पर चल रहे हैं जो कहाँ जाता है, वह किसी को भी मालूम नहीं है! और कभी-कभी लगता था कि इतने लोग भगवान को मानते हैं, तो वह होगा ही। सारे लोग थोड़े ही मूर्ख होंगे! पर कहाँ होगा भगवान, कब मिलेगा भगवान, क्या मालूम! भगवान जीवन की अनबूझी पहेली-सी लग रहा था। तभी एक दिन मैं नानी के साथ श्रीकृष्ण मंदिर गया तो देखा कि श्रीकृष्ण की मूर्ति के थोड़ा-सा ही नीचे एक पुजारीजी बैठते थे। वे मुझे कभी-कभी प्रसाद भी देते थे। मुझे लगा कि वे भगवान के करीब बैठते हैं, तो वे तो भगवान को अधिक पास से जानते होंगे। अब एक दिन इनसे मिला जाए, उनसे भगवान की जानकारी ली जाए। एक आशा की नई किरण जागृत

हुई। अँधेरे में प्रकाश की संभावना लगने लग गई। लेकिन दूसरे दिन की घटना ने फिर अँधेरा कर दिया।

दूसरे दिन पूर्णिमा थी और घर पर सत्यनारायण की पूजा रखी गई थी। उसमें उन पुजारीजी को कथा कहने के लिए बुलाया था। कथा हो जाने के बाद वे ही नानाजी से दक्षिणा को लेकर झगड़ा करने लग गए। ग्यारह रूपए की जगह इक्कीस रुपए माँगने लग गए। बाद में नानाजी से जब उन्होंने इक्कीस रुपए ले लिए, तभी वे शांत हो पाए। तो मुझे लगा कि यह भगवान के करीब का आदमी इतना लालची है, तो भगवान भी कितना लालची होगा! अब तो परमात्मा को जानने का यह मार्ग भी बंद हो गया था। क्या किया जाए, यह समझ में नहीं आ रहा था।

एक दिन मंदिर में एक कथाकार से पूछा कि आपने भगवान को देखा है क्या? उन्होंने कहा, "भगवान कोई व्यक्ति नहीं है जो देखा जा सके। भगवान तो सर्वत्र ही है। प्रत्येक कण-कण में है। उसे केवल अनुभूति से अनुभव करना होगा। पर जब तक आत्म-अनुभूति नहीं होती, तब तक बाहर के भगवान की भी अनुभूति नहीं हो सकती है। बाहर का मार्ग भीतर से ही है।" मैं इतना समझ गया कि अब भीतर ही जाना होगा। पर भीतर कैसे जाया जाए, यह मालूम नहीं था। अपने अनुभव के आधार पर यह जान गया था कि परमात्मा एक विश्वव्यापी चेतनाशक्ति है जो इस संसार में सर्वत्र विद्यमान है और जो भी मनुष्य उसके साथ समरस हो जाता है, वह उसके माध्यम से बह सकती है। और सारे मनुष्य समान हैं और सबके भीतर उस शक्ति के साथ समरस होने के समान अवसर उपलब्ध हैं। कोई भी मनुष्य उस शक्ति से समरस हो सकता है, कोई भी व्यक्ति उस शक्ति का माध्यम हो सकता है। और जो माध्यम बनता है, उसे ही लोग भगवान का दर्जा दे देते हैं। पर वास्तव में वह भी भगवानमय होता है, पर भगवान नहीं होता क्योंकि किसी भी माध्यम ने अपने-आपको भगवान कहा ही नहीं है क्योंकि एक शरीर इतना सक्षम नहीं है कि सारे विश्व की चेतना को ग्रहण कर सके। प्रत्येक शरीर के अपने दोष तो होंगे ही क्योंकि शरीर आया तो शरीर के दोष आएँगे ही! इन शरीर के दोषों पर चित्त न रखकर जीवंत

(सजीव) शरीर में आज का परमात्मा खोजना होगा। यानी आज भी कोई तो व्यक्ति उसका माध्यम होगा। वह माध्यम ही वर्तमानकाल का परमात्मा होगा। जब मैं एक हूँ, तो मेरा माध्यम भी एक ही होगा। एक दीपक को प्रज्ज्वलित करने के लिए जिस प्रकार एक ही दीया काफी होता है, ठीक इसी प्रकार, मेरा परमात्मा का माध्यम भी एक ही होगा और निश्चित होगा। और उस माध्यम तक पहुँचना ही प्रत्येक आत्मा का उद्देश होता है। मेरे भी जीवन का यही एकमात्र उद्देश है और वही मेरा सद्‌गुरु है। वह मुझे तभी प्राप्त होगा, जब मैं उसके योग्य हो जाऊँगा। जब तक मैं वर्तमानकाल में नहीं आता, तब तक वर्तमानकाल का परमात्मा, जो मेरे गुरु के रूप में होगा, वह नहीं मिलेगा। और फिर मैंने मेरी सारी खोज इसी दिशा में बचपन से कर दी थी।

मेरी दीदी ने बड़ी जिज्ञासा के साथ पूछा, "हम सब जानना चाहते हैं कि मेरे गुरु कौन-से हैं? मैं मेरे गुरुदेव को गुरु मानती हूँ, पर वे मेरे गुरु हैं नहीं क्योंकि अभी तक मुझे उनसे आत्मसाक्षात्कार नहीं हुआ है। और गुरु तो वह है जो आत्मा का साक्षात्कार करा सके, आत्मज्ञान करा सके, आत्मोन्मुख करा सके, आत्म-अनुभूति करा सके। और मुझे जिज्ञासा हो रही है कि मैं उस तक पहुँचूँगी कैसे? और तुम स्वयं अपने गुरु तक कैसे पहुँचे? मेरी सब जानने की बड़ी इच्छा हो रही है।" दीदी के साथ सभी लोगों ने कहा, "आगे का बताओ। अब तुम्हारे जीवन का वह अनुभव भी जानना चाहते हैं।" मैंने कहा, "वह बहुत बड़ा अनुभव है। एक बैठक में जाना नहीं जा सकता है।" वे सब बोले, "अब हम नियमित रूप से इस बरामदे में शाम के समय एकत्र होकर मिला करेंगे।" मैंने कहा, "ठीक है, कल से आगे का बताऊँगा।" फिर दूसरे दिन सब बड़ी जिज्ञासा से उसी समय, उस निश्चित स्थान पर एकत्र हो गए थे। सब बड़े ही शांत थे और मैं आगे क्या अनुभव बताने वाला हूँ, यह जानने के लिए बड़े उत्सुक थे। कुछ नए पड़ौसी भी जुड़ गए थे। मैंने बड़े शांत व संयमित भाव से कहना प्रारंभ किया—सद्‌गुरु तक की यात्रा अँधेरे से प्रकाश की ओर की यात्रा है। यह जीवन की सबसे बड़ी यात्रा है। इस यात्रा के अलग-अलग पड़ाव हैं। वे पार किए बिना इस यात्रा में आगे नहीं बढ़ा जा सकता है।

पहला पड़ाव है—परमात्मा के सत्य स्वरूप को जानना। परमात्मा यानी क्या? परमात्मा किसे मानना चाहिए? क्योंकि जिसे मानेंगे, वह अपने ऊपर है। प्रत्येक का यह निजी निर्णय है। कोई किसी को भी परमात्मा मान सकता है क्योंकि यह सब मानने के ऊपर ही निर्भर है। मेरी नानी श्रीकृष्ण को परमात्मा मानती थी, तो नानाजी हनुमानजी को परमात्मा मानते थे। यानी ये दोनों सभी भगवानों का आदर करते थे, पर मानते एक ही भगवान को थे। यानी इन दोनों ने आध्यात्मिक शिक्षा की प्रायमरी कक्षा पास (उत्तीर्ण) कर ली थी। अनेक भगवानों से एक भगवान तक आ गए थे। उनकी उम्र ही नहीं रह गई थी इसलिए आगे नहीं सिख सके, अन्यथा वे भी आगे बढ़ सकते थे।

अध्यात्म में आगे बढ़ने के लिए आवश्यक है—उम्र। एक छोटी-सी उम्र में आगे का रास्ता पकड़ा जा सकता है। परमात्मा क्या है, यह जाने बिना इस आध्यात्मिक शिक्षा की प्रायमरी भी पास नहीं हो सकती है। सब लोग जीवन में यहाँ तक भी पढ़ नहीं पाते हैं। अनेक भगवानों को पकड़ने में रहते हैं और एक को भी पकड़ नहीं पाते हैं। मानते सबको हैं, आदर सभी का करते हैं, पर संपूर्णत: एक को भी नहीं मानते हैं। सब भगवानों से डरते हैं और वे मेरा कुछ बुरा न कर दें, यही सोचकर भययुक्त आदर करते हैं, पर संपूर्ण विश्वास एक पर भी नहीं होता है! प्रथम, एक के ऊपर विश्वास करने की आवश्यकता होती है। जब तक हमारी एकाग्रता एक स्थान पर नहीं हो सकती, हमारी प्रगति नहीं हो सकती है। प्रथम अनेक से एक भगवान तक पहुँचना होगा और एक भगवान को ही संपूर्ण समर्पित होने पर वही आगे का मार्ग बताएगा। मैं ऐसा श्री गणेशजी को समर्पित हुआ था। श्री गणेशजी की ही भक्ति करता था, उनके ही मंत्र का जाप करता था और ऐसा करते-करते मेरा पवित्रीकरण हो गया और आगे का रास्ता खुलने लग गया।

फिर किसी ने कहा—यह जाप करो। वह किया। किसी ने कहा—गायत्री मंत्र के चौबीस लाख जाप करो। वह भी किया। यानी ये सब करते हुए धीरे-धीरे मैं आगे बढ़ रहा था। यह सब पागलपन की हद तक था। एक बार एक मंदिर में सुबह चार बजे से, रेशम

का वस्त्र (पूजा के वक्त पहना जानेवाला) पहनकर एक कोने में जाप करने बैठा था। लोग देख रहे थे। दोपहर के समय जब सारे पुजारी चले गए तो लोगों ने मेरे ही सामने पैसे रखना प्रारंभ कर दिया। लोग पैसे रख रहे थे, कोई फूल चढ़ा रहे थे, कोई नमस्कार कर रहे थे। दोपहर को मेरी स्कूल के कुछ मित्र आए। वे बोले, "क्या रे साले, पंडिताई भी चालू कर दी क्या?" मैं मौन रहा, कुछ नहीं बोला। फिर वे चले गए। फिर वे पुजारी आए और मेरे सामने रखी दक्षिणा को ललचाई निगाहों से देख रहे थे। मैंने उन्हें इशारा किया—ये ले जाओ। तो वे सब पैसे उठाकर ले गए। मैं रात दस बजे तक जाप करना चाहता था और वैसा ही मैंने किया। सद्‌गुरु से मिलने का एक पागलपन ही सवार हो गया था। यह जुनून ही मुझे क्रमबद्ध तरीके से तैयार कर रहा था और आगे भी बढ़ा रहा था।

मेरा मेरी पढ़ाई में भी उतना ध्यान नहीं लगता था। मैं पढ़ाई में भी सामान्य ही था। उस समय मेरी माँ मुझे शेगाव, शेगाव के गजानन महाराज की समाधि पर बार-बार ले जाती थी। जब भी कभी उसे कॉलेज से छुट्टी मिलती थी, वह मुझे शेगाव लेकर जाती थी। कठिन परिस्थितियों में मेरी माँ शेगाव के गजानन महाराज के प्रति आस्था रखती थी। वह उनकी अनन्य भक्त थी। मैं नानी के साथ भगवान के मंदिर जाता था। थोड़ा बड़ा हो जाने पर माँ के साथ गुरु के मंदिर जाने लग गया था। यानी भगवान से समाधिस्थ गुरु तक मेरी यात्रा हुई थी।

अब मुझे भी मेरी माँ की तरह भगवान दूर के लगने लग गए थे और गुरु पास के लग रहे थे। गुरु के प्रति मेरा संपूर्ण विश्वास कठिन समय में भी मुझे निश्चिंत बनाए रखता था। उस समय मेरे पिताजी की भी तनख्वाह इतनी नहीं थी कि परिवार का खर्चा चल सके, इसलिए माँ भी शिक्षिका की ट्रेनिंग (शिक्षक-प्रशिक्षण) ले रही थी और इसी कारण मैं और मेरी बहन अपने नाना-नानी के साथ ही रह रहे थे। मेरी माँ श्री गजानन महाराज की पोथी पढ़ती थी। फिर उसने वह मुझे संभालने के लिए दी थी। फिर मैंने भी जिज्ञासावश उनके चरित्र को पढ़ा और मुझे अच्छा लगा और फिर मैंने उसे बार-बार पढ़ना प्रारंभ किया था। उनका चरित्र पढ़कर उनके चरित्र में

बताए गए स्थानों पर जाने से ऐसा लगता था कि मैं उनके ही पास हूँ। एक बार मैं मेरी माँ के साथ नागझरी भी गया था। वहाँ पर एक गुरु की समाधि थी। इन सब स्थानों पर जाकर मुझे सदैव लगता था—मेरा सारा जीवन ही व्यर्थ है। काश! एक साँस भी मैं गुरु के जीवनकाल में ले पाता, तो मेरा सारा जीवन ही धन्य हो जाता! वे कितने भाग्यशाली लोग होते हैं जिनको अपने जीवनकाल में कोई गुरु मिलता है और वे उसे पहचान पाते हैं, उसे जान पाते हैं! यह तो बड़ा दुग्धशर्करा योग है। पर यह योग मेरे जीवन में कब आएगा?

मेरी माँ पहले से ही गुरुमार्गी ही थी। बड़ी स्वाभिमानी थी, बड़ी ही सरल स्वभाव की थी, पर वह बहुत कम बातें करना पसंद करती थी। वह आसपास सबसे संबंध रखती थी, पर घनिष्ठ संबंध किसी से भी नहीं थे। वह कहती—मेरे घनिष्ठ संबंध तो एक ही स्थान से है, वह है—मेरे गुरुदेव! बस, फिर किसी और घनिष्ठता की आवश्यकता नहीं है। वह एक सामान्य कद-काठी की महिला थी। वह थोड़ी-थोड़ी मेरी नानी के समान ही दिखती थी। मैं उसे देखकर सोचता—नानी भी युवावस्था में ऐसी ही दिखती होगी। मेरी माँ वर्धा में पढ़ती थी, इसलिए उसका संबंध श्री विनोबा भावेजी से भी आया था। वह उनके और साथ ही श्री गाँधीजी के आश्रमों में भी जाती थी। गाँधीजी का आश्रम सेवाग्राम में और पवनार में श्री विनोबा भावेजी का आश्रम था। उन दोनों के चरित्र का प्रभाव मेरी माँ पर था। वह भी अपने खाली समय में सूत कातती थी। उसके पास भी एक फॉल्डिंग (समेटने योग्य) चरखा था। वह साफ-सुथरी रहती थी। वह सामान्य थी, पर मुझ पर उसका असामान्य प्रभाव था। इसका मुख्य कारण था कि नानी तो रोज ही मिलती थी, वह तो महिनों में कभी-कभी दो दिनों के लिए मिलती थी। वह अपने साथ श्री विनोबाजी की गीता रखती थी जो बड़ी सरल भाषा में थी। मैंने भी बचपन में मेरी माँ के साथ वर्धा में इन दोनों महानुभावों के आश्रमों का दौरा कई बार किया है।

मेरी माँ जवान थी और इसलिए शायद, बाहर जाने के लिए साथ में कोई तो चाहिए, इसलिए मुझे रखती होगी, ऐसा बाद में मुझे लगा था। वह बाहर मुझे ही लेकर घूमती थी। मैं उसके कॉलेज के हॉस्टल (छात्रावास) में भी कई बार गया था। उसकी सारी सहेलियाँ

अविवाहित ही थीं। सब बड़ी अच्छी थीं। मेरी माँ उनमें भी आदरणीय थी। मेरी माँ के साथ मैंने श्री विनोबाजी के दर्शन कई बार उनके आश्रम में किए हैं। वे अपने ही कमरे में बैठे रहते थे, वहीं से देखते रहते थे। हरी टोपी व चश्मा पहनते थे। बढ़ी हुई सफेद दाढ़ी थी। वे किसी गुरु के समान ही लगते थे।

मैं जब भी शेगाव श्री गजानन महाराज की समाधि के पास जाता, तो माँ क्या इच्छा करती थी, मालूम नहीं, पर मैं इच्छा करता था कि मुझे मेरे इस जीवन में मेरे गुरु से मिला दीजिए और मेरा जीवन सार्थक कीजिए। मेरी माँ का जीवन भी अस्थिर ही था। उसका पारिवारिक जीवन कठिनाइयों से भरा था। मेरे पिताजी बहुत दूर नौकरी करते थे। वे कभी-कभी ही मिलने आते थे। वे मेरी माँ को साथ ले जाना चाहते थे, पर मेरे बड़े मामा भेजने के लिए तैयार नहीं थे। बड़े मामा बोलते थे—जब तक तुम्हारी आर्थिक स्थिति अच्छी नहीं हो जाती, तब तक या उसका शिक्षिका का कोर्स (पाठ्यक्रम) पूर्ण नहीं हो जाता, तब तक उसे नहीं भेज सकते। वह शिक्षिका हो जाएगी, तो वह भी नौकरी करेगी और तुम्हारा ही परिवार सुखी होगा। मेरे बड़े मामा मेरे पिताजी को सदैव समझा-बुझाकर वापस भेज देते थे। दोनों ही अपनी जगह सही ही थे। गलत थीं तो वे परिस्थितियाँ। इन परिस्थितियों में किया ही क्या जा सकता है? मेरे करीब पिताजी भी नहीं थे और माँ भी नहीं थी। इसलिए फिर मुझे श्री गजानन महाराज में ही माँ और बाप दोनों नजर आते थे। मेरा भी बचपन बड़ी कठिनाइयों में बीता है। दूसरों के बच्चे संभालना भी कठिन ही होता है क्योंकि प्रत्येक का अपना परिवार होता है, अपने बच्चे होते हैं, अपने कर्तव्य होते हैं। मेरी बहन थोड़ी छोटी ही थी, पर मैं बड़ा था, तो मुझे थोड़ा उपेक्षित लगता था। मैं बहन को भी सहारा देता था। बचपन में अधिक कुछ समझने की स्थिति भी नहीं रहती है। मेरे नानाजी का बचपन भी खराब गुजरा था। उन्हें पतंगबाजी का शौक था, गुल्ली-डण्डे का शौक था। पर वे बचपन में वे शौक पूरा नहीं कर पाए थे, इसलिए वे अपने बुढ़ापे में पतंगें खरीदकर लाते और बच्चों में बाँटते थे, गुल्ली-डण्डे खरीद कर लाते और बच्चों में बाँटते थे। वे बच्चों को खेलते देख प्रसन्न होते थे। वे बुढ़ापे में बच्चों के माध्यम से ही खेलते थे। वे काफी बूढ़े थे, करीब

अस्सी साल की उम्र रही होगी। फिर भी सीधे चलते थे। वे हाथों से ही कंघी करके मुझे बड़ी जल्दी तैयार करके अपने साथ ले लेते थे। वे शनिवार के दिन एस. टी. की बस से मुझे हनुमानजी के मंदिर ले जाते थे। वे गंजे थे, पीछे की ओर बाल बढ़े हुए थे। दाढ़ी और मूँछें भी बड़ी थीं। खाना खाते समय, चाय पीते समय उनकी मूँछें पहले सबका स्वाद लेती थी। वह मुझे देखना मजेदार लगता था। वे उनकी जवानी में पहलवानी भी कर चुके थे। धोती-कुर्ता पहनते थे। लकड़ी साथ में रखते थे। वह उस समय की शान थी, पर सदैव सीधे चलते थे। मेरे नानाजी से मेरा संबंध कम ही आया। मेरे मन में उनके प्रति भययुक्त आदरभाव था। इसलिए मैं उनके कार्य करता था, पर दूर ही रहता था।

कई बार जब मुझे स्कूल नहीं जाना होता तो मैं खिड़की के पास खराब-सा मुँह बनाता और जो बाई बच्चों को लेकर स्कूल ले जाती थी, उसे इशारे से कहता—मेरी तबियत खराब है, मैं आज स्कूल नहीं आऊँगा। पर इशारे से ही कहता क्योंकि बोलता तो घर के लोग सुन सकते थे। वह चली जाती थी और, वह आज नहीं आई, ऐसा सोचकर मुझे छुट्टी दे दी जाती थी। पर बाद में मेरी यह तरकीब सबको पता चल गई थी।

मैं मेरे नानाजी के साथ बहुत कम ही रहा। एक दिन सबेरे मैं नानाजी को चाय देने गया था। मैं कभी-कभी उनके पास भी बैठता था। खाना खाने के बाद वे पान खाते थे। उनका एक ख़लबत्ता था जिसमें कूटकर खाते थे क्योंकि दाँत सारे नहीं थे। तब वे वह पान कूटकर मुझे देते थे। पर उस दिन मैं उन्हें सुबह चाय देने के लिए गया था, तो वे चाय पी रहे थे, उनकी मूँछें, रोज की तरह, चाय का स्वाद प्रथम ले रही थी और उन्होंने चाय एक बस्सी ही पी होगी कि वे बैठे-बैठे ही टिककर सो गए। मुझे वह थोड़ा विचित्र लगा। वे सुबह कभी भी सोते नहीं थे, पर वे सो गए थे, तो मैंने भीतर जाकर नानी को कहा, "नानी, नानाजी चाय पीते-पीते ही सो गए।" उसे भी आश्चर्य लगा। उन दिनों उनकी तबियत ठीक नहीं थी। और पिछली रात जब मुझे डॉक्टर को बुलाने भेजा था, तब आसमान में पुच्छल तारा दिख रहा था। उस डॉक्टर के घर के लोग उसे देख रहे थे

और मैं डरकर भाग आया था। मेरी नानी व मेरे मामाजी दौड़कर आए। बाद में डॉक्टर को बुलाया। मैं समझ गया कि नानाजी की तबियत खराब हो गई है। बाद में हमें पड़ौस में रह रहे एक घर में रखा गया। हम सब बच्चे वहीं पर थे। बाद में शाम के समय मुझे नानाजी को नमस्कार करने के लिए ले जाया गया। वे बाँस की एक सीढ़ी पर सफेद कपड़ों में सो रहे थे। उनके सामने एक मटके में कंडा रखा था उसमें से धुआँ निकल रहा था। हमारे घर में बहुत लोग जमा हो गए थे। हमसे नमस्कार करवाया और हटा दिया। मुझे बाद में पता चला कि मेरे नानाजी की मृत्यु हो गई थी। बाद में मेरी नानी ने वह बड़ा-सा कुंकु लगाना छोड़ दिया। वह अब सफेद धोती ही पहनने लग गई थी। क्यों, यह पता नहीं, पर मुझे अच्छा नहीं लगा।

मेरे नानी के साथ प्रश्न चलते ही थे। "नानी, नानाजी मर गए यानी क्या हुआ?" नानी ने कहा, "यह एक जीवन का क्रम है और निसर्ग के अंतर्गत यह होता है। बच्चा पैदा होता है, वह जवान होता है, बूढ़ा होता है और मर जाता है। पर मरता है शरीर, आत्मा अमर है।" मैंने पहली बार 'आत्मा' शब्द सुना। मुझे यह शब्द नया लगा। मेरी जिज्ञासा और बढ़ी। "नानी, नानाजी मर गए मतलब क्या हुआ? उनका शरीर तो वैसे ही था। जैसे वे रोज सोते थे, वैसे ही तो सोये हुए थे। कुछ भी तो बदलाव नहीं था। मर गए तो अब वे कहाँ गए?" मेरी नानी ने कहा, "देख, यह गुलाब का झाड़ है। इस पर एक छोटी-सी कली आती है, बड़ी होती है, वह खिलती है और बाद में एक दिन संपूर्ण रूप से खिलती है और फूल बन जाती है। और फूल का जीवन थोड़ा-सा ही होता है, वह दो दिनों के बाद मुरझा जाता है। उसकी पँखुड़ियाँ हवा से स्वयं ही खिर जाती हैं और फूल नष्ट हो जाता है। यह नष्ट होना...हमें लगता है कि नष्ट हुआ है, पर वास्तव में, इस जगत में नष्ट कुछ नहीं होता, रूपांतरित होता रहता है। फूल नष्ट हुआ, वह मुरझाया हुआ फूल उस पौधे की खाद बना और फिर वही फूल एक नई छोटी-सी कली के रूप में फिर उगेगा। यह उसका दूसरा जन्म होगा। ठीक इसी प्रकार, बच्चा जन्म लेता है, बड़ा होता है, जवान होता है, बूढ़ा होता है और अंत में मर जाता है। पर वास्तव में मर जाता है शरीर, उसका आत्मा दूसरा जन्म ले ही लेता है। और यह प्रकृति का चक्र चलता ही रहता है। अच्छी

आत्माएँ अच्छे आध्यात्मिक स्तर पर जाकर गुरुलोक में स्थापित होती हैं। उन्हें उनकी ऊर्जा के अनुसार जब अवसर मिलता है, वे धरती पर अवतरित होती रहती हैं। अब नानाजी ने भी नया जन्म ले लिया होगा। शरीर उनका मर गया, पर आत्मा तो विद्यमान होगी। हाँ, रूप बदला होगा। अब तो अपने को शायद पहचानेंगे भी नहीं। मैं भी अब बूढ़ी हो गई हूँ। एक दिन मैं भी ऐसे ही मर जाऊँगी। फिर मैं भी नया जन्म लूँगी। यह क्रम चलता ही रहता है। तेरे नानाजी के साथ मेरा जीवन बड़ा सुखमय बीता था। मैंने 65 साल का विवाहित सान्निध्य उनके साथ प्राप्त किया है। हमारी शादी बचपन में हो गई थी।"

"नानी, आत्मा अलग होती है और शरीर अलग होता है। पर हमें दिखता है केवल शरीर, ऐसा क्यों होता है?" नानी ने कहा, "शरीर को चलाने वाली परमात्मा की शक्ति ही आत्मा है। आत्मा वह चेतनाशक्ति है जो शरीर को क्रियान्वित करती है।"

"नानी, आत्मा को मैं कैसे देख सकता हूँ?" नानी ने कहा, "आत्मा को देखा नहीं जाता है, अनुभव किया जाता है, जाना जाता है। आत्मा को जानना ही आत्मसाक्षात्कार कहलाता है। किसी आत्मसाक्षात्कारी सद्‌गुरु के सान्निध्य में, उनकी कृपा में यह आत्मा का साक्षात्कार हो सकता है। पर ऐसे सद्‌गुरु समाज में प्रायः नहीं होते हैं। इन तक पहुँचना बड़ा कठिन है। कभी-कभी ये इतने सामान्य मनुष्य का आवरण ओढ़े होते हैं कि उन्हें पहचानना कठिन हो जाता है। ये सारी शक्तियों को आत्मसात कर चुके होते हैं। उनके सान्निध्य में, अगर हम चाहें, तो हमारे आत्मा का दीपक जल सकता है। और वह आत्मदीपक जल गया तो उसके प्रकाश में सारा जीवन ही प्रकाशित हो जाता है। फिर क्या अच्छा है व क्या बुरा है, इसका सारा ज्ञान हो जाता है। इसी ज्ञान को आत्मज्ञान कहते हैं। यह किसी आत्मज्ञानी से ही प्राप्त हो सकता है। पर ऐसे आत्मसाक्षात्कारी गुरु का मिलना अत्यंत कठिन है। इसीलिए मैंने श्रीकृष्णभक्ति का आसान मार्ग चुना है। क्योंकि अब मैं बूढ़ी हो गई हूँ, आत्मसाक्षात्कारी गुरु तक पहुँचने के लिए मेरे पास उम्र बाकी नहीं रही है। तू अभी छोटा है। तू चाहे तो वहाँ तक अवश्य पहुँच सकता है। आत्मसाक्षात्कारी गुरु के बिना आत्मज्ञान संभव ही नहीं है और आत्मसाक्षात्कारी गुरु

के पास पहुँचने का आसान मार्ग अपनी दृढ इच्छा बनाए रखना है। यह इच्छाशक्ति ही तुझे अवश्य किसी सद्‌गुरु से मिला देगी। फिर यह जीवन उसी की सेवा में लगा देना क्योंकि यह जीवन उसकी कृपा के सामने कुछ भी नहीं है। सद्‌गुरु तक पहुँचने के लिए इच्छाशक्ति का मार्ग ही सबसे आसान व निश्चित मार्ग है। मेरी इच्छा थी कि सुहागन मरूँ, पर मेरी यह इच्छा पूर्ण नहीं हो सकी। प्रत्येक स्त्री की इच्छा होती है कि वह सुहागन ही मरे, पर सबकी इच्छा पूर्ण नहीं हो पाती।”

मेरी नानी अब सभी जवाबदारियों से मुक्त हो चुकी थी। वह सुबह चार बजे उठती थी, पूजा-पाठ करती रहती थी। और मेरी प्रत्येक सुबह की शुरुआत उसके भजनों से होती थी। वह जब आरती करती थी, तब रोज मैं आँखें मलते हुए उठता था। वह सुबह आज भी याद आती है।

मैं नानी के बातों से इतना समझ पाया था कि आत्मा मनुष्य के भीतर की एक शक्ति होती है, पर वह सुप्त अवस्था में होती है। पर जब किसी जागृत पुरुष के सान्निध्य में हम जाते हैं और अगर हम इच्छा करते हैं कि हमारी आत्मा की शक्ति भी जागृत हो, तो वह जागृत हो सकती है। यह ठीक वैसे ही होता है, जैसे एक प्रकाशित दीपक के पास जाने पर एक बुझा हुआ दीपक भी जल उठता है। और आत्मशक्ति जागृत होने पर हमें, क्या उचित है और क्या अनुचित है, इसका ज्ञान हो जाता है। और वह ज्ञान होने पर हमसे कोई भी गलत कार्य हो ही नहीं सकता है और फिर मनुष्य का जीवन एक सफल जीवन सिद्ध होता है। सद्‌गुरु के पास दृढ़ इच्छाशक्ति से ही पहुँचा जा सकता है। मैंने भी बाद में अपनी दृढ़ इच्छाशक्ति को सदैव बनाए रखा।

मेरी दीदी की और जीजाजी की, विशेष रूप से बच्चों को जिज्ञासा हो रही थी कि बाद में, आगे क्या हुआ, मैं सद्‌गुरु तक कैसे पहुँचा था? सब लोग रोज घंटों तक मेरी बातें सुनते रहते थे।

मैंने उन्हें आगे बताना शुरु किया कि फिर मैं बचपन से ही गुरुदेव की खोज में निकल पड़ा। जिसने जो कहा, वह किया। पर कहीं भी जाकर समाधान नहीं लगता था। कहीं ऐसा नहीं लगता था

कि बस हो गया, अब सद्‌गुरु मिल गया! ऐसा कभी नहीं हुआ। मेरी मंदिरों में रुचि नहीं थी क्योंकि मैं जीवंत (सजीव) सद्‌गुरु की खोज में था। हाँ, मैं समाधिस्थ गुरुओं की समाधियों पर अवश्य जाता था। उनके चरित्र पढ़ता था। वे कैसे जीवन में आगे बढ़े, वह पढ़ता था, सुनता था। उन गुरुओं की समाधियों के पास जाकर प्रार्थना करता था—आप परमात्मा की शक्तियों के कल के माध्यम थे। काश, मैं ऐसा भाग्यवान होता कि आपके जीवनकाल में साँस ले पाता! पर ऐसा हो नहीं सका। वे लोग कितने भाग्यवान होंगे जिन्होंने आपके सान्निध्य में जीवन की साँसे ली होंगी! मुझे बचपन में बड़ा आश्चर्य लगता था कि जीवंत गुरुओं को भी उनके जीवनकाल में कठिनाइयों का, लोक-निंदा का, विरोध का सामना करना पड़ा! ऐसा क्यों होता होगा, वह समझ में नहीं आया। पर बड़ा होने पर जाना कि सद्‌गुरु सत्य के साथ बँधा होता है। कई बार सत्य कड़वा होता है। सत्य सुनने की क्षमता सबमें नहीं होती है और कई बार संतों के आचरण से लोगों के निजी हित, स्वार्थ प्रभावित होते हैं। उन स्वार्थों के कारण कई लोग उनका विरोध करने लग जाते हैं। मैं समाधिस्थ गुरुओं से प्रार्थना करता, "मेरे जीवनकाल में भी आपका कोई, आपके बाद का माध्यम होगा, कृपया मुझे उससे मिला दीजिए।"

मेरा पूर्ण विश्वास था कि संसार आज भी व्यवस्थित चल रहा है यानी आज, वर्तमानकाल में भी परमात्मा का कोई माध्यम होगा ही, अब बस उस माध्यम तक पहुँचना मात्र है। मेरा सारा ध्यान जीवंत (सजीव) साधु-संतों पर ही होता था। मैं उनके सान्निध्य में समय बिताता था। मैंने कई गुरुओं को पूछा भी था—क्या आप मेरी आत्मशक्ति जागृत कर सकते हो? प्रत्येक ने जवाब दिया, "नहीं। यह कार्य करनेवाला तुम्हारा गुरु कोई और ही है। हम यह शरीर धारण करते हैं तो इस शरीर को जन्म एक माँ देती है। वह माँ जिस प्रकार से निश्चित है, ठीक वैसे ही आत्मा को भी जन्म देनेवाली माँ भी निश्चित है। वह माँ ही सद्‌गुरु है। तू इच्छा रख, एक दिन वह तुझे मिलेगी ही।" प्रत्येक ने मुझे आगे बढ़ने का ही रास्ता बताया और मैं जीवन में आगे, और आगे बढ़ता गया। सारा ध्यान इस ओर होने के कारण पढ़ाई में ध्यान नहीं होता था।

मेरे बचपन में ही भारत और चीन का युद्ध हुआ था और रात के समय लाईट (बत्तियाँ) बंद रखी जाती थीं। वह मेरा पहला ही अनुभव था। देश में क्या चल रहा है, वह पता नहीं था, पर अपने देश के पड़ौस में कोई चीन देश है, बड़ा शक्तिशाली देश है और उसने अपने देश पर कब्जा जमाने के लिए हमला कर दिया है और युद्ध हो रहा है, इतना समझ रहा था। पर डर कहीं नहीं था क्योंकि ज्यादा कुछ समझता ही नहीं था। ऐसी ही एक घटना हो गई थी कि पूना में पानशेत बाँध फूट गया था और सारा पूना शहर ही पानी में डूब गया था। मेरी एक मौसी पूना में रहती थी। उससे आए पत्रों से काफी जानकारी मिलती रहती थी। उनके पति ने काफी डूबते हुए लोगों को बचाया था। वे अच्छे तैराक थे। वे बड़े अच्छे लेखक भी थे। श्री बा. मो. कानिटकर उनका नाम था। उन्होंने पुराणों पर काफी टीकाएँ लिखी थीं। उस समय भगवान् को प्रसन्न करने के लिए अष्टग्रहों के होम-हवन चल रहे थे। आठों ग्रह पृथ्वी के विरोध में हो गए हैं, ऐसा लोग कहते थे। मैं यह सब एक दर्शक के समान देखता रहता था। मेरी खोज तो अलग ही दिशा में थी। मुझे इन सब बातों से कुछ लेना-देना नहीं था। मानो ऐसा लगता था—जीवन का यह एकमात्र उद्देश है।

मेरी मित्रता भी अधिक किसी से नहीं थी। क्योंकि मेरे साथ के सब बच्चों के विषय अलग थे, मेरे विषय अलग थे और इसी कारण मैं बचपन में भी अन्य बच्चों से अलग ही पड़ा रहता था। वैसे बचपन में कंचे खेलने व पतंग उड़ाने का मुझे शौक था। उस समय की दुनिया ही सीमित क्षेत्र की थी। ऐसा उस समय लगता था कि मैं बड़ा होऊँगा, नौकरी करूँगा, खूब पैसे कमाऊँगा और खूब कंचे खरीदकर ड्रमों में भर कर रखूँगा और सब मित्रों को कंचे बाँटूँगा। उस समय रंग-बिरंगे काँच के कंचे बड़ा आनंद देते थे। यह कंचे और पतंगें बाँटने का शौक मुझे मेरे नानाजी से लगा था। जंगलों में जाने पर कई बार मेरी पिटाई भी हुई है। एक बार कुछ मित्रों के साथ जंगल में गया था। कुछ मित्रों ने कहा, "गुंज के बड़े-बड़े जंगल हैं। वहाँ गुंज मिलती है। वह लेने हम गए थे। वहाँ एक मंदिर है। मंदिर तो सब ओर से खुला है, फिर भी वहाँ एक साधु रहता है। वह कहता है कि वहाँ शेर भी आता है।" मेरी इच्छा गुंज इकट्ठा

करने की नहीं थी, पर उस साधु महाराज से मिलने की थी। हम सब लोग सुबह-सुबह उस जंगल में चल दिए। जंगल में वास्तव में गुंज की बहुत झाड़ियाँ थीं, जिन झाड़ियों में लाल और काली मोती जैसी खूब गुंज लगी थी। वह सब मित्रों ने इकट्ठा की। मैं तो उन गुरुमहाराज से मिलने गया था और मैं उन्हें मिला भी। एक फक्कड़ साधु था। जब मैं पास गया तो वे बोले, "तू बड़ा लुटेरा है। तू जो लूटना चाहता है, वह धन यहाँ नहीं है। भाग जा! यहाँ तुझे कुछ भी नहीं मिलेगा। तेरा खजाना तो हिमालय में छुपा है। तुझे खजाना लूटने हिमालय में ही जाना होगा। भाग जा!" ऐसा कहकर मेरी पीठ पर धक्का मारा और मुझे भगा दिया। मैं बाद में निराश ही मित्रों के साथ वापस आ रहा था। रास्ते में कई जगह बंदर दिखे। एक मित्र ने बंदर को पत्थर मार दिया। फिर क्या, सारे बंदर ही हमारे पीछे लग गए। एक बंदर दौड़ता-दौड़ता आया और हम कुछ समझ पाएँ, उसके पहले ही, जिस लड़के ने उन्हें पत्थर मारा था, उसे जोर से चाँटा मारकर चला गया। उस लड़के के गाल से खून भी निकलने लग गया। सारे लड़कों ने फिर अपने हाथ के पत्थर फेंक दिए और खाली हाथ रखकर वह बंदरों का इलाका पार किया था। और जब घर आए तो रात हो गई थी। घर आने पर मेरे मामा ने साईकल की ट्यूब (नली) से मेरी खूब पिटाई की थी। मैं मार खाकर सोच रहा था, "न राम मिले, न माया" मार भी खानी पड़ी और मिला भी कुछ नहीं! ऐसे ही एक-एक दिन बीत रहा था।

मेरे जीवन में सद्‌गुरु की खोज जारी थी और अभी तक किसी समाधान तक नहीं पहुँचा था। और जिज्ञासा बढ़ती ही जा रही थी। मैंने मेरी पढ़ाई पूर्ण की और फिर नौकरी की खोज शुरु हुई। मेरी मिलिट्री (सेना) में जाने की भी इच्छा थी। मेरे कर्नल मामाजी के रोबदार व्यक्तित्व का प्रभाव मेरे ऊपर था। मुझे असम में मिलिट्री के निर्माण विभाग में नौकरी लग भी गई थी, पर मेरी माँ ने वहाँ नहीं जाने दिया। असम के जंगल, आसाम का जादू-टोना आदि के कुछ बुरे अनुभव उसकी सहेलियों ने उसे बताए थे। और मैं मिलिट्री में न जा सका। फिर रेल्वे, बैंक आदि में भी नौकरी के प्रयास जारी थे और पढ़ाई भी जारी थी। पढ़ाई करना और उस पढ़ाई का जीवन में उपयोग होना, दो अलग-अलग बातें होती हैं। मेरी माँ ने शिक्षक

की पढ़ाई पूरी की, पर फिर नौकरी कभी नहीं की क्योंकि बाद में पिताजी को ही अच्छा प्रमोशन (पद्दोन्नति) मिल गया तो माँ की नौकरी की आवश्यकता ही नहीं रही।

मुझे बाद में फिर एक प्राइवेट कंपनी (निजी संगठन) में नौकरी मिल गई। स्नातकोत्तर पढ़ाई का प्रभाव नौकरी में अच्छा रहा। वे जो भी काम देते थे, वह करता था, ना कभी नहीं करता था। पद तो क्लर्क (लिपिक) का था, पर चपरासी से मैनेजर (प्रबंधक) तक के सभी काम करने होते थे। घर में पिताजी कभी पैसे माँगते नहीं थे, तो एकदम फ्री (मुक्त) जीवन था मेरा। अधिकतर पैसा उपहार खरीदने व घर के सब लोगों व रिश्तेदारों को बाँटने में ही चला जाता था। पैसा बचाना वगैरह कुछ मालूम नहीं था और न कभी भविष्य की आशंका थी कि कल क्या होगा!

अच्छी नौकरी, अच्छी तनख्वाह मिलने के बाद भी शांति नहीं थी। ऐसा लग रहा था कि नौकरी में भी वह आनंद नहीं है जो खोजने मैं निकला हूँ। पर नौकरी का फायदा यह था कि पास में पैसा था, पिताजी पर निर्भर नहीं था और बाहर कई जगह घूमने के लिए मिलता था और अलग-अलग स्थानों पर सद्‌गुरु की खोज जारी थी। मेरी कंपनी के सब डायरेक्टर (निर्देशक) खाने व पीने वाले थे, पर मैं इन सबसे दूर था। इन सबसे दूर होने के कारण वे सब मेरी तरफ एक अच्छे भाव से देखते थे। वैसे वे, तू पण्डित की तरह रहता है, करके चिढ़ाते भी थे, पर वे अच्छे भाव से देखते थे। मैं कार्य में निपुण नहीं था, इसलिए गलतियाँ करता था। फिर भी मालिक बार-बार वही, खरीदी का कार्य देते थे। वे मेरी गलतियों को नजरअंदाज करते हुए कहते थे, “वह नया-नया है न, इसलिए उसके हाथ से अनजाने में कंपनी का नुकसान हो जाता है। पर वह अनुभव से सीख जाएगा। वह ईमानदार है, जानबूझकर कोई बात नहीं करेगा।” ऐसी एक मेरी छवि बन गई थी।

सामान्यत: मेरी उम्र के लोग मेरे साथ नहीं होते थे। मुझे मेरे से बड़े उम्र के लोगों, अनुभवी लोगों, आध्यात्मिक रूप से परिपक्व लोगों की संगत में ही मजा आता था, फिर चाहे वह कोई भी हो। इस नौकरी में भी बड़े विचित्र अनुभव आए। एक बार कंपनी के लिए,

खरीदी के लिए, एक गाँव में एक व्यापारी के घर गया। क्योंकि शाम हो गई थी, तो देखा कि उसके घर में पर्दा बार-बार हिल रहा था। यानी उसकी पत्नी शायद पर्दे की आड़ से उसे बुला रही होगी। वह भीतर गया और बाद में बाहर आया। फिर उसने मुझे अपने एक आदमी के हाथों एक बड़े अच्छे हॉटल में ठहराया। उस हॉटेल में बड़ी तड़क-भड़क थी। मैं नहा-धोकर आया। सादा, दाल-भात का भोजन मँगाया, तो वेटर (बैरा) बड़े आश्चर्य से देख रहा था। भोजन के बाद वेटर ने पूछा, “और कुछ चाहिए क्या?” मैंने कहा, “नहीं।” और बाद में भी वह वेटर आसपास मँडरा रहा था। बाद में उस वेटर ने पूछा, “यहाँ पर लड़की का भी इंतजाम है। आपके पास भेजूँ क्या? आप पसंद कर लो।” तो मैंन उसे प्रश्न किया, “क्या मैं तुझे इस प्रकार का आदमी लगता हूँ?” वेटर बोला, “आप तो इस प्रकार के नहीं लगते। आप एक रात ठहरने वाले हो और आपके लिए जो एडवान्स (अग्रिम) रखा गया पैसा है, वह इस प्रकार का लगता है। और हमें कहा गया है कि इन्हें सब सुविधाएँ दो, इन्हें खुश कर दो।” मैंने कहा, “मैं खुश ही हूँ। तुम जाओ।” दूसरे दिन व्यापारी हॉटेल में आया। मुझे अपनी ऑफिस (कार्यालय) ले गया। ऑफिस के सब व्यवहार हो गए। बाद में वह बोला, “कल मेरी पत्नी पीछे लगी थी कि आप ब्राह्मण आदमी हैं, श्रावण सोमवार का दिन था, तो आपको मैं भोजन पर आमंत्रित करूँ। पर मैंने सोचा—बाहर आदमी आनंद खोजने के लिए जाता है। आपने तो रात के समय बड़ा सादा भोजन किया। ऐसा भोजन तो मैं मेरे घर पर भी करा सकता था। आपके पूर्व जो भी अधिकारी खरीदी के लिए आते थे, वे सब खाने-पीनेवाले लोग थे। वे आते, ऐय्याशी करते और चले जाते। वह सब व्यवस्था मैंने उनके समान आपकी भी की थी। मुझे क्या मालूम था, आप उनसे अलग हैं।” मैंने मन में कहा—मेरा आनंद किसी ओर स्थान से आता है। वह इन भौतिक चीजों में नहीं है।

इस प्रकार मुझे नौकरी में पैसा बनाने के बहुत अवसर थे, पर कभी नहीं बनाया और न ही कभी, क्यों नहीं बनाया, उसका पछतावा हुआ। इन सब बातों की तरफ ध्यान ही नहीं था। मुझे एकांत में, प्रकृति के सान्निध्य में अकेले रहने पर ही अधिक अच्छा लगता था। मेरे घर का बड़ा लड़का मैं ही था। मैं बहुत पढ़ा तो मेरी छोटी बहनों

को भी पढ़ने की इच्छा हुई। मैं उनका मार्गदर्शन कर सका। सब बहनें भी स्नातकोत्तर तक पढ़ी थीं। ऐसा होता है, नदी के पहले पानी को ही जगह बनानी पड़ती है, बाकी पानी तो उसके पीछे-पीछे ही आता है। मैं जब नौकरी के कारण कोलकाता में अधिकतर समय रहता था, मेरे सारे रिश्तेदार मेरे माँ-बाप को आशंकित करते थे। वे कभी कोलकाता नहीं गए थे, इसलिए उन्होंने कोलकाता के बारे में पता नहीं, क्या सुनकर रखा था। वहाँ काला जादू होता है, कोई कुछ कर देगा! कोई कहता था कि उसके हाथ में बहुत पैसा होता है, वह व्यसनी हो जाएगा! मैं मेरी माँ को समझाता था, "ये सब बेकार बातें हैं, ऐसा कुछ नहीं है। कोलकाता एक अच्छा शहर है। बड़े अच्छे, बंगाली लोग हैं। काम के प्रति बड़े ईमानदार हैं। अपने काम से काम रखते हैं।" कभी लगता था कि सदैव नकारात्मक बातें ही अधिक फैलती हैं, सकारात्मक बातें फैलाने में काफी समय लगता है और काफी मेहनत लगती है।

कोलकाता में यातायात की बड़ी समस्या होती थी। कई बार जाम लग जाता (यातायात अवरुद्ध हो जाता) और ट्रैफिक (यातायात) ही बंद हो जाता था। जब इस प्रकार ट्रैफिक जाम हो जाता और ट्रेन (रेलगाड़ी) पकड़नी होती, तब मैं उन हाथरिक्शों का सहारा लेता था। वे हाथरिक्शा वाले बड़े कुशल होते थे और कम जगह में से भी गाड़ी आगे निकालकर एक देवदूत की तरह स्टेशन (रेल स्थानक) पहुँचा देते थे। मैं हुगली नदी के किनारों पर आकर बैठता था। रामकृष्ण मठ, दक्षिणेश्वर काली मंदिर मेरे प्रिय स्थान थे। मैं छुट्टी वाले दिन कोलकाता में रहने पर वहाँ रहता था, अन्यथा मैं बाहर, भारतभर प्रवास करता ही रहता था। कभी-कभी बिना किसी काम के ट्राम से घूमना पसंद था। एकदम आखिरी स्टेशन तक जाता था और वापस आता था। वास्तव में, अंदर से मैं बेचैन था, किसी शांति की तलाश में था। मेरी जवानी में भी मेरा व्यक्तित्व एक बेचैन बूढ़े जैसा ही था। इसलिए मैं मेरी उम्रवालों के साथ नहीं बैठता था। उनके विषय अलग थे, मेरे विषय अलग थे। मेरे सहकर्मी कामशास्त्र की पुस्तकें भी पढ़ते थे। वे उस पर चर्चा भी करते थे। मुझे कहते थे कि तू तो बाबाजी ही बनने वाला है। मैं कहता था—वह एक नैसर्गिक क्रिया है। उसको पढ़ने की आवश्यकता नहीं है। कुत्ता-कुतिया पुस्तकें पढ़ते

हैं क्या? फिर भी वे उस क्रिया का आनंद तो ले ही लेते हैं। उसे पढ़ने की आवश्यकता नहीं है। ऐसा मेरा कहना था। मेरे कोई विषय ही नहीं थे। मैं एकांत में ही रहना पसंद करता था।

मेरे जीवन में स्थाईत्व नहीं था, भटकाव ही था। भटक रहा था। कभी-कभी निराशा भी होती थी—क्या सारा जीवन ऐसे ही बीत जाएगा? कभी कोई जीवंत (सजीव) सद्‌गुरु नहीं मिलेगा? ये जीवंत सद्‌गुरु तो अब केवल पुस्तकों में ही रह गए हैं। सचमुच आत्मसाक्षात्कार करा सके, ऐसे गुरु अब इस धरती पर ही नहीं हैं, ऐसा लगता था। पर ऐसा समाज के आसपास के लोगों ने भी कहना प्रारंभ किया, "अब उतने शुद्ध, उतने पवित्र गुरु कहाँ रह गए हैं? इतना पवित्र होना कि दूसरे को पवित्र अनुभूति करा सके, ऐसे गुरु तो अब समाज में नहीं हैं। और समझो कि होंगे, तो वे हिमालय की गुफाओं में ही होंगे। पर क्या फायदा? तुम तो वहाँ तक नहीं पहुँच सकते हो।" ऐसा निराशा का वातावरण मेरे पास हो गया था।

इस सारे निराशा के वातावरण में भी जब मैं एकांत में जाता था, तो मुझे मेरे ध्यान में तीन बातें एक साथ दिखती थीं—एक तो नेपाल का पशुपतिनाथ का मंदिर दिखता था। दूसरा, हिमालय पर एक मुनि दिखते थे। वे बड़े ऊँचे और प्रभावशाली थे। उनकी आँखें तो बहुत ही प्रभावशाली थीं। उनके सफेद बाल थे, बड़ी-बड़ी दाढ़ी-मूँछें थीं। और तीसरा, एक पहाड़ी पर स्थित छोटा-सा शिवमंदिर दिखता था। इन तीनों बातों का आपस में क्या संबंध था, वह मालूम नहीं, पर इनका दिखना ही एकमात्र आशा थी कि कोई है जो मुझसे मिलना चाहता है। वे जो मुनि दिखते थे, वे दोनों हाथ मेरी तरफ इस प्रकार से रखते थे, मानो मुझे बुला रहे हों! मेरे अँधेरे जीवन में वे प्रकाश की एकमात्र किरण थे। इन्हीं बातों के सहारे मेरा जीवन चल रहा था। ऐसा लगता था, वह सब स्थाई है और यह जीवन अस्थाई है। पर ऐसा दिखता है, कहकर रिश्तेदारों को बताता, तो वे बोलते तो कुछ नहीं थे, पर वे आपस में बातें करते थे कि मैं पागल हो गया हूँ, मेरे ऊपर किसी ने काला जादू कर दिया है। वे ऐसा सोचते थे और मेरी माँ को डराते थे। इसलिए मैंने यह सब बताना फिर छोड़ ही दिया था।

मेरी दीदी और जीजाजी ने भी कहा, "हमने भी रिश्तेदारों को तुम्हारे बारे में ऐसी ही बातें करते सुना था। पर आज तुम्हारी बातों से लगा कि वह सच ही था।" दीदी ने कहा, "तुम सब बातें बता रहे हो, इसलिए कुछ अलग नहीं लगता, पर केवल अनुभूति की बातें कोई सुनेगा, तो वह उसे पागलपन ही समझेगा। तुम्हारे मन में सद्गुरु को पाने की इच्छा इतनी अधिक थी, यह हमें भी मालूम नहीं था।" मेरे बारे में रिश्तेदार अलग-अलग बातें करते रहते थे। इसलिए मेरी भी इच्छा थी कि यह विषय कोई रिश्तेदार पूर्ण रूप से समझे क्योंकि जो मैंने किया, वह सामान्य समाज से हटकर किया और जो अनुभूतियाँ बता रहा था, वे भी सामान्य मनुष्य से अलग थीं। तथा कुछ इस ध्यान के विषय में बताने लग जाता था, तो पता नहीं क्यों, मैं बहुत अधिक ही बोलता था! क्यों अधिक बोलता था, यह पता नहीं, पर सामान्यत: विषय घूम-फिरकर आ ही जाता था। सामान्यत: ध्यान के विषय में खूब अधिक जानने की रुचि सामान्य मनुष्य को नहीं होती है क्योंकि यह पी.एच.डी. का ज्ञान है। इस स्तर तक सामान्य मनुष्य नहीं पहुँच पाता है। हाँ, इस स्तर तक जो पहुँच पाते हैं, वे भले ही इच्छा से पहुँचे हों या समस्याओं के कारण पहुँचे हों, वे इस विषय में एकदम पागल ही होते हैं।

मेरी दीदी की और उसकी लड़कियों की इच्छा आगे जानने की हो रही थी कि बाद में आगे क्या हुआ, ध्यान में दिखने वाली उन तीनों बातों का क्या हुआ? वे सब आगे क्या हुआ, यह जानने के लिए उत्सुक थे। फिर मैंने आगे बताना प्रारंभ किया—मैं उन दिनों अपने-आपको इस दुनिया से अलग-थलग ही पाता था। मुझे ऐसा लगता था—मेरे विचार किसी से नहीं मिलते, मुझे कोई नहीं समझ पाता। इस जीवन में कोई भी ऐसा नहीं है, जो मेरी बातों को समझ सके, मेरी भावनाओं को समझ सके। कोई तो ऐसा हो जिसे मैं सबकुछ, अपने दिल का हाल बता सकूँ...ऐसा कोई नहीं! सब सहकर्मियों के विषय अलग थे, मेरा विषय अलग ही था। और इसी कारण मैं अपने साथ के सहकर्मियों के साथ घुलमिल नहीं पाता था। वे अलग विषयों पर बातें करते थे। मुझे उनकी बातें सुनाई तो देती थीं, पर समझ में नहीं आ पाती थीं। और मेरे विषय तो वे सुनने को तैयार नहीं होते थे। मैं समाज से अलग हो गया था, कट-सा गया था। और सदैव

भटकाव की स्थिति रहती थी। न तो दिन को चैन था, न तो रात को चैन था। बड़ी बेचैनी-सी महसूस करता था। ऐसा क्यों करता था, मालूम नहीं, जबकि शारीरिक रूप से एकदम स्वस्थ था। पर मुझे किसी विषय में भी रस नहीं था। ऐसा लगता था कि मुझे कहीं जाना है, मुझे किसी स्थान पर पहुँचना है। कहाँ पर, वह मालूम नहीं था। उन दिनों कपड़ों के प्रति भी मैं उदासीन था। पता नहीं, क्या हो रहा था और जो हो रहा था, वह दिन-प्रतिदिन बढ़ ही रहा था। किसी स्थान का पता चलता तो दौड़कर वहाँ जाता था, पर वहाँ जाकर भी तृप्ति नहीं होती थी और आगे कहीं दौड़ने की इच्छा होती थी। पर कहाँ दौड़ना रहता, वह मालूम नहीं रहता था। मन में लगता था कि शायद मेरा सारा जीवन ही ऐसे ही चला जाएगा!

मुझे सदैव मेरे सहकर्मी बताते थे—उस स्थान पर जाओ, वह स्थान बहुत जागृत है। जा, वहाँ जा, वहाँ जाकर शायद आगे का कोई मार्ग मिल जाए! लेकिन वहाँ जाकर भी कुछ नहीं होता था। फिर मैंने देखा कि मुझे हुगली नदी के किनारे बने घाटों पर जाकर बैठना अच्छा लगने लग गया था। रोज शाम के समय, करीब-करीब रोज ही, ऑफिस छूटने के बाद मैं उन घाटों पर जाकर बैठता था। प्रायः मेरे साथ कोई नहीं होता था, मैं अकेला ही वहाँ जाता था। वहाँ पर शाम के समय कोलकाता में दिनभर ठेलागाड़ी चलानेवाले, हमाल, हाथरिक्शा चलाने वाले व उत्तरप्रदेश व बिहार के रिक्शा वाले होते थे। और वहाँ एक धुनी लगाकर एक बाबाजी बैठते थे। उनके आसपास में सब लोग शाम के समय इकट्ठा होते थे। कभी कोई चर्चा करते थे, कभी भजन करते रहते थे। वे तो, पता नहीं, कब तक गाते थे, पर मैं उनके पास दो-तीन घण्टे बैठता था। बड़े अच्छे लोग थे। कभी वे रामायण पढ़ते थे, कभी आलहा-ऊदल की कथाएँ पढ़ते थे। एक अध्याय पढ़ने पर फिर उसी पर चर्चा होती थी। कभी कोई हमाल अपने दिनभर की घटना बताता था। कई दूधवाले भी होते थे, वे अपने किस्से बताते थे। उनकी बातें सुनना अच्छा लगता था। एक तो वे सब तृप्त थे और दूसरा, एक-दूसरे से कुछ भी लेना नहीं चाहते थे। उनकी आवश्यकताएँ सीमित थीं। मुझे 'पंडितबाबू' बोलते थे। मैं ही उनके बीच पढ़ा-लिखा आदमी था। उनके छोटे-मोटे काम भी मैं करवा देता था, जैसे मनिऑर्डर (धनादेश) करवा देना,

राशनकार्ड (रसदपत्र) बनवा देना, लाइसेन्स (अनुमतिपत्र) बनवा देना आदि। वे मुझे कभी चाय पिलाते थे। वे बावाजी देर होने पर स्वयं अपने हाथों से रोटी बनाकर दूध के साथ खिलाते थे। वे उसे 'टिक्कड़' कहते थे। "आजा, दो टिक्कड़ खाजा," ऐसी भाषा होती थी। मन के सब साफ थे। उस बाबा से मिलने भी कई साधु आते रहते थे। वे बाबा स्वयं कुछ करते नहीं थे। वे नदी के घाट पर ही रहते थे। मेरी बेचैनी को समझते थे।

वे कहते थे, "जितने भी महापुरुष हुए हैं, वे सब उनके समय के पागल थे। वे अपने जीवन में पागल ही कहलाए। स्वामी रामकृष्ण को भी पागल ठाकुर कहा गया था। वे भी अपने समय के पागल ही थे। उन्होंने भी उनके जीवनकाल में इस दुनिया से हटकर कुछ किया। और जब उनकी बातें उस समय के लोगों को नहीं समझ में आईं, तो उन्हें भी पागल ठाकुर ही कहने लगे।" वे ठाकुरजी के भक्त थे। उनकी झोंपड़ी में भी एक शिवजी की और स्वामी रामकृष्ण की तस्वीर लगी थी। वे बंगाली ही थे, पास के ही किसी गाँव से आकर बस गए थे। बाढ़ में सारा घर डूब गया था, वे अकेले ही रह गए थे और उसके बाद उनके मन में विरक्ति का भाव आ गया था। वे कहते थे, "मैं तो उस लहर का इंतजार कर रहा हूँ, जब गंगा मैया मुझे भीतर ले ले!" वे बहुत कम ही बोलते थे। बंगाली लोगों की हिंदी भी बंगाली जैसी होती थी। वैसी ही मीठी भाषा वे बोलते थे। कई बार मैं जल्दी पहुँच जाता था, तो भी घण्टों हुगली नदी के किनारे बने घाटों पर बैठा रहता था। मुझे उस बहते पानी को देखना बहुत अच्छा लगता था। नदी में नावें भी आती-जाती रहती थीं। पानी पर चित्त रखकर भी एक ठंडक मिलती थी। गंगा नदी को हुगली नदी कहते हैं। वहाँ पर उसका नाम हुगली है। ऐसा उन लोगों की बातों से मालूम हुआ। कभी दौरे पर जाता, तो फिर मैं वहाँ नहीं जा पाता था। पर मेरे आने के बाद ये लोग मेरी प्रतीक्षा करते रहते थे। वे कहते थे, "तुम दूसरी दुनिया से आते हो, निराले हो। तुम्हारी बातें सुनना हमें अच्छा लगता है। हमें तुम्हारी सब बातें समझ में नहीं आतीं, पर फिर भी हमें वे बातें अच्छी लगती हैं। मुझे भी उनकी बातें अच्छी लगती थीं। मैं उन दिनों भी मार्केटिंग मैनेजर के पद पर था और ऐसे एक बड़े पद पर होने पर भी मुझे रिक्शा वालों

और हमालों के साथ ही बैठना अच्छा लगता था। उनका कारण था—बदलाव, अनौपचारिक वातावरण। दिनभर कंपनी के स्टॅन्डर्ड (स्तर) के अनुसार रहना पड़ता था, बाद में शाम के समय उनके साथ मुक्त रहता था। दिनभर एक औपचारिकता का नाटकीय वातावरण रहता था। उससे अलग वातावरण मुझे शाम के समय मिलता था। ऐसा लगता है कि अपने जीवन में अपनी दिनचर्या से अलग करने के लिए कुछ मिल जाए, तो आदमी तनावमुक्त हो जाता है। कहीं भी बैठना, कैसे भी बैठना एक तनावमुक्ति प्रदान करता था। दूसरा, वहाँ पर कहीं स्वार्थभावना नहीं थी।

एक दिन वह बाबाजी ने कहा, "तुम्हारा अब समय आ गया है कि अब मैं तुम्हें आगे का रास्ता बताऊँ। तुम्हें जो जीवन में पाना है, वह तो मैं नहीं दे सकता। मैं तो एक गरीब, सामान्य किसान हूँ, पर मैं तुम्हें रास्ता बता सकता हूँ। तुम ट्रेन से तारकेश्वर स्टेशन जाओ। वहाँ पर शिवजी का एक मंदिर है, वहाँ जाओ। और मैं इस विश्वास के साथ तुमको तारकेश्वर के शिवमंदिर में भेज रहा हूँ कि वहाँ जाने के बाद तुम्हें आगे का रास्ता जल्दी ही मिल जाएगा। कोलकाता से थोड़ी ही दूरी पर यह रेल्वे स्टेशन है। वहाँ एक छोटा ही शिवमंदिर है, पर तुम्हारे ताले की चाबी वहाँ पर है।" मैं तो उस समय एकदम पागल ही था। ऐसा किसी ने भी कुछ भी कहा कि सबकुछ छोड़कर उधर ही दौड़ पड़ता था। मैंने दूसरे ही दिन ऑफिस से छुट्टी लेने का और वहाँ जाने का निश्चय किया। बाबाजी ने बताया कि पहले वहाँ पर जंगल था जहाँ पर एक स्थान पर जाकर एक गाय रोज स्वयं ही दूध देती थी। और बाद में ग्वाले को लोग बोलते थे—तू ही दूध चुराता है। फिर एक दिन ग्वाले ने ही गाय का पीछा किया, तो जाना, एक स्थान पर गाय खड़ी हो जाती थी और उसके स्तन से दूध बहने लग जाता था। और बाद में जब उस स्थान को खोदा गया, तो शिवजी का एक शिवलिंग वहाँ पर मिला। और वहीं तारकेश्वर का मंदिर है। वह एक पवित्र स्थान है। तू वहाँ पर अवश्य जा। परमात्मा आगे का मार्ग तुझे वहाँ पर अवश्य बताएँगे। मुझे यह मार्ग पता था, पर तेरे ही समय का इंतजार मैं कर रहा था। अब तेरा समय आ गया, तो फिर मैंने बता दिया। सदैव फल पकने पर ही तोड़ना उचित होता है। आत्मा अपनी उत्क्रांति में सदैव अग्रसर रहती

है। इस आध्यात्मिक मार्ग में भी महत्त्वपूर्ण है—इच्छा। आपकी जिस प्रकार की इच्छा हो, उस ओर ही प्रगति होती रहती है। मेरे पास का तेरा कार्य समाप्त हो गया है, इसीलिए मैं तुझे आगे के मार्ग पर भेज रहा हूँ। वास्तव में, तुझे नहीं भेज रहा हूँ, इस आध्यात्मिक इच्छा के मार्ग में गुरु सदैव अपने शिष्यों के माध्यम से एक नया जीवन जीता रहता है। गुरु ने अपने जीवन में जो नहीं पाया, वह अपने शिष्यों के माध्यम से पाना चाहता है। गुरु को जीवन में जो कठिनाइयाँ आईं, वे कठिनाइयाँ अपने शिष्यों के जीवन में न आएँ, इसका वह ध्यान रखता है। जो सब्र व धैर्य वह अपने जीवन में न रख पाया, वह सब उसके शिष्य अपने जीवन में रख पाएँ, ऐसा वह चाहता है। वास्तव में, यह आत्मा की इच्छा की प्रगति है। गुरु की आत्मा अपने जीवनकाल में जो प्रगति नहीं कर सकी, वह प्रगति वह अपने शिष्य के जीवन से करना चाहता है। यानी वास्तव में, गुरु शिष्य के माध्यम से दूसरा जीवन ही पाता है। और यही क्रम चलता आया है और चलता ही रहेगा। यह सब उसी प्रक्रिया का भाग है। यह ठीक वैसे ही है, जैसे एक पिता अपने पुत्र को वे सब सुविधाएँ देना चाहता है जो पिता को अपने जीवन में नहीं मिली। पिता पुत्र को वे सब सुख देना चाहता है, जो सुख उसे अपने जीवन में नहीं मिले। यानी इस प्रकार, पिता अपने पुत्र के माध्यम से एक नया जीवन ही जीता रहता है।

मैंने उन्हें नमस्कार किया और घर पर चला गया और दूसरे दिन मैंने ऑफिस से छुट्टी ली और सुबह की पहली ट्रेन से ही हावड़ा से तारकेश्वर चला गया। पास ही में था, कुछ घण्टों में ही मैं वहाँ पहुँच गया। उस स्टेशन से वह मंदिर अधिक दूर नहीं था। मैं पैदल-पैदल ही उस मंदिर तक चला गया। वह जैसा एक सामान्य शिवमंदिर होता है, वैसा ही था, पर काफी प्राचीन लग रहा था। मैं उस मंदिर में गया। बड़ी शांति से काफी देर तक बैठा रहा। मैं सोच रहा था कि क्या घटना घटी होगी कि गाएँ आकर इस शिवलिंग पर अपने दूध का अभिषेक करती होंगी। यानी इस शिवलिंग में ही इतनी अधिक ऊर्जा होगी कि गाएँ स्वयं ही आकर उस पर अपने दूध का अभिषेक करती थीं। मैंने वह पौराणिक कहानी सुनी भी थी और वही कहानी वहाँ मंदिर में भी एक बोर्ड (फलक) पर लिखी हुई भी थी। उन दिनों मैं पूर्णतः तृप्त ही था, पर मन में आध्यात्मिक प्रगति की

इच्छा थी। और जब मैं उस मंदिर में बैठा रहा, मेरे भीतर की इच्छा बाहर आ गई और मैंने वहाँ प्रार्थना की, "मेरा जब जन्म हुआ था, उसी दिन मैं किसी उद्देश से जन्मा था। वह उद्देश क्या है, वह पता नहीं है, पर उद्देश तब तक पूर्ण नहीं होगा, जब तक मेरे जीवन में कोई जीवंत परमात्मा (परमात्मा का जीवंत माध्यम) नहीं आएँ और तब तक मैं मेरे जीवन में भटकता रहूँगा। आत्मा से परमात्मा तक का मार्ग बिना जीवंत गुरु के असंभव है। गुरु ही आज का परमात्मा है। हे परमात्मा! अब मुझ पर कृपा करो कि आज का, वर्तमान समय का जो आपका स्वरूप है, वह मुझे दिखला दो।" और मुझे फिर ध्यान लग गया था। और फिर ध्यान में नेपाल का पशुपतिनाथ का मंदिर दिखाई दिया और फिर थोड़ी देर बाद सफेद दाढ़ीवाले एक मुनि दिखाई दिए जो हिमालय में बैठकर ध्यान कर रहे थे। बाद में वे ध्यान से बाहर आए और मेरी ओर हाथ करके मुझे बुला रहे थे।

मैं थोड़ा घबरा ही गया। ये कौन मुनि हैं और मुझे क्यों बुला रहे हैं? बाद में एक पहाड़ीनुमा जगह दिखी। वहाँ एक छोटा-सा ओटला बना था और वहाँ भी एक शिवमंदिर था। वह मंदिर मैंने कहीं भी देखा नहीं था और न ही उस गाँव में कहीं गया था, जहाँ का यह शिवमंदिर दिख रहा था। मंदिर दिख रहा था, मंदिर में लोग भी आ-जा रहे थे, पर वह स्थान परिचित नहीं था। नेपाल का पशुपतिनाथ का मंदिर मैंने चित्र में देखा था और इसलिए मैंने उसे पहचान लिया। पर इस छोटे-से मंदिर को नहीं पहचान पाया और न उस हिमालय के मुनि को पहचान पाया। और लगा कि जब ये बार-बार दिखते हैं, तो होंगे ही, पर प्रश्न था कि कहाँ होंगे और कब मेरे जीवन में आएँगे? वह पता नहीं था। ध्यान में ये सब बातें बड़े क्रमबद्ध तरीके से दिखती थीं मानो ये एक ही घटना से जुड़ी हुई हों! फिर लगा कि इन तीनों का आपस में क्या संबंध है, वह पता नहीं, पर मैं इस ओर बढ़ने के लिए इतना तो कर ही सकता हूँ कि इस घटना की पहली पादान नेपाल के श्री पशुपतिनाथ मंदिर तो जा ही सकता हूँ। मेरी नेपाल जाने की इच्छा तीव्र हुई। नेपाल एक छोटा-सा देश है जो एक 'हिंदू राष्ट्र' कहलाता है, वह भारत के पास ही हिमालय में स्थित है, बस इतनी ही जानकारी थी। वहाँ कैसे जाया जाता है, जाने का मार्ग कौन-सा है, वहाँ पर जाने के लिए वीजा (उस

देश का अनुमतिपत्र) लगता है या नहीं, यह आगे की कोई जानकारी मुझे नहीं थी। उस दिन मैंने नेपाल की यात्रा जल्दी ही करने का निश्चय किया और बाद में शांत मन से वापस हावड़ा आ गया। बाद में क्या हुआ, मालूम नहीं, पर मेरे दौरे लगातार चलते रहे और बाद में मैं चाहकर भी उस घाट पर, बाबा के पास न जा सका। लगातार कहीं-ना-कहीं दौरा होता ही रहता था।

मैं उन दिनों बहुत ज्यादा ही बेचैन था। कारण क्या था, वह भी पता नहीं था, पर यह मेरा स्थान नहीं है जहाँ पर मैं हूँ, यह वह कार्य नहीं है जो मैं कर रहा हूँ, मैं मेरा जीवन व्यर्थ ही गवाँ रहा हूँ, ऐसा लगा। और आसपास के सहकर्मी भी महसूस करते थे कि मेरा ध्यान उन दिनों कहीं और ही रहता था। वे पूछते थे कि किसी लड़की के प्यार में तो नहीं आ गया? वे मुझ पर कड़ी नजर रखते थे, पर उन्हें ऐसा कहीं नहीं मिला। मैं वैसे ही लड़कियों से बहुत शरमाता था। लड़कियों से दूर ही रहता था। वह सब (लड़कियों से मेल-जोल बढ़ाना आदि) मुझे पसंद नहीं था। मुझे उनके पास बैठना भी अच्छा नहीं लगता था। मैं ऑफिस में काम से काम रखता था। कुछ तो संकोच था जो मैं कह नहीं सकता, पर कुछ था। पता नहीं। सहकर्मी कहते थे, "अब इसके घर पर कहना पड़ेगा कि इसकी शादी करा दो।" दूसरी ओर मेरे रिश्तेदार कहते थे, "इस पर किसी ने काला जादू कर दिया है....यह पागल हो गया है....यह अपने में ही खोया रहता है....क्या सोचता रहता है, क्या मालूम?" मेरी माँ ने भी मुझे कई बार पूछा था कि बात क्या है? मैंने कुछ तो भी बताकर माँ का भी समाधान करने का प्रयत्न किया। वास्तव में, कोई कारण जब मुझे ही मालूम नहीं था, तो मैं उसे क्या बताता?

मैं उन दिनों मेरी ही दुनिया में खोया रहता था। कभी नदी के किनारे पर बैठता था तो घंटों नदी के पानी की ओर देखता रहता था। पानी के एक-एक कण को देखता था। पानी के एक-एक कण में भी मुझे हजारों, बारीक-बारीक कण और दिखाई देते थे जो चाँदी की तरह ही चमकते थे और मुझे लगता था कि चाँदी की ही नदी बह रही है। मैं उन कणों की ओर देखता तो मुझे लगता कि यह कण भी समुद्र से मिलने के लिए बेचैन है। यह भी समुद्र से मिलना

चाहता है, समुद्र में अपना अस्तित्व विसर्जित करना चाहता है। और वह अपनी इसी शुद्ध इच्छा को लेकर आगे बढ़ रहा है, और आगे बढ़ रहा है। यानी वह एक दिन अवश्य अपने समुद्र को प्राप्त कर ही लेगा क्योंकि उसकी इच्छा के साथ उसका कर्म भी घटित हो रहा है। वह पानी का कण समुद्र से मिलने की केवल इच्छा ही नहीं कर रहा है, उस ओर कार्यरत भी है। पर मैं हूँ कि केवल बैठे-बैठे इच्छा कर रहा हूँ कि मैं सद्‌गुरुरूपी परमात्मा से मिलूँ। मैं जान गया हूँ—आज का सद्‌गुरु ही आज का परमात्मा है। परमात्मा एक विश्वव्यापी शक्ति है। वह सदैव अलग-अलग माध्यमों से बहती रहती है। और आज का माध्यम ही आज का परमात्मा है। लोग भूतकाल में ही रहते हैं। इसीलिए उनका चित्त कभी भी वर्तमानकाल के परमात्मा पर नहीं होता है। इसीलिए वे भूतकाल के माध्यमों को ही जान पाते हैं। लोग जो गलती अध्यात्म में करते हैं, वह मुझे मेरे जीवन में नहीं करनी है। मुझे मेरा सारा ध्यान परमात्मा के आज के माध्यम पर ही केंद्रित करना है। कहाँ होगा मेरा माध्यम जिससे परमात्मा मुझे मिलेगा और परमात्मा उस माध्यम से अनुभूति कराएगा और उस अनुभूति से मुझे आत्मा का साक्षात्कार होगा? आत्मा का साक्षात्कार होना यानी यह जान जाना कि मैं एक पवित्र आत्मा हूँ। मैं केवल शरीर नहीं हूँ, यह शरीर मेरा है, पर मैं अलग हूँ और शरीर अलग है। मैं शरीर में हूँ, पर अपना अस्तित्व अलग बनाए हुए हूँ।

आत्मा शरीर में होती है और अपना एक अलग अस्तित्व बनाए रहती है। उस आत्मा के कारण ही शरीर जाना जाता है; उस आत्मा के निकल जाने पर शरीर मृत कहलाता है। और मृत शरीर मुर्दा कहलाता है। मुर्दा यानी मरा हुआ। यानी जब तक शरीर में आत्मा है, तब तक शरीर की कीमत है। आत्मा के चले जाने पर उस शरीर से ही दुर्गंध आने लग जाती है और वह सड़ा हुआ शरीर कोई भी प्रिय व्यक्ति ही क्यों न हो, नष्ट कर ही दिया जाता है। और आत्मसाक्षात्कार यानी आत्मा का बोध होना। मैं आत्मा हूँ, यह जानना। जब, मैं आत्मा हूँ, यह आप जान जाएँगे, तो शरीर के विकारों से भी मुक्त हो जाएँगे। क्योंकि जब आप जान जाएँगे कि आप शरीर हैं नहीं, तो शरीर के रिश्ते-नाते कोई महत्त्व नहीं रखते हैं और शरीर के विकार भी कोई प्रभाव नहीं डाल पाते हैं। अपने-आपको जानने का

मार्ग है—आत्मा का साक्षात्कार, अपने-आपको जानना! ऐसा लगता है, अपने-आपको जानना इस जगत का सबसे छोटा सफर है, पर सबसे कठिन सफर है। लोग दुनिया घूम लेते हैं, चाँद पर जाते हैं, पर अपने-आप तक नहीं पहुँचते क्योंकि अपने-आप तक पहुँचने के लिए इस जगत के भौतिक साधन पर्याप्त नहीं हैं। उसके लिए परमात्मा की कृपा चाहिए और परमात्मा की कृपा तब तक नहीं हो सकती, जब तक आप परमात्मा तक नहीं पहुँचते। परमात्मा तक पहुँचने का मार्ग चित्त से है। जब तक चित्त पवित्र नहीं होता और शुद्ध नहीं होता है, हम परमात्मा तक नहीं पहुँच सकते हैं। परमात्मा तो कल भी विद्यमान था, आज भी विद्यमान है और कल भी विद्यमान होगा, पर आज विद्यमान परमात्मा ही मेरे करीब का है, मेरे पास का है। मैं आज के ही परमात्मा तक आसानी से पहुँच सकता हूँ, इसी जीवन में पहुँच सकता हूँ।

ऐसा लगा कि आत्मा एक जीवन में जिस माध्यम को जान जाती है, उसे उस जीवन में मान नहीं पाती। और अगले जीवन में उसे मान पाती है, लेकिन अगले जन्म तक देर हो चुकी होती है। फिर अगले जन्म में जो माध्यम सामने आता है, उसे जानती तो है पर मानती नहीं है; मानती अगले जन्म में है। यानि परमात्मा जिस गति से अपने माध्यम बदलता रहता है, उस गति के साथ-साथ आत्मा नहीं चल पाती है। इसीलिए आत्मा अपने जीवनकाल में अपने पूर्वजन्म के माध्यम को ही मानती रहती है। पर वह माध्यम इस जन्म में दूर हो जाता है। वह माध्यम इस जन्म में कोई काम का नहीं होता है। यानि परमात्मा जिस गति से माध्यम बदलता है, उसके साथ-साथ आत्मा नहीं चल पाती है। और यही कारण है कि आत्मा आज के परमात्मा को नहीं मान पाती है। वह मानेगी, तो वह कल का परमात्मा ही होगा। लोग जो गलती करते हैं, वह गलती मुझे नहीं करनी है। मुझे इसी जीवन में इसी जीवन का परमात्मा का जीवंत माध्यम खोजना है, तभी आत्मा को आत्मसाक्षात्कार प्राप्त हो सकता है और आत्मा इस शरीर के भाव से मुक्त हो सकती है। मोक्ष तो जीते-जी पाना होता है। मैं शरीर नहीं हूँ, मैं एक पवित्र आत्मा हूँ, यह ज्ञान अपने जीवनकाल में ही हो जाना मोक्ष है। मुझे यह ज्ञान केवल पाना ही नहीं है, यह ज्ञान जो लोग पाना चाहते हैं, यह ज्ञान उन लोगों तक

पहुँचाना भी है। अभी तक तो यह ज्ञान मुझे ही नहीं हुआ है। यह ज्ञान कब मुझे प्राप्त होगा, कब मैं जान पाऊँगा कि इस शरीर से अलग मेरा स्वयं का कोई अस्तित्व है और मैं अलग हूँ और यह शरीर अलग है? आत्मा की उत्क्रांति को परमात्मा की गति के साथ जोड़ने की आवश्यकता है।

उस गंगा नदी के किनारे पर बैठकर, उन पानी के कणों को देखकर ही मैं घण्टों सोचता रहता था। और जो लोग मुझे देखते थे, वे मुझे पागल ही समझते होंगे। जब मैं गंगा नदी के पानी की ओर लगातार देखता रहा, तो लगा कि मैं और भीतर की ओर जा रहा हूँ। मैं मेरे ही शरीर में बैठा हूँ, पर शरीर का अस्तित्व अलग है और मेरा अस्तित्व अलग है। पर मेरे ऊपर शरीर का प्रभाव अत्यधिक है। आत्मा के ऊपर जब शरीर का अस्तित्व अधिक हो, तो वह एक आवरण-सा काम करता है। उस आवरण से परे देखना, जानना कठिन ही होता है। और जिस प्रकार शिष्य की आत्मा अपने शरीर के आवरण में होती है, ठीक उसी प्रकार से, गुरु भी जब जीवंत होता है, तब वह भी शरीर का आवरण ओढ़े रहता है। इसी कारण से शिष्य को अपने खुद के शरीर का आवरण हटाना होता है और परमात्मा का माध्यम जो गुरु के रूप में जीवित होता है, उसका भी आवरण हटाना होता है। शिष्य के लिए तो वह कठिन ही है। इसलिए शिष्य के लिए जीवंत गुरु को मानना कठिन है, जबकि गुरु तो स्वयं का तथा शिष्य का भी आवरण तोड़कर शिष्य को जान सकता है। शिष्य के लिए आवश्यक हो जाता है कि एक तो आवरण टूटे यानी या तो गुरु समाधिस्थ हो जाए या शिष्य की मृत्यु हो जाए। शिष्य की मृत्यु हो जाने पर, एक तो, उसका स्वयं का आवरण टूट जाता है और दूसरा, उसे पता चलता है—मैं जिसे सामान्य गुरु समझ रहा था, वही परमात्मा है। वही माध्यम आज का माध्यम था, पर मैं जीते-जी उसे जान नहीं पाया।

मुझे उस समय लगा—यह सब चित्तशुद्धि की प्रक्रिया चल रही है। तभी मुझे याद आया कि मेरे नानाजी कहा करते थे कि पुखराज नग (रत्न) अगर अँगुठी में जड़कर पहना जाए, तो वह आपके सद्‌गुणों को बढ़ा देता है और उसी पुखराज को पहनकर

बुरे कार्य किए जाएँ, तो वह बर्बाद कर देता है। यानी आपको उसे पहनकर पवित्रता बनाए रखनी होती है। ऐसा ही कुछ गुरु के साथ भी है। गुरु भी पुखराज जैसा है। उसकी शरण में जाने के बाद कोई दोष बाकी नहीं रहना चाहिए। प्रथम अपने दोष दूर करो, बाद में ही आध्यात्मिक प्रगति करो। क्योंकि अन्यथा आध्यात्मिक प्रगति आपके दोषों को भी वृद्धिगत कर देगी।

उन दिनों मुझे भीड़-भाड़ से बड़ी घबराहट होती थी और ऐसा लगता था कि कहीं एकांत में जाकर बैठूँ। रोज एकांत में बैठना संभव नहीं हो पाता था। पता नहीं क्या था, पर बाथरूम (स्नानघर) में सब कपड़े उतारकर, नग्न नहाना तनावमुक्ति देता था। मेरे शरीर पर और कोई आवरण मैंने कभी नहीं रखे थे। अँगुठी, चेन (जंजीर) आदि कुछ भी, कभी भी नहीं रखता था। नहाते समय एक अच्छी, ध्यान की स्थिति प्राप्त हो जाती थी। और उस समय मैं अनुभव करता था कि मैं मेरी आत्मा के करीब होता था। बड़े अच्छे-अच्छे विचार उस समय आते थे। वहीं अधिक रहा जाए, ऐसा लगता था। उसके लिए मैंने मार्ग निकाला—सुबह चार बजे उठकर नहाना। तब अन्य कोई सहकर्मी उठते नहीं थे। तो उस समय घण्टेभर भी बाथरूम में रहें, तो भी कोई बोलने वाला नहीं था। उस समय शरीर एकदम हल्का-हल्का लगता था। मेरे शरीर को संपूर्ण ऊर्जा ग्रहण करने का अवसर मिलता था। दूसरा, शरीर का आभामंडल भी विकसित होने में सहायता हो रही थी।

उस समय मुझे लगा कि इसी कारण जंगलों में ऋषि-मुनि कम कपड़ों में ही जीवन-यापन करते हैं। पर ऐसा समाज में रहकर करना संभव नहीं था। ऐसा लगा—नग्न शरीर ही परमात्मा का दिया हुआ सत्य-स्वरूप है। मनुष्य इस जीवन में नग्न आया है और नग्न जाएगा। ये कपड़े तो उसने केवल अपने जीवन का नाटक करने के लिए पहने हैं। मनुष्य तो इसी सत्यस्वरूप में पैदा हुआ है। फिर वह नाम, जाति, धर्म, भाषा, देश, अमीर, गरीब, पद, शिक्षा जैसे कितने अधिक कपड़े अपने ऊपर चढ़ा लेता है! और जितने अधिक कपड़े पहनेगा, उतने ही अधिक कपड़े उतारने भी होंगे। ये सब शरीर के आवरण ही हैं। मैं तो शरीर नहीं हूँ, मैं तो एक पवित्र और मुक्त आत्मा हूँ। प्रत्येक

मनुष्य का प्रयत्न आध्यात्मिक स्थिति को प्राप्त कर अपनी आत्मा तक ही पहुँचने की यात्रा है। यह यात्रा भीतर की यात्रा है। जब तक भीतर तक पहुँचा हुआ कोई माध्यम नहीं मिलता, भीतर की ओर मुड़ना संभव ही नहीं है। मनुष्य जीवनभर जिसे बाहर खोजता रहता है, वह परमात्मा उसी के भीतर बैठकर उसी की राह देखता रहता है कि कब यह बाहर भटककर भीतर आएगा? पर जीवन में भीतर मोड़ने वाला मिलना चाहिए और हमें मुड़ने के लिए तैयार होना चाहिए। ये दोनों ही जब हों, तो परमात्मा तो हमारे भीतर ही है।

मुझे कभी-कभी लगता था—यह नौकरी ही छोड़ देनी चाहिए। एक बंधन ही लगती थी। पर तभी कहीं जाने के लिए मिल जाता, किसी संत से मिलने का अवसर प्राप्त हो जाता, तो फिर यह विचार छूट जाता था। इस नौकरी में मुझे समय की, धन की स्वतंत्रता थी। कभी छुट्टी ले सकता था, कहीं भी जा सकता था।

अपनी जवानी के समय जब मेरे सहकर्मी अपने भविष्य के सपने देखने में व्यस्त थे, तब मैं अपने गुरु की खोज में व्यस्त था। जीवन का एकमात्र लक्ष्य था—सद्‌गुरु को खोजना। और ऐसा लग रहा था कि जीवन का एक-एक दिन व्यर्थ हो रहा है। पर क्या किया जाए, यह भी समझ में नहीं आ रहा था। तभी मुझे मेरे नानाजी के शब्द याद आए। वे बोलते थे कि श्री रामदास स्वामी ने कहा है कि शिष्य ने अपनी बैठक अच्छी करनी चाहिए, गुरु तो उसके घर चलकर आएगा। यानी शिष्य ने अपना चित्त शुद्ध करके रखना चाहिए और अपनी शुद्ध इच्छा करनी चाहिए कि गुरु उसके जीवन में आए। तभी यह संभव है। मेरा भी सारा ध्यान इसी ओर था। और अब मैंने मेरे रिश्तेदारों के यहाँ भी जाना छोड़ दिया था। मैं सदैव अच्छी-अच्छी भेंट ले जाकर देता था, उन्हें प्रसन्न रखने का प्रयास करता था, पर वे थे कि मेरे बारे में गलत-गलत बातें फैला रहे थे। कोई कह रहे थे कि मुझ पर किसी ने जादू-टोना कर दिया, कोई कहते थे कि मैं पागल हो गया, कोई कहते थे कि इसकी शादी करा दो, नहीं तो यह सब छोड़कर हिमालय भाग जाएगा; वह हिमालय की बातें बहुत ही करता है। तो मेरी बातें समझने को भी कोई तैयार नहीं था। सहकर्मी समझते थे कि मुझे ऑफिस के कार्य का तनाव है। वे सलाह देते

थे—कहीं दूर, किसी हिल स्टेशन (पर्वतीय पर्यटन-स्थल) पर जाकर आओ। कोई कहते थे कि तुम्हारा भविष्य के प्रति कोई भाव ही नहीं है। भविष्य के लिए न तो बचत करते हो और न ही योजना करते हो। यह सही भी था। इतना कमाकर भी मेरी कोई बचत नहीं थी, सब खर्च कर देता था। मैं स्वयं पर कम, दूसरों पर ही अधिक खर्चे करता था। बचाता कुछ भी नहीं था। कई बार साधु-संतों की सुविधा के लिए, यात्रा के लिए सारी तनख्वाह की तनख्वाह दे देता था। सहकर्मी भी कहते थे—कल पगार हुई और आज तेरे पास पैसे नहीं हैं! क्या करता है, क्या मालूम? जबकि सब जानते थे कि मुझे कोई व्यसन नहीं था। कॉलेज के जमाने में सब सहपाठी अपने सिगरेट के पैकेट मेरे झोले में रखते थे ताकि वे सुरक्षित रहें क्योंकि मैं स्वयं सिगरेट पीता नहीं था। कोलकाता में सिगरेट पीने का चलन बहुत अधिक था। सिगरेट नहीं पीता, ऐसा कहता, तो सब बोलते थे कि बड़ा विचित्र आदमी है, सिगरेट नहीं पीता तो जीता कैसे है? जैसे सिगरेट पीना जीने के लिए आवश्यक ही हो!

हाथी बागान में एक गुजराती भोजनालय था। मुझे जब भी घर की याद आती थी, मैं भोजन करने वहाँ जाता था। गुजराती भोजन सादा व सुपाच्य, घर जैसा लगता था। वे सामने एक पाट रखते थे और बैठने के लिए एक पाट देते थे। सब व्यवस्थित करते थे। पर वहाँ स्थान छोटा था, इसलिए समय बहुत लगता था। इसलिए वहाँ फुर्सत में ही जाता था। सदैव लगता था—यहाँ नहीं, वहाँ जाकर अच्छा लगेगा। वहाँ जाता था तो लगता था—और कहीं जाकर अच्छा लगेगा। यानी मैं कहीं भी जाऊँ, कितने भी अच्छे स्थान पर जाऊँ, बेचैन ही रहता था।

यह बेचैनी उन दिनों बहुत बढ़ गई थी। सड़कों पर, मंदिरों में बैठे बाबा लोगों की भी खूब सेवा करता था। पता नहीं, गुरु किसी भिखारी के रूप में ही मिल जाए! मैं गुरु के लिए एकदम पागल हो गया था। सबने मुझे आशीर्वाद दिए, पर, मैं ही तेरा गुरु हूँ, ऐसा किसी ने भी नहीं कहा। सब कहते थे—हम तुम्हारे लिए प्रार्थना करते हैं कि तुम्हें तुम्हारे गुरु जल्दी ही मिल जाएँ। सभी साधु-संत यह कहते थे—आगे बढ़ो। हम तुम्हारा पड़ाव हैं। तुम्हारी यात्रा की हम

मंजिल नहीं हैं। ऐसा लग रहा था मानो बिना सद्‌गुरु के यह जीवन ही व्यर्थ है क्योंकि उसके बिना जीवन में अँधेरा ही अँधेरा महसूस होने लग गया था। मैं रोज उठकर मेरे सद्‌गुरु (गुरुतत्त्व) से प्रार्थना करता था कि अब तो दर्शन दो! मैं सद्‌गुरु के बिना एकदम पागल हो गया था। पिछले एक साल से ही ऐसी स्थिति हो गई थी। तभी अचानक मुझे मेरी ऑफिस के ही काम से कानपुर जाना पड़ा। मैं कानपुर पहुँचा। कानपुर की स्टेशन रोड (स्थानक से जुड़ी सड़क) पर ही एक कांचन हॉटेल थी, उसमें उतरा। उस समय वह अच्छी हॉटेल मानी जाती थी। और दूसरे दिन मार्केट (बाजार) गया तो अचानक बैंकों ने हड़ताल कर दी। सारी बैंकें बंद हो गई थीं और मेरा कार्य कुछ दिन बाद होने वाला था। मुझे कुछ दिनों का समय मिल रहा था। रात के समय हॉटेल में भारत देश का नक्शा लेकर बैठा, तो ध्यान नेपाल की ओर गया और नेपाल जाने की मेरी पुरानी इच्छा जागृत हुई। कैसे जाना चाहिए, वह सोचने लग गया। कानपुर से ट्रेन से गोरखपुर जाकर वहाँ से नेपाल जाने का मन बनाया। और बाद में हॉटेल के मैनेजर को बताया—कोई मेरे लिए संदेश आए, तो कह देना कि पास में ही कहीं घूमने गए हैं। और मैं ट्रेन से गोरखपुर चला गया। गोरखपुर से सोनाली गाँव पहुँचा। जब मैं वहाँ पहुँचा तो रात हो गई थी। अचानक लाईट (बिजली) चली गई। मैं सुरक्षित स्थान के रूप में पोलिस स्टेशन (पुलिस चौकी) पहुँचा। वहाँ के एक पोलिसवाले ने कहा, “आप यहाँ पूर्ण सुरक्षित हैं। यह नेपाल देश है। यहाँ कोई चोरियाँ नहीं होती हैं।” ऐसा कहकर उसने एक हमाल के साथ मुझे पास के एक हॉटेल में पहुँचाया। मोमबत्ती के, लालटेन के प्रकाश में नेपाल में यह मेरी पहली रात थी। उस हॉटेल वाले ने ही सुबह की काठमाण्डू की बस का मेरा टिकट बुक (आरक्षित) कर दिया और बाद में नहा-धोकर, खाना खाकर मैं जल्दी ही सो गया क्योंकि अगले दिन जल्दी उठना था।

सुबह अँधेरे में ही एक रिक्शा वाले ने मुझे हॉटेल से भैरवा गाँव पहुँचाया। वहाँ मेरी बस खड़ी ही थी। मैंने कंडक्टर से पूछा, “कब काठमाण्डू पहुँचेंगे?” तो उसने कहा, “दस बजे तक पहुँच जाएँगे।” मैं उस बस में सवार हो गया। अब धीरे-धीरे प्रकाश हो रहा था, उजाला हो रहा था। आसपास के दृश्य बड़े सुहावने थे। बस का

प्रवास बड़ा कठिन था। रास्ता ठीक नहीं था। यह कच्चा रास्ता चीन ने नेपाल देश को बनाकर दिया था। उसका नाम था—'अर्थ रोड'। एक बस के जाने के बाद इतनी धूल उड़ती थी कि दूसरी बस थोड़े समय बाद ही जा सकती थी। इसीलिए एक बस और दूसरी बस के बीच काफी अंतर रखा जाता था। दोपहर के एक बज गए, तो भी हम काठमाण्डू नहीं पहुँचे थे। फिर मैंने कंडक्टर से पूछा, "दस बजे तक हम काठमाण्डू पहुँचने वाले थे, अभी एक बज गए हैं, अभी तक क्यों नहीं पहुँचे?" उसने हँसते हुए कहा, "दिन के दस नहीं, रात के दस बजे पहुँचेंगे।" मैं तो उसे सुनते ही अवाक हो गया कि बाप रे, अब रात के दस बजे तक ऐसा प्रवास करना पड़ेगा! बस का टिकट चालीस रुपए का था। यह राशि उस समय बहुत थी। बड़ी कठिनाई में यात्रा चल रही थी। बस की खिड़कियों से धूल के आने के कारण अंदर बैठे यात्रियों के चेहरे भी पहचाने नहीं जा सकते थे। रास्ते में कुछ छोटे-छोटे गाँव लग रहे थे। हम दोपहर एक बजे पोखरान पहुँचे। वहाँ पर बस रुकी। सबने भोजन किया। थोड़ा आराम किया और फिर बस चल दी।

अंततः रात के दस बजे वह बस काठमाण्डू पहुँची। काठमाण्डू एक बड़ा शहर था। फिर एक रिक्शेवाला ही मुझे एक 'हॉटेल माऊंट' में ले गया। मैंने वहीं रुकने का निर्णय लिया। दूसरे ही दिन सबेरे, पड़ौस के कमरे में ही रहने वाले पूना के एक दम्पत्ति श्री व श्रीमती पाटिलजी से पहचान हुई। उन्हें भी मुझसे मिलकर अच्छा लगा। परदेश में एक मराठीभाषी का मिलना अचानक हुए धन-लाभ जैसा ही लगा। फिर मैं नहा-धोकर श्री पशुपतिनाथ के मंदिर गया। वहाँ पर एक श्री भिड़े नामक गुरुजी थे। उनके पास गया तो उन्होंने हँसकर कहा, "आखिर आ ही गए?" मैंने कहा, "ऐसे क्यों कहते हो?" वे बोले, "तुम्हारा इंतजार मैं नहीं, एक नेपाली बूढ़ा आदमी कर रहा है। वह पिछले तीन दिनों से यहाँ डेरा डाले तुम्हारे इंतजार में पड़ा हुआ है। पास ही में रुका हुआ है।" मुझे ये सब बातें एकदम रहस्यमय लगने लगीं। कौन बूढ़ा होगा? क्यों मेरा इंतजार कर रहा होगा? मैंने तो एक दिन पहले ही नेपाल आने का निर्णय लिया, तो इसे तीन दिनों पूर्व कैसे पता चल गया कि मैं नेपाल आने वाला हूँ? मुझे कुछ भी समझ में नहीं आ रहा था। मैंने श्री भिड़े गुरुजी को

बताया, "मेरी बचपन से नेपाल में श्री पशुपतिनाथ के मंदिर आने की बड़ी इच्छा थी। इसलिए मैं आज आया हूँ। मुझे रुद्राभिषेक करने की इच्छा है।" उन्होंने फिर रुद्राभिषेक की व्यवस्था कर दी। मंदिर बड़ा विशाल लगा। बड़ी पवित्रता का आभास वहाँ हो रहा था। मैंने रुद्राभिषेक किया और शिवलिंग को नमस्कार करके कहा, "आप बार-बार मेरे ध्यान में आकर यहाँ आने के लिए कहते थे। लो, आज मैं आ गया। यहाँ तक आने की प्रेरणा देने के लिए मैं आपका बड़ा आभारी हूँ।" मैंने नमस्कार किया और बाहर आया। मैं उस नेपाली बूढ़े से मिलने के लिए उत्सुक था।

श्री भिड़े गुरुजी बाद में मुझे अपने घर ले गए। वहीं पास में था। वहाँ पर उस बूढ़े सज्जन से मिला। वह गोरा, दुबला-सा बूढ़ा था, पर आकर्षक था। उसने कहा, "मैं पास ही के शिबु गाँव से आया हूँ। मेरा नाम भोलू है। मेरे गाँव के पीछे हिमालय का पहाड़ है। उस पहाड़ी पर एक गुफा है। उसमें शिवबाबा नाम के एक योगी रहते हैं। वे शिव के ही अवतार हैं, ऐसा हम मानते हैं। वे सालभर में एक बार ही दर्शन देते हैं। वे जब दर्शन देते हैं तो हमारे गाँव में त्यौहार का माहौल बन जाता है।" मैं सोच रहा था—मेरा क्या संबंध है? फिर वह आगे बोला, "जब उन्होंने गत बार दर्शन दिए थे, तो उन्होंने आपको लेने के लिए भेजा। आप यहाँ आने वाले हैं, यह उनको मालूम था। इसलिए उन्होंने मुझे आपका नाम, आपका हुलिया, सब बताकर रखा था। कब आने वाले हैं, वह दिन भी बताकर रखा था। हमारे यहाँ पर मौसम का कोई भरोसा नहीं होता, इसलिए मैं आपके आने के तीन दिनों पूर्व से ही यहाँ पर आकर बैठा था। वे श्री शिवबाबा आपसे मिलना चाहते हैं। उन्होंने ही आपको बुलाया है।" ऐसा जैसा ही उसने कहा, मेरे शरीर के सारे बाल खड़े हो गए! मैं रोमांच से भर गया! पर दूसरे ही क्षण बुद्धि से कार्य प्रारंभ हो गया; ये श्री शिवबाबा कौन हैं, मेरा इनसे क्या संबंध है? उन्होंने मुझे क्यों बुलाया है? वे आगे क्या करना चाहते हैं? इतने सारे प्रश्न उठ खड़े हुए। पर पता नहीं क्यों, मैं उन्हें ना न कर सका और मैं उत्सुकता से उनके साथ जाने के लिए तैयार हो गया। श्री भिड़े गुरुजी ने एक बड़े रुद्राक्ष की माला मुझे भेंट की थी जो मंदिर का प्रसाद थी। मैंने

गुरुजी को दक्षिणा दी और नमस्कार कर चल दिया। एक झोला मेरे पास था। वही लेकर मैं उस सज्जन के साथ चल दिया।

मेरा उस सज्जन के साथ प्रवास चालू हुआ। प्रथम बस से गए। फिर तो पैदल ही प्रवास चालू हुआ। वह रोज बोलता, शाम तक पहुँच जाएँगे। तीन दिन लग गए थे। रास्ता इतना कठिन था कि संपूर्ण ध्यान रास्ते पर ही देना पड़ता था। वह आगे चलता था और मैं उसके पीछे-पीछे चलता था। आसपास हिमालय के बड़े सुंदर शिखर दिख रहे थे। जब सूरज का प्रकाश पड़ता तो वे और चमकते थे। पर हमारे पास उन्हें देखने का समय नहीं था। हम चले जा रहे थे। मैंने कहा, "मैं अब वापस कैसे आऊँगा?" वह बोला, "मैं आपको छोड़ने वापस आऊँगा। आप एकदम निश्चिंत रहो।" मैं सोच रहा था, मैंने मेरे ऑफिस को नहीं बताया है और न ही घर पर पत्र से सूचित किया है कि मैं नेपाल जा रहा हूँ। उस समय पत्र-व्यवहार ही संदेश का साधन था। फोन (दूरध्वनि) तो बुक (आरक्षित) करके ट्रंक कॉल किया जाता था। दिन-दिनभर संदेश मिलता ही नहीं था। जब दिनभर फुर्सत हो, तो फोन बुक करके रखते थे। मैं धीरे-धीरे उस बूढ़े सज्जन के साथ जा रहा था। शाम के समय उसके गाँव में पहुँचे। वहाँ पर भी एक छोटा शिवमंदिर था। वहाँ की विशेषता थी, रास्ते के सब गाँवों में भी सभी जगह शिवमंदिर था ही। मुझे शिवमंदिर के पास के ही एक कमरे में रुकाया गया। उस कमरे में मंदिर के पुजारी रहते थे। मैं थककर बेहाल था। रात के समय कब नींद लग गई, वह पता भी नहीं चला। दूसरे दिन सुबह गाँव के लोग मुझे लेकर हिमालय पर चढ़ने लग गए। कुछ लोग मेरे साथ मदद के लिए आगे तक भी आए थे। उन्होंने एक पत्थर पर ले जाकर मुझे बिठा दिया। उन्होंने कहा, "अब हम वापस जाते हैं। अब तुम यहीं बैठकर श्री शिवबाबा का इंतजार करो। वे सामने सेवा-भाव वाली गुफा में ही रहते हैं।" उन्होंने सामने वाली गुफा की ओर इशारा किया। एक छोटी-सी गुफा थी जिसमें खड़े रहकर एक मनुष्य भी नहीं निकल सकता था। और बाद में वे लोग चले गए।

मैं बड़ी उत्सुकता से वहाँ बैठा था। मैं सोच रहा था—वे कैसे दिखते होंगे? मुझे उन्हें मिलकर कैसा लगेगा? आसपास का वातावरण

भी बड़ा ही सुंदर था। एकदम शांत व निर्जन स्थान था। नीचे गाँव दिख रहा था, जहाँ से मैं आया था।

दोपहर हो गई, शाम हो गई, मैं टकी-टकी लगाए उसी गुफा की ओर देख रहा था। एक-एक पल बड़ा रोमांचकारी था। इस प्रकार कहीं निर्जन स्थान पर जाकर बैठने का मेरा पहला ही अनुभव था। पर डर कहीं भी नहीं था। थोड़ी तंद्रा जैसी ही कुछ स्थिति हो गई थी। थोड़ी देर बाद देखा तो उस छोटी-सी गुफा से एक बड़े तेजस्वी तपस्वी बाहर आ रहे थे। उनके चेहरे पर बड़ा तेज था। वे धीरे-धीरे मेरी ओर आ रहे थे। वे मेरे सामने आकर खड़े हो गए। पता नहीं क्यों, मैं उनकी ओर देख ही नहीं पा रहा था। काफी ऊँचे थे। सफेद केश थे। सफेद दाढ़ी-मूँछें थीं। शरीर पर केले के पत्ते जैसा कुछ लपेटा हुआ था। शांत समुद्र जैसा व्यक्तित्व था। उनकी आँखें नीली थीं जो हरी छटा लिए हुए लगती थीं। अच्छा, सुडौल शरीर था। यह जो कुछ देखा, वह एक क्षण में ही देखा था। बाद में तो जैसे वे पास आने लग गए, मेरी आँखें बंद होने लग गई थीं। और वे जैसे ही पास आए, मैंने यंत्रवत उन्हें साष्टांग दंडवत प्रणाम किया और जैसे ही उनके चरणों को छुआ तो लगा कि बस ये ही चरण हैं जिन तक पहुँचना मेरे जीवन का लक्ष्य था! उन्होंने मुझे उठाकर गले लगा लिया और कहा, "मैं कबसे तुम्हारा इंतजार कर रहा हूँ।" बाद में वे मुझे अपने साथ अपनी गुफा में ले गए। गुफा अंदर से काफी बड़ी थी, जिसका बाहर से अंदाजा भी नहीं लगाया जा सकता था।

गुफा में एक यज्ञकुण्ड था, एक त्रिशूल था, कुछ जड़ी-बुटियाँ थीं, कुछ लकड़ियाँ थीं, एक कमण्डलू था। अधिक सामान नहीं था। इसलिए भी वह गुफा बड़ी लगती थी। इस प्रकार की गुफा में आना मेरा नया ही अनुभव था। हिमालय के बारे में सुन रखा था, पर सुनने और अनुभव करने में बड़ा ही अंतर था। गुफा में हवा आने के लिए वह द्वार ही एकमात्र मार्ग दिख रहा था। सालों से यहाँ पर कोई भी नहीं आया होगा, ऐसा लग रहा था। अंदर एक हवनकुंड था जो सदैव प्रज्ज्वलित ही रहता था। गुफा का द्वार गुफा के भीतर से थोड़ा-सा ऊपर ही प्रतीत होता था। एक सूखा कद्दू भी था जो एक बर्तन की तरह लगता था।

भीतर जाने पर गुरुदेव ने बताया, "यह मेरे गुरुदेव की गुफा है। यहाँ पर उन्होंने ध्यानसाधना की थी। उन्होंने उनके जीवनकाल में मुझसे गुरुदक्षिणा माँगी थी और कहा था, 'मैं जो अनुभूति का ज्ञान तुझे देकर जा रहा हूँ, उसे संभालकर रखना। और मेरे गुरु इस धरती पर जन्म लेने वाले हैं, वे जब यहाँ पर आएँगे, तब यह अनुभूति का ज्ञान उन्हें सौंपना। वे उसे विराट तत्त्व प्रदान करेंगे। वे यहाँ अवश्य ही आएँगे। और तब तक तुम इसे अपने पास संभाल करके रखना।' मैं इसीलिए आपका पिछले चालीस सालों से यहाँ पर इंतजार कर रहा हूँ। अभी भी आपके कार्य का समय नहीं आया है। लेकिन मेरे जीवन की समाप्ति का समय आ गया है। इसलिए मैंने ही इच्छा की थी, आप मेरे जीवनकाल में मुझे मिल सकें ताकि मैं मेरे गुरु को दिया हुआ वचन निभा सकूँ।" मुझे यह एक गुत्थी लग रही थी और समझ में नहीं आ रहा था कि गुरुदेव क्या बोल रहे हैं। मैंने बड़ी विनम्रता से उन्हें नमस्कार करते हुए कहा, "गुरुदेव, आप तो मेरे गुरुदेव हैं, मैं तो छोटा हूँ बहुत।" उन्होंने कहा, "इस शरीर को मत देख। शरीर तो एक वस्त्र है। उसका क्या महत्त्व है?"

"मैं भावनगर, गुजरात का रहने वाला हूँ। एक सद्‌गुरु की खोज मुझे भावनगर से हिमालय लेकर आई। मैं भी गुरु की खोज में भावनगर में बहुत भटका हूँ। पर नहीं मिला, अंत में यहाँ आना पड़ा। तेरा भी कार्यक्षेत्र गुजरात है। तू जो अपने पूर्वजन्म का कार्य अधूरा छोड़कर आया है, वह तुझे पूर्ण करना है। अपने कार्य को पूरा किए बिना किसी को भी गति नहीं है। मैं भी इस कार्य से बँधा था। कल सुबह मैं मेरा कार्य संपन्न कर दूँगा ताकि मेरे मोक्ष का मार्ग खुल सके। जाओ, अब सो जाओ। थक गए होंगे।"

बाद में मैं घास के ऊपर ही सो गया। गुफा के पास ही एक जगह पानी ऊपर से गिर रहा था। वहाँ पर हम दोनों सुबह गए, नहाए और बाद में वे अपने कमण्डलू में पानी भी भरकर लाए और वे एक पत्थर पर बैठ गए और मुझे सामने बैठने के लिए कहा। मैं नमस्कार करके बैठ गया। बाद में उन्होंने कमण्डलू का पानी अभिमंत्रित किया और प्रार्थना की, "मैंने मेरी ध्यानसाधना से चालीस सालों से जो मेरे गुरु की शक्तियाँ संभालकर रखी हैं, वे आज मैं

उन्हीं की आज्ञा से उन्हीं के गुरु को सौंप रहा हूँ। शक्तियों को आगे का मार्ग मिले, यही प्रभु से प्रार्थना है। और बाद में कुछ मंत्रोच्चार किए और मेरे हाथों में जल छोड़ दिया और मुझे वह पीने के लिए कहा। मैंने वह पी लिया। और बाद में उन्होंने मेरे सिर के ऊपर हाथ रखा, तो, मेरे दोनों कूल्हों के बीच से कुछ तो भी ठंडा-ठंडा रीढ़ की हड्डी से ऊपर की ओर जा रहा है, ऐसा लगा और ऊपर गर्मी ही गर्मी होने लग गई। फिर गुरुदेव ने सिर पर हाथ घुमाया तो सारी गर्मी सिर पर जमा हो गई और तालू भाग से एक गर्म हवा का फव्वारा ही निकल पड़ा था। और धीरे-धीरे सारी गर्मी चली गई और उसका स्थान ठण्डक ने ले लिया। और फिर सारा बदन ही ठण्डा पड़ गया। सोने के सहस्रकमल खिल रहे हैं, ऐसा मुझे प्रतीत हुआ।

इसके बाद क्या हुआ, वह मालूम नहीं क्योंकि मेरी चेतना जाती रही। सारे शरीर के ऊपर से नियंत्रण ही खो दिया था और मेरी संपूर्ण चेतना जाती रही। बाद में क्या हुआ, मुझे मालूम नहीं। बाद में जब आँखें खोली तो सामने गुरुदेव मुस्करा रहे थे। वे बोले, "तीन दिन बीत गए हैं। तीन दिनों से तुम ध्यान में ही थे। शरीर से आत्मा बनने का सफर तीन दिनों का ही होता है। अब शरीर के विकारों से मुक्त एक आत्मा हो गए हो। अब जीवन में आत्मिक कार्य करो। मेरे आत्मिक कार्य का अर्थ है—आत्मा बनकर आत्माओं की उत्क्रांति का कार्य। यह कार्य अब सामूहिकता में घटित होने का समय आ गया है। मुख्य रूप से विभाजित करें तो मनुष्य, शरीर व आत्मा का मिलाजुला मिश्रण होता है। मनुष्य में शरीर के विकार होते हैं और आत्मा की पवित्रता होती है। दोनों ही पूर्वकर्मों के अनुसार होते हैं। पर जीवन में अच्छी सामूहिकता मिल जाए तो मनुष्य अच्छे मार्ग पर चलता है। और अच्छी सामूहिकता प्राप्त करने का आसान मार्ग है—सद्‌गुरु की शरण में जाना। सद्‌गुरु से लाखों आत्माएँ जुड़ी होती हैं। और उसकी शरण में जाने से हम अनायास ही लाखों आत्माओं के साथ जुड़ जाते हैं। सद्‌गुरु को जानना और मानना दो अलग-अलग बातें हैं। दोनों बातों के बीच एक लंबा अंतराल होता है। ऐसा ही एक लंबा अंतराल तुम्हारे और तुम्हारे कार्य के बीच है। गुजरात में ही तुम्हारा कार्य अधूरा छूटा था। उसी अधूरे छूटे हुए कार्य को पूरा करना है।

पिछले जन्म में तुम्हें गुजरात के लोगों ने जाना था, पर इस जन्म में तुम्हें गुजरात के लोग मानेंगे। यह सब समय-समय की बात है।"

"यह निसर्ग का नियम है। जब तक कैरी पकती नहीं, तब तक उसकी खुशबू फैलती नहीं है। तुम्हें तुम्हारे इस जीवन के कुछ कार्य करने बाकी हैं। उनके हो जाने के बाद तुम साधु बनोगे और तुम्हारे माध्यम से इस जगत में लाखों आत्माएँ लाभान्वित होंगी, लाखों आत्माएँ मोक्ष की प्राप्ति करेंगी। और यही तुम्हारा कार्य है क्योंकि यही आश्वासन तुमने पिछले जन्म में लोगों को दिया है। तुम भी अपने आश्वासन से ही बँधे हो। यह तुम्हारा भी अंतिम जीवन है। अपने आश्वासन पूर्ण करो और अपने मोक्ष का मार्ग खुला करो। मैं भी मेरे गुरु के दिए आश्वासन के साथ बँधा था। आज मैं भी मुक्त हो गया हूँ। यह अनुभूति का ज्ञान मेरे पास था, पर वह बाँटने के लिए मैं अधिकृत नहीं किया गया था। इसलिए वह मेरे हाथ से न हो सका। मेरे गुरुदेव ने इस कार्य के लिए तुम्हें अधिकृत किया है। इसलिए यह कार्य तुम्हारे से ही होगा। गुरुशक्तियाँ स्वयं ही सब करा लेती हैं, हम तो केवल माध्यममात्र होते हैं। अब अनुभूति की इन शक्तियों को चालीस साल संभालना आसान कार्य नहीं था, पर वह हो गया। कैसे हो गया, मुझे ही मेरा मालूम नहीं पड़ा। आज मैंने मेरे जीवन के उद्देश को प्राप्त कर लिया है। तुम्हारे इस कार्य के लिए उचित समय की आवश्यकता थी, वह उचित समय अब आने वाला है। उचित कार्य करने के लिए सदैव उचित समय की आवश्यकता होती है। यह निसर्ग का नियम है। प्रत्येक सूर्योदय के पहले रात होती है। वैसे ही यह रात का अंतिम प्रहर चल रहा है। मैंने भी सब सांसारिक सुखों का, ऐश्वर्य का त्याग करके यह गुरु का मार्ग अपनाया और आज मैं प्रसन्न व खुश हूँ कि मैंने मेरे जीवन के उद्देश को पा लिया है। इसलिए मेरे जाने के बाद दुःख करने की कोई आवश्यकता नहीं। इसे उत्सव की तरह मनाओ। मैं अब देह-त्याग करूँगा क्योंकि मेरा अब समय आ गया है। और मेरी इच्छा है कि तुम खुद, अपने हाथों से मेरा दाह-संस्कार करो क्योंकि तुम ही मेरे मानसपुत्र हो। मुझे जो कहना था, वह कह दिया है। अब तुम्हें कुछ पूछना हो तो पूछो।"

मैंने उन्हें नमस्कार करके कहा, "आध्यात्मिक अनुभूति की शक्ति की जो धरोहर पिछले आठ सौ सालों से हमारे गुरुओं ने संभालकर रखी थी, वह मैं मेरे जीवन में संभालकर रख सकूँ और यह ईश्वरीय अनुभूति का प्रसाद जिन आत्माओं तक पहुँचाना है, वह कार्य जैसा आप चाहते हैं, वैसा हो सके, यही प्रार्थना है।" गुरुदेव ने कहा, "मेरे कार्य से भी बड़ा तेरा कार्य है। मुझे तो वह केवल तुम्हें ही देनी थी। तुम्हें तो उसे विराटता प्रदान करनी है, लाखों लोगों में बाँटनी है। और जब वे लाखों लोगों में बँटेंगी, तो उसे संभालने के लिए और अगली पीढ़ी तक पहुँचाने के लिए भी लाखों लोगों को वे प्राप्त शक्तियाँ संभालकर रखने की आवश्यकता होगी।

अब यह कार्य सामूहिकता में चला जाएगा। और अनुभूति की शक्तियों को संभालकर रखने के लिए लाखों लोगों को तैयार करना तो बड़ा ही कार्य है, विशाल कार्य है। पर निश्चिंत रहो, वह होगा ही। बस अभी समय नहीं आया है। उचित समय आने पर सब होगा ही। कल सुबह सूर्योदय के पश्चात मैं ध्यान में देह-त्याग करूँगा। मेरी इच्छा है, तुम बाद में गाँववालों को बुलाकर उत्सव मनाना। किसी को शोक करने की आवश्यकता नहीं है।"

दूसरे दिन सुबह ध्यान में ही गुरुदेव ने गुरुमंत्र का जोर से उच्चारण किया और देहत्याग कर दिया। फिर बाद में मैं गाँव में गया। गाँव में वह समाचार दिया। फिर उन्हें गुफा के बाहर लाया गया। वहाँ पर उत्सव-सा ही माहौल हो गया। भजन-गीत आदि हुए। फिर शाम के समय उनकी इच्छा के अनुसार मैंने उनका दाह-संस्कार कर दिया। मुझे तो उनका कुछ दिनों का ही सान्निध्य मिला था, पर मानो लग रहा था कि बड़ा पुराना कोई संबंध हमारे बीच था। गाँव के सब लोगों ने उन्हें भाव से, अश्रुपूर्ण विदाई दी। सारा आकाश 'श्री शिवबाबा की जय' के नारों से गूँज उठा। उनका नाम क्या था, किसी को भी मालूम नहीं था, पर सब लोग उन्हें 'शिवबाबा' कहते थे। उनकी बातों से लगा था कि वे किसी संपन्न खानदान से संबंध रखते थे। एक राजसी वैभव उनकी बोल-चाल में अनुभव होता था। एक अदब था जो उनके व्यक्तित्व को अलग ही गरिमा प्रदान करता था। मैं रातभर उसी गुफा में ही रहा। रातभर उनकी ही बातें याद

करता रहा। एक बार तो लगा कि अब मैंने भी उनकी यादें संजोकर सारा बचा जीवन इसी गुफा में रहकर निकाल देना चाहिए। इतना लगाव व आकर्षण उस स्थान से हो गया था। क्योंकि गुरुसान्निध्य जीवन में पहली बार जीवंत स्वरूप में मिला था। मुझे तो कुछ दिन ही मिला था। मैं सोचता था कि वे लोग कितने भाग्यवान होंगे जो जीवंत गुरु के सान्निध्य में ही जीवन बिताते हैं और जीवन में उन्हें मानकर जीवन बिताते हैं। उनका जीवन धन्य हो जाता होगा। पर दूसरे ही दिन सबेरे आभास हुआ, गुरुदेव कह रहे हैं, "गुरु से बड़ा है गुरु का कार्य। इस गुफा में रहकर गुरु का कार्य नहीं हो सकता है। अगर कार्य करना है तो यहाँ से समाज में जाना ही होगा।"

मैंने वापस समाज में जाने का निर्णय लिया और फिर उसी नेपाली बूढ़े के साथ काठमाण्डू वापस आ गया। और फिर अपने जीवन में सामान्य रूप से कार्यरत हो गया। और राह देखने लग गया कि मेरे जीवन में बदलाव कब आएगा? क्योंकि गुरुदेव ने कहा था, तो आएगा ही। काठमाण्डू से वापसी की यात्रा मैंने हवाई जहाज में की। मैं काठमाण्डू से भैरवा हवाई जहाज से, नेपाल एअरलाईन से आया। तब टिकट के 287 नेपाली रुपए लगे थे।

मेरी बातें सुनते-सुनते मेरी दीदी, मेरे जीजाजी, दोनों लड़कियाँ, सब सो गए थे। यही हाल बाकी लोगों का भी था। मैंने जैसे ही बोलना बंद किया, तब वे धीरे-धीरे सामान्य हुए। वे बोले, "हमें एकदम, सुनते-सुनते ही ध्यान लग गया था। तुम इतना अच्छा बता रहे थे कि हमें लगा कि हम ही हिमालय की वादियों में नेपाल में घूम रहे हैं।" फिर मैंने दीदी से कहा, "बाद में क्या हुआ, वह मालूम ही है; मेरी शादी हुई, मेरे बच्चे हुए। फिर भी अभी भी मैं उस कार्य की खोज में कार्यरत हूँ जो कार्य मुझे मेरे गुरुदेव ने सौंपा है..." "...क्योंकि गुरु से बड़ा गुरुकार्य होता है।" मेरे साथ सब लोग एक साथ बोले और हमारी वह शाम की बैठक समाप्त हुई।

क्रमशः...